마케팅한다는 착각

일러두기

- 이 책에는 마케팅 분야에서 널리 사용되는 전문 용어와 약어가 다수 포함되어 있습니다. 독자의 이해를 돕기 위해 앞서 한번 나온 용어라도 원어 병기와 설명을 다시 반복한 경우가 있으니 참고 바랍니다.

- 본문의 각주는 별도 표기가 없을 시 모두 저자가 작성한 것입니다. 옮긴이가 추가한 각주는 '옮긴이 주'로 표기하였습니다. 독서에 참고하시기 바랍니다.

SENRYAKU GOKKO MARKETING IZEN NO MONDAI EVIDENCE SHIKO DE MIKIWAMERU "JIGYO SEICHO NO BUNKITEN" written by Ren Serizawa.

Copyright ⓒ 2023 by Ren Serizawa. All rights reserved.
Originally published in Japan by Nikkei Business Publications, Inc.
Korean translation rights arranged with Nikkei Business Publications, Inc. through Eric Yang Agency, Inc.

이 책의 한국어판 저작권은 EYA(Eric Yang Agency)를 통해
저작권자와 독점 계약한 ㈜알에이치코리아가 소유합니다.
저작권법에 의해 한국 내에서 보호를 받는 저작물이므로 무단 전재 및 복제를 금합니다.

마케팅 한다는 착각

직감이 아닌 근거로 밝히는
브랜드의 진짜 성장 공식

evidence-based marketing

세리자와 렌 지음
오시연 옮김

9 788925 573731

RHK
알에이치코리아

이 책을 먼저 읽은 분들의 찬사

소비자를 깊이 이해하고 싶다면, 먼저 '알고 있다고 착각한 것들'부터 내려놓아야 한다. 『마케팅한다는 착각』은 현장에서 통용되는 '상식'들을 조목조목 해체하며, 무엇이 진짜 효과를 내는지 예리하게 골라낸다. 숫자와 데이터, 그리고 날카로운 통찰이 어우러진 이 책은, 진짜 '시장'과 '소비자'를 바라보게 만드는 가장 정교한 나침반이다. 현업 마케터는 물론, 브랜드 성장을 고민하는 모든 이에게 '근거 기반 마케팅'의 감각을 일깨우는 가장 정교한 출발점이 될 것이다.

— 최지혜, 『트렌드 코리아 2025』 공저자, 서울대 소비자학 석사·박사

"공들인 마케팅 전략인데 왜 기대만큼 반응을 얻지 못할까?" 현장에서 일하다 보면 누구나 이런 질문 앞에 멈춰 서게 된다. 『마케팅한다는 착각』은 그런 답답함에 구체적인 실마리를 건넨다. 기존 마케팅 이론들을 부정하는 것은 아니다. 그보다는 익숙한 담론이 미처 다루지 못했던 사각지대를 정밀하게 조명하는 것에 가깝다. 무엇보다 마케터들이 감으로만 '이럴 것이다'라고 가정하고 넘어갔던 문제들을 날카롭게 짚어낸다.

바이런 샤프를 비롯한 글로벌 마케팅 석학들의 논의와 최신 연구를 바탕으로, 한국에서는 아직 낯선 마케팅 트렌드와 관점을 실무적으로 전달한다는 점에서 의미가 크다. 실무와 이론 사이의 '작은 어긋남'을 경험한 마케터라면, 이 책을 통해 많은 인사이트를 얻어 가길 바란다.

— 장문정, 『팔지 마라 사게 하라』 저자

2024년, 도쿄 다이칸야마. 츠타야 서점의 한 매대 앞에서 이 책을 발견했다. 또 다른 마케팅 이론 중 하나겠거니 하며 무심코 집어 들었는데, 목차가 심상치 않았다. 호기심에 책장을 넘긴 순간, 멈출 수가 없었다.

10년 넘게 한국과 일본의 중견기업, 대기업을 대상으로 마케팅 컨설팅을 해 왔지만, 늘 어떤 위화감을 느껴 왔다. 소위 말하는 마케팅 이론이라는 것이 대기업에만 맞는 듯하다는 느낌이었다. 수많은 마케팅 책과 강연이 '하나의 강력한 포지셔닝'을 강조하지만, 현실에서 '특별한 제품, 특별한 자본, 특별한 유통망'이 없는 대다수 회사는 그것만으로는 성장하기 어렵다.

이 책은 반짝이는 마케팅 이론 뒤에 가려져 있던 현실을 꿰뚫어 본다. 우리가 당연하게 여겨온 상식에 대해 '그 근거는 무엇인가?'라는 정중하지만 강한 질문을 던진다. 기존 이론을 단호히 해체하면서도, 데이터에 기초한 대안을 차분히 보여 준다.

나는 평소 우리 팀에게, 마케팅을 하는 사람은 언제나 '가짜 일'을 하게 되는 유혹을 안고 있다고 말해 왔다. 이를 철저히 경계하지 않으면, 어느 순간 가짜 일을 하고 있는 자신을 발견하게 된다. 이 책에서 말하는 '정신적 가용성', '카테고리 엔트리 포인트', '라이트 유저를 통한 성장' 같은 새로운 개념을 익히고, 브랜드 성장에 대한 통찰을 얻기를 바란다. 이제 마케팅 전략을, 익숙했던 길이 아닌 전혀 다른 산봉우리에서 바라보게 될 것이다.

— 박세용, 현 리스닝마인드(어센트 코리아) 대표, 전 넥슨재팬 마케팅&기획 팀장

데이터와 실제 사례에 근거해 마케팅의 본질을 규명하는, 매우 획기적인 책이다.
— 다나카 히로시, 주오대학교 명예교수, 전 일본 마케팅 학회 회장

'감으로 때우고', '경험에 기대고', '근성으로 밀어붙이는' 식의 마케팅에 물들기 전에, 마케팅을 배우는 학생과 사회초년생 마케터라면 반드시 읽어야 할 필독서다.
— 기다 히로마사, 미쓰이스미토모해상화재보험 CX디자인부 부장, CMO

300편이 넘는 해외 논문과 연구를 바탕으로, 데이터로 말하는 가장 현실적인 마케팅 입문서다.
— 시부야 나오마사, JR 동일본 마케팅본부 전략·플랫폼 부문 데이터 마케팅 유닛 담당 부장

들어가며

WHO, WHAT, HOW를 논하기 '전'에 우리가 이야기할 것

누구에게, 무엇을, 어떻게. 이것은 모든 비즈니스 상황에 적용되는 기본적인 사고 방식이다. 전략적 사고를 다룬다면 거의 매번 등장하는 프레임워크라 할 수 있다. 실제로 전략 수립부터 분기별 프로모션, 신제품 개발, 광고 커뮤니케이션, PR, 기사 콘텐츠 작성에 이르기까지, 고객 지향적 작업은 이 세 가지 요소를 명확히 정의하지 않고는 진행할 수 없다. 예를 들어, 여러분이 광고를 내보내 브랜드의 목표를 전달하려 한다고 가정해 보자.

- WHO: 누구를 대상으로 하며, 그들은 어떤 관점을 가지고 있는가?

- WHAT: 그들에게 어떤 가치를 제안하고, 이를 통해 어떤 변화를 일으킬 것인가?
- HOW: 이를 실현하기 위해 어떤 매체를 활용하고, 어떤 메시지를 전달할 것인가?

대부분 이런 방식으로 사고할 것이다. 물론 더 세분화할 수도 있지만, 이 책의 핵심 논점은 아니다. 여기서 강조하고 싶은 것은, 이러한 전략을 고민하기 전에 반드시 알아야 할 것, 시장과 소비자에 관한 사실fact과 사업 성장에 대한 근거evidence다.

이 책의 목적은 기획과 마케팅에서 당연시하는 것을 근거를 바탕으로 다시 한번 검토하는 것이다. 세상에는 수많은 전략과 프레임워크가 존재한다. 매달 새로운 비즈니스 도서가 출간되고 인터넷에 조금만 검색해 보면 '최강의 마케팅 전략' 같은 콘텐츠가 넘쳐난다.

다양한 이론이 존재하는 것은 그만큼 여러 가지 의견과 사고방식이 공존한다는 것이니, 그 자체를 문제 삼을 생각은 없다. 하지만 그 기반이 되는 전제가 잘못되었다면 큰 문제가 된다. 우리는 사실과 근거를 바탕으로 기존의 전제가 타당한지 확실하게 검토하고 업데이트할 필요가 있다. 요리에 비유하자면 아무리 솜씨 좋은 요리사(=독자 여러분)라도 설탕과 소금을 헷갈린다면(=사실을 오인한다면) 결코 맛있는 요리(=성과)를 만들어 낼 수 없다. 물론 요리사의 경험과 감각을 믿고 맡길 수도 있다. 하지만 이 책을 읽다 보면, 단순한 착각 수준이 아니라 근본적인 오해에서 비롯된 문제가 생각보다 많다는 사실을 깨닫게 될 것이다.

마케팅 전략이 오히려 성장을 저해한다면

여기서 말하는 '근거'를 정의해 보자면, 다양한 상황에서 반복적으로 관찰되는 시장이나 소비자 행동의 일관된 규칙성을 가리킨다(Bass, 1995). 나는 이러한 규칙성을 바탕으로 한 '근거 기반 마케팅'을 지향하며, 소비재를 중심으로 화장품, 자동차, 금융, 부동산, 엔터테인먼트, 미디어, 인프라, D2C■ 등 여러 분야에서 전략과 정책을 개발하는 업무를 하고 있다.

동시에 책도 쓰고 있다. 전작 『미未 고객의 이해』(닛케이 BP, 국내 미출간)는 여러 기업에서 사내 교육용 교재로 채택되었으며, 해외에서도 번역 출간되어 많은 관심을 받았다. 이 책은 '사업이 성장하려면 기존 고객뿐 아니라 비구매층과 라이트 유저에게도 침투하는 것이 중요하다'는 근거에 기반하고 있다(Sharp, 2010). 출간 후 '그동안 기존 고객을 이해하려 노력했지만, 정작 제품을 구매하지 않는 사람에 대해서는 충분히 이해하지 못했다. 새로운 관점을 갖게 되었다.'라는 긍정적인 평가를 받았다.

최근에는 사업부별로 상담을 요청받는 일이 늘었다. 성장이 정체되거나 신제품을 연달아 선보여도 1,000개 중 3개만 성공하는 패턴에 빠진 기업들은 공통된 특징이 있다. 담당자와 경영진이 선호하는 마케팅 전략이 실제로는 성장을 저해하고, 때로는 사업을 쇠퇴시키

■ Direct to Customer의 약자. 기업이 소비자와 직거래하는 형태의 비즈니스. 대표적으로 온라인 자사몰이 D2C에 속한다.-옮긴이 주

는 원인이 되고 있다는 점이다.

즉, 과학적 근거가 있는 근거 기반evidence base 접근이 아니라 담당자가 믿고 있는 '희망 기반'이나 선호하는 '성공 사례 기반'에 의해 전략과 정책이 결정된다. 시장에서 효과가 없을 뿐만 아니라, 오히려 부정적인 영향을 끼치는 정책을 자신 있게 추진하는 것이다.

이런 사례에서는 해당 사업 카테고리에 적합하지 않은 이론을 적용하거나, 고객층에 맞지 않는 방법을 고수하는 경우가 많다. 또한, 매출의 선행 지표를 잘못 해석하거나, 특정 상황에서는 오히려 역효과를 일으킬 수 있는 전략을 수립하는 경우도 있다. 목적과 수단이 일치하지 않는 상황이 발생하는 것이다.

Y라는 핵심성과지표KPI, Key Performance Indicator를 높이기 위해 X라는 정책을 실행했다고 가정하자. 여기서 X는 수단이고, Y는 목적이다. 정책이 효과를 발휘하려면 시장에서 'X → Y' 즉 X를 하면 Y가 증가한다는 관계성이 존재해야 한다. 그런데 실제로는 그런 인과관계가 존재하지 않거나, Z라는 다른 요인이 원인이거나, Z와 X는 상수여서 마케팅이 개입할 수 있는 변수가 아니거나, 사실은 Y가 KPI가 아니라서 Y를 변화시켜도 매출에 별다른 영향을 미치지 않았고 오히려 'Y → X'였다면 어떨까? 결과적으로 아무 쓸모가 없는 정책을 펼친 셈이다.

하지만 현장에서는 이런 검증 과정이 없다. 대부분 '저 히트 상품은 X에서 Y로 발전했을 거야', '유명한 마케터가 X → Y라고 했거든', '그렇다면 우리 회사도 X를 하면 Y가 되겠네'라는 식으로 결정되기 쉽다.

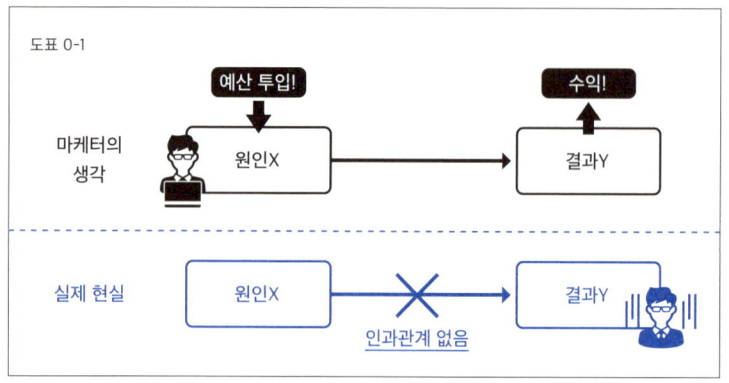

도표 0-1

당연한 것은 정말 당연한가

많은 사람이 마케팅이 '할 수 있는 것'과 '할 수 없는 것' 사이에서 혼란을 겪는 듯하다. 이는 브랜드가 어떻게 성장하는지, 소비자가 어떻게 제품을 구매하는지, 어떤 상황에서 어떤 접근법이 효과적인지 등 '마케팅을 논하기 전에 필수적인 기초 지식'이 부족하거나 잘못 알고 있기 때문이다.

예를 들어 다음의 체크 리스트를 살펴보자. 읽으면서 동의하거나 그럴 것 같다고 생각하는 항목이 몇 개인지 체크해 보자. 무슨 말인지 잘 모르겠는 항목이 있다면 건너뛰어도 된다.

<u>소비자 행동에 대해 당연하다고 생각하는 점</u>

- ☐ 상위 20%의 헤비 유저가 매출의 80%를 차지한다.
- ☐ 기존 고객의 이탈을 조금만 줄여도 이익을 크게 개선할 수 있다.

- ☐ 신규 고객을 확보하는 데 드는 비용이 기존 고객을 유지하는 비용보다 몇 배는 더 들기 때문에 기존 고객 유지에 집중하는 것이 합리적이다.
- ☐ 헤비 유저의 충성도를 높여 재구매를 유도하는 것이 중요하다.
- ☐ 대부분의 충성 고객은 브랜드에 애착을 갖고 재구매를 한다.
- ☐ 헤비 유저에게는 크로스셀링*이나 업셀링**을 유도하기가 상대적으로 쉽다.
- ☐ 사업 성장의 핵심은 브랜드를 좋아하고 구매 빈도가 많으며 오랫동안 반복적으로 제품을 구매하는 팬을 육성하는 것이다.

제품 차별화에 대해 당연하다고 생각하는 점

- ☐ 브랜드는 강력한 STP를 통해 성장한다.
- ☐ 무관심한 고객의 관심을 끌기 위해서는 타사와의 차별화가 핵심이다.
- ☐ 대상 고객층을 좁혀 강력한 인상을 주는 것이 신규 고객을 확보하는 비결이다.
- ☐ 소규모 브랜드가 성장하려면 먼저 독자적인 포지셔닝을 구축해야 한다.

■ cross selling. 교차 판매. 고객이 이미 구매했거나 구매 의사가 있는 상품과 다른 상품을 제안해 현재 상품으로 충족되지 않는 부분을 보완하고 관련 상품을 구매하도록 유도하는 방식이다.-옮긴이 주
■■ up selling. 업그레이드 판매. 사용자가 구매하는 상품을 업그레이드하거나 추가 서비스를 포함하도록 유도하는 방식이다.-옮긴이 주

- 현대 소비자는 항상 본인을 위한 독특한 상품을 찾고 작은 차이에도 민감하게 반응한다. 따라서 소비자에게 '이 혜택을 경험할 수 있는 브랜드는 오직 우리뿐'이라는 인식을 심어 주는 것이 중요하다.
- 직접적인 경쟁을 피하기 위해서는 소비자의 인식이나 브랜드 이미지에 기반한 심리적, 지각적 차별화가 효과적이다.
- 소비자의 구매 행위를 일으키는 브랜드 이미지가 무엇인지 파악하고 이를 강화하는 전략이 브랜드 성장을 촉진한다.
- 진정한 잠재력이 있는 제품은 어떤 계기만 있으면 자연스럽게 팔리기 시작한다.
- 성숙 시장에서 신제품은 오랜 기간에 걸쳐 조금씩 성장한다.
- 인지도가 100%에 가까운 스테디셀러 제품을 홍보하기보다는 신제품 광고에 돈을 쓰는 것이 좋다.
- 로고와 패키지를 개발할 때는 '기업의 생각'과 '전달하고자 하는 의미'가 명확히 전달되는 디자인을 만드는 것이 최우선 과제다.

광고와 미디어 플랜에 대해 당연하다고 생각하는 점

- 광고는 항상 일관성을 중시해야 한다.
- 메시지를 늘리면 소비자가 혼란에 빠질 우려가 있다.
- 비용 대비 효과가 불분명한 매스 광고는 기본적으로 피해야 한다.
- 광고 영역을 확장하는 것보다 목표를 뚜렷하게 하는 것이 중

요하다.

- ☐ 퍼널* 병목 현상을 해소하고, 구매 촉진과 팬 형성 프로세스를 강화해야 한다.
- ☐ 광고의 주요 역할은 목표 고객층에게 '그 브랜드를 사야 하는 이유'를 명확하게 전달하는 것이다.
- ☐ 비고객에게는 일단 우리 제품을 떠올리는 횟수를 늘리는 것이 주요 목표다.
- ☐ 광고 효과를 측정할 때는 사전에 설정한 '목표로 하는 태도 변화'와 '브랜드 이미지 변화'의 달성 정도를 평가하는 것이 중요하다.
- ☐ KPI 관리는 제품 구매 의향, 추천 의향과 같은 태도 변화를 매출의 선행 지표로 만드는 것이 기본이다.
- ☐ 단기 ROI의 극대화는 결국 장기적 성장으로 이어진다.

이러한 관점이 사실인지 데이터를 기반으로 일일이 확인하는 사람은 드물다. 이는 어느 정도 당연한 일이다. 오랫동안 그렇게 알려져 왔고, 마케팅 책이나 교과서에서도 그렇게 설명하고 있으며, 본인의 경험과 느낌으로도 자연스럽게 받아들여지기 때문이다. 그래

■ funnel. 고객이 웹사이트를 방문해 구매에 이르기까지의 과정(방문, 상품 조회, 구매 시도, 구매 완료)을 시각적으로 표현한 것이다. 이 과정에서 각 단계마다 사용자가 이탈하는 비율을 분석해, 어떤 단계에서 문제가 발생하는지를 파악할 수 있다. 예를 들어, 방문자 수가 100명이고, 상품 조회로 넘어간 사용자가 50명이라면, 상품 조회 비율은 50%이다. 퍼널 비율을 통해 이탈률을 파악하고 전환율을 높이기 위한 전략을 세울 수 있다.-옮긴이 주

서 업무 관련 대화를 하거나 프레젠테이션 자료를 만들 때, 별다른 의심 없이 이를 당연한 전제로 삼았을 것이다. 일부 마케터는 이러한 암묵적 이해를 바탕으로 전략을 수립하고, 대책을 마련하며, 프로젝트를 평가하는 데 익숙할 수도 있다. 하지만 그 지점에서부터 다시 검토할 필요가 있다.

왜 그래야 할까? 앞서 열거한 생각들은 근거를 살펴보면 사실이 아니거나, 예외적으로 맞을 수도 있지만 일반적으로는 그렇지 않은 것들뿐이기 때문이다. 이러한 전제를 당연하게 받아들이고 전략과 정책을 수립한다면, 이후에 탄생할 제품, 광고, 가격, 유통 전략 등이 처음부터 잘못된 방향으로 가게 될 위험이 크다.

자, 여러분은 몇 개의 항목에 체크했을까? 생각보다 많은 항목에 체크한 사람은 속으로 뜨끔할 것이다. 아니면 '말도 안 된다'며 피식 웃었을지도 모른다. 하지만 여기서 다루는 내용은 개인적인 의견이나 독자적인 논리에 따른 주장이 아니다. 동료 연구진의 심사를 거친 논문 등 명확한 출처source가 뒷받침하는 사실들이다. 자세한 내용은 이제 논거와 함께 하나씩 살펴보도록 하겠다. 미리 덧붙이자면 '카테고리나 브랜드에 따라 다르지 않나?'라고 생각한 사람이 있다면, 통찰력이 날카롭다고 할 수 있다. 그 통찰에 찬사를 보낸다.

자신이 알고 있는 범위 내에서만 사고하지 마라

논어에 학이불사즉망學而不思則罔 사이불학즉태思而不學則殆 라는 구절이 있다. 배우기만 하고 생각하지 않으면 얻는 것이 없고, 생각하기만 하고 배우지 않으면 위태롭다는 뜻이다. 비즈니스와 마케팅이라는 맥락에서 적용해 보면, 이론과 프레임워크를 공부하기만 하고 스스로 사고하지 않으면 실천 능력을 키울 수 없다는 의미가 된다.

하지만 사람들은 보통 앞 문장을 강조하지만 이 책의 중점은 오히려 뒤 문장에 있다. 자신이 이미 익힌 지식과 경험 안에서만 생각하면, 결국 독선적이고 근시안적인 마케팅을 하게 될 것이다.

세상에는 여러분이 잘 안다고 생각하는 것이 무수히 많다. 나 역시 이 책을 쓰기 위해 사전 연구를 진행하면서 내가 마케팅에 대해 얼마나 착각하고 있었는지 깨닫고 놀랐다. 여기서 '알고 있다는 생각'은 곧 '모른다는 사실을 모르는 상태'라고 말할 수도 있다. 이에 관해 다치바나 아키라는 저서 『바보와 무지』에서 어린이의 인지 능력을 예로 들어 이렇게 이야기한다.

'53 빼기 37'을 16이 아니라 24라고 대답하는 아이가 있습니다. 이는 큰 수에서 작은 수를 뺀다는 규칙을 각 자릿수의 숫자에 그대로 적용한 결과입니다. 즉 5에서 3을 빼고 7에서 3을 빼는 방식으로 계산한 것입니다. 이 경우 아이는 잘못된 규칙으로 '바르게' 문제를 풀고 있습니다. 계산의 전제가 틀렸다는 사실을 깨닫지 못하면 윗자리에서 숫자를 빌려와야 하는 뺄셈은 모두 틀리겠지만, '57 빼기 34' 같은 뺄셈은 맞을 수 있습니다. 그래서 본인이 왜 뺄셈을 잘 못하는지 이해하기 어려울 것입니다. (『바보와 무지』, 다치바나 아키라 지음, 국내 미출간, p.50-51)

들어가며 15

이것은 '무엇을 모르는지 모른다'라는 데서 비롯된 문제다. 이 아이는 '큰 수에서 작은 수를 뺀다'는 규칙 자체는 이해하고 있다. 그러나 윗자리에서 숫자를 빌려와야 한다는 핵심 전제가 빠져 있다.

> 선생님: (자릿수를 생각하면서) 뺄셈을 할 때는 큰 수에서 작은 수를 빼면 된단다.
> 아이: 뺄셈을 할 때는 큰 수에서 작은 수를 빼면 되는구나!

아마 선생님은 수업 시간에 윗자리에서 숫자를 빌려오는 방식을 가르쳤을 것이다. 교과서에도 같은 설명이 나와 있을 것이다. 하지만 아이는 그것을 이해하지 못했거나 잊어버리고 '자신이 아는 범위 내'에서 문제를 풀다가 잘못된 답을 도출했다.

마케팅에서도 이와 비슷한 일이 일어난다. 카테고리에 따라 적합한 이론과 부적합한 이론이 있고, 대형 브랜드와 소규모 브랜드에는 정반대의 전략이 필요하다. 성장 단계에 따라 목표의 우선순위도 달라진다. 이렇게 상황에 따라 전략과 적용하는 방식을 구분할 필요가 있는데 다 똑같이 취급하는 경향이 있다.

예를 들어 소비재처럼 선호 이질성이 낮은 '레퍼토리 시장'과 금융 서비스처럼 선호 이질성이 높은 '구독 시장'은 고객의 충성도를 파악하는 방법이 크게 다르다(Sharp, Wright,&Goodhardt, 2002). 또한 브랜드 규모에 따라 침투율과 충성도가 성장에 미치는 영향력도 차이가 난다(田中, 2017). 더불어 카테고리와 브랜드의 성장 단계에 따라 장기적인 브랜드 구축과 단기 구매 촉진을 위한 최적의 예산 배분 전략도 크게 달라진다(Binet&Field, 2018).

이러한 규칙성을 무시하는 마케팅 활동은 큰 효과를 거두기 어렵다. 그런데 아이가 한 뺄셈의 예와 다르게, 마케팅에서는 중요한 규칙이나 상황 구분법이 교과서에 명시되지 않는다. 상사와 선배도 가르쳐 주지 않는다. 애초에 그런 규칙과 전제 조건이 존재한다는 사실조차 제대로 알려지지 않았다. 우리는 먼저 그 점을 알아차리는 것에서 시작해야 한다.

근거를 말하지 못하면 아는 것이 아니다

지금까지 한 이야기는 소크라테스의 '무지의 지' 개념과 연결된다. 도쿄대학교 대학원 인문사회계 연구과의 나토미 노부유키는 무지의 지의 본질이 '안다고 생각한다는 것'과의 구분에 있다고 하며, 『소크라테스의 변명』 해설 부분에서 다음과 같이 설명했다.

> 우리는 일상에서 이유를 명확히 알지 못하면서도, 단순한 확신을 바탕으로 '알고 있다'고 여길 때가 있다. 그러나 엄밀히 말하면, '안다'는 것은 명확한 근거를 기반으로 진리를 파악하고, 그 내용과 원인을 체계적으로 설명할 수 있어야 한다. (중략) 답이 틀린 것뿐만 아니라 그 근거를 제대로 파악하지 못한 상태도 '아는 것'이 아니다. 이는 단지 '생각한다'는 상태에 불과하다. (『소크라테스의 변명』, 노토미 노부루 해설, 국내 미출간)

제대로 된 근거를 설명할 수 없다면 아무리 그럴듯한 말을 해도 결국은 '개인의 감상'에 불과하다. 마케터에게도 '아는 것'과 '생각한 것'을 구분하는 것은 중요하다. 예를 들어 마케팅에서는 흔히 단순 노출 효과*가 논란이 된다. 특히 프로모션 후 매출이 기대만큼 오르지 않았을 때는 그 실효성에 대해 논쟁이 벌어진다. 하지만 실제로는 효과가 별로 없는 것이 문제가 아니라 '근거를 놓고 보면 효과가 없는 정책을 효과가 있다고 생각해 이것저것 논의하는 것'이 본질적인 문제였던 경우가 상당수다.

몇 가지 구체적인 예를 들어 보겠다. '기존 고객을 대상으로 팬 마케팅과 충성도 정책에 집중하고 있는데, 재구매하는 고객이 늘어나지 않았다. 혹시 인사이트가 잘못되었을까?'라고 고민하는 마케터가 있다고 하자. 이 마케터의 가장 큰 문제는 인사이트를 잘못 읽은 것이 아니다. 침투율, 즉 전체 고객 수를 늘리지 않고도 충성도를 높일 수 있다고 생각한 점 자체가 문제다(2장에서 설명). 또 다른 마케터는 '소비자가 차별화 포인트를 이해하기 어렵다', '저번 광고에서 기능적 장점이 명확하게 전달되지 않은 것 같다'라고 고민한다고 하자. 이 마케터의 문제는 메시지의 명확성이나 크리에이티브의 질이 아니다. 소비자가 차별화 포인트를 인지하고 있으며 자신에게 적합한 브랜드를 선택할 것이라는 전제를 바탕으로 마케팅을 생각하는 것이 문제다(4장에서 설명).

■ 소비자가 특정 브랜드나 메시지를 여러 번 접하면 점차 호의적인 감정을 느끼게 된다는 현상이다.-옮긴이 주

마찬가지로 구매 퍼널의 정체기에 대해 고민하는 사람들의 문제는 정체 현상 자체가 아니다. 퍼널의 흐름에 따라 구매 행위가 자연스럽게 일어난다고 가정하는 것 자체가 문제다(8장에서 설명). ROI(투자 대비 수익률)가 낮아 고민하는 사람들의 문제도 ROI가 낮은 것 자체가 아니다. ROI를 높이면 곧바로 사업이 성장할 것이라고 믿는 것이 더 큰 문제다(10장에서 설명). 근거를 살펴보면 본질적인 문제가 아님에도 엉뚱한 부분을 가지고 문제라고 생각하며 헛다리를 짚는 것이다.

왜 이런 일이 일어날까? 사람들은 마케팅에도 과학적 측면이 있다는 것을 간과한다. '원하는 대로 조립했다고 해서 무조건 잘 돌아가는 것'이 아니라는 사실을 잊는다. 비행기는 왜 날 수 있을까? 날개 위와 아래의 압력이 다르기 때문이다. 공기역학적으로 설계된 날개가 양력을 발생시키고, 이 양력이 중력을 초과해야 쇳덩어리인 비행기가 공중에 뜰 수 있다. 여기서 핵심은 물리학 원리다. 물리학을 몰라도 누구나 멋진 비행기 그림은 그릴 수 있다. 하지만 아마추어가 설계한 비행기를 타고 싶은 사람은 없을 것이다. 건축사 면허가 없어도 기존에 없던 참신한 디자인의 집을 구상할 수는 있다. 그러나 외형은 근사해도 지진이나 태풍이 오면 어떻게 될까? 그 집에서 가족이 안심하고 살 수 있을까?

마케팅도 마찬가지다. 시장과 소비자 행동에는 '이렇게 하면 이렇게 된다', 반대로 '그렇게 하고 싶어도 그렇게는 안 된다'라는 원리와 법칙이 존재한다. 전략과 전술은 그에 따라 비로소 성립되는 것이다.

따라서 '이렇게 하면 되지 않을까', '이렇게 접근해 보자'라는 의견을 내기 전에, 먼저 근거에 기반해 실제 시장이 어떻게 움직이는지, 브랜드가 어떻게 성장하는지, 구매 행동에 어떤 규칙성이 있는지 등 사실을 확인하는 태도가 중요하다.

오해가 없도록 덧붙이자면, 근거가 전부라고 말할 생각은 없다. 물리학만으로 좋은 집을 지을 수는 없다. 건축가의 디자인 감각과 목수의 오랜 경험도 필요할 것이다. 하지만 튼튼한 기둥과 틀이 없다면 오랫동안 안심하고 살 수 있는 집이 되지 않는다.

마찬가지로 근거는 마케팅을 성공시키기 위한 중요한 기둥 중 하나다. 그런데도 이것을 잘 모르는 사람이 많다. 그러니 이를 바로잡자고 제안하는 것이다.

앞으로 계속 마주칠, 이중 위험의 법칙

대부분의 마케팅 교과서와 비즈니스 도서는 이론, 사례, 저자의 성공 경험에 초점을 맞추고 있다. 근거까지 명확하게 제시한 책은 많지 않다. 또한 원래는 '~라고 생각한다', '나의 경우는 ~였다'라고 서술해야 하는 부분을 '~다'라고 단정적으로 표현하면서 마치 일반적으로 적용되는 법칙인 것처럼 쓰였다. 이러한 방식이 마케터들에게 '생각한다'와 '알고 있다'의 경계를 모호하게 만드는 주요 요인 중 하나라고 생각한다.

전문 지식과 경험에서 비롯된 편견도 문제다. 특정 업계에서 경험이 많이 쌓일수록, 조직 내에서 위로 올라갈수록, 자신은 합리적이고 객관적인 판단을 내린다는 믿음이 강해진다. 그러나 과학 저널리스트 데이비드 롭슨은 전문가들이 빠지는 지능의 함정the intelligence trap이 존재한다고 경종을 울렸다(Robson, 2019). 어느 실험에 따르면 '전문 지식이 있다'고 강하게 인식하는 사람일수록 독단적인 주장을 펼치고 자신의 생각과 대립되는 견해에 대해 폐쇄적인 태도를 보인다. 또한 주변 사람들은 '그럴 만한 실적이 있다'는 이유만으로 그를 믿는 경향이 있다(Ottati et al., 2015). 결국 감과 경험, 배짱에만 의존한 채 목소리만 큰 사람이 탄생하는 것이다.

하지만 마케팅 업계에서는 일상적인 업무에서 당연하게 여겨지는 '상식'조차 실제로 데이터를 면밀히 검증해 보면 정반대 사실이 드러나는 때가 있다. 대표적인 예가 이중 위험의 법칙double jeopardy law이다.

시장 점유율이 낮은 브랜드는 구매하는 고객 수 자체가 매우 적다. 또한 고객들의 행동 및 태도 충성도도 낮은 편이다(Sharp, 2010/2018, p.8). 소규모 브랜드는 매출을 구성하는 두 가지 핵심 요소인 고객 수(침투율)와 구매 빈도(충성도)가 모두 적어서 매출이 이중으로 타

도표 0-2 작은 브랜드는 이중으로 힘들다

격을 받는다. 이 현상은 오래전부터 다양한 카테고리에서 확인된 바 있으며 최근에도 다수 보고되었다(Sharp et al., 2024).

이중 위험의 법칙에서 특히 중요한 사항은 다음 두 가지다.

- 대형 브랜드와 소규모 브랜드의 가장 큰 차이점은 고객 수이며, 충성도 수준은 크게 다르지 않다(다만, 대형 브랜드가 다소 높다).
- 고객 수가 늘어나면 충성도가 높아지지만 충성도를 높인다고 고객 수가 증가하는 것은 아니다(오히려 충성도만 높이는 것은 불가능하다).

애렌버그-배스 마케팅 과학연구소Ehrenberg-Bass Institute 소장 바이런 샤프의 『브랜딩의 과학』(비즈니스랩)이 출간되기 전에는 많은 마케터가 그 반대라고 생각했다. 소규모 브랜드는 '비록 수는 적지만 충성도가 높은 팬들이 뒷받침하고 있다. 따라서 충성 고객의 만족도를 높이면 고객이 증가해 기업이 성장한다'는 것이 통설이었다.

그러나 이중 위험의 법칙이 제시하는 핵심 관점은 '근거를 두고 검증해 보면 오히려 반대 방향으로 작용한다'는 점이다. 이것이 『브랜딩의 과학』이 논란을 일으킨 주된 이유이기도 하다. 참고로 이 연구소의 제니 로마니우크는 충성도가 높아지면 침투율이 높아진다는 명확한 근거는 아직 나타나지 않았다고 밝혔다(Romaniuk, 2023). 실제로 에렌버그-배스 외의 연구진도 다른 데이터를 통해 비슷한

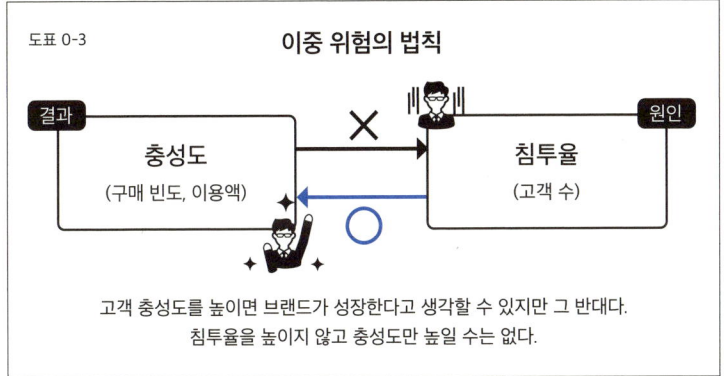

출처: 다음을 바탕으로 저자가 작성함
Dawes, J., Bond, A., Hartnett, N.,&Sharp, B. (2017). Does double jeopardy apply using average spend per buyer as the loyalty metric? *Australasian Marketing Journal, 25* (4), 261-268.
Sharp, B. (2010). *How brands grow: What marketers don't know.* Oxford University Press.

결론에 도달했다. 침투율과 충성도는 동시에 움직이기 때문에, 침투율은 그대로인데 충성도만 높아지진 않는다는 뜻이다(Binet&Field, 2018, p.123).

또한 잘 알려지지 않았지만 매출과 연동되는 요소는 고객 수와 구매 빈도뿐만이 아니다. 실은 고객 수와 가격도 연동된다. 고객이 많은 대형 브랜드일수록 가격 탄력성이 낮고, 고객이 적은 소규모 브랜드일수록 가격 탄력성이 높은 경향이 있다(Scriven&Ehrenberg, 2004). 소규모 브랜드일수록 가격이 인상되면 판매량 감소가 두드러진다는 것이다. 또한 고객 수와 이용액 사이에도 강하지는 않지만 이중 위험의 법칙이 성립된다. 즉, 고객이 적은 소규모 브랜드는 고객 1인당 평균 이용액도 다소 적고, 대형 브랜드가 될수록 1인당 평균 이용액이 증가하는 경향이 있다(Dawes et al., 2017).

2부에서 다시 자세히 설명하겠지만, 결론적으로 매출을 구성하는 세 가지 요소, 즉 고객 수, 구매 빈도, 단가가 모두 연결되어 있다. 이들은 일반적으로 독립된 변수로 간주되지만, 실제로는 각각 개별적으로 움직일 수 없으며 모두 고객 수가 기점이 된다. 고객 수가 증가할수록 재구매와 이용액이 증가하고, 높은 가격도 쉽게 수용된다. 이것이 이중 위험의 법칙이 지닌 심오하면서도 단순 명료한 특성, 즉 비즈니스 성장의 핵심 메커니즘을 나타내는 규칙성이다. 이 책에서는 다양한 측면에서 브랜드 성장에 대한 근거를 살펴볼 것인데, 결국 이 모든 논의는 이중 위험의 법칙으로 귀결된다.

참고로 이러한 '당연한 것의 반전'은 이중 위험의 법칙뿐만이 아니다. 다음 질문을 살펴보자.

- 카테고리 내에서 헤비 유저와 라이트 유저 중 어느 쪽이 동일 브랜드를 재구매할 가능성이 더 높은가?
- 성장하는 신생 브랜드와 쇠퇴하는 기존 브랜드 중, 카테고리 이용자는 어느 쪽을 구매할 확률이 더 높은가?

흔히 '헤비 유저가 동일 브랜드를 재구매하기 쉬울 것', '사람들이 성장하는 브랜드를 더 기꺼이 구매할 것'이라고 생각하지만 실제로는 그 반대다. 카테고리의 헤비 유저와 라이트 유저 중에서는 라이트 유저가 동일 브랜드를 재구매할 가능성이 높고(Dawes, 2020), 성장하는 신규 브랜드와 쇠퇴하는 기존 브랜드가 있을 때 사람들은 기존 브랜드를 선택할 가능성이 크다(Bird&Ehrenberg, 1966; Sharp, 2017).

그 이유는 책에서 천천히 설명하겠다.

현실(데이터)과 논리가 다를 때 잘못된 것은 논리다. 먼저 그 점을 받아들여야 한다. 그러지 않으면 자신이 익숙한 논리에 현실을 끼워 맞추려 하면서 사실을 왜곡하게 된다.

당신은 생각을 바꿀 것인가

"사실이 바뀌면 저는 생각을 바꿉니다. 당신은 어떻게 하시겠습니까?" 20세기를 대표하는 경제학자 케인스가 남긴 말이다.■ 그러나 아무리 과학적인 증거를 제시해도 변하지 않는 사람은 변하지 않는다. 인간에게는 방어기제가 있기 때문이다. 특히 인지 부조화에 빠진 경우 '모두와 다른 말을 하는 사람'을 부정하는 편이 편하다. 개인적인 성향이 강하고 조직에서 오랜 시간 종사하는 마케팅 같은 분야에서는 더욱 그렇다.

이러한 거부 반응은 제멜바이스 반사semmelweis reflex라는 명칭까지 붙어 있다(Gupta et al., 2020; Schreiner, 2020). 손을 씻는 것은 질병과 감염병을 예방하는 기본 수칙이다. 그러나 이런 상식이 의사들에게조차 '당연하지 않은 시대'가 있었다. 19세기 오스트리아의 한 병원에서는 조산사가 아닌 의사가 분만을 담당할 때 사망률이 급증하는

■ 누가 한 말인지는 여러 설이 있다. 경제학자 폴 사무엘슨이 케인스를 언급하며 한 말이라고도 한다(e.g., Ineichen, 2022).

현상이 있었다. 헝가리 출신 의사 이그나즈 제멜바이스는 병리해부 과정에서 손에 묻은 물질이 원인임을 발견하고 의사들에게 손 소독을 철저히 하라고 지시했다. 그 결과 사망률은 극적으로 개선되었다. 하지만 그가 이 사실을 의학회에 발표하자 맹렬한 반발에 부딪쳤다. 그의 이론이 당시 의학계의 주류였던 생각과 정면으로 대립하고 있어 이른바 '어르신'들의 반감을 산 것이다. 그가 의학회에서 어떤 비난을 받았을지는 어렵지 않게 상상할 수 있다.

"우리의 무지로 그 많은 사람이 죽었다니 인정할 수 없어."
"지금껏 계속해 온 방식인데 이제 와서 틀렸다고 할 수는 없어."
"X 교수와 Y 교수의 논문에는 어디에도 그런 말이 나오지 않아."
"설령 맞다고 해도 지금까지 하던 방식을 바꾸는 것은 번거로워."

결국 제멜바이스의 논문과 책은 받아들여지지 않았고, 그는 실의에 빠진 채로 세상을 떴다. 그 후 프랑스의 미생물학자 루이 파스퇴르와 영국의 외과 의사 조지프 리스터가 제멜바이스의 주장이 옳았음을 증명했다. 정말로 세균 때문이었다.

과학이 발전하면서 지금은 어린아이도 왜 손을 씻어야 하는지 알고 있다. 그러나 '새로운 것'이 싹트면 '지금까지 당연했던 것'을 믿어 온 사람들의 반발은 커진다. 특히 자신의 상식, 통설과 다른 사실을 무조건 거부하려는 경향이 있다. 이런 현상은 비단 의료 분야에만 국한된 것이 아니다. 코페르니쿠스의 지동설과 다윈의 진화론도 처음부터 받아들여지지는 않았다. 하지만 과학은 근거를 축적하고 사실을 사실로 인정함으로써 앞으로 나아갔다. 그렇다면 마케팅은 어떨까?

기업 조직이 팩트와 상반되는 전략을 펼친다 해도 일상적인 업무 중 목소리를 낼 사람은 거의 없을 것이다. 아무도 근거에 대해 알지 못하고 신경도 쓰지 않기 때문이다. 유명한 기업의 성공 사례가 있다. 책에도 그렇게 쓰여 있다. 경영진이 그 제안을 마음에 들어 한다. 이 정도 이유면 '충분하다'고 여기는 것이 일반적인의 기업의 현실이다. 모두가 좋다고 생각하며, 현재의 방식에 적극적으로 의문을 제기하거나 비판하는 사람은 드물다. 직장인에게는 아무 득이 없기 때문이다.

이렇게 해서 근거 없는 '전략 놀이'가 만연하고 사업을 조용히 갉아먹는다. 존재하지 않는 인과관계를 바탕으로 전략이 정해지고, 성장에 선행하지 않는 지표를 KPI라고 착각해, 원인과 결과가 어긋난 정책에 예산을 투자한다. 그 결과 본래 얻을 수 있었던 매출에서 점점 멀어져 간다.

다시 한번 여러분에게 묻겠다.

"사실이 바뀌면 저는 생각을 바꿉니다. 당신은 어떻게 하시겠습니까?"

차례

이 책을 먼저 읽은 분들의 찬사 4

들어가며 WHO, WHAT, HOW를 논하기 '전'에 우리가 이야기할 것 6

서장 마케팅 이론은 얼마나 근거가 있는가?

1부 소비자는 정말 그렇게 움직이는가?
: WHO 이전의 문제

1장 신규 고객과 기존 고객, 성장의 핵심은 어디에 있나?

1-1 '신규 고객과 기존 고객, 누가 더 중요한가?'라는 질문 자체가 틀렸다 64

1-2 브랜드는 고객 일탈을 얼마나 막을 수 있을까? 68

1-3 신규 고객 확보와 이탈 방지, 그 사이 어딘가에서 73

1-4 시장 점유율에 따라 성장 요인이 달라진다 79

| 실전 포인트 | 성공 사례를 따라 하는 것이 정답일까? 82

2장 고객이 브랜드에 충성한다는 근거가 있는가?

2-1 실제 파레토 점유율은 50~60%다 88

2-2 헤비 유저와 라이트 유저의 현실을 알자 93

2-3 우리 브랜드를 사랑하고 구매도 많이 하는 사람은 얼마나 있을까? 100

2-4 헤비 유저가 많은 것이 정말로 강점일까? 105

2-5 당신이 말하는 틈새 전략은 정말로 전략일까? 108

2-6 변수와 상수, 원인과 결과를 착각하지 마라 116

2-7 시장에 따라 공략할 부분이 달라진다 123

2-8 평범한 소비자가 왜 브랜드를 선택하는지 깨닫자 133

3장 고객의 '사고 싶다'는 어떻게 만들어지는가?

3-1 소비자에게 긍정적인 인식을 주기만 하면 되는 걸까? 138

3-2 태도가 행동을 바꿀까, 행동이 태도를 바꿀까? 141

3-3 '이 브랜드를 구매할 의향이 있습니다'라는 말의 함정 145

3-4 '이 브랜드를 추천할 의향이 있습니다'라는 말의 함정 155

| 실전 포인트 | '안 사는 이유'를 해결해야 할까, '사야 하는 이유'를 제시해야 할까? 162

3-5 마케팅은 실제로 매출을 얼마나 높일 수 있는가? 167

3-6 소비자의 일상과 연결되는 것이 중요하다 173

3-7 오늘 좋아한다 해도, 내일은 모른다 178

| 실전 포인트 | 하던 대로 해 온 마케팅의 문제점 183

2부 당신의 제품 가격은 합리적인 근거가 있는가?
: WHAT 이전의 문제

4장 차별화 전략에 대해 의심해 본 적 있는가?

4-1 경쟁을 피하는 것과 경쟁에서 이기는 것은 다르다 190

4-2 지금까지 무관심했던 사람들이 제품을 구매해 줄까? 196

4-3 차별화는 없는 수요를 만들어 내는 전략이 아니다 202

4-4 '차별화하는 것'과 '차별화되는 것'의 차이점 206

4-5 대부분의 브랜드가 이 '라인'을 따라 성장한다 209

4-6 틈새 시장과 단순한 공백을 구분하는 법 214

4-7 이미지를 바꿔도 '싸우는 장소'와 '싸우는 상대'는 바뀌지 않는다 217

| 실전 포인트 | 소비자가 차별화하는 것은 브랜드가 아닌 맥락이다 221

5장 당신의 가격 프로모션을 재검토하라

5-1 여러분의 가격은 어떤 근거를 가지고 책정되었나? 228

5-2 가격을 매길 수 있는 가치에, 가치에 부합하는 가격을 매긴다 231

5-3 소비자는 무엇에, 어떨 때 지갑이 쉽게 열릴까? 239

5-4 이익을 극대화할 수 있는 가격은 어떻게 파악할까? 244

5-5 가격 프로모션이 할 수 있는 것과 할 수 없는 것 255

5-6 소비자의 무리한 요구에 휘둘리지 않아야 한다 262

| 실전 포인트 | 볼륨 전략과 마진 전략, 어디에 초점을 맞출 것인가? 266

6장 신제품이 살아남을 수 있는 진짜 방법

6-1 신제품의 성공 확률과 생존율은 어떻게 될까 **276**

6-2 브랜드 포트폴리오의 핵심인 증분 침투율을 이해하라 **279**

6-3 신제품의 성공과 실패, 그 분기점에 있는 사실 **284**

6-4 정말 상품력이나 기획력의 문제일까? **288**

6-5 근거를 통해 바라본 신제품 출시 후의 전략 **292**

6-6 밀어줘야 할 것은 언제나 주력 제품이다 **296**

6-7 포트폴리오에 남길 제품과 없앨 제품을 구분하는 법 **301**

6-8 브랜드는 어떻게 프리미엄화를 해야 할까? **305**

6-9 새로 진출할 서브 카테고리를 찾는 방법 **310**

6-10 리뉴얼의 함정, '새로움'이 목적이 되지 않았는가? **319**

6-11 로고 및 패키지에 심오한 의미는 필요 없다 **323**

3부 당신의 광고는 얼마나 전략적인가?
: HOW 이전의 문제

7장 브랜드 이미지와 포지셔닝에 대한 의외의 사실

7-1 브랜드 이미지는 원인이 아닌 결과다 **332**

| 실전 포인트 | 소비자의 인식을 비꿀 수 있는 방법 **338**

7-2 브랜드 개성은 마케터가 만들어낸 상상력의 산물일까 **342**

7-3 포지셔닝 전략, '독자적인 위치'라는 환상 **348**

7-4 '그 브랜드'가 하나의 포지셔닝으로 성공한 것처럼 보이는 이유
　　 354

7-5 성장하려면 카테고리 엔트리 포인트를 관리하라 361

7-6 6W 1H 프레임워크, CEP를 탐색한다 367

| 실전 포인트 | 당신 브랜드의 CEP를 찾기 위한 힌트 371

7-7 정신적 가용성, CEP에 우선순위를 매긴다 374

7-8 리트리벌 디자인, 고객의 상기를 디자인하다 385

7-9 브랜드를 재해석해 고객이 원하는 가치를 제시하라 391

7-10 브랜드 일관성에 대한 오해, 소비자는 혼란스러워하지 않는다
　　 400

8장 크리에이티브에도 전략이 있을까?

8-1 광고를 중단하면 매출과 점유율은 어떻게 변할까? 406

8-2 광고가 할 수 있는 것과 할 수 없는 것 410

| 실전 포인트 | 상사를 설득할 수 있는 광고가 소비자도 설득할 수 있다?
　　　　　　 418

8-3 광고는 고객과 몇 번 접촉해야 하는가? 420

| 실전 포인트 | 95:5 규칙, 왜 B2B와 서비스 산업에서 비고객이 중요한
　　　　　　 가? 428

8-4 광고 범위가 좁아도 창의적이면 효과가 있을까? 431

8-5 메시지와 표현은 일관성이 중요할까, 아니면 변화해도 될까? 440

8-6 카테고리에 자리를 잡는 것이 우선이다 446

8-7 퍼널, 무의미한 비율을 계산하고 KPI로 정하고 있지 않은가? 449

8-8 구매를 촉진하고 매출을 증가시키는 광고 설계법 456

| 실전 포인트 | 한정판 운동화를 살 때 줄을 세우는 이유 464

8-9 창의적인 광고가 매출과 연결된다는 근거 468

9장 광고 예산과 마케팅 ROI를 정확하게 알고 있는가

9-1 광고 예산은 어떻게 정해져야 할까? 476

9-2 불경기에는 광고에 얼마를 투자해야 할까? 479

9-3 사업 성장은 '효과'가 먼저고 '효율'은 나중이다 485

9-4 마케팅의 ROI를 정확하게 계산할 수 있는가? 489

9-5 ROI만 바라보면 파산을 한다? 494

9-6 수확체감의 함정, 이익과 ROI가 반비례할 수 있다 499

9-7 무조건 비용 대비 효과가 높은 전략을 택하면 될까? 505

9-8 '다음 1원을 어디에 써야 할까'라는 마음으로 접근하자 510

나가며 그러나 근거가 전부일까? 516

인용문헌 521

evidence-based marketing

서장

마케팅 이론은
얼마나 근거가
있는가?

국제적으로 권위 있는 전문지에 '인간은 미래를 예지하는 능력이 있다'는 논문이 실렸다면, 여러분은 믿을 수 있을까? 아무리 그래도 그건 아니다. 결론에 도달하는 과정에서 뭔가 문제가 있지 않았을까? 이런 주장을 받아들인 전문지가 더 이상한 게 아닐까? 보통은 이렇게 생각할 것이다. 나아가 그 분야 자체에 대해 '믿어도 될까?'라는 의구심이 들 수도 있다.

이것은 단순한 비유가 아니다. 십여 년 전 실제로 있었던 이야기다(Bem, 2011). 최근 몇 년 동안 다양한 분야에서 재현성의 위기가 지적되고 있다(Baker, 2016). 연구에서 확인된 효과나 현상이 다른 환경이나 시점, 또는 다른 연구에서 다시 나타날지 여부가 의문을 샀다.

마케팅과 가까운 심리학 분야에서도 심리학 저널에 게재된 연구를 추가로 실행했을 때 원래의 결과가 재현된 사례는 절반도 되지 않았다[*]는 보고가 눈길을 끌었다(Open Science Collaboration, 2015).

실제로 광고 연구와 소비자 행동 연구 분야에서도 같은 현상이 일어나고 있다. 그 수는 많지 않지만, 지금까지 보고된 재현율[**]을 몇 가지 살펴보자.

마케팅 관련 연구들의 재현율

- Reid et al.(1981) : 40%(n = 30)
- Hubbard and Armstrong(1994) : 15%(n = 20)
- Evanschitzky et al.(2007) : 44%(n = 16)
- Park et al.(2015) : 46.7%(n = 184)
- Motoki and Iseki(2022) : 20%(n = 10)
- Charlton(2022) : 11.4%(n = 44)

각 연구가 서로 다른 저널과 주제를 다루고 있으며, 재현성을 판단하는 기준과 전제 조건도 연구마다 상이하기 때문에 이 수치를 정확히 비교하기는 어렵다. 그러나 마케팅 연구의 재현성이 인접 학문보다 특히 높다고 보기는 어렵다.

■ 통계적으로 유의했던 것은 36%, 원문의 효과량이 추가시험 효과량의 95% 신뢰구간에 포함된 것은 47%, 주관적 평가로 재현될 수 있다고 간주할 수 있는 것은 39%였다.
■■ 부분적 재현은 제외한다.

이런 데이터를 보면 '마케팅 이론은 제대로 된 근거가 없는 걸까?', '이론이나 프레임워크라고 하는 것들은 무엇인가 근거가 있어서 존재하는 것이 아닌가?' 하고 당황할 수도 있다. 이 부분은 해당 학문이 가진 특수한 상황과도 관련이 있어서 이렇다 단언할 수는 없다. 다만 그 이전의 근본적인 문제를 짚어야 한다. 마케팅은 때때로 '나는 이것이 중요하다고 생각한다'는 개인적인 느낌이나 '마케팅은 이런 것이다'라는 주관이 검증 없이 그대로 받아들여지는, 어떻게 보면 순진한 측면이 있는 것 같다.

사실보다는 스토리에 끌리는 마케터가 의외로 많다. 시장과 소비자 행동을 설명하기 위해서 세운 아이디어는 어디까지나 가설일 뿐이다. 하지만 거기에 이름이 붙고 그럴듯한 이야기나 사례로 굳어지면 어느새 실재하는 인과관계처럼 인식된다. 기획서도 마찬가지다. 사실 여부보다는 설득력이 있는지, 대중이 받아들이기 쉬운 '그럴싸함'이 있는지에 따라 평가가 결정된다.

전문서에 등장하는 마케팅 이론과 키워드조차 그런 경향을 띤다. 출처를 깊게 파고 들어가 보면 실제 데이터나 정확한 실험 없이 단순히 가설적 이론을 제시한 '사고 실험thought experiment'이었거나, 기존의 이론이나 개념을 다른 용어로 재포장하거나 약간 변형해 새로운 이론인 것처럼 표현한 경우가 한둘이 아니다. 그러나 결국 픽션이나 그럴듯한 가설의 범주를 벗어나지 못하기 때문에, 제삼자가 시도해 보면 재현하지 못하는 사례가 상당히 많다(e.g., Sharp, 2010).

경영진들의 불신을 부추기는 '전략 놀이'

이론을 곧이곧대로 받아들이는 것은 위험하다. 브랜드 실무에 접목한다면 더욱 그렇다. 예를 들어 전통적인 마케팅에서는 '포지셔닝'이 중요하다고 강조한다. 경쟁력이 높은 USP unique selling proposition(고유한 판매 포인트)에 근거해 소비자의 머릿속에 독특한 포지셔닝을 확립하고 그 제품을 구매해야 할 설득력 있는 이유를 제공해야 한다(e.g., Keller, 1993). 시중에 출간된 마케팅 책이나 경제 뉴스에서도 '이 브랜드는 타깃을 좁힌 독자적인 포지셔닝으로 팬을 늘렸다'는 식의 성공 요인 분석을 쉽게 찾아볼 수 있다. 이를 보며 사람들은 '역시 포지셔닝이 성장의 비결이군!'이라고 확신한다.

그러나 이러한 브랜드 성장을 싱글 소스 데이터(개별 소비자의 광고 접촉 및 구매 활동을 지속적으로 기록한 데이터)로 연관시키면 어떻게 될까? 특정한 포지셔닝에서는 성공한 듯 보일 수 있지만, 실제로는 고객의 다양한 생활 속에서 이용 기회를 늘린 결과 침투율이 증가했고, 그로 인해 특정 포지션에서 성공 기회가 많아 보였을 뿐인 경우가 적지 않다(7장 4절에서 설명). 실제로 브랜드가 성장할 때는 특정 타깃층뿐 아니라 모든 세그먼트에서 신규 고객을 확보하면서 성장한다고 알려져 있다(Dawes, 2016a). '특정 타깃층을 겨냥한 좁고 깊은 포지셔닝'으로 성공한 것이 아니라 '모든 고객층에 대해서 넓고 얕게 포지셔닝할 수 있었기' 때문에 성공한 사례가 많다는 뜻이다.

브랜드 이미지에 관해서도 비슷하게 생각할 수 있다. 일반적으로 브랜드 이미지에 변화를 주면 매출이 상승하고 신규 고객이 늘어날 것이라고 기대한다. 여러분이 다니는 회사에서도 '어떤 이미지 개선을 시도할 것인가'를 논의한 적이 있을 것이다. 이 경우 브랜드 이미지가 '원인'이고 구매 행위가 '결과'라고 해석하는 셈인데, 사실은 그 반대다. 몇 가지 예외를 제외하고는 브랜드 이미지는 침투율(고객 수)의 함수로 작용한다(Barwise&Ehrenberg, 1985; Bird et al., 1970; Ehrenberg et al., 2002; Romaniuk et al., 2012). 즉 브랜드 이미지는 구매 경험의 결과로 형성되는 것이지 그 전 단계만으로 형성되지는 않는다.

이것이 의미하는 바는 무엇일까? 예를 들어 여러분이 '우수한 품질'을 강조해 신규 고객을 확보하려고 했다고 하자. 그러나 브랜드 침투율이 낮은 상태에서는 품질을 약간 개선한다고 해서 품질을 포함한 모든 브랜드 이미지가 향상되지는 않는다. 반대로 품질을 강조하든 말든 침투율이 높아지면 품질을 포함한 모든 브랜드 이미지가 함께 상승한다(7장 1절에서 설명). 이것은 비단 '우수한 품질'에 국한된 문제가 아니다. 해당 카테고리에 속한 모든 브랜드가 공통적으로 얻을 수 있는 혜택이라면, 그것이 어떤 이미지든 침투율 증가와 함께 향상될 수 있다. 구매 퍼널의 병목 현상을 분석하거나 인식 변화 관련 프로젝트를 진행할 때도 유사한 함정에 빠지지 않도록 주의해야 한다(8장 7절, 8장 8절에서 설명).

이처럼 불완전한 지식을 현실에 적용하려고 해도 안타깝게도 시장과 소비자는 '그렇게 움직여 주지 않는' 경우가 많다. 근거를 모르면 '포지셔닝과 브랜드 이미지를 강화하기 위해 선택과 집중을 했는데도 효과가 나타나지 않는다, 왜 그럴까?'라고 계속 고민하게 될 것이다.

"저명한 교수의 이론이니까 틀림없어." "유명한 마케터가 만든 프레임워크니까 믿을 수 있어." 나는 이런 선입견으로 만든 어설픈 정책 때문에 CEO와 CFO가 마케팅 전략 자체를 불신하게 되는 사례를 여러 번 보았다. 다음은 그 전형적인 시나리오다.

1) 유명 마케팅 이론이나 프레임워크를 기반으로 전략과 전술을 세우고 마케팅을 실행한다.
2) 하지만 효과를 면밀하게 측정해 보니 매출이 꾸준하게 증가한다고 보기는 어렵다. (순이익이 감소했거나, 통계적으로는 유의미하지만 실제 효과가 미미할 수 있다.)
3) 담당 마케터는 이를 상사와 경영진에게 설명하기 곤란하기 때문에 기존 고객으로 범위를 좁혀 집계하고, '팬의 충성도가 향상됐다', '추천 의향이 높아졌다', '퍼널의 병목 현상이 해결되었다' 등의 긍정적인 지표를 중심으로 보고한다.
4) 하지만 결국은 성장 정체에서 벗어나지 못하고 매출이 감소한다.
5) 경쟁사 동향, 트렌드 변화, 시장 축소, 고객 세대 교체 등 '누구도 상처받지 않는 이유'가 거론된다. 현장에는 일시적으로 평온이 감돈다. 그러나 경영진 사이에는 점점 불신이 쌓인다.

우리가 통제할 수 있는 것은 오로지 '승산'이다

이런 문제의 배경에는 '재현성이든 뭐든 돈을 벌 수 있으면 그만'이라는 실용 학문 특유의 관행이 자리 잡고 있을 수 있다. 단기적인 성과를 중시하는 업무 환경에 익숙한 사람일수록 결과에만 집착해 맥락을 경시하기 쉽다. 특히 좋은 결과에는 '좋은 결과를 창출하는 원리'가 있을 것이라고 믿고 이를 검증하지 않고 채택해 버리는 것이다.

예를 들어 우리는 '성공 사례'를 정말 좋아한다.■ 성과를 내야 한다는 압박을 받으면 성과를 내고 있는 다른 기업을 벤치마킹하는 것부터 시작하는 사람도 많다. 아무래도 성공 사례가 있어야 회사에서 결재를 쉽게 받을 수 있을 것이다. 하지만 '항상 성공하는 방법'은 존재하지 않는다. '맥락상 정확도가 높은 선택'과 '정확도가 낮은 선택'이 있을 뿐이다.

성공과 실패는 본질적으로 확률의 영역에 속한다. 우리는 종종 '성공은 운이 따라야 한다'고 말하지만. 마케팅에서 우리가 실제로 통제할 수 있는 유일한 요소는 승산, 다시 말해 '성공 확률을 높이는 전략'뿐이다. 데이터 과학자이자 의사결정 전문가인 캐시 코지르코프는 이 개념을 쉽게 이해할 수 있도록 예를 제시했다. 이를 바탕으로 사고 실험을 진행해 보겠다(Kozyrkov, 2020).

여기 동전과 주사위가 있다. 특별한 점은 없다. 동전에 걸었을 경

■ 사례 연구가 나쁘다고 말하는 것은 아니다. 이 책에도 많은 사례가 나온다. 성공 사례만 보고 결정하는 것은 바람직하지 않다는 뜻이다(예: 아는 것과 안다고 생각하는 것에 대한 혼동, 결과 편향, 생존자 편향, 확증 편향 등).

우 앞면이 나오면 10만 원을 받을 수 있고, 주사위에 걸었을 경우 6이 나오면 10만 원을 받는다. 여러분은 동전을 선택했다. 이제 동전과 주사위를 던진 결과는 다음과 같다.

동전: 뒷면이 나왔다.
주사위: 6이 나왔다.

동전이 뒷면이므로 10만 원을 받을 수 없다. 반면 주사위는 6이 나왔다.

자, 다음 게임이다. 이번에도 여러분은 동전에 걸지 주사위에 걸지 다시 선택할 수 있다. 규칙은 전과 같으며 성공하면 10만 원을 받을 수 있다. 여러분은 다른 선택을 하겠는가? 성과를 최우선시한다는 것은 다른 선택을 한다는 뜻이다. 하지만 2분의 1의 확률로 이길 수 있는 선택이 있는데 이를 버리고 굳이 6분의 1 확률인 게임에 참가하는 것은 어리석게 보인다. 이것이 이른바 결과 편향outcome bias이라는 오류다.

이 실험의 교훈은 '좋은 결과'와 '좋은 결정'은 다르다는 것이다. 물론 좋은 결과를 얻으려면 좋은 결정이 필요하다. 하지만 실제로 우리가 통제할 수 있는 것은 후자뿐이다. 여러분은 동전을 선택했지만 10만 원을 받지 못했다. 이 사실만 놓고 보면 나쁜 결과처럼 보인다. 만약 주사위를 선택했다면 10만 원을 받을 수 있었겠지만, 이는 결과론적 이야기다. 뒷면이 몇 번 나오든 상관없이 여러분은 동전을 계속 던져야 한다. 성공 확률이 높은 선택지를 선택하는 것이 좋은 의사결정이다. 우리가 평가해야 하는 것은 매번의 결과가 아니라, 그 의사결정이 당시 이용할 수 있는 가장 신뢰할 만한 정보에 근거했는지 여부다.

"무슨 말인지 이해되지만, 동전이 답인지 주사위가 답인지 알고 있으면 애초부터 그렇게 고민할 필요도 없었을 텐데요." "논리는 그럴지도 모르지만, 계속 지면 어떻게 해요." 이렇게 생각할 수도 있다. 맞다. 그래서 근거가 필요한 것이다. 근거는 사실에 입각한 지식이며, 지식은 관점을 제공한다. 그리고 관점은 선택을 가능하게 한다. 근거를 알면 정확도가 높은 선택지가 늘어난다. 성공과 실패는 확률적인 현상이기 때문에 결국 이기는 방법은 승률이 높은 전략을 유지하며 시행 횟수를 늘리는 것뿐이다.

그렇다면 매번 나온 결과에 일희일비하기보다는 자신이 경쟁하는 게임의 규칙이 무엇인지, 딜러나 다른 선수의 행동에는 어떤 패턴이 있는지, 어떤 방법을 어떻게 배분하면 기대 수익이 최대가 되는지 등 사실 기반의 정보가 필요하다. 여기에는 신비주의와 감성적인 해석이 개입할 여지가 없다. 마케팅은 실학, 즉 실용적인 학문이다. 따라서 듣기 좋은 이야기가 아니라 사실을 봐야 한다.

비즈니스나 마케팅에는 그런 패턴이 없다고 생각하는 사람도 꽤 있지만, 그렇지 않다. 최근에는 근거를 바탕으로 마케팅을 하자는 생각, 즉 근거 기반 마케팅 evidence-based marketing 이라는 개념이 해외 마케터들을 중심으로 확산되고 있다.

근거 기반 마케팅이란 무엇인가

자연과학뿐 아니라 의학과 약학 분야에서도 과학적 근거에 기반한 의사결정이 일반화되고 있다. 최근에는 정책, 간호, 교육, 입법, 경영 등 다양한 분야에서도 같은 접근법이 활발해지고 있으며, 특히 마케팅 분야에서는 근거 기반 마케팅이라는 용어로 알려져 있다. 앞서 언급한 에렌버그-배스는 이러한 연구 기관 중 대표적인 사례로 잘 알려져 있다. 바이런 샤프는 근거 기반 마케팅을 다음과 같이 정의했다.

> 세상이 어떤 구조로 움직이고, 구매자가 어떤 방식으로 구매하고, 시장 개입이 어떻게 기능하는지에 관해, 현시점에서 가장 신뢰할 수 있고 일반화된 지식을 기반으로 마케팅 의사결정이 이루어진다. 이러한 의사결정을 뒷받침하기 위해 상황에 맞는 근거와 사실 데이터가 이용된다. (Sharp, 2017, p.11, 저자 번역)

쉽게 말해, 마케팅은 사실과 과학적 증거를 기반으로 이루어져야 한다. 여기서 핵심은 다양한 상황에서 반복적으로 관찰되는 패턴과 규칙성(Bass, 1995)에 주목하는 것이다. 국가가 달라도, 브랜드가 달라도, 시대 배경이 달라도, 다른 연구자가 데이터를 수정해도, 일관되게 관측되는 규칙성이라면 예산을 투입할 가치가 있다.

실제로 재구매, 충성도 같은 소비자 행동에 관한 것부터, 광고 커뮤니케이션, 제품 개발, 가격 전략, 유통 등 세부 영역에 이르기까지 다양한 규칙성이 보고되었다. 에렌버그-배스가 제창한 '이중 위험의 법칙', '중복 구매의 법칙', '자연 독점의 법칙' 등이 잘 알려져 있으며, 이 외에도 실용적인 근거를 수집하고 정리하는 다양한 노력이 이루어지고 있다. 대표적인 사례를 몇 가지 소개하겠다.

- Hanssens(2015): 최상위 저널에 게재된 논문의 저자가 근거 기반 실무의 시사점을 간결하게 정리한 획기적인 책이다. 광범위한 마케팅 믹스 요소와 조정 변수가 어떤 비즈니스 효과를 가져오는지 간결하게 정리하고 있다.
- Wind and Sharp(2009): 다양한 광고 연구의 일반화 가능성을 검토하기 위해 실무자와 연구자를 대상으로 리뷰 조사를 수행하고, 얻어진 지식을 종합하는 시도가 이루어졌다.
- Binet and Field(2013, 2017, 2018): 영국의 광고 업계 단체인 광고인협회 Institute of Practitioners in Advertising, 이하 IPA의 마케팅 효과와 효율성을 분석한 보고서다. 마케팅 정책과 비즈니스 성과를 연결하는 대규모 데이터베이스를 활용해 마케팅 커뮤니케이션에 대한 다양한 인사이트를 도출하고 있다. 특히 장기적 브랜드 구축과 단기 구매 자극을 위한 최적의 예산 배분(60:40 규칙)으로 유명하다.
- Romaniuk et al.(2021): 링크드인의 The B2B Institute와 에렌버그-배스가 협업한 B2B 영역의 사업 성장에 관한 획기적인 보고서다.

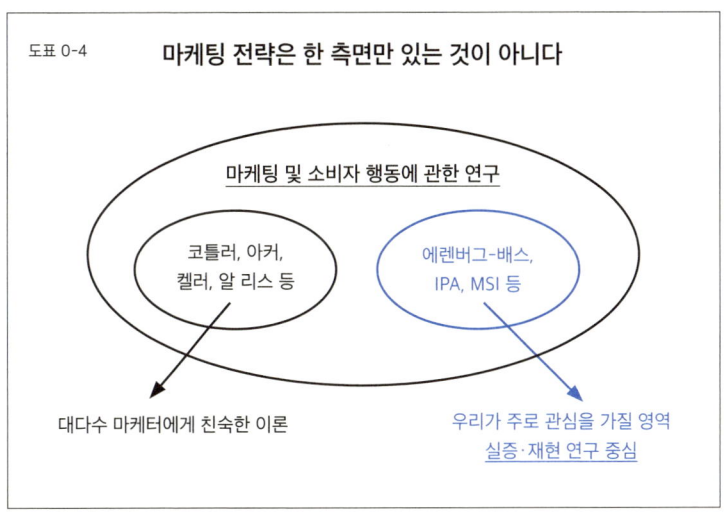

　이러한 연구들은 모두 실무자에게 매우 중요한 자료이지만, 일본에서는 거의 알려지지 않았다. 또한 에렌버그-배스 외에도 사실과 근거에 기반한 마케팅이 중요하다는 흐름은 점점 확대되고 있다. 특히 주목하는 연구자로 미국 캘리포니아대학 로스앤젤레스UCLA의 도미니크 한센, 미국 노스이스턴대학의 코엔 포웰스, 미국 펜실베이니아대학의 피터 페이더 등을 들 수 있다. 그들은 매우 뛰어난 마케팅 과학자이지만 꼭 에렌버그-배스와 같은 노선을 따르는 것은 아니다. 이 책에서는 이러한 다양한 연구들을 폭넓게 검토해, 가장 균형 잡힌 '근거 기반 마케팅 입문서'가 될 수 있도록 노력하겠다.

근거는 얼마든지 선별해서 사용할 수 있다

근거 기반 마케팅은 특정 카테고리의 소비자 행동에서 공통적으로 나타나는 '큰 규칙성'을 먼저 이해하는 것이 중요하다는 개념이지, 예외가 하나도 없는 '절대적인 규칙'이 있다고 하지는 않는다. 근거에는 'A 경우에는 적용되고 B 경우에는 적용되지 않는다'라는 경계 조건이 존재한다. 이러한 경계 조건을 인식하면 내용을 더 깊이 이해할 수 있다(Bass, 1995).

예를 들어 이중 위험의 법칙을 생각해 보자. 이 법칙은 소비재뿐만 아니라 내구재, 서비스재, B2B 등 다양한 시장에서 관측되는 현상이다(e.g., Colombo et al., 2000, Romaniuk et al., 2021; Sharp, Wright&Goodhardt, 2002). 일반적으로 고객 수와 충성도의 관계를 설명하는 법칙으로 알려져 있지만, 실은 브랜드 이미지, 브랜드 상기, 검토 과정 등에도 영향을 미친다(Dall'Olmo Riley et al., 1997; Ehrenberg et al., 2002; Mcredy et al., 2022). 또한 고객 이탈과 유지 역시 이중 위험의 법칙에 따른다(Wright&Riebe, 2010). 웹 사이트의 규모와 방문자 수, 체류 시간에도 영향을 미친다(Taneja, 2020).

한편, 이중 위험의 법칙에는 몇 가지 제한 조건과 한계도 존재한다. 이중 위험의 법칙 이면에는 음이항분포negative binomial distribution라는 통계 모델이 있으며, 이론적으로는 시장이 안정되어 있고(예: 점유율이 크게 변하지 않는다), 시장에 명확한 경계선(예: 서브 마켓 구분)이 없어야 한다는 전제가 따른다(Scriven et al., 2017; Sharp, Reebe,&Dawes, 2002). 또한 전형적인 DJ라인(이중 위험의 법칙을 나타내는 곡선, 4장

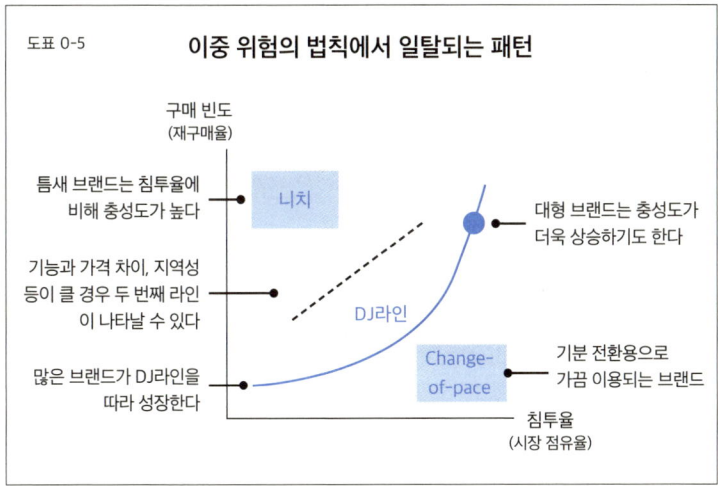

출처: 다음을 바탕으로 저자가 작성함
Dawes, J. (2022). Factors that influence manufacturer and store brand behavioral loyalty. *Journal of Retailing and Consumer Services, 68,* 103020.
Dowling, G. R.,&Uncles, M. (1997). Do customer loyalty programs really work?. *Sloan Management Review, 38 (4),* 71-82.
Scriven, J., Bound, J.,&Graham, C. (2017). Making sense of common Dirichlet deviations. *Australasian Marketing Journal, 25 (4),* 294-308.

5절 참고)에서 벗어난 패턴이 존재하는 것도 보고되었다.

틈새 브랜드ˇ나 기분 전환용으로 사용되는 브랜드에서도 이중 위험의 법칙에서 벗어나는 현상이 나타난다(Bhattacharya, 1997; Kahn et al., 1988). 대형 브랜드에서는 충성도가 상승하고 소형 브랜드에서는 그 반대로 작용한다(Fader&Schmittlein, 1993; Li et al., 2009). 또, 기능이나 가격 차이가 크거나 특정 계절이나 지역에 한정된 용도로 사용되는

- 다만 틈새 브랜드도 성장할 때는 이중 위험의 법칙에 따라 니치 포지션에서 벗어난다 (Dowling&Uncles, 1997).

브랜드 역시 이중 위험의 법칙에서 벗어나는 경우가 있다(Scriven et al., 2017; Uncles et al., 1994). 한편 니치 브랜드도 침투율에 비해 충성도가 높은 경향이 있다(Dawes, 2022).

근거를 단순히 '맞거나 맞지 않는다'는 관점에서 볼 수도 있지만, 해당 카테고리에서 실제로 더 직접적인 이익으로 이어질 수 있는지를 기준으로 판단할 수도 있다. 예를 들어, 소비자가 일상적으로 자주 구매하고 빠르게 소비하는 일용소비재 FMCG 시장 같은 경우는 헤비 유저를 육성하려고 해도 힘들다. 이들의 전체 구매량에서 자사 브랜드가 차지하는 비율은 약 30% 정도에서 포화상태에 이르고, 이탈을 막으려 해도 1년 안에 고객의 절반 가까이가 다른 브랜드로 대체하는 경우가 있다(Dawes, 2020; Romaniuk&Wight, 2015). 반대로 매출 성장 가능성의 대부분은 라이트 유저와 비사용자에게 달려 있다(Trinh et al., 2023). 이처럼 개개인의 LTV Lifetime Value(고객 생애 가치)에 큰 차이가 나지 않는 카테고리에서는 에렌버그-배스의 근거 이론을 채택하는 것이 비즈니스에 더 큰 영향을 줄 수 있다.

한편 WTP Willingness to Pay(고객 지불 의향)에 따른 가격 차별이 가능한 업계나, 개인화한 제안으로 고객을 유지하고 육성할 수 있는 비즈니스 모델, 일부 서비스업에서는 'LTV나 마진이 압도적으로 높은 고객'과 '그 외의 일반 고객' 사이에 명확한 경계선이 존재하기 때문에, 기업에 신규 고객과 기존 고객의 가치는 동등하지 않다. '한 명이 이탈하면 신규 고객을 한 명 더 확보하면 된다'라는 식으로 생각할 수 없는 것이다. 온라인 게임이나 백화점을 생각하면 이해하기 쉬울 것이다. 이런 카테고리에서는, 미국 펜실베이나 대학 와튼 스쿨의 피터 페이더가 제창하는 고객 중심성customer centricity■ 개념을 참고하면 도움이 될 것이다(Fader, 2012).

다만, 이런 카테고리에서도 가치가 높은 고객을 의도적으로 육성하는 것은 쉽지 않고, 고객 기반을 확대해서 자연스럽게 증가하기를 기대할 수밖에 없는 측면도 있다. 따라서 라이트 유저 침투율이 중요하다는 대원칙은 변함이 없다.

이 책을 읽는 방법

이 책이 특히 도움이 되는 사람과 상황은 다음과 같다.

- 소비재, 서비스재, 내구재 시장의 마케터 혹은 상품 개발자
- 매출 둔화에 직면한 경영진
- 소규모 브랜드를 성장시키는 미션을 맡은 브랜드 관리자
- 이를 지원하는 플래너, 컨설턴트, 크리에이터
- 마케팅 입문자, 마케팅을 처음 학습하는 사람

본격적인 내용에 들어가기 앞서, 이 책이 특히 유용한 상황과 활용법, 반대로 적합하지 않은 경우에 대해 이야기하려 한다. 이 책은

■ 고객 중심주의customer-centric와 철자가 비슷하지만 의미는 크게 다르다. 5장에서 설명하겠다.

어떤 사람의 어떤 문제를 해결할 수 있을까? 우선적으로, 신규 고객 유입이 줄고 기존 고객층 내 브랜드 간 경쟁이 치열해지는 성숙 시장에서 마케팅 관련 업무를 하는 사람들에게 필요한 근거들을 모았다. 특히 두 부류의 독자에게 가장 유용할 것이다. 하나는 '매출 둔화에 직면한 마케터와 경영자', 또 하나는 '소규모 브랜드를 성장시키는 역할을 맡은 브랜드 담당자와 매니저'다. 그 외에도 제품 및 서비스 개발자, 광고 대행사의 플래너, 컨설턴트 등도 이 책을 활용할 수 있을 것이다.

성장 둔화의 늪에서 벗어나지 못하는 것은 현재의 방식에 어딘가 문제가 있기 때문이다. 이는 지금까지 쌓아 온 경험과 방식이 잘못되었다는 뜻은 아니다. '지금까지는 기존 방식이 효과적이었지만 이제 그 방식으로는 충분하지 않다'는 의미일 뿐이다.

실제로 근거만으로는 0에서 1을 만들 수는 없다. 하지만 지금의 방식으로 1에서 10을 만들기는 어려울 것이다. 이 책은 2나 3 정도에서 막다른 골목에 부딪혔을 때 10을 목표로 하거나, 또는 10에서 100을 목표로 할 때 가장 유용하리라 생각한다. 현재 방식으로는 한계에 도달한 것 같지만 무엇을 어떻게 바꿔 나가야 할지 막막한 사람에게 새로운 관점을 제시하고 성장 둔화의 함정에서 빠져나갈 수 있는 '토대'를 마련해 주는 것, 그것이 근거 기반 사고의 진정한 가치라 생각한다.

또한 마케팅을 처음 배우는 사람, 대학 졸업생, 마케팅 부서에 배치된 지 얼마 안 된 신입 실무자, 기존의 마케팅 관행에 물들지 않은 학생 역시 이 책에 적합하다. 마케팅에서 당연시되는 것을 검토할 필요가 있는 것은 오랜 세월에 걸쳐 형성된 믿음이 때때로 사실과 혼동되기 때문이다. 처음부터 사실과 근거를 기반으로 사고할 수 있다면 그보다 더 좋은 일은 없을 것이다. 물론 다양한 이론을 접하고 경험하면서 '결국 우리는 어떻게 해야 할까?', '우리 업계와 제품이라면 어떻게 생각해야 할까?'라고 고민하는 숙련된 마케터들에게도 이 책이 분명히 도움이 될 것이다.

어떤 시장과 브랜드에 적합한가?

이 책은 주식회사 콜렉시아의 VIP 고객을 위한 리포트와 내가 총괄하는 컨설팅 부서의 교육 자료를 기반으로, 300건 이상의 선행 연구 리뷰를 추가해 출판용으로 정리한 것이다. 그 과정에서 당사의 주요 고객 산업인 스마트폰, 자동차, 세제, 청량음료 등 성숙 시장의 소비재, 서비스재와 관련된 근거가 상대적으로 많이 포함되었다.

또한 대형 브랜드와 소규모 브랜드에 적용되는 근거가 다를 수 있는데, 이 책에서는 그 차이점도 함께 정리했다. 따라서 신제품 담당자부터 주력 제품 책임자까지 폭넓게 활용할 수 있을 것이다.

근거를 언제부터 도입해야 하는지에 대한 질문에 답하자면, 이를 초기 단계에서 이해할수록 이후 과정에서 긍정적인 영향을 미칠 가능성이 크다. 제품 출시 전에는 아이디어나 콘셉트 단계에서 활용할 수 있는 근거가 많지 않을 수 있지만, 0에서 1로 나아간 후에는 1에서 10, 10에서 100으로 성장하는 과정에서 반드시 필요한 요소가 될 것이다.

    근거는 기본적으로 선행해야 한다. 대형 브랜드가 된 후에야 '대형 브랜드가 되기 위한 근거'를 찾는 것이 아니다.[■] 소규모 브랜드가 성장하려면 '브랜드는 어떻게 성장하는가', '소비자는 어떻게 제품과 서비스를 선택하는가', '크게 성장하는 브랜드에는 어떤 공통점이나 규칙성이 있는가'와 같은 질문에 대한 답을 미리 알고 있어야 한다.

이 책이 다루는 범위와 지침

이 책에서는 논문에 공개된 근거를 수집하고 메타적으로 비판하며 '사업 성장에 대해 우리는 무엇을 얼마나 알고 있는가'를 고찰한다. 다만, 특정 브랜드의 데이터를 직접 수집해 처음부터 실증하는 책은 아니다. 이러한 작업은 본업에서 진행하고 있다.

    본래 '근거'로 규정하려면 치밀한 요인 통제^{■■}가 필요하지만, 이 책에서는 무작위 비교 시험RCT 실시 여부를 기준으로 자료를 선별하지 않았다. 물론 RCT나 그에 대한 메타분석이 있는 경우 적극적으로 소개하지만, 앞서 언급했듯이 마케팅 역시 재현성 위기에서 자유롭지 않다. 실험 환경에서 성립한 경향이 실제 시장에서는 재현되

■ 물론 대형 브랜드가 더욱 성장하려면 새로운 근거를 배워야 할 필요는 있다.
■■ 관심 있는 요인을 제외한 다른 요인의 영향이 일정하게 유지되도록 통제하는 것. 예를 들어 광고의 효과를 알고 싶다면 광고 이외의 영향을 동일하게 만든다.

지 않는 경우가 많기 때문이다. 따라서 이 책에서는 요인 통제 수준에 차이가 있음을 인정하면서도, 실제 시장에서 반복적으로 관찰되는 규칙성에 초점을 맞추고자 한다.

또한, 연구가 학술적인 성격을 띠었는지를 기준으로 자료를 분류하지 않았다. 산업 단체나 리서치사의 보고서 중에서도 대규모 데이터나 싱글 소스 데이터에 기반한 실증 연구가 있으면 적극적으로 채택했다. 반면, 최고 권위의 저널에 게재된 이론이라도 개념 중심의 연구는 최소한으로 언급하고 깊이 다루지 않았다. 구체적인 기준은 마케팅 사이언스의 대가인 고故 프랭크 배스의 제언(Bass, 1995)에 따라 다음과 같은 점에 중점을 두었다.

- 다양한 상황에서 반복적으로 관찰되는 패턴과 규칙성을 수집한다.
- 규칙성의 본질을 보다 명확하게 전달하기 위해, 가능하면 도표나 그래프를 활용해 시각적으로 표현한다.
- 특정 규칙성이 적용되지 않는 조건이나 예외적인 상황이 있을 경우, 이를 최대한 상세히 언급한다.

가능한 한 사실을 중심으로 내용을 전개하고, 이에 근거한 의견을 덧붙이는 방식으로 구성했다. 반면, 개인적인 의견이 강조된 부분은 주로 '실전 포인트' 란에서 소개하고 있다. 본문에 인용 표기가 많아 다소 읽기 어려울 수도 있지만, 사실과 의견을 분리하면서도 독자에게 여운을 남기는 읽을거리가 되도록 신경 썼다. 독자들이 각

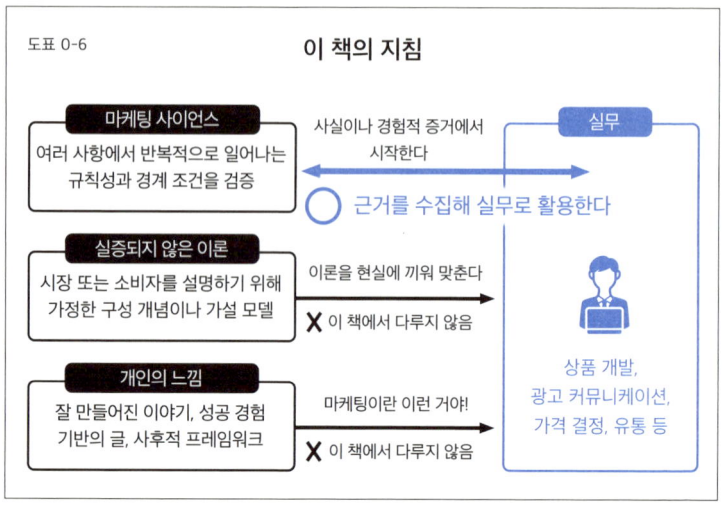

자의 근거를 바탕으로 사고를 정리하고, 내 해석과의 공통점과 차이를 발견하며 대화를 이어 가는 계기가 되기를 바란다.

이 책의 구성

이 책은 마케팅과 브랜딩에서 당연한 사실로 여겨져 온 개념들을 근거를 바탕으로 재조명하려는 시도다. 마케팅 전략에는 다양한 접근 방식이 있지만, 마케터들은 일반적으로 '누구에게WHO', '무엇을 WHAT', '어떻게HOW'의 순서로 사고하는 경향이 있다. 이에 따라 이 책도 같은 흐름에 맞춰 내용을 구성했다. 처음부터 차례로 읽으면 근거 기반 마케팅의 전체적인 맥락을 이해할 수 있으며, 실무에서

'이게 정말 근거가 있는 이야기인가?' 혹은 '이런 상황에서는 어떻게 해야 할까?'와 같은 의문이 들 때, 필요에 따라 내용을 역추적하며 참고서로 활용할 수도 있다.

이 책은 총 3부로 구성되어 있으며, 각 부의 개요는 다음과 같다.

1부 소비자는 정말 그렇게 움직이는가?

1부에서는 소비자 행동의 규칙성을 설명한다. 현재 마케팅에서는 고객 한 명 한 명에게 초점을 맞추고 고객의 생활 맥락과 감정을 반영한 미시적 인사이트를 중시하는 '고객 이해'가 주목받고 있다. 하지만 비즈니스의 가치를 더욱 높이려면 어떤 관점에서 고객을 이해해야 할까? 예를 들어, 흔히 '고객을 육성한다'고 하지만 라이트 유저를 헤비 유저로 변화시키는 것이 실제로 가능할까? 헤비 유저와 충성 고객은 어떻게 다를까? 신규 고객 확보와 기존 고객 유지가 비즈니스 성장에 미치는 영향은 무엇일까?

또한 마케팅에서는 오래전부터 '특정 브랜드나 제품에 대한 긍정적인 인식을 형성하면 소비자가 결국 구매 행동을 한다'는 태도 변화 모델이 주류를 이루어 왔다. 하지만 사람의 행동이 그렇게 쉽게 변할 수 있을까? 애초에 '태도 → 행동'이라는 단순한 인과관계로 설명하는 것이 적절할까? 이처럼 소비자의 태도와 행동 변화에 관한 기본적인 사실을 중심으로, 브랜드를 성장시키기 위해 소비자를 어떻게 바라보아야 하는지를 탐구해 보겠다.

2부 당신의 제품 가격은 합리적인 근거가 있는가?

2부에서는 제품과 가격의 규칙성을 다룬다. 기존 마케팅에서는 어떤 가치를 제공하는지 고민하는 과정에서 차별화의 중요성이 강조되어 왔다. 하지만 소비자들은 브랜드 간 차이를 실제로 얼마나 인식하고 선택할까? 우리는 누구를 대상으로, 어떤 차별화를 시도해야 하며, 그것이 실제로 사업 성장으로 이어질지 제대로 이해하고 있을까? 또한 차별화는 가격과 밀접한 관계가 있다. 소비자에게는 '무엇을(상품) 얼마에(가격)' 구매하는지가 하나의 세트로 작용해 가치가 결정되기 때문이다.

2부에서는 가격 탄력성에 대한 근거를 바탕으로, 판매량과 이익 간의 상충 관계를 최소화하는 가격 책정 기법과 브랜드 성장 단계별 가격 전략을 살펴본다. 후반부에서는 신제품의 성패를 가르는 요인과 브랜드 포트폴리오에 대한 의문을 근거 기반으로 검토한다. 또한 서브 카테고리화, 프리미엄 전략, 리뉴얼, 리포지셔닝 등 기존에 감과 경험에 의존하던 주제들을 근거 중심의 사고로 깊이 탐구할 것이다.

3부 당신의 광고는 얼마나 전략적인가?

3부에서는 광고, 미디어 플랜, 크리에이티브, 그리고 마케팅의 투자 대비 효과에 관한 규칙성을 살펴본다. 광고는 소비자에게 어떤 영향을 미치며, 실제로 매출과 시장 점유율을 높이는 데 어떤 역할을 할까? 근거 기반의 커뮤니케이션 디자인은 무엇일까? '도달과 타깃팅', '브랜드의 일관성과 참신함', '설득과 퍼블리시티' 같은 요소는 상황에 따라 어떻게 균형을 맞추어야 할까?

포지셔닝과 브랜드 이미지에 대한 기본적인 근거를 바탕으로, 최근 주목받고 있는 인식 변화 설계와 카테고리 엔트리 포인트CEP, Category Entry Points 기반의 브랜드 관리에 대해 논의하겠다. 최근 몇 년 동안 '예산 배분 최적화', 'ROI 극대화' 같은 용어가 대중화되었지만, 이를 올바르게 이해하고 실무에 적용하는 사람은 많지 않다. 이러한 개념을 점검하고, 근거 기반의 광고 커뮤니케이션과 미디어 플래닝을 실현하기 위한 접근법을 소개하겠다.

덧붙여, 이 책을 순서대로 읽다 보면 '어, 저기서 말했던 것과 다르네?' 하고 일견 모순되는 근거를 마주칠 수도 있다. 개인적으로 해외 논문을 읽기 시작했을 때도 이런 느낌을 받은 적이 많지만, 대부분은 '상황에 따른 문제'였다. 계속 읽다 보면 알게 되겠지만, 대형 브랜드와 소규모 브랜드, 성숙 시장과 신흥 시장, 내구재와 비내구재, 기존 고객과 비고객, 헤비 유저와 라이트 유저 등 조건에 따라 근거가 제시하는 방향이 크게 달라질 수 있다. 특정 상황에서 효과적이라고 알려진 접근 방식이 다른 상황에서는 오히려 역효과를 낼 수도 있다. 이러한 차이를 최대한 명확하게 구분하고 일관성을 유지하려 노력했지만, 혹시라도 명확하지 않은 부분이 있다면 인용 문헌을 참고해 원문을 직접 확인해 보기를 권한다.

또한, 이 책에서는 한 번 설명한 근거가 두세 번 반복해서 등장하기도 한다. 처음부터 끝까지 읽는 독자에게는 이미 본 내용처럼 느껴질 수 있지만, 궁금한 부분만 찾아 읽는 독자도 쉽게 이해할 수 있도록 구성한 것이므로 양해 바란다.

1부

소비자는
정말 그렇게
움직이는가?

| WHO
| 이전의 문제

여기서는 페르소나, 고객 여정, 인사이트처럼 개별 소비자에 대한 깊은 이해가 목표는 아니다. 대신 소비자를 모집단, 대중으로 바라볼 때 나타나는 경향성과, 이것이 일반적으로 받아들여지는 소비자 이미지와 어떻게 다른지 설명하고자 한다.

이렇게 구분하는 것은 마케팅의 상위 단계와 하위 단계에서 '소비자 이해'가 요구되는 방식이 다르기 때문이다. 상위 단계인 전략 수립에서는 모집단 수준에서 소비자를 이해하는 것이 중요하다. 하위 단계인 제품·광고·홍보 개발에서는 개별 소비자 수준에서의 이해가 더 유용하다. 전략을 세울 때는 '사회경제적 범주가 다른 사람들도 공통적인 행동 패턴을 보이는가?'라는 모집단의 동질성에 초점을 맞춘다. 정책을 수립할 때는 '사회경제적 범주가 같은 사람이라도 조건에 따라 행동 패턴이 어떻게 달라지는가?'라는 개인의 이질성에 초점을 둔다.

정책이 다소 잘못되더라도 전략이 올바르면 큰 피해는 없지만, 전략이 잘못되면 정책으로 만회할 수 없다. 따라서 미시적 접근에 앞서, 소비자 행동에서 나타나는 공통적인 패턴을 파악하고, 소비자를 어떤 벡터로 이해해야 하는지 근거를 바탕으로 명확히 아는 것이 중요하다. 1부를 다 읽을 무렵이면 기존의 소비자 이해 방식이 '벡터의 방향이 반대였다'거나 '존재하지 않는 화살표를 있다고 생각했다'는 깨달음을 얻을 것이다.

evidence-based
marketing

1장

신규 고객과 기존 고객, 성장의 핵심은 어디에 있나?

1-1 '신규 고객과 기존 고객, 누가 더 중요한가?'라는 질문 자체가 틀렸다

신규 고객 확보와 기존 고객 이탈 방지는 마케팅에서 오랫동안 논의되어 온 주제다. 이에 대한 전문가들의 견해도 분분하다. 데이터를 기반으로 사고하는 경제학자와 마케팅 과학자는 신규 고객 확보를 더 중요하게 본다. 반면 성공 사례와 경험을 중시하는 컨설턴트와 마케터는 기존 고객 유지를 더 중시하는 경향이 있다. 물론, 모든 전문가가 이분법적으로 나뉘는 것은 아니다.

나는 실무에서 두 가지 입장을 모두 경험해 보았지만, 무엇이 더 중요한지 하나만 선택해야 한다면 신규 고객 확보를 꼽겠다. 그 이유는 뒤에서 근거를 들어 설명하겠다.

물론 기존 고객 유지의 중요성이 커지는 상황이 있으며, 기존 고객에게서만 기대할 수 있는 성과가 존재하는 것도 사실이다. 결국 브랜드를 성장시키려면 브랜드가 처한 상황과 목표에 따라 각기 다른 접근 방식이 필요하다. 따라서 신규 고객과 기존 고객 중 하나를 고르라는 질문 자체가 비즈니스 성장의 본질을 제대로 이해하지 못한 것이라 볼 수 있다.

이 장에서는 이 둘이 대립적으로 인식된 배경을 정리한 후, '둘 중 하나를 선택해야 한다면 왜 신규 고객 확보가 더 중요한지' 설명하겠다. 이어서 이 대립 구조 자체가 왜 적절하지 않은지, 그리고 대신 어떤 관점을 가져야 하는지를 살펴보겠다.

1:5의 법칙, 5:25의 법칙은 사실일까?

고객 이탈을 줄이고 유지율을 높이면 매출이 증가한다. 이런 생각은 기업과 대리점, B2B와 B2C를 막론하고 널리 퍼져 있다. 또한 많은 컨설턴트와 플래너가 이를 실행할 수 있다고 주장한다. 그 근거로 자주 거론되는 것이 '신규 고객을 획득하는 비용이 기존 고객을 유지하는 비용보다 5배 더 든다'는 1:5의 법칙과, '고객 이탈을 5% 줄이면 이익이 25% 개선된다'는 5:25의 법칙이다.

이 주장의 배경에는 고객을 오래 유지할수록 이익이 커지고, 충성도와 학습 효과로 유지 비용이 낮아진다는 논리가 깔려 있다. 그러나 실제 조사 결과, 이를 뒷받침하는 근거는 명확하지 않다.

우선, 고객 관계 관리에 드는 비용은 변동성이 크며, 신규 고객과 비교해 차이가 없거나 오히려 장기 고객에게 더 많은 비용이 발생하는 경우도 보고된다. 또한, 기존 고객이 반드시 신규 고객보다 수익성이 높은 것도 아니다. 충성 고객의 수익성이 모두 높은 것은 아니며, 수익성이 높은 고객이 모두 충성 고객인 것도 아니다(Reinartz& Kumar, 2002).

게다가 카테고리의 침투율, 기업의 시장 진입 순서, 업계 내 리더 기업인지 추종자인지에 따라 고객 확보 비용과 유지 비용이 달라진다(Min et al., 2016). 따라서 신규 고객을 확보하는 것보다 기존 고객을 유지하는 편이 저렴하고 가성비가 높다는 식의 단순한 논리는 성립하지 않는다.

다음으로 5:25의 법칙은 어떨까? 이 법칙은 〈하버드 비즈니스 리뷰〉에 게재된 어느 논문에 근거한 것으로 보이는데(Reichheld&Sasser, 1990), 바이런 샤프가 이미 반증한 바 있다(Sharp, 2010).

본격적인 논의에 앞서 5%가 무엇을 의미하는지 짚어 보자. 예를 들어 여러분이 구독형 서비스를 이용하고 있다고 해 보자. 연간 해지율이 10%라면, 단순하게 생각하면 평균 지속 기간은 $1 \div 0.1 = 10$년이 된다. 여기서 해지율을 5%로 줄일 수 있다면 평균 지속 기간은 $1 \div 0.05 = 20$년, 즉 2배가 된다. 당연히 그만큼 기업이 얻을 수 있는 이익도 늘어난다(연구에서는 업종에 따라 이익이 25~85% 증가한다고 명시되어 있다). 하지만 이러한 계산만 가지고 '해지율을 5%로 개선하면 이익이 크게 증가한다'고 단언할 수는 없다. 해지율 10%를 해지율 5%로 줄이는 것은 5%가 아니라 '5%p'가 개선된다는 뜻이다. 고객 이탈을 절반으로 줄인 것이다. 이탈률을 절반으로 줄이면 당연히 이익이 크게 개선되겠지만, 고객 이탈을 그만큼 줄이는 것이 과연 현실적으로 가능한 일인가, 이것은 의문이다.

1:5의 법칙이나 5:25의 법칙은 필립 코틀러의 저서에서도 비슷하게 언급된 바 있다(Kotler&Keller, 2006/2008, p.195). 이러한 법칙이 어디에서나 적용된다고 믿는 사람들이 많지만 주의해야 한다. 사실 모든 브랜드는 시장 점유율에 비례해 고객을 잃는 것으로 알려져 있기 때문이다(Sharp, 2010). 고객 이탈은 다른 요인과 독립적으로 분리해 마케터가 임의로 통제할 수 있는 변수가 아니다.

1-2 브랜드는 고객 일탈을 얼마나 막을 수 있을까?

오해가 없도록 덧붙이겠다. '고객 이탈을 막는다고 해서 이익이 높아지는 것이 아니다. 고객 유지는 효과가 약하다'라고 말하는 것은 아니다. 오히려 이론적으로는 기존 고객 유지가 신규 고객 확보보다 고객 가치에 미치는 효과가 더 크다고 추정된다. 신규 고객 확보는 기존 고객의 가치가 높아지지 않지만, 고객 유지율을 개선하면 기존 고객의 가치뿐 아니라 신규 고객의 가치도 함께 높아지기 때문이다(Riebe et al., 2014). 실제로 대형 전자상거래 사이트에서는 신규 고객 확보 비용을 1% 개선하면 고객 가치가 0.02~0.3% 증가하는 정도에 머무르지만, 기존 고객 유지를 1% 개선하면 고객 가치가 3~7% 증가한다는 보고도 있다(Gupta et al., 2004). 이론적으로 보면 고객 유지가 매우 효과적인 전략이다.

여기서 '이론적으로'가 핵심이다. 아무리 강력한 대포라도 쏠 수 없다면 소용없다. 1:5의 법칙이든 5:25의 법칙이든 특정한 전제 조건이 깔려 있다. 고객을 유지할 수 있어야 하고, 신규 고객 확보와 기존 고객 유지가 비즈니스 성장에 동일하게 기여한다는 것이다. '둘 중 무엇을 선택해도 비즈니스 성장으로 이어진다면, 비용이 싼 편이 좋다'라는 논리다. 그러나 문제는 '당신의 브랜드가 현실적으로 고객 이탈을 막을 수 있는가? 당신이 경쟁하는 카테고리에서 실제로 기존 고객을 유지할 수 있는가?'다. 최근 몇 년 동안 '마케팅으로 고객 이탈을 막을 수 있으며 고객 이탈을 줄이면 비즈니스가 성장한다'는 전제를 당연시하면서 정책을 수립하는 마케터들이 있다. 하지만 이것은 큰 착각이다. 여기에는 시장과 소비자 행동에 관한 몇 가지 규칙성이 관련되어 있다.

우선 '평균으로의 회귀 현상'이 있다. 특정 시기의 헤비 유저는 다음 시기에는 라이트 유저나 비고객이 될 가능성이 높아지는 경향이 있다. 이것은 마케팅과 상관없이 일어나는 현상이며, 기업의 노력으로 어떻게 할 수 있는 일이 아니다. 이 부분은 2장에서 별도로 자세히 다루겠다.

다음으로, 고객 이탈은 기본적으로 카테고리와 브랜드의 점유율에 따라 결정된다(Wright&Riebe, 2010; Sharp et al., 2002). 대형 브랜드는 고객 기반 자체가 크기 때문에 이탈하는 고객 수도 많지만, 전체 고객 대비 비율로 보면 이탈률이 낮다. 반면, 소규모 브랜드는 고객 기반이 작아 이탈이 미치는 영향이 더욱 크고, 상대적으로 높은 이탈률을 보인다. 결국 고객 이탈과 유지도 이중 위험의 법칙을 따르는 셈이다. 이것을 유지 이중 위험의 법칙retention double jeopardy이라고 한다(Sharp, 2010). 따라서 고객 이탈을 줄이면 고객 수를 유지할 수 있다는 논리는 오히려 정반대이며, 고객 수가 증가할수록 상대적으로 이탈률이 감소한다고 이해하는 것이 더 정확하다.

실증 연구 결과를 보면, 브랜드가 쇠퇴하는 원인은 고객 이탈의 증가보다는 오히려 신규 고객을 확보하지 못하는 데 있음을 알 수 있다(Riebe et al., 2014). 쇠퇴하는 브랜드도 경쟁 브랜드와 비교했을 때 이탈률 자체는 크게 다르지 않다. 변하는 것은 고객 수, 즉 침투율이다. 따라서 브랜드를 유지하는 관점에서도 신규 고객 확보가 필요해진다.

애초에 고객 이탈을 방지할 수 있는 시장과 할 수 없는 시장이 있다. 예를 들어 흔히 고객을 육성한다, 충성도를 키운다고 표현하지만, 충성도의 의미와 측정 지표는 카테고리에 따라 달라진다(Sharp, 2007; Romaniuk et al., 2021). 엄밀하게 말하면, 충성도는 디리클레dirichlet의 S라고 하는 통계 모델의 파라미터*로 결정된다(Sharp, Wright,&Goodhardt, 2002). 어떤 카테고리든 마케터가 원하는 대로 충성도를 변화시켜서 고객을 유지할 수 있는 것은 아니다. 그렇다면 비용이 크든 적든 브랜드는 지속적으로 신규 고객을 확보해야 한다. 자세한 내용은 2장 7절에서 설명하겠다.

■ 또는 Polarization Index(φ).

이탈로 보여도 사실 대부분 이탈이 아니다

많은 마케터는 고객 이탈을 '0이냐 1이냐'로 단순하게 생각한다. '재구매가 이루어졌다 → 좋아!', '재구매가 이루어지지 않았다 → 이탈을 막아야 한다!'라는 식으로 해석한다. 하지만 소비자의 브랜드 선택은 이러한 이분법적 사고로 이루어지지 않는다. 실제로는 확률론에 기반한다. 소비자들은 저마다 자주 선택하는 브랜드의 레퍼토리를 가지고 있다(Romaniuk&Sharp, 2022; Sharp et al., 2012). 구매할 때는 그 레퍼토리 내에서 확률적으로 샘플링을 하고 하나의 브랜드를 선택한다(Bennet et al., 2010; Stocchi, 2014). 이러한 구매 패턴이 주로 나타나는 시장을 '레퍼토리 시장'이라고 부른다(Sharp, Wright,&Goodhardt, 2002).

이때 선택받지 못한 브랜드의 담당자 입장에서는 고객 이탈이 일어난 것처럼 보일 수 있지만, 레퍼토리 시장에서는 이것이 정상적인 구매 방식이며 당연한 소비 형태다. 소비자의 레퍼토리에 본인의 브랜드가 포함되어 있는 한, 다음 구매에서 선택될 가능성은 여전히 존재한다. 매번의 '선택됨', '선택되지 않음'은 추첨 결과일 뿐 이탈이 아니다. 진정한 고객 이탈은 브랜드가 레퍼토리에서 제외되어 아예 추첨 대상이 되지 않는 것이다. 따라서 브랜드 전환은 얼마든지 일어날 수 있으며 많은 소비자가 브랜드를 쉽게 떠올릴 수 있도록 유지하고 기억을 계속 업데이트하는 것이 결국 이탈 방지에 도움이 된다.

이러한 몇 가지 규칙성 때문에 마케팅을 통해 막을 수 있는 고객 이탈은 사실상 제한적이다. 따라서 현재 시장 점유율이라면 어느 정도 이탈이 일어나는 것이 정상인지 파악하고, 어떻게 과잉 투자하지 않고 그 이탈률을 유지할 것인가가 오히려 중요해진다(Romaniuk & Sharp, 2022). 예를 들어 무작정 이탈 방지에 집중하기보다는 비슷한 점유율을 가진 경쟁 브랜드와 비교해 어떤 고객층과 상황에서 이탈이 많은지를 파악하고 이를 바탕으로 적절한 예산을 배분하는 식으로 접근하는 것이 효과적이다.

1-3 신규 고객 확보와 이탈 방지, 그 사이 어딘가에서

한편, 브랜드를 성장시키려면 고객 기반을 확장하는 것이 필수적이다. 매출을 구성하는 고객 수와 구매 빈도 간의 관계는 다음 페이지의 도표 1-1과 같은 '음의 이항분포'라는 형태를 띤다(Sharp, 2010). 대부분의 시장에서는 이 그래프처럼 비고객과 라이트 유저의 수가 압도적으로 많고, 자주 구매하는 헤비 유저는 점점 줄어드는 구조를 보인다. 또한 브랜드가 성장할 때는 1년에 한두 번밖에 구매하지 않는 라이트 유저를 많이 끌어들이면서 성장한다. 이는 다양한 연구에서 밝혀졌으며, 브랜드의 성장 잠재력 대부분은 비고객에게 있고 (Binet&Field, 2018), 특히 소규모 브랜드의 경우 향후 성장의 80~90%가 비고객 침투에 달려 있다고 밝혀졌다(Trinh et al., 2023). 또한 에리

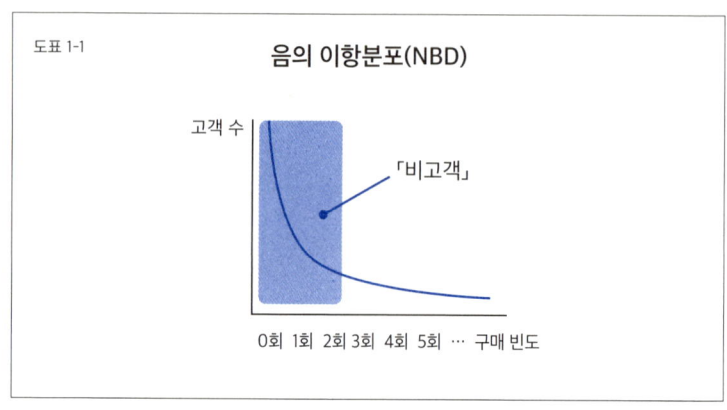

도표 1-1 음의 이항분포(NBD)

카 리브는 사업의 성장 여부와 관계없이 신규 고객 확보 지표가 이탈 지표보다 점유율 변화에 대해 약 두 배 더 설득력이 있고, 수익성 지표 변화에 대해서도 유사하게 높은 설득력을 가진다고 보고했다(Riebe et al., 2014).

이런 이야기를 하면 일부 사람은 '아니, 그건 오프라인이 메인인 소비재에 한정된 이야기고, 실제로는 카테고리에 따라 달라요', '온라인이 메인인 비즈니스나 구독 서비스는 기존 고객의 충성도가 성장의 관건이에요'라고 반박한다. 그들 주변에서는 그럴지도 모르지만, 업계 간 데이터를 보면 그런 경향은 확인할 수 없다. 1998년부터 2016년까지 약 20년간 500건 이상의 마케팅 시책과 그 성과를 기록한 대규모 데이터베이스IPA Databank에 기반한 연구에 따르면, 거의 모든 카테고리와 성장 단계에서 저가 브랜드와 고가 브랜드, 소규모 브랜드와 대형 브랜드, 혁신성이 높은 제품과 낮은 제품, 온라인 및 오프라인 모두, 비즈니스에 크게 영향력을 미치는 것은 침투율의 증가였으며, 기존 고객의 충성도 향상이 성장의 주된 요인이 아님이 확인되었다. 실제로 저자들도 '성장의 주요 동력은 언제나 침투율이다'라는 결론을 내리기도 했다(Binet&Field, 2018).

이 결론을 뒷받침하는 근거로 이들의 데이터를 일부 소개하겠다. 다음 페이지의 도표 1-2, 도표 1-3을 보자. 카테고리에 따라 차이는 있지만 데이터를 이용할 수 있는 모든 카테고리■에서 성장에 대한 영향력은 '신규 고객 획득'이 '기존 고객 충성도 향상'보다 크다는 결과를 보였다. 온·오프라인을 막론하고 신규 고객 확보가 더 중요하다. 특히 소비재와 금융 서비스, 소매업과 같은 오프라인 중심의 카테고리와 구독형 서비스에서는 오로지 신규 고객 확보에만 집중하는 것이 사업이 성장하기에 더 쉬운 듯하다.

이 데이터에서 한 가지 더 주목하고 싶은 것은 신규 고객과 기존 고객을 '양쪽 모두 관리했을 때의 영향'이다. 특히 내구재, 금융 외 서비스, 온라인 구매, 정기적인 구매가 아닌 필요할 때 구매하는 제품의 경우, 신규 고객과 기존 고객을 동시에 타깃으로 접근했을 때 가장 큰 성과를 얻을 수 있었다.

■ 내구재, 금융 서비스, 비금융 서비스재에 대해서는 충성도만의 측정치를 보고할 수 있을 만큼의 데이터가 없는 것 같다. 사실은 엄청난 효과가 있음에도 20년 동안 아무도 하지 않았을 가능성도 없진 않겠지만, 효과가 없기 때문에 아무도 하지 않았을 뿐이라고 해석하는 것이 자연스럽다.

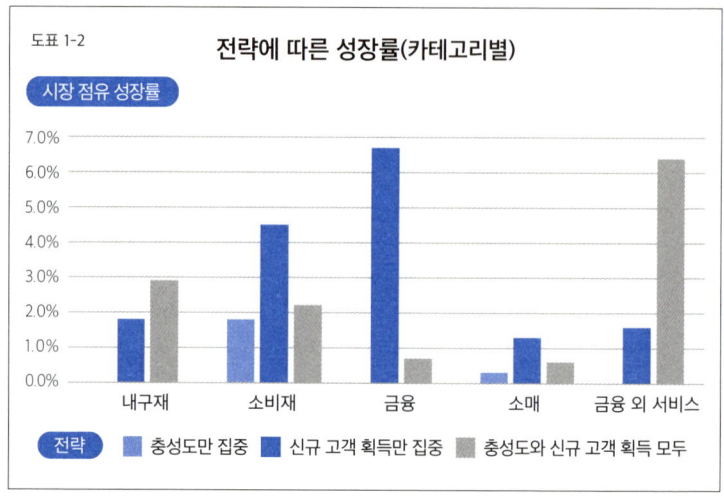

출처: 다음을 바탕으로 저자가 작성함
Binet, L.,&Field, P. (2018). *Effectiveness in context: A manual for brand building*. Institute of Practitioners in Advertising.

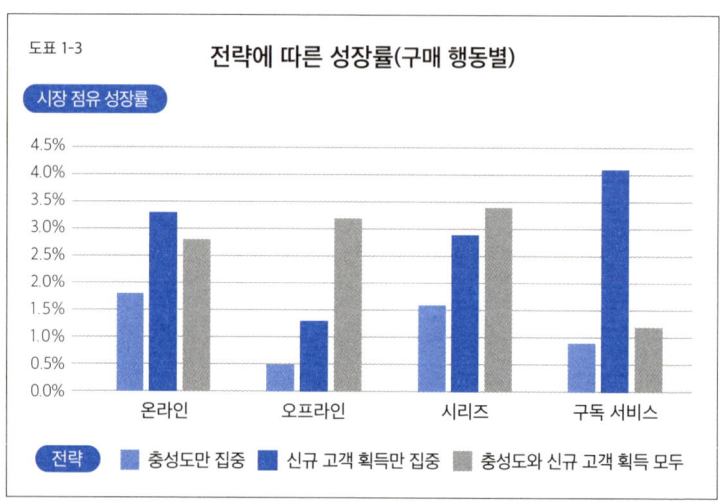

출처: 다음을 바탕으로 저자가 작성함
Binet, L.,&Field, P. (2018). *Effectiveness in context: A manual for brand building*. Institute of Practitioners in Advertising.

'양쪽 다, 따로'라는 관점

이 '양쪽 다 중요하다'라는 관점은 정론 이상의 의미를 가진다. 신규 고객 확보와 침투율이 중요하다고 주장하는 연구자 중에서도 "그러니 기존 고객을 무시해도 되고, 고객 이탈이 증가해도 상관없다."라고 말하는 사람은 내가 아는 한 한 명도 없다. 실제로 기존 고객은 퍼포먼스 마케팅■으로 접근하기 쉬우며 프로모션에도 빠르게 반응한다. 이런 특성 덕분에 단기적인 매출 상승 측면에서 매우 우수한 성과를 보인다. 또한 브랜드 규모가 어느 정도 커진 이후에는, 마진을 높이기 위한 기존 고객 대상 전략, 즉 가격 차별과 선점 효과를 활용하는 방식이 더욱 효과적으로 작용한다는 데이터도 있다(Binet&Field, 2018).

본 장의 첫머리에서 '신규 고객과 기존 고객 중 누가 더 중요한가'라는 질문은 사업 성장을 고려하는 데 적절하지 않다고 이야기했다. 하지만 '4분기 매출'처럼 단기적으로 분명한 성과를 내기 쉬운 것은 기존 고객이기 때문에, 마케터와 기획자 같은 실무자는 기존 고객이 성장의 중심이라고 느끼기 쉽다. 반면 개인의 경험이나 감각을 넘어서는 시계열 데이터나 대규모 데이터로 확인해 보면 기존 고객 중심의 성장에는 한계가 있으며 지속적으로 성장하는 브랜드의 핵심 동력은 침투율 확대와 브랜드 구축이라는 사실을 알 수 있다. 따

■ 클릭, 구매, 전환 같은 실제 성과가 발생한 경우에만 비용이 지출되는 마케팅 기법이다.-옮긴이 주

라서 결국 신규 고객과 기존 고객 모두를 '양쪽 다', '따로' 대응해야 한다.

'겉보기에는 대립하는 것처럼 보이는 사고방식도 실제로는 양쪽 다 중요한 경우가 많다', '이를 조화롭게 활용해야 한다'라는 관점은 해외 마케터들 사이에서 보디즘Bothism이나 롱 앤 쇼트Long&Short 등으로 불리며, 이 책에서 가장 중요한 메타 근거 중 하나다.

1-4 시장 점유율에 따라 성장 요인이 달라진다

마케터들은 '이것만 해 두면 괜찮다', '이런 관점으로 보면 실패하지 않는다'라는 단 하나의 답을 찾으려는 경향이 있다. 신규 고객과 기존 고객을 고르는 질문도 유일한 해결책이 있을 것이라는 기대에서 비롯된 것일 수 있다. 안타깝게도 이는 잘못된 이분법이다.

신규 고객 획득과 기존 고객 이탈 방지, 침투율과 충성도, 브랜드 구축과 구매 촉진 등 마케팅에는 상충하는 개념이 많기 때문에 흑백을 가리고 싶은 마음도 이해한다. 하지만 이러한 개념과 접근 방식은 어디까지나 '도구'에 불과하다. 도구에는 본질적으로 우열이 없다. 목표에 맞는 적절한 도구를 선택했는지 여부, 즉 여러분의 상황 판단과 도구 선택에 정답과 오답이 있을 뿐이다. 따라서 'A와 B

도표 1-4   **시장 점유율에 따라 브랜드 성장의 원천이 다르다**

	점유율 0~5%	점유율 6~10%	점유율 11~30%	점유율 30% 이상	전체
구매 빈도에 의한 성장	8%	23%	32%	46%	25%
침투율에 의한 성장	92%	77%	68%	54%	75%

Sylvester et al., 1994, as cited in 田中(2017)

출처: 다음을 바탕으로 저자가 작성함
다나카 히로시(田中洋), 2017, 『브랜드 전략론 Integrated Brand Strategy: Theory, Practice,&Cases』, 유히카쿠(有斐閣).

중 무엇이 더 중요한가'라는 질문은 본질적으로 올바르지 않다. 올바른 질문은 '어떤 상황에서는 A가 정답이고 어떤 상황에서는 B가 정답인가'다.

예를 들어 시장 점유율에 따라 성장의 원천이 다르다는 사실을 알고 있는가? 침투율과 충성도가 성장에 미치는 상대적 영향은 브랜드의 규모에 따라 달라진다(Tanaka, 2017). 도표 1-4를 보자.

우선 시장 점유율이 작을 때는 침투율이 큰 영향을 미친다. 특히 점유율 5% 이하인 소규모 브랜드의 경우, 성장의 92%가 침투율 상승에서 비롯된다. 그러나 점유율이 증가함에 따라 충성도(구매 빈도)의 영향이 커진다. 실제로 점유율이 30% 이상인 브랜드에서는 증가분의 절반 가까이인 46%가 구매 빈도 상승에서 비롯된다. 그렇다고 해도 전체적으로 보면 역시 침투율이 더 영향을 미치는 것으로 보인다. Baldinger et al.,(2002)와 Binet and Field(2018)에서도 이와 비슷한 경향이 보고되었다. 대형 브랜드가 될수록 기존 고객의 충성도와 마진 성장이 상대적으로 중요해진다. 하지만 브랜드 규모가 작을 때는 고객 기반 확대를 통한 볼륨 성장이 가장 중요하다.

여기서 주의할 점이 있다. 큰 회사가 고객 충성도를 높이기 위해 노력한다고 해서 작은 회사도 그렇게 하면 규모를 키울 수 있다는 의미는 아니다. 유명 브랜드와 급성장한 브랜드가 팬 마케팅과 충성도 강화 전략을 잘해 성과가 좋았다는 뉴스 기사를 보고 "이것 봐, 역시 충성도와 팬 육성이 중요하지 않을까? 우리 같은 작은 브랜드도 따라 해야 해."라고 생각하는 경우가 있다. 이 생각이 잘못된 도구를 선택하게 할 수 있다.

대형 브랜드는 고객 충성도를 높여서 커진 것이 아니라 브랜드가 크기 때문에 충성도가 높은 것이다(Romaniuk et al., 2021). 대기업이 기존 고객을 위한 정책에 힘을 쏟는 것은 앞서 살펴본 바처럼 그 성장 단계까지 오면 침투율의 성장이 완만해지는 반면 충성도의 기여도가 상대적으로 커지기 때문이다. 충성도 강화 정책은 기존 고객의 행동을 이끌어 내는 것이기 때문에, 고객 기반이 클수록 더 큰 효과를 발휘한다. 하지만 소형 브랜드는 그렇지 않다. 우선은 신규 고객 획득에 중점을 두고 고객 기반을 넓혀야 한다.

이처럼 마케팅에서 획일적인 해답을 찾기보다는 근거를 바탕으로 자사가 처한 환경과 성장 단계에 적합한 전략을 설계하는 것이 중요하다. 도구는 상황과 목적에 맞게 적절히 구분해서 사용해야 한다. 이 책에서 이론과 전략을 올바르게 사용하는 방법을 배우고, 목표와 상황에 따라 다르게 사용할 수 있는 '고수'가 되는 것을 목표로 하자.

| 실전 포인트 |

성공 사례를 따라 하는 것이 정답일까?

세상에는 성공 사례가 넘쳐난다. '저 브랜드는 ○○에서 잘되었다', '저 최고의 마케터가 XX가 중요하다고 말했어' 같은 이야기가 끊이지 않는다. 특히 실존하는 마케터가 주인공인 사례는 친근하게 느껴지고 설득력을 가진다. 유명 경영자나 대기업의 성공 사례가 미디어와 SNS를 통해서 빠르게 퍼지고 사람들은 '저런 대기업도 하고 있다니 안심되네', '그 마케터가 만든 프레임워크에는 성공 비결이 응축되어 있겠지', '저명한 교수가 방대한 연구 끝에 도출한 훌륭한 이론이라면 틀림없겠지'라고 생각하며 맹목적인 신뢰를 보낸다. 그렇게 줄서기가 시작된다.

실무에서 근거보다 성공 사례가 더 편하게 쓰이는 경우가 많지만,

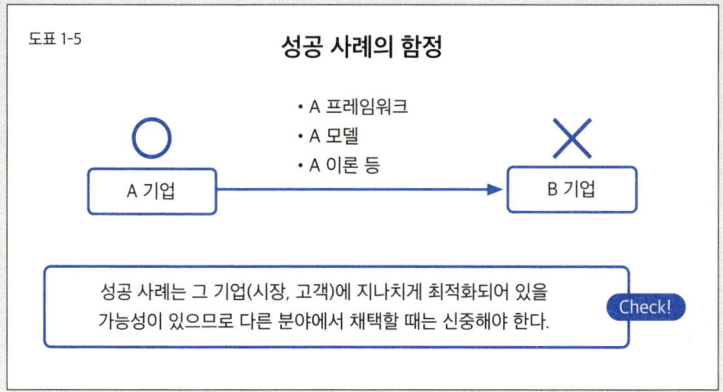

데이터 업계에서 오랫동안 일해 온 사람으로서는 약간의 이질감을 느낀다. 사례는 단순히 '타사가 성공했다면 우리도 성공할 가능성이 높다'처럼 간단하게 일반화할 수 있는 것이 아니기 때문이다. 일본 속담에 바람이 불면 통장수가 돈을 번다*는 말이 있다. 사례를 맹목적으로 받아들이는 것은 마치 '통장수가 돈을 벌었을 때 바람이 불었던 적도 있는 것 같다'는 단편적인 관찰에 불과하다. '바람이 불면(원인) 통장수가 돈을 번다(결과)'라고 주장하려면 충분한 근거가 필요하다. 그러나 대부분의 성공 사례는 해당 기업의 시장, 고객, 당시 트렌드 등 특정한 조건에 지나치게 최적화되어 있을 가능성이 높다.

■ 에도 시대, 바람이 많이 불어서 모래가 눈에 들어가 실명하는 사람이 많았고 눈이 안 보여도 할 수 있는 샤미센 연주자가 늘어났다. 샤미센은 고양이 가죽으로 만들기 때문에 고양이가 줄어들었고 곧 쥐가 늘어나 물통을 갉아먹었다. 새 물통을 사는 사람들이 늘어나 물통장수가 돈을 번다는 내용이다. 현대에는 '가능성이 낮은 인과관계를 억지로 연결하여 만들어 낸 이론이나 주장'을 가리킬 때 주로 쓰인다.-옮긴이 주

데이터 분석 분야에는 과적합over-fitting이라는 현상이 있다. 예를 들어, 하나의 데이터 세트가 있고 그 데이터를 사용해 예측 모델을 짜고 있다고 가정하자. 예측률을 높이기 위해 모델을 개선한 결과 '학습한 데이터로는 적중률이 99%이지만 다른 데이터에서는 전혀 쓸모가 없는 예측 모델'이 나올 수 있다. 이러한 문제는 편차나 이상치 같은 특정 데이터의 고유한 특징까지 지나치게 반영한 결과 발생하는데, 성공 사례에서도 동일한 현상이 나타날 수 있다.

예를 들어 숙련된 마케터가 경험이나 이론을 바탕으로 생각한 어떤 프레임워크가 있다고 하자. 이러한 프레임워크는 자연스럽게 해당 브랜드가 놓인 시장 환경, 카테고리의 구매 프로세스, 고객층에 지나치게 최적화되어 있기 때문에 다른 시장에서는 유연하게 적용되지 않을 수 있다. 기법이나 사례를 도입했음에도 불구하고 기대한 성과가 나오지 않는 이유가 바로 여기에 있다. IT업계 스타트업에서 성공한 방법을 오랜 전통의 소비재 브랜드가 따라 했지만 전혀 효과가 없었다. 반대로 일반 소비재에서 효과를 본 프레임워크를 혁신 기술 분야에 적용했더니 예상에서 크게 벗어나는 결과가 나왔다. 이런 '성공 사례의 실패 사례'는 일일이 나열할 수 없을 만큼 많다.

행동과학 전문가인 엠레 소이어와 로빈 M. 호가스는 이러한 '잘 만든 스토리'에 현혹되지 말라고 경종을 울렸다(Soyer&Hogarth, 2020). 많은 성공 사례는 그와 반대되는 사실과의 비교 과정이 빠진 결과론적 이야기에 불과하다. 이런 이야기에는 당시 의사결정을 할 때 있었던 불확실성이 과소 평가되고 성과만 강조되는 경향이 있다. 실은 겉으로 드러나지 않는 실패 사례에서도 비슷한 상황에 같은 대처를 했을 가능성도 있고, 성과에 영향을 미친 제3의 요인이 존재했을 가능성도 항상 따라다니는 것이다.

사업에 유명한 프레임워크를 도입했지만 전혀 효과가 없었다거나 딱히 특별한 일을 하지 않은 기업이 성장했다는 이야기는 얼마든지 있다. 실제로 모 외국계 소비재 기업 출신 마케터의 조언을 따라 했지만 오히려 매출이 줄어들었다며 도움을 요청받은 경우도 여러 차례 있었다.

오해하지 않길 바란다. 모든 성공 사례와 프레임워크가 나쁘다고 하거나 아예 사용하지 않는 것이 좋다는 말은 아니다. 이 책에서도 많은 사례와 프레임워크가 등장한다. 단순히 사례로만 판단하지 말고 다양한 사실과 대조하며 생각하자는 이야기다. 예를 들어 책, 인터넷 기사, 세미나 등에서 여러분이 보고 듣는 콘텐츠는 기본적으로 성공 사례다. 이렇게 '겉으로 드러나는 사례'에는 살아남은 사례만 분석되는 생존 편향survivorship bias이 있을 가능성을 항상 염두하자. 편견에 빠지지 않으려면 반대되는 사실과 비교해 보자. 성공 사례를 접할 때, 동일한 전략을 사용하지 않은 사례나 같은 방법을 시도했다가 실패한 사례를 찾아 문맥과 과정을 분석해 보는 것이 중요하다.

evidence-based marketing

2장

고객이 브랜드에
충성한다는
근거가 있는가?

2-1 실제 파레토 점유율은 50~60%다

최근 마케팅에서는 흔히 '고객 충성도'를 중심으로 전략을 세우는 경우가 많다. 그러나 애초에 충성도가 무엇인지, 높이거나 키울 수 있는 것인지, 재구매율이나 지갑 점유율wallet share과 같은 KPI와 어떤 관련이 있는지, 누구의 충성도를 높이기 쉬운지, 혹은 높이기 어려운지, 카테고리에 따라 어떻게 다른지 등 기본적인 이해는 거의 없다. 그래서인지 전제부터 크게 잘못된 충성도 전략이 자주 등장한다. 2장에서는 이러한 충성도 전략의 근거를 점검하고, 소비자 행동과 충성도의 본질에 접근하고자 한다.

얼마 전 한 마케팅 매체에서 이런 기사를 보았다. "팬들의 목소리에 귀를 기울이고 관계를 깊게 쌓으면 브랜드와 팬이 하나가 되어 관계가 더욱 뜨거워진다. 그 선순환이 반복과 추천으로 이어진다. 결국 사랑이다." 과연 이런 세계관에는 근거가 있을까? 아니면 단순한 시적 표현일까?

여러분은 브랜드의 '팬'이라고 하면 어떤 이미지가 떠오르는가? 보통은 해당 브랜드를 매우 좋아하고 재구매율이 높으며 다른 사람들에게도 추천해 주는 소비자를 떠올릴 것이다. 많은 기업이 이런 팬을 늘리고 싶어 한다. 그 밖에도 대표적인 이미지를 몇 가지 꼽아 보겠다.

팬에 관한 일반적인 이미지

- 매출의 80%를 차지한다.
- 쉽게 다른 브랜드로 바꾸지 않는다.
- 재구매율을 높이기 쉽다.
- 크로스셀링과 업셀링을 유도하기 쉽다.
- 브랜드에 열정을 갖고 있다.
- 마케팅을 하기에 따라 유지, 확대할 수 있다.

하지만 만약 이런 소비자가 거의 존재하지 않고, 현실적으로 고객을 유지하거나 확대하는 것이 어렵다면 어떨까? 전략을 상당히 수정해야 하지 않을까? '소비자'와 '소비자상'은 다르다. 실제로 소비자 행동을 조사해 보면, 마케터가 기대하는 팬의 이미지와 현실 속 헤비 유저 또는 충성 고객의 행동 패턴 사이에는 상당한 차이가 존재한다.

애초에 '충성도'란 무엇인가

먼저 팬에 관한 이미지에서 항상 첫 번째로 언급되는 '파레토의 법칙'부터 생각해 보자. 팬 마케팅을 지지하거나 헤비 유저를 중시하는 사람들은 "상위 20%의 우량 고객이 전체 매출의 80%를 차지한다."라는 파레토의 법칙을 근거로 들곤 한다. 이를 2:8의 법칙이라고 부르기도 한다. 그러나 상위 20% 고객이 매출의 80%를 차지한다는 말은 실상을 확인해 보면 과장이다. 연 단위로 보면 실제 파레토 점유율은 50~60% 정도라고 밝혀졌다(Sharp et al., 2019).

이런 지표를 해석할 때는 단순히 숫자가 아니라, 그 숫자가 무엇을 의미하는지 먼저 따져 봐야 한다. 지표의 논리(무엇을 무엇으로 측정했는가)와 소비자 행동의 실제 패턴(이 숫자가 소비자 행동의 어떤 측면을 반영하는가)에 주목해야 한다. 예를 들어, 상위 20% 고객이 높은 매출 기여도를 보이는 것은 단순히 브랜드에 대한 충성도가 높아서가 아니라, 구매 빈도가 많거나 단가가 높은 제품을 선택하기 때문이다. 개인마다 소비 습관과 이용 패턴이 다르기 때문에 특정 고객층이 자연스럽게 더 많은 매출을 만들어 내는 것이다.

이렇게 해석하면 제품과 서비스 이용에도 평균적인 편차가 존재하며, 카테고리와 시간이라는 요소를 무시하고 일률적으로 '상위 20%가 매출의 특정 %를 차지한다'고 해석하는 것은 별 의미가 없다.

실제로 파레토 점유율은 데이터를 집계하는 기간에 따라 변동한다. 모든 고객이 한 번씩만 구매한 단기적인 집계에서는 점유율이 적게 나오고(예: 20%), 집계 기간을 장기로 늘릴수록 점유율이 커진

도표 2-1

상위 20%의 공헌	기간	카테고리	출처
39%	1분기	소비재	Sharp (2010)
50%	1년	소비재	Sharp (2010)
53%	1년	소비재	Romaniuk and Sharp (2022)
60%	1년	신선식품	Anesbury et al. (2020)
67%	2년	비소비재	McCarthy and Winer(2019)
60%	5년	소비재	Dawes et al. (2022)
73%	6년	소비재	Kim et al. (2017)

다. 도표 2-1은 파레토 점유율에 관한 최근 주요 연구를 정리한 것이다. 대략적인 경향을 보면 1년 단위로 집계할 때는 50~60%고, 5~6년 단위, 즉 장기간 집계하면 60~70%가 되면서 파레토 점유율에 다가가는 것을 알 수 있다. 결국 상위 20%가 전체 매출의 80% 가까이를 창출한다는 것은 상당히 긴 기간을 잡고 보았을 때 통하는 이야기라는 뜻이다.

물론 매출의 절반 이상을 차지하고 있으니 상위 20%의 기여를 과소평가할 수는 없다. '그래서 기존 고객이 중요하다', '헤비 유저를 키워야 한다'는 목소리가 귓가에 어른거리는 듯하지만, 잠깐 생각해보자. 파레토 점유율의 수치만 보고 판단한다면 그 말이 맞다. 하지만 해당 사실을 실무에 적용하려면 추가로 다음과 같은 질문을 던져야 한다.

- 헤비 유저는 얼마나 오래 '헤비'로 남아 있을까?
- 헤비 유저는 어디에서 왔으며, 이들을 육성하거나 유지할 수 있을까?
- 헤비 유저가 자사의 팬이 되어 재구매를 할 가능성이 높을까?
- 헤비 유저는 업셀링, 크로스셀링을 쉽게 해 줄까?
- 앞으로 매출 성과를 높이는 데 필요한 고객층은 누구일까? 향후 증가율이 가장 높은 고객층은 어디에 있을까?

2-2 헤비 유저와 라이트 유저의 현실을 알자

우선 중요한 문제는 상위 20%의 헤비 유저가 얼마나 오랫동안 '헤비'로 남아 있을 것인가 하는 점이다. 파레토의 법칙을 근거로 '상위 20%의 우량 고객을 소중히 하고 더 많이 구매하도록 유도하자', '그런 고객을 더 늘리자'는 결론을 내리는 경우가 많다. 그러나 이러한 전략이 성립하려면 '헤비 유저가 지속적으로 헤비 유저로 남아 있을 것'이라는 전제가 필요하다. 아무리 헤비 유저가 매출의 절반 이상을 차지한다고 해도, 이들을 유지하거나 키울 수 없다면 기업이 할 수 있는 일이 제한적이다. 또한 동일한 고객이 재구매를 한다고 가정하고 고객 관계 강화에 투자했지만, 실제로는 전혀 다른 고객이 구매를 이어 갔다면, 전략이 효과를 거두기 어렵다.

얼마나 오랫동안 '헤비'로 있어 줄까?

여러 연구에 따르면 브랜드별로 보았을 때 특정 연도의 상위 20% 고객이 다음 해에도 상위 20%에 드는 비율은 50% 정도다(Baldinger& Rubinson, 1996; Romaniuk&Sharp, 2022; Romaniuk&Wight, 2015). 헤비 유저의 절반 정도가 1년 안에 교체된다는 뜻이다. 물론 카테고리에 따라 차이가 있다. 예를 들면 백화점의 경우 점포 전체로 보면 이런 헤비 유저의 안정성이 높은 편이지만(69%), 개별 부문별로 보면 더 낮아진다(45%)(Tanusondjaja et al., 2023).■

이를 보고 '1년 안에 절반은 헤비 유저가 아니게 된다고?', '고객 유지나 잠재 고객 육성이 부족했던 것은 아닐까?'라고 생각할지도 모르지만, 헤비 유저에도 다양한 유형이 있다. 여러분의 제품과 서비스를 자주 사 주는 '브랜드의 헤비 유저'도 있고, 다양한 브랜드를 사면서 카테고리 수요를 채우는 '카테고리의 헤비 유저'도 있다. 일반적으로 브랜드의 팬이라고 하면 전자를 떠올리는 사람이 많을 것이다. 여기서 상대적으로 간과되는 것은 브랜드의 헤비 유저 중에는 '데이터상으로는 헤비 유저처럼 보이지만 실제로는 라이트 유저'인 사람이 꽤 많다는 사실이다. 예를 들면 Reinartz&Kumar(2002)는 한 통신판매 기업의 사례를 소개했다. 이 기업은 최근의 구매량과 이용 금액을 기준으로 고객 순위를 매긴 후, 구매 가능성이 높다고 판단

■ 다만 부문별 편차가 크기 때문에(평균 45%, 표준편차 ±18.4) 고객을 중시할 것인지 비고객을 중시할 것인지는 부문의 결정에 달려 있을 것이다.

된 고객군에 집중 투자했지만 오히려 매출이 감소했다.

왜 이런 일이 일어날까? 현재의 헤비 유저가 앞으로도 헤비한 채로 있어 주고, 충성 고객이 내년에도 충성 고객으로 있어 줄 것이라고 마음대로 정한 다음에 전략을 세우기 때문이다. 작년에 많이 구매해 줬으니 올해도 분명 많이 구매해 줄 것이라 생각해 비용을 들였지만, 점차 어두운 징후가 보이기 시작했다. 그럼에도 플랫폼상의 순위가 높기 때문에 잠재력이 높은 액티브 고객이라고 평가되었다. 유지 또는 구매 환기를 위한 비용이 늘어난다. 이런 과대평가를 의심하지 않고 계속 투자하다 보면 수지가 맞지 않게 된다. 지금도 가끔 D2C와 관련해서 비슷한 이야기를 듣곤 한다.

결국은 평균으로의 회귀

종종 착각하는 것이 있다. 상당수의 경우 브랜드의 헤비 유저는 개인의 '보편적 특징'을 나타내는 것이 아니라 개인의 '상태'를 나타내는 것일 뿐이다(카테고리의 헤비 유저는 별개다. 이에 관해서는 다음에 설명하겠다). 싱글 소스 데이터를 주의 깊게 분석하면 같은 사람이라도 시기에 따라 헤비 유저가 되기도 하고 라이트 유저나 비고객으로 돌아가는 '파동'이 있다는 사실을 깨달을 수 있다. 물론 구매량과 구매 빈도, 이용 금액이 비교적 장기간 안정적인 소비자도 있긴 하지만, 대다수 소비자는 어쩌다 많이 살 때와 적게 살 때가 있다(Romaniuk&Sharp, 2022).

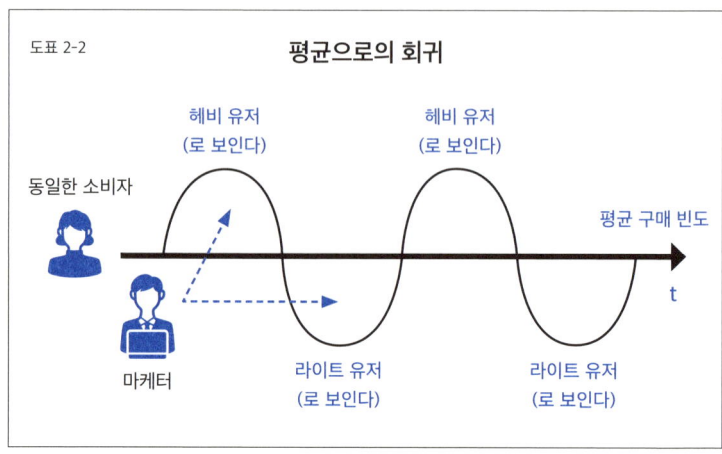

따라서 특정 기간을 잘라서 집계하면 구매 빈도와 이용 금액이 평균보다 웃도는 사람이 일정 비율 등장한다. 그러나 이것은 확률적으로 일어나는 현상이며 열정이나 충성도라는 심리적인 변화에 따른 것이라고 단정지을 수 없다.

이것은 '평균으로의 회귀'라고 불리는 현상이며 마케팅뿐 아니라 모든 데이터 분석에서 관찰할 수 있다. 단기적으로는 한쪽으로 치우친 경향을 보여도 장기 데이터로 보면 평균 분포에 가까워진다. 예를 들어 회사나 집 근처에 새로운 레스토랑이 생겨서 방문해 봤더니 기대 이상으로 맛있었다고 하자. 맛집을 발견했다는 기쁨에 자주 가서 점심을 먹었지만, 어느새 방문 횟수가 줄어든다. 이런 경험이 낯설지 않을 것이다. 처음에는 신선함에 '저 가게에 가 볼까?', '직장 동료에게도 알려줘야지'와 같은 환기도가 높았을 뿐, 특별히 그 가게에 애착이 있다거나 그 가게가 아니면 안 되는 이유가 있는 것은

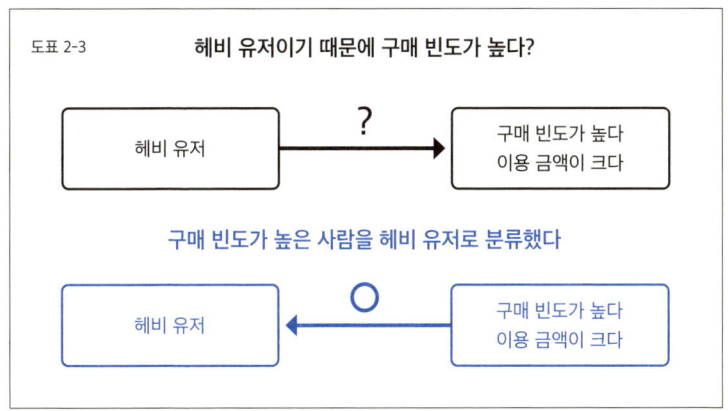

도표 2-3 헤비 유저이기 때문에 구매 빈도가 높다?

아니다. 다시 말해 그 시기만 자른 데이터를 보면 헤비 유저로 보이지만, 속을 들여다보면 라이트 유저다. 그러므로 시간이 지나면 원래 구매 빈도로 돌아가, 거의 가지 않거나 다른 맛있는 가게를 발견해 떠나는 것이다.

이와 같은 일이 헤비 유저를 판별할 때에도 일어난다(Schmittlein et al., 1987). 헤비 유저는 구매 빈도가 높고 이용 금액이 클 것이라고 생각하겠지만 '헤비 유저여서 구매 빈도가 높고 이용 금액이 큰 것'이 아니라 '집계 기간 중에 구매 빈도가 높고 이용 금액이 큰 사람을 헤비 유저로 분류한 것일 뿐'인 경우도 충분히 있다. 원인과 결과의 방향이 정반대라는 뜻이다.

평균으로의 회귀는 소비자의 브랜드 선택이 확률적으로 결정되는 특성에서 비롯되는 현상이며 광고 여부나 제품력 등 기업의 개입과는 관계없이 일어난다. 마케팅 정책의 좋고 나쁨과도 관계없이 발생하며 완전히 막을 수도 없다. 그러나 회귀는 헤비 유저와 라이트 유저 양방향으로 작용하기 때문에 다음 해에는 신규 헤비 유저가 등장하게 된다. 결국 각 해의 파레토 점유율은 50% 근방으로 수렴된다.

여기서 중요한 것은 '그렇다면 이 신규 헤비 유저는 어디에서 왔는가'라는 점이다. 그들은 현재의 라이트 유저와 비고객에서 온다. 애초에 파레토 점유율을 제외한 나머지 매출은 라이트 유저에 의해 창출되기 때문이다.

매출을 받쳐 주는 '울트라 라이트 유저'의 존재

라이트 유저가 매출에서 차지하는 비중을 확인하기 위해서는 Dawes et al.(2022)의 연구가 도움이 된다. 5년 동안 1만 가구 이상을 추적한 데이터로 200개 소비재 브랜드의 행동 충성도를 분석하고 샘플 수, 브랜드 수, 시계열 데이터 모든 면에서 신뢰성 높은 근거를 제시한다. 다음 두 가지는 특히 흥미롭다.

- 5년간 구매 횟수가 5회 미만인 사람이 전체 고객의 80%, 매출의 40%를 차지한다.
- 1년 동안의 매출 중 전년도에 한 번도 구매하지 않은 비고객의 매출 기여는 40% 미만이다.

헤비 유저를 제외하고, 1년에 한 번 이하로 구매한 '울트라 라이트 유저'가 전체 고객의 대부분이지만 그들이 매출의 거의 절반을 만들어 낸다. 또한 매년 매출의 약 40%는 이런 울트라 라이트 유저, 혹은 비고객을 확보하는 것에서 발생한다. 이러한 경향은 다른 재현 연구에서도 확인되고 있으며 특히 소규모 브랜드일수록 울트라 라이트 유저의 비율과 매출 기여도가 더욱 커지는 것으로 나타났다 (Hossain et al., 2023). 소규모 브랜드는 확장을 목표로 하고 침투율을 늘리는 것이 급선무라는 뜻이다. 또 니치 브랜드보다 내셔널 브랜드가 울트라 라이트 유저층의 기여도가 큰 편이다(Hossain et al., 2023). 다시 말해 두 경우 모두 침투율이 중요한 것은 동일하지만 그래도 우선도를 매겨 보자면, 니치 브랜드는 재구매율 촉진 등 행동 충성도를 강화하는 것이 중요하고 내셔널 브랜드는 침투율이 더욱 중요하다고 할 수 있다.

이러한 사실을 고려하면 '헤비 유저와 충성 고객을 어떻게 유지하고 키울 것인가'뿐만 아니라, '비고객이 우리 브랜드를 한 번이라도 구매하게 하려면 어떻게 해야 할까?', '한 번만 구매한 라이트 유저가 다시 구매하도록 유도하려면 어떻게 접근해야 할까?'라는 질문도 중요해진다. 여기서도 1장에서 설명한 '양쪽 다', '따로'라는 관점이 중요하다는 말이다. 울트라 라이트 유저에게는 카테고리 수요가 발생했을 때 자사 브랜드를 쉽게 떠올릴 수 있도록 하고, 평균으로의 회귀에 따라 구매 빈도가 증가할 시점에는 퍼포먼스 마케팅 등을 활용해 선택 확률을 높여 가는 방식으로 대응할 수 있다. 이렇게 양쪽 다 공략함으로써 사업의 영향력을 키우는 것이다.

2-3 우리 브랜드를 사랑하고 구매도 많이 하는 사람은 얼마나 있을까?

평균으로 돌아가는 경우도 있지만 일부는 '브랜드를 좋아하고 계속 구매해 주는 진정한 팬도 있을 것'이라고 생각했을 수도 있다. 물론 있다. 있긴 하지만, '카테고리에서 구매 빈도가 높고, 동시에 한 브랜드를 반복해서 구매한다'는 '추가 조건'을 충족하는 고객은 실제로 극히 드물다는 보고가 있으며, 전체의 1%에도 미치지 못한다(Romaniuk &Sharp, 2022). 개인적으로도, 소비재에서 내구재, 서비스재에 이르기까지 다양한 브랜드의 싱글 소스 데이터를 살펴봤는데 같은 인상을 받았다. 왜 이런 고객이 이렇게 적을까? 잘 알려지지 않은 사실이지만, '카테고리의 헤비 유저이면서 브랜드에 대한 충성도도 높은' 것은 사실상 모순된 조건이기 때문이다.

여러분은 충성 고객과 헤비 유저를 어떻게 구분하는가? 많은 사람이 이 두 개념을 같은 뜻으로 사용하지만, 한 가지는 기억해 두자. 동일 브랜드를 재구매하는 행위와 그 브랜드가 속하는 카테고리의 이용 빈도가 높은 행위는 본질적으로 상반된다. 이 점을 혼동하고 '헤비 유저의 충성도를 높여 재구매율을 높이자'라는 목표를 내세우는 마케터도 있다. 하지만 이것은 '탄수화물을 많이 섭취해서 살을 빼자'라는 말과 같은 것으로, 목표와 수단이 애초부터 모순된 전략이 될 수 있다는 점을 인식해야 한다.

진정한 '충성 고객'은 누구인가?

왜 이런 현상이 나타날까? 이를 이해하려면 먼저 카테고리의 헤비 유저와 브랜드의 헤비 유저를 구분해야 한다. 여러분이 평소 실무에서 '충성 고객'이라고 부르는 것은 브랜드의 헤비 유저일 것이다. 반면에 카테고리의 헤비 유저는 해당 카테고리의 수요가 많은 소비자다. 즉 실제로 장기간에 걸쳐 그 카테고리의 이용 금액이나 소비량이 많은 사람이다.

카테고리 헤비 유저를 특정 브랜드가 독점할 수 있다면 이상적일 것이다. 하지만 안타깝게도 그들은 한 브랜드의 충성 고객이 되기 어려운 경향이 있다. 행동 충성도를 측정하는 대표적인 지표 중 하나로 SCR이 있다. SCR은 Share of Category Requirements의 약자로, 소비자의 카테고리 총 구매량에서 특정 브랜드의 구매량이 차

도표 2-4 **카테고리 구매 빈도와 브랜드 규모로 구분했을 때 행동 충성도의 차이**

SCR(%)	라이트 유저	미들 유저	헤비 유저	평균
소형 브랜드	70.8	35.4	19.5	**42[a]**
중형 브랜드	74.8	38.7	25.5	**46[a]**
대형 브랜드	78.8	47.3	34.9	**54[a]**
평균	**75[b]**	**40[b]**	**27[b]**	

[a] p<.05. [b] p<.05.

출처: 다음을 바탕으로 저자가 작성함
Dawes, J. (2020). The natural monopoly effect in brand purchasing: Do big brands really appeal to lighter category buyers?. *Australasian Marketing Journal, 28* (2), 90-99.

지하는 비율을 의미한다. 예를 들어 한 소비자가 한 달 동안 탄산음료 10캔을 샀는데 그중 코카콜라가 6캔이라면 코카콜라의 SCR은 60%라 할 수 있다.

보통 카테고리 헤비 유저의 SCR은 상당히 낮은 것으로 알려져 있다. 도표 2-4는 네덜란드에서 28개 소비재 카테고리를 조사해 카테고리의 구매 빈도(헤비, 미들, 라이트)와 브랜드의 규모(대형, 중형, 소형)로 나누었을 때 SCR, 즉 행동 충성도에 어떤 차이가 있는지를 분석한 데이터다(Dawes, 2020).

각 행을 보면 브랜드 규모와 관계없이 라이트 → 미들 → 헤비 유저 순으로 SCR이 확연히 낮아졌음을 알 수 있다. 카테고리의 헤비 유저의 SCR은 카테고리의 라이트 유저의 절반에도 미치지 못한다. 이는 카테고리의 라이트 유저일수록 같은 브랜드를 재구매하는 경

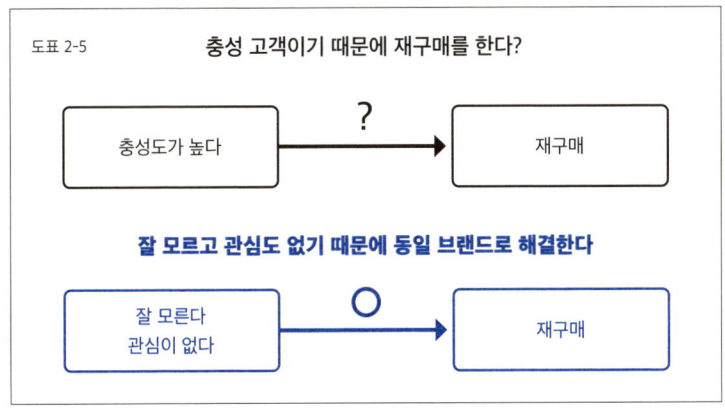

도표 2-5 충성 고객이기 때문에 재구매를 한다?

우가 많으며, 카테고리의 헤비 유저일수록 다양한 브랜드를 구매해 카테고리 수요를 충족시키고 있음을 나타낸다.

이러한 규칙성은 소비재 전반에서 공통적으로 확인되었으며, 카테고리의 구매 빈도가 높을수록 선택하는 브랜드의 레퍼토리도 많아진다(Banelis et al., 2013). 카테고리의 헤비 유저는 애초에 한 브랜드의 충성 고객이 되기 어렵고, 반대로 같은 브랜드를 반복적으로 구매하는 충성 고객은 오히려 라이트 유저가 많다. 여러분이 갖고 있는 데이터가 있다면, 시험 삼아 브랜드에 100% 충성하는 고객이 얼마나 많은지 집계해 보자. 대부분 라이트 유저일 것이라고 예상한다.

라이트 유저는 기본적으로 '무관심층'에 속하기 때문이다. 그들은 카테고리에 대한 지식이 적고, 제품과 서비스의 차이에 대해서도 잘 모르며, 알고 싶은 동기도 없다. 때문에 평소와 다른 것을 샀다가 실패하고 싶지 않고, 그렇다면 유명한 대형 브랜드가 낫다고 생각한다. 자연스럽게 선택하는 브랜드의 레퍼토리도 제한적이어서 같은 브랜드를 재구매하는 경향이 있다. 하지만 여기에는 열광이나 애정과 같은 태도적 충성도는 존재하지 않는다. 그 브랜드가 좋아서 재구매하는 것이 아니라 잘 모르고 특별히 관심이 없어서 같은 브랜드를 사서 '해결하는' 것이다. 한편 카테고리의 대량 구매자는 가격에 민감하고 품질을 잘 파악하며 가성비를 따지는 사람들이다(Danaher &Brodie, 2000; Kim&Rossi, 1994; Helsen&Schmittlein, 1994; Woodside&Ozcan, 2009). 이들은 다양한 브랜드를 시도하며, 여러 제품을 비교하고 구매하는 습관이 있다.

2-4 헤비 유저가 많은 것이 정말로 강점일까?

대형 브랜드일수록 라이트 유저를 많이 확보하고 소규모 브랜드일수록 헤비 유저의 비율이 증가하기 쉽다는 현상은 자연 독점의 법칙으로 잘 알려져 있다(Dawes, 2020; Sharp, 2010). 이를 두고 일부에서는 소규모 브랜드는 헤비 유저가 많은 것이 강점이고, 충성도를 높이기 쉽다고 생각하겠지만 이것은 다소 비약적인 해석이다.

소규모 브랜드 고객층에서 헤비 유저의 비율이 높아지는 이유는 단순하다. 라이트 유저의 브랜드 레퍼토리에서 소규모 브랜드가 제외되어 있기 때문이다. 소규모 브랜드이기 '때문에' 헤비 유저가 매력을 느껴서 다가가는 것은 아니다. 헤비 유저와 라이트 유저는 본래 이용하는 브랜드의 레퍼토리 수가 다르다(Banelis et al., 2013;

Romaniuk&Sharp, 2022). 헤비 유저는 다양한 브랜드를 선택하는 경향이 있어 소규모 브랜드까지 포함할 확률이 높지만, 라이트 유저는 선택하는 브랜드의 폭이 좁아 소규모 브랜드를 포함할 가능성이 낮다. 특정 시점에서 브랜드별 유저 분포를 집계하면 상대적으로 소규모 브랜드의 헤비 유저 비율이 높아지는 것처럼 보일 뿐이다. 물론 소규모라도 매력적인 브랜드는 많이 있지만, 이는 규모가 작아서가 아니라 제공하는 고객 가치가 높은 것이다.

평균적으로 보면 충성도를 높이기 쉬운 것은 대형 브랜드다. 도표 2-4를 다시 한번 확인해 보면 모든 고객층에서 브랜드 규모가 작아질수록 SCR이 낮아지는 경향이 있으며, 특히 '소규모 브랜드와 헤비 유저'는 가장 충성도가 낮은 조합(19.5%)임을 알아볼 수 있다. 이는 원래도 재구매하기 어려운 대량 구매자가 브랜드 규모가 작을수록 더욱 구매하지 않게 된다는 의미다. 또한 1장 2절에서 설명한 유지 이중 위험의 법칙의 영향을 받아 소규모 브랜드일수록 고객 이탈률이 증가한다(Sharp, 2010).

즉, 헤비 유저가 많다고 해서 소규모 브랜드에 유리한 것이 아니며, 성장하려면 고객 기반이 변화할 필요가 있다. 특히 신제품의 경우, '카테고리 구매 빈도는 높지만 절대적인 수가 적고 특정 브랜드의 재구매가 적은 헤비 유저'를 많이 포함하는 고객 구조가 되기 쉬운데, 이를 성공의 신호로 착각해서는 안 된다(Tanusondjaja et al., 2016). 성공 여부와 상관없이 신제품은 대체로 초기에는 이런 양상을 보인다. 성장하기 위해서는 고객 기반이 '카테고리 구매 빈도는 낮지만 절대적인 수가 많고 특정 브랜드의 재구매가 많은 라이트 유저'를 확보하는 쪽으로 가는지 여부가 중요하다.

그런데 여기서 한 가지 의문이 생긴다. 대형 브랜드는 라이트 유저를 많이 가지는데 왜 헤비 유저의 비율이 높은 소규모 브랜드보다 구매 빈도가 높은 것일까? 우리는 실제 현상으로도 그렇다는 것을 여러 번 확인할 수 있었고(예: 이중 위험의 법칙), 수학적으로는 $w = w_0 \div (1-b)$, 즉 구매 빈도가 침투율의 함수라는 설명으로 해결된다(Ehrenberg et al., 1990). 그럼에도 왜 그렇게 되는지에 대해서는 설명이 필요할 수도 있다.

이 질문에 대해 제임스 다우스는 대형 브랜드에서는 라이트 유저의 SCR뿐 아니라 헤비 유저의 SCR도 높기 때문이라고 설명한다(Dawes, 2020). 실제로 자연 독점의 법칙에 따라 소규모 브랜드는 헤비 유저가 많아지지만, 이는 '카테고리'의 헤비 유저가 많다는 의미일 뿐이다. 카테고리의 헤비 유저는 브랜드 단위로 보면 SCR이 낮고 소규모 브랜드에서는 더욱 낮아진다.

반면 대형 브랜드는 카테고리 라이트 유저가 많지만, 카테고리 라이트 유저는 브랜드별 SCR이 높고 대형 브랜드에서는 더욱 높아진다. 또한 헤비, 미들, 라이트 유저라는 모든 고객층에서도 대형 브랜드의 SCR이 소규모 브랜드의 SCR보다 높다. 이러한 현상이 전체적으로 평균 구매 빈도를 끌어올리는 역할을 한다. 쉽게 말해, 대형 브랜드는 모든 고객층의 카테고리 수요를 충족하기 때문에 브랜드 충성도 또한 높아질 가능성이 크다.

2-5 당신이 말하는 틈새 전략은 정말로 전략일까?

이런 이야기를 하면 일부 사람은 '아니, 우리는 틈새(니치) 전략을 펼치니까 괜찮아', '다른 회사와 차별화함으로써 독자적인 포지셔닝을 확립하고 있어'라고 한다. 정말 그럴까? 틈새, 차별화, 포지셔닝 같은 용어를 늘어놓으면 뭔가 전략적인 일을 하는 느낌이 든다. 하지만 그것이 정말 '전략'일까? 매출이 감소하고 신규 고객이 증가하지 않는 현실을 외면하기 위해서 마케터에게 편리한 해석을 덧붙여 단순히 틈새 전략이라고 부르는 것은 아닐까? 이러한 착각이 일어나기 쉬운 환경과 사고방식을 몇 가지 제시해 보겠다.

'틈새 전략'이라는 위안에 빠지기 쉬운 관점

- 예전에는 브랜드 규모 확장을 지향했지만, 지금은 특정 고객층을 대상으로 브랜드의 장점을 강화하는 데 집중하고 있다.
- 고객 구성과 매출 비율은 경쟁사와 크게 다르지 않다.
- 경쟁사는 신규 고객을 확보하며 점유율을 높이고 있지만, 우리는 기존 고객층을 중심으로 선택과 집중 전략을 펼치고 있다.
- 비고객의 인지와 상기를 적극적으로 측정하지 않았다. 또는 측정은 하지만 활용하지 못하고 있다.
- 기존 고객의 만족도와 구매 의향, 추천 의향이 기본적으로 높다. 특별한 마케팅 활동 없이도 이러한 지표가 증가하는 것은 브랜드 파워 덕분이라고 생각한다.
- 매출이 점점 감소하는 경향이 있지만, 틈새 전략을 펼치고 있기 때문에 어쩔 수 없는 일이라고 받아들인다. 이를 보완하기 위해 업셀링, 크로스셀링, 프리미엄 라인 강화 등을 해결책으로 삼는다.
- 어떤 마케팅 전략을 실행하든 기존 고객의 목소리를 듣고, 대량 구매자의 불만을 해소하는 것이 최우선이다.

틈새 전략은 목표인가, 수단인가

'처음부터 틈새 시장을 목표로 한 것'과 '처음에는 규모 확대를 지향했지만 결과적으로 틈새 시장에 머물게 된 것'은 전혀 다른 이야기다. 전자의 경우라면 별다른 문제가 없지만, 문제는 후자의 경우다. 분명히 사업 규모 확장에 실패했음에도 불구하고, 마치 처음부터 틈새 시장이 목표였던 것처럼 행동하는 사람들이 적지 않다. '우리는 틈새 시장에서 성장하는 것을 목표로 하고 있다', '기존의 핵심 팬층이 탄탄하고 확고한 포지셔닝을 갖추고 있다', '그래서 괜찮다'라는 식으로 현실을 해석한다.

  각자 처한 상황이 있을 테니 그렇게 해석하고 싶은 마음도 이해가 된다. 하지만 그러면 또 한 번 실패할 것이다. 단순히 틈새 시장에 있기 때문에 기존 고객의 충성도만으로 성장이 가능하다는 근거는 어디에도 없다. 우선, 점유율 상위 브랜드의 고객 기반과 매출 구성을 확인한 후, 자사와 비교해 보는 것이 좋다. 만약 '최상위 브랜드도 매출의 대부분이 기존 고객에게서 나온다'는 결론이 나온다면, 기존 고객을 중시하는 것이 유효할 수도 있다. 하지만 이는 카테고리의 특성에 따라 다를 수 있다.

  실제로 다양한 데이터를 살펴보면, 단기간에 파레토의 법칙이 성립하는 브랜드는 극히 드물다. 일부 서비스 업종에서 예외적인 사례가 존재하기는 하지만, 그것도 아주 제한적이다. 최근 기억에 남는 사례로는 온라인 게임, 스마트폰 앱, 백화점의 해외 관광객 판매 등이 있다. 하지만 이들조차 신규 고객 확보가 필요 없는 것은 아니다. 신규 고객 유입이 없는 온라인 게임은 빠르게 쇠퇴하며, 백화점 역시 관광객 판매만으로 지속적으로 경영을 유지할 수 있는 곳은 극소수다.

  반면, 최상위 브랜드와 성장하는 브랜드는 고객 기반을 확장하고 있는 반면 우리 회사는 기존 고객 중심으로 돌아간다면, 그것은 결과적으로 그렇게 되어 버린 것일 가능성이 크다. 이는 경쟁 브랜드 간의 고객 구성은 대체로 비슷하다는 것이 여러 연구에서 밝혀졌기 때문이다(Sharp, 2010; Uncles et al., 2012; Anesbury et al., 2017). 또한, 같은 카테고리 내에서는 파레토 점유율도 유사한 경향을 보인다(Sharp, 2010). 시장이 어느 정도 안정된 상태라면 특정 브랜드만 유독 다른 고객 구성으로 성장하거나, 특정 고객층의 충성도만으로 성장을 지속하는 일은 거의 일어나지 않는다. 처음에는 틈새 시장에서 시작했더라도, 성장하는 과정에서는 비고객과 라이트 유저를 많이 확보해야 한다(Dowling&Uncles, 1997). 결국에는 대부분의 브랜드가 비슷한 성장 경로를 거친다는 것이다.■ 틈새 전략이라고 말하면 뭔가 다른 길이 열리는 것일까? 그렇지 않다.

고객의 충성도가 높은데 망하는 기업의 이면

이 주제에 대해서는 한 가지 반면교사가 될 만한 연구가 있다(Fisher &Korderupleski, 2019). 미국 제너럴 모터스 산하에 올즈모빌이라는 자동차 브랜드가 있었다. 1897년 설립된 이 회사는 2004년에 해체될 때까지 세계에서 가장 오래된 자동차 브랜드 중 하나였다. 당시 고객

■ 해당 카테고리에서의 정상적인 성장 방법을 밟아 나간다는 뜻으로 부정적인 의미는 아니다.

설문조사에서는 '또 사고 싶다', '추천하고 싶다'는 응답이 많았고 충성도가 높은 고객의 비율도 증가하고 있었다. 그런데 매출은 계속 감소했다. 왜 그랬을까? 신규 고객(이 경우는 젊은 층)을 확보하지 못하고, 높은 충성도를 가진 고객인 중장년층밖에 남지 않았기 때문이다. '충성 고객 수 ÷ 총 고객 수'의 분모가 줄어들면서 충성 고객의 비율은 증가했다. 하지만 신규 고객이 유입되지 않아서 결국 브랜드가 쇠퇴하고 말았다. 그 결과 모회사인 GM의 판단에 따라 107년의 역사를 끝으로 사라지게 되었다.

이와 비슷한 방식으로 실패하는 브랜드는 매우 많다. 여러분도 떠오르는 기업이 한두 개는 있을 것이다. 1장에서 설명한 대로 대부분의 브랜드가 성장할 때는 도표 2-6의 왼쪽과 같은 음의 이항분포에 따라 성장한다(Sharp, 2010). 즉, 1년에 한두 번밖에 구매하지 않는 라이트 유저를 많이 끌어들이면서 성장한다. 따라서 도표 2-6의 오른쪽과 같이 구매 빈도가 높은 팬이나 헤비 유저만을 늘려서 성장하고 싶어도 '그렇게 성장하는 방법은 없으며 그런 식으로 증가하지도 않는다'.■

하지만 그렇게 할 수 있다고 믿어 의심치 않는 마케터나 가능하다고 공언하는 컨설턴트는 언제나 존재한다. 그렇다면 이 맹신의 끝에는 무엇이 기다리고 있을까? 헤비 유저의 수를 늘리기 위해 기존 고객에게만 집중하다 보면, 당연히 침투율이 증가하지 않고 라이트

■ 인체 구조에 비유하자면 시장도 사람의 관절처럼 구부러지는 방향으로만 돌아간다고 할 수 있다.

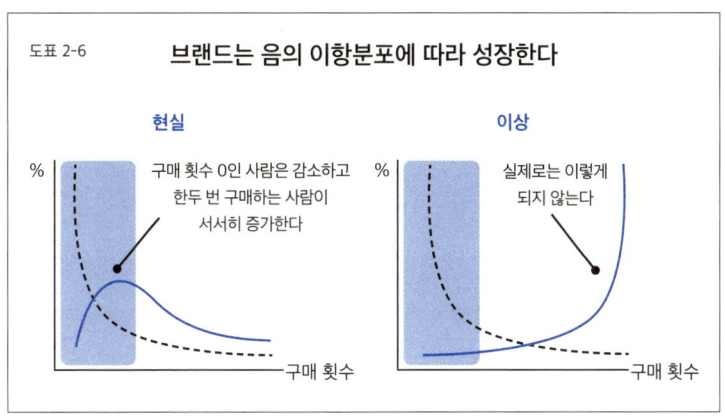

유저가 줄어든다. 그리고 앞서 살펴본 것처럼 헤비 유저는 자사의 팬이 되기 쉬운 것도, 유지하기 쉬운 것도 아니기 때문에 고객 기반은 축소되어 간다. 그 결과 코어 팬만 남게 된다. 그러면 그 감소분을 코어 팬의 업셀링이나 크로스셀링으로 상쇄할 수 없을까 생각하겠지만, 아무리 열혈 팬이라도 소비량과 이용 금액에는 한계가 있다. 이런 방식으로는 결국 고객 감소분을 충분히 보충할 수 없다. 따라서 매출의 총수익은 하락하게 된다.

충성도의 사각지대를 파악하라

하지만 이런 상황에서도 추천 의향이나 구매 의향 같은 충성도 지표는 여전히 높게 나타난다. 특히 추천 의향은 브랜드 성장과 반대 움직임을 보여 오해를 불러일으키기 쉽다. 자세한 내용은 3장에서

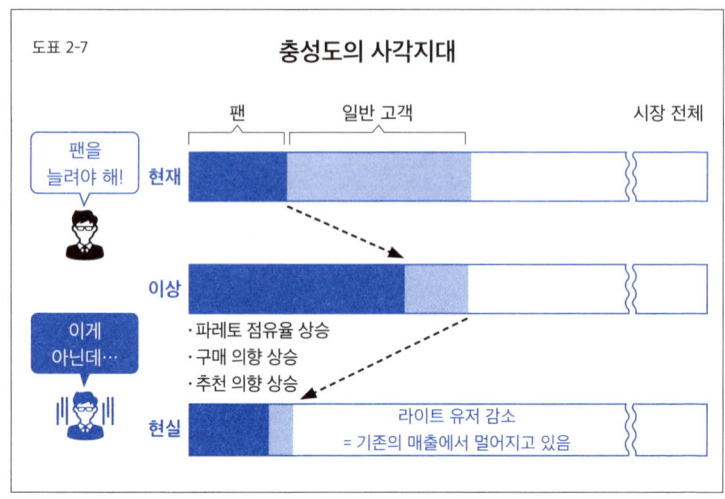

다루겠지만, 계산적으로만 보면 라이트 유저가 줄어들고 코어 팬의 비중이 높아질수록 충성도 지표들의 평균 점수가 상승하고, 반대로 무관심한 비고객을 신규로 확보할수록 점수는 낮아진다. 따라서 브랜드가 망하기 직전이어도 점수가 높게 나올 수도 있다. 실제로 올즈모빌 사례에서도 마지막까지 남은 고객들은 매우 충성도가 높았다(Fisher&Korduplski, 2019).

바이런 샤프의 말을 빌리자면, 높은 충성도는 경우에 따라 사업 성장의 신호라기보다는 단순히 시장 확대나 신규 고객 확보에 지속적으로 실패한 결과일 수도 있다(Sharp, 2007). 구매를 하는 고객하고만 상대하다 보면 기존 고객이 매출의 대부분을 차지하는 구조가 되는 것은 '당연'한 일이다. 파레토 점유율은 높아질지도 모르지만 절대적인 매출 규모는 비구매층이나 소량 구매자층으로 확장하려고 할 때보다 작아질 수밖에 없다. 그래도 '이것이 틈새 전략이다. 고정 팬들이 지탱해 주는 강력한 브랜드'라고 말할 수 있을까? 사실은 '핵심 팬밖에 사지 않는 브랜드가 된 것'일 수도 있다.

    가족 회사나 1인 기업이라면 손익분기점을 아슬아슬하게 넘기면서 꾸려 나가면 되는 경우도 있을 것이다. 그러나 투자자로부터 자본을 유치해 운영하는 기업이라면, 항상 사실을 기반으로 전략을 검토하고 이런 질문을 스스로에게 던질 필요가 있다. 틈새 시장과 단순한 시장 공백을 구분하는 방법에 대해서는 4장 6절에서 자세히 살펴보겠다.

2-6 변수와 상수, 원인과 결과를 착각하지 마라

지금까지 충성도와 소비자 행동에 관한 다양한 근거를 살펴보았다. 여기서 팬, 헤비 유저, 충성 고객이라는 명칭은 '기업이 편의상 붙인 이름표'라는 점을 다시 한번 인식하도록 하자. 이러한 분류에 너무 집착하면 소비자 행동과 충성도의 본질을 놓치게 된다. 예를 들어, 데이터 플랫폼에서는 일정 기간 동안 평균보다 많이 구매했거나 이용 금액이 컸던 고객을 A등급 또는 우량 고객으로 분류하는 경우가 많다. 일단 이런 라벨이 붙으면 우리는 무의식적으로 그들에게 '충성 고객다운 행동', '대량 구매자다운 소비'를 기대하게 된다. 그리고 '구매 실적이 있으니 마케팅을 하면 더 많이 사 줄 것'이라고 단정하게 된다.

마케터가 빠지기 쉬운 확증 편향

- 지금까지 사 줬으니 앞으로도 사 줄 확률이 높다.
- '틀림없이' 우리 브랜드에 대한 충성도가 높을 것이다.
- 구매 실적이 있으니 크로스셀링이 '효과가 있을 것'이다.
- 타깃팅과 메시지를 최적화하면 상승 판매를 '일으킬 수' 있다.

상수와 변수의 착각

그러나 충성도에는 한계가 있다(Romaniuk et al., 2021). 원래 구매 빈도와 이용 금액은 마케팅에 따라 계속 달라지는 '변수'가 아니다. 일정 기간 동안 특정 카테고리에서 소비되는 제품의 양은 사람마다 거의 정해져 있다. 예를 들어 치약은 두 달에 한 개, 샴푸는 세 달에 한 통처럼 말이다. 이는 가족 구성, 생활 습관, 월급 등과 같은 '상수'가 결정짓는 요소다. 물론 어느 정도 개입할 여지는 있지만(4장과 5장에서 자세히 설명하겠다), 특별한 전략이 아니라면 마케팅을 통해 소비량 자체를 초과하도록 만들기는 어렵다. 아무리 특정 샴푸 브랜드의 열렬한 팬이라 해도 광고를 본다고 해서 목욕 횟수가 늘어나지는 않는다는 뜻이다.

장 찐Giang Trinh은 약 12,000가구의 구매 데이터를 기반으로 헤비 유저, 라이트 유저, 비고객 각각의 카테고리 구매 수량과 브랜드 구매 수량의 차이를 조사했다(Trinh et al., 2023). 그 결과, 카테고리 구매 수량이 브랜드 구매 수량보다 항상 크다는 점을 감안하고 이 차이

도표 2-8 **헤비 유저와 라이트 유저에 관한 중요한 사실**

	논점	사실
고객 유지	• 얼마나 오랫동안 헤비 유저로 존재할까? • 헤비 유저는 고정할 수 있는가?	• 헤비 유저의 유지율은 50% 정도다.(평균으로의 회귀) • 고객 이탈이라고 생각하는 행동 중 대부분이 소비자에게는 '정상적인 행동'이다.
절대 수	• 팬이라고 부를 만한 사람이 많은가? • 팬을 육성 또는 유지할 수는 있는가?	• 몇 퍼센트 정도. 카테고리에 따라서는 의도적인 육성이 현실적이지 않다. • 장기적인 관점에서 볼 때, 1년에 한 번 미만으로 구매하는 사람이 80%이며 매출의 40%를 차지한다.
재구매	• 헤비 유저는 재구매하기 쉬운가? • 충성도를 높이기 쉬운 사람은 누구인가?	• 헤비 유저는 같은 브랜드를 재구매하기 어렵다. • 소규모 브랜드×헤비 유저 조합은 가장 충성도가 낮다. • SCR(카테고리 구매 점유율)이 가장 높은 것은 라이트 유저다.
매출 증가	• 헤비 유저는 업셀링을 쉽게 할까? • 향후 매출 성장에는 누가 필요한가?	• 충성도에는 한계가 있다. 구매량과 이용 금액은 상수다. • 매출 증가 대부분이 비고객이나 라이트 유저다.

출처: 다음을 바탕으로 저자가 작성함

Romaniuk, J.,&Wight, S. (2015). The stability and sales contribution of heavy-buying households. *Journal of Consumer Behaviour, 14* (1), 13-20.

Romaniuk, J.,&Gaillard, E. (2007). The relationship between unique brand associations, brand usage and brand performance: Analysis across eight categories. *Journal of Marketing Management 23* (3-4), 267-284.

Dawes, J., Graham, C., Trinh, G.,&Sharp, B. (2022). The unbearable lightness of buying. *Journal of Marketing Management, 38* (7-8), 683-708

Dawes, J. (2020). The natural monopoly effect in brand purchasing: Do big brands really appeal to lighter category buyers?. *Australasian Marketing Journal, 28* (2), 90-99.

Trinh, G. T., Dawes, J.,&Sharp, B. (2023). Where is the brand growth potential? An examination of buyer groups. *Marketing Letters*, 1-12. https://doi.org/10.1007/s11002-023-09682-7

를 '브랜드가 판매량을 늘릴 수 있는 성장(가능성)'이라고 간주할 경우, 전체 성장의 약 90%는 비고객과 라이트 유저에게 집중되어 있고 헤비 유저의 성장 기여도는 약 10%에 불과하다고 보고되었다. 특히 소규모 브랜드의 경우는 전체 성장의 약 80%가 비고객에게 집중되어 있다. 이는 헤비 유저가 이미 소비 한계에 도달해 있어, 추가적인 판매를 유도하더라도 효과가 미미하다는 점을 시사한다.

이로써 2장 1절에서 제기한 '질문'에 대한 사실이 모두 정리되었다. 현재의 매출 수준을 유지하는 데 헤비 유저가 중요한 역할을 하는 것은 분명하지만, 거기서 더욱 성장할 것을 생각한다면 절대적인 고객 수, 재구매의 용이성, 향후 성장 가능성 등 어느 측면에서 봐도 주요 성장의 원천은 기존 고객이 아닌 비고객이다.

참고로 침투율 성장이 둔화된 대형 브랜드가 마진 전략(프리미엄 가격 책정, WTP와 LTV 향상, 가격 민감도를 낮추는 전략 등)의 일환으로서 기존 고객의 선호도에 맞는 제품을 개발하고 행동 충성도가 높은 제품 속성을 적용해 수평적으로 차별화하는 전략은 '할 수 있다'. 이 부분은 4장과 5장에서 다루겠다. 실제로 대형 브랜드의 경우 헤비 유저의 성장도 약간은 증가하는 것으로 보인다(Trinh et al., 2023).

원인과 결과에 대한 마케터의 오해

소비자의 브랜드 선택은 확률적이다(Bass, 1974). 그리고 확률은 편향적이다. 어쩌다 평소보다 더 많이 사거나 같은 브랜드를 연속으로

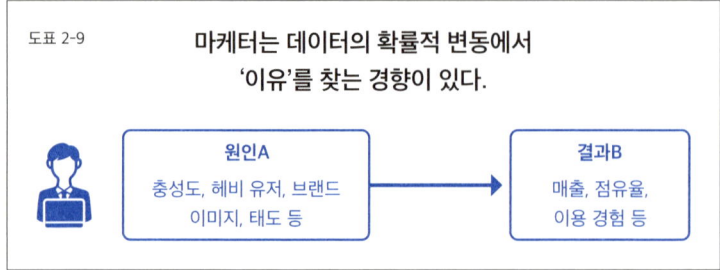

사거나 반대로 전혀 사지 않는 시기가 이어진다. 하지만 마케터는 이런 확률적 편차에 '이유'를 찾는 경향이 있다. 데이터에서 자신이 보고 싶은 패턴을 '발견한다'.

그랬으면 하는 인과관계를 만들어 버린다. 일종의 확증 편향이다. 예를 들어 동전 뒤집기에서 다섯 번 연속으로 앞면이 나오더라도 다음에 또 앞면이 나올 확률은 2분의 1이다. 하지만 그런 드문 현상을 보면 어떤 쏠림을 낳고 있는 원인이 있는 게 아닐까 생각한다. 사람의 속성이다. 헤비 유저니까 많이 사 준다, 충성도가 있으니까 같은 브랜드를 재구매한다는 식으로 의미를 더하고 '앞으로도 구매할 확률이 높을 것이다'라는 스토리를 만들어 낸다.

이것은 확률을 잘못 이해하는 것이다. 태도적 충성도 없이도 그런 일은 충분히 일어날 수 있고, 이런 편향을 이해하기 위한 확률 분포는 백 년도 더 전에 이미 정의되었다. 사실 지금까지 살펴본 바와 같이 헤비 유저는 '계속 대량 구매를 해 주는 사람'이 아니다. '더 대량으로 구매할 가능성이 큰 사람'도 '자사 제품을 재구매해 줄 가능성이 큰 사람'도 아니다. 요컨대 확률적 상승에 이유를 붙여 이들을

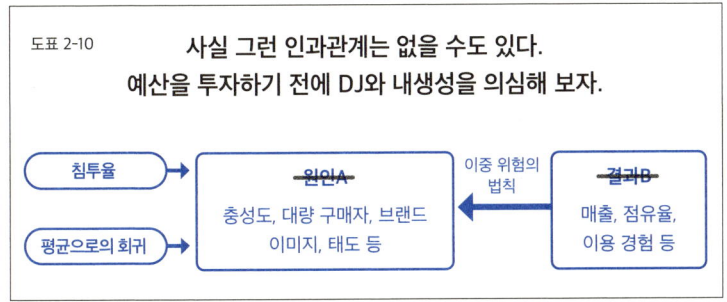

'헤비 유저', '충성 고객', '이탈자'로 분류하기 때문에 오해의 소지가 발생한다(Sharp et al., 2012).

많은 마케팅 전략이 '어떤 원인 A가 어떤 결과 B를 낳는다'는 인과관계가 있을 때, 원인 A를 움직이게 해서 결과 B를 일으키게 한다는 논리로 이루어진다. 그러나 결과 B가 확률적으로 독립적인 사건이거나 인과관계의 방향을 잘못 잡았다면 아무리 A에 예산을 쏟아부어도 B는 일어나지 않는다. 예를 들어, 헤비 유저와 라이트 유저 간의 이동은 평균으로의 회귀에 의해 자연스럽게 발생하는 현상이며, 일반적으로 개별 마케팅 활동과는 무관하다(2장 2절 참고). 따라서 이를 마케팅 전략으로 막거나 조정하기는 힘들다. 또한 브랜드 이미지나 구매 의향 같은 지표는 과거의 이용 경험을 반영하는 것이므로, 미래 변화를 예측하는 선행 지표로 사용하기에는 적절하지 않다(3장 3절, 7장 1절 참고).

마찬가지로 원인과 결과 사이에 양방향으로 영향을 끼치거나 고려하지 않은 제3의 변수가 영향을 준다면 분석에 문제가 발생한다. 이는 데이터 분석에서 기본적으로 주의해야 할 점이며, 데이터 해석을 담당하는 마케터들이 특히 이러한 함정을 경계해야 한다. 구매 행동의 본질을 생각하지 않고 데이터 분석 도구나 플랫폼이 출력하는 지표에 지나치게 의존하면 이러한 편향성을 인식하지 못한다. 어떤 아이디어나 가설이 떠오르면 일단 멈춰서 원인과 결과의 방향이 반대가 아닌지, 다른 원인이 있는 것은 아닌지 의심하는 습관을 들이자. 경험상 듣기 좋고 설득력이 높은 이야기일수록 '창작'일 가능성이 크다.

2-7 시장에 따라 공략할 부분이 달라진다

많은 기업이 고객 충성도를 높이고 충성 고객을 육성하는 데 집중하고 있지만, 카테고리에 따라 '키울 수 있는 충성도'와 '키울 수 없는 충성도'가 있다는 사실을 간과하는 경우가 많다.

먼저 시장은 크게 레퍼토리 시장과 구독 시장, 이렇게 두 종류로 나눌 수 있다(Sharp, Wright,&Goodhardt, 2002). 예를 들어 특정 시장에 X와 Y라는 두 브랜드가 있고 A와 B라는 두 소비자가 있다고 하자. 데이터를 보면 A는 X브랜드를 선택하기도 하고 Y브랜드를 선택하기도 한다. B도 X브랜드를 선택하기도 Y브랜드를 선택하기도 한다. 이 경우 A와 B의 각 브랜드 선호도는 비교적 비슷할 수도 있다. 이런 시장을 선호도 이질성이 낮은 레퍼토리 시장이라고 한다.

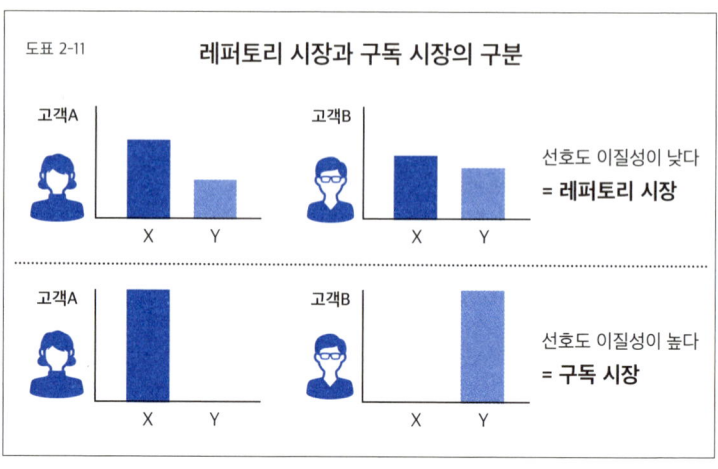

그런데 A는 항상 X브랜드를 선택하고 B는 항상 Y브랜드를 선택한다면, 이 두 소비자는 같은 카테고리에 속해 있지만 브랜드 선택에 있어 상당한 차이를 보이는 것이다. 이는 A와 B가 제품이나 서비스에서 기대하는 가치가 다르기 때문일 가능성이 크다. 이렇게 소비자들의 선호도가 뚜렷하게 구분되는 시장을 구독 시장이라고 한다.

레퍼토리 시장과 구독 시장에서는 '충성도'의 의미도 다르다. 레퍼토리 시장에서는 소비자의 각 구매가 독립적으로 이루어지며, 소비자는 자신의 필요에 맞춰 여러 브랜드를 선택해 카테고리 수요를 충족한다. 따라서 확인해야 할 주된 충성도 지표는 구매 빈도, SCR, 브랜드에 완전히 충성하는 고객Soley loyal customers의 비율 등이다 (Romaniuk et al., 2021). 레퍼토리 시장에서 충성도 지표로 고객 유지나 이탈률만 보는 것은 큰 의미가 없다. 여러 브랜드를 이용하는 것이 '일반적'이며 브랜드를 전환하는 것이 '당연'하기 때문이다.

반대로 구독 시장에서는 소비자가 특정 브랜드를 지속적으로 이용하는 것이 기본적인 구매 행동이다. 한 브랜드가 소비자의 카테고리 내 요구를 대부분 충족시키므로 브랜드 변경이 쉽게 이루어지지 않는다. 따라서 확인해야 할 주요 충성도 지표는 유지, 이탈률, 이용 기간 등이다(Romaniuk et al., 2021). 구독 시장에서 구매 빈도나 SCR을 충성도의 지표로 삼는 것은 별 의미가 없다. 한 브랜드에 충성하는 것이 여기서는 '일반적'이며 SCR 등으로 얻을 수 있는 시사점이 특별히 없기 때문이다. 실제로 구독 시장에서는 브랜드에 완전히 충성하는 고객 비율과 SCR이 80% 이상인 경우도 드물지 않다.

무엇으로 충성도를 측정하는가

- 레퍼토리 시장: 구매 빈도, SCR, 완전한 충성 고객의 비율
- 구독 시장: 유지율, 이탈률, 이용 기간

이처럼 '충성도가 높다, 낮다'라는 판단 기준은 카테고리의 특성과 해당 카테고리에서 소비자가 보이는 구매 행동의 규칙성에 따라 달라진다. 이러한 규칙성을 무시한 마케팅은 기대만큼의 효과를 거두기 어렵다. 예를 들어, 고객 육성이나 고객 확보 전략은 기본적으로 구독 시장의 특성에 맞춘 것이다. 그런데 이를 레퍼토리 시장에 그대로 적용한 후 '효과가 없다'거나 '고객 이탈률이 높다'고 한탄하는 것은 의미가 없다. 모든 브랜드가 고객을 '육성'할 수 있는 것은 아니다.

이것은 소비자 인사이트를 간과했거나 혜택이 부족해서 발생하

는 문제가 아니다. 브랜드 포지셔닝, 만족도, 차별화 등 기업의 노력과도 무관하다. 단순히 해당 카테고리에서는 그런 방식으로 소비자들이 구매하지 않을 뿐이다. 선호도 이질성은 마케팅으로 바꿀 수 있는 변수가 아니라 카테고리 고유의 상수다. 따라서 먼저 자사 제품이 어느 시장에 속하는지 파악한 다음 각 시장의 규칙성에 따라 마케팅해야 한다.

내가 속한 시장을 판별하는 방법

기업이 속한 시장이 레퍼토리 시장인지, 구독 시장인지 파악하는 방법은 두 가지가 있다. 간편한 방법과 엄격한 방법이다. 간편한 방법은 자사 또는 경쟁사의 SCR나 브랜드에 완전히 충성하는 고객의 비율을 계산해서 판단하는 것이다(Sharp, 2007; Sharp&Wright, 1999).

> **간편한 시장 판별 조건**
>
> - SCR이나 완전한 충성 고객 비율이 낮으면 레퍼토리 시장
>   예: SCR 50% 미만, 완전한 충성 고객 비율 20% 미만
> - SCR이나 완전한 충성 고객 비율이 높으면 구독 시장
>   예: SCR 50% 초과, 완전한 충성 고객 비율 70% 초과

이제 다소 전문적인 이야기를 해 보겠다. 엄밀하게 살펴보려면 NBD 디리클레라는 통계 모델을 사용해야 한다. 모델의 모수 중 하

나로 '디리클레 S'라는 변수가 있는데, 그 값의 높고 낮음으로 이질성이 높은 카테고리인지 낮은 카테고리인지를 판단한다.* 간단히 말해, S는 카테고리 구매자가 산 브랜드들의 수, 즉 '해당 카테고리의 평균적인 레퍼토리 크기'에 가까운 개념이라고 할 수 있다(Bound, 2009).

S가 크면 레퍼토리가 다양한 카테고리며 카테고리에서는 하나의 브랜드로 충성 고객을 만들기는 어렵다. S가 작으면 브랜드 충성도가 높고 특정 브랜드에 대한 재구매율이 높다. S가 0.2 미만이면 구독 시장, 0.6보다 크면 레퍼토리 시장으로 분류한다(Graham, et al., 2012; Sharp, 2007; Sharp, Wright,&Goodhardt, 2002).

디리클레 S에 의한 시장 판별 조건

- S가 0.6 초과: 레퍼토리 시장
  이질성이 낮음, 레퍼토리가 많음, 전환하기 쉬움, 고정화하기 어려움
- S가 0.2 미만: 구독 시장
  이질성이 높음, 레퍼토리가 적음, 전환하기 어려움, 고정화하기 쉬움

여기서 NBD 디리클레에 대해 설명하고 S값을 도출하는 것은 이 책의 범위를 벗어나기 때문에, 자세한 내용은 에렌버그(Ehrenberg,

■ S를 표준화한 편광 지수: $\varphi = 1/(1 + S)$를 사용하기도 한다.

2000b)의 Appendix C를 참고하기 바란다.

숫자만 봐서는 이해하기 어려우니 몇 가지 예를 들어 보겠다. 먼저 대부분의 소비재는 레퍼토리 시장으로 분류된다. 78개 소비재 카테고리에서 6년 치 데이터를 분석한 연구에 따르면, 대부분의 소비재 카테고리에서 S가 1을 넘고, 기준값인 0.6 이하라고 답한 응답자는 4%에 불과했다(Sharp, 2007). 즉, 소비자는 특정 브랜드에 충성하기보다는 여러 브랜드를 두루두루 구매하는 경향이 강하다.

특히 S값이 0.6 이하인 카테고리는 침투율이 낮고, 고객의 고령화가 진행되는 경우가 많았다. 이는 신규 고객 유입이 적고, 소매점에서 취급하는 브랜드가 제한적인 상황이 원인으로 보인다. 이를 두고 '충성 고객을 만들기 쉬운 소비재 카테고리가 존재한다'고 단정하기는 어렵다.

한편 은행, 보험, 전기, 가스, 휴대전화처럼 '한 브랜드를 정하면 그것을 계속 사용하는 경우가 많은 카테고리'는 구독 시장에 해당한다. 또한 엄밀하게 제로섬은 아니더라도 한번 사용하기 시작하면 심리적·물리적으로 전환하기 어려운 카테고리도 구독 시장으로 분류될 수 있다. Sharp, Wright,&Goodhardt(2002)는 구독 시장을 크게 다음 세 가지 유형으로 분류한다.

1) 자유 선택free choice 유형: 기본적으로 한 브랜드를 계속 사용하지만, 레퍼토리 시장처럼 여러 브랜드를 이용하는 경우도 있다. 은행, 신용카드, 병원, 미용실 등이 이에 해당한다.
2) 갱신renewal 유형: 한 브랜드를 선택하면 다른 브랜드를 사용

하지 않지만, 정기적으로 계약을 재검토하거나 갱신한다. 주택
보험, 인터넷 회선 등이 여기에 속한다.
3) 계약 기간tenure 유형: 고객이 계약을 해지하거나 계약 기간이
끝날 때까지 계속 구매하는 방식이다. B2B 계약 등이 대표적
이다.

이처럼 레퍼토리 시장과 구독 시장은 여러 가지 차이점이 있지만, 마케팅적으로 해야 할 일은 의외로 공통점이 많다. 레퍼토리 시장에서도 구독 시장에서도 가장 중요한 것은 도달 가능한 규모를 확보하고, 정신적 가용성mental availability(브랜드를 떠올리기 쉬운 정도)과 물리적 가용성physical availability(구매하기 쉬운 정도)을 높이는 것이다. 그리고 과도한 고객 유지 전략은 큰 의미가 없다. 이게 무슨 뜻인지 좀 더 살펴보자.

레퍼토리 시장에서의 마케팅

레퍼토리 시장에서 소비자는 여러 브랜드를 오가며 브랜드 전환을 반복한다. 따라서 한 브랜드에 높은 충성도를 보이는 것을 기대하기 어렵다. 그럼에도 소비자의 브랜드 선택을 '1인가 0인가', '재구매인가 일탈인가'라는 식으로 단순하게 구분하는 것은 큰 의미가 없다. 고객 이탈은 흔히 구멍 난 양동이leaky bucket로 비유된다(Ehrenberg, 2000a). 이를 두고 기업이 항상 고객을 잃고 있으므로 먼저 구멍부터

막아야 한다고 해석하는 경우가 많다. 하지만 이 해석이 반드시 정답은 아니다.

레퍼토리 시장에서는 소비자가 특정 브랜드를 재구매하지 않았더라도 여전히 브랜드 상기 집합에는 포함되어 있다. 단지 구매 빈도가 낮을 뿐이지 완전히 이탈한 것은 아니다. 이러한 소비자는 당장 구매하지 않더라도 잠재 고객으로 남아 있으며, 다음 해 혹은 그 다음 해에 다시 구매할 가능성이 충분하다(Trinh et al., 2022). 실제로 많은 소비재 시장에서는 고객 대부분이 1년에 한 번 이하로 구매하는 '울트라 라이트 유저'다(Dawes et al., 2022). 따라서 고객 이탈을 양동이의 구멍으로 빗대어 해석하는 것은 적절하지 않다. 소비자는 일정한 규칙(유지 이중 위험의 법칙)에 따라 자연스럽게 브랜드를 전환하며, 이를 마케팅 활동으로 완전히 막을 수 없고, 굳이 막을 필요도 없다(Ehrenberg, 2000a).

일시적인 이탈과 진정한 이탈을 혼동하지 않아야 한다. 여기서 진짜 신경 써야 할 것은 후자, 즉 브랜드가 아예 떠올려지지 않는 상황을 방지하는 것이다. 이를 위해서는 '이탈은 필연적으로 발생한다'는 점을 받아들이고, 고객뿐만 아니라 비고객과 이탈 고객에게도 꾸준히 도달해 브랜드가 계속 소비자의 레퍼토리에 남아 있도록 해야 한다. 레퍼토리 내에서 브랜드의 현저성*을 높이고, 소비자가 해당 카테고리에서 필요를 느낄 때 브랜드를 떠올릴 확률을 높이는

■ 소비자가 특정 제품이나 서비스 카테고리를 생각할 때 해당 브랜드를 얼마나 쉽게 인지하거나 떠올리는지를 나타내는 마케팅 개념이다.-옮긴이 주

것이 중요하다. 이를 정신적 가용성이라고 하며, 브랜드 성장을 위한 핵심 요소로 꼽힌다(Sharp, 2010). 참고로 영국 IPA의 연구에 따르면 소비재 카테고리에서 최적의 마케팅 예산 배분은 장기적인 브랜드 구축에 60%, 단기적인 구매 유도에 40%를 투자하는 것이라고 제시된다(Binet&Field, 2018).

구독 시장에서의 마케팅

일반적으로 구독 시장에서는 이중 위험의 법칙과 같은 규칙이 성립하기 힘들다(Sharp, Wright,&Goodhardt, 2002). 극단적으로 말하면, S = 0인 시장에서는 이중 위험의 법칙이 성립되지 않을 것이다. 즉, 구독 시장에서는 고객 유지 및 육성을 할 여지가 있다. 하지만 그것이 곧 브랜드 성장을 의미하는지는 신중하게 따져 볼 필요가 있다.

실제로 일정 수준 이상의 데이터가 축적되어 있고 개인화가 가능한 환경에서는, LTV(고객 생애 가치)가 높은 고객의 특성을 분석해 유사한 일반 고객을 우량 고객으로 육성하는 전략을 사용할 수 있다. 또는 기업에 높은 가치를 제공하는 기능을 강화하는 방식의 고객 중심적customer centricity 개입이 가능하다(Fader, 2012).■ 예를 들어 유료 회원이 자주 이용하는 서비스를 강화하는 것이다. 그러나 과도한

■ 고객 중심주의를 말하는 것이 아니다. 고객 중심성에 대해서는 5장 마지막의 '볼륨 전략과 마진 전략, 어디에 초점을 맞출 것인가'도 함께 참고하자.

고객 유지 전략이나 퍼포먼스 마케팅에는 신중할 필요가 있다. 구독 시장에서는 신규 고객 확보에 집중할 때 점유율이 가장 빠르게 확대되는 것으로 나타났다(Binet and Field, 2018). 반면, 충성도 구축에만 집중하면 성장률이 크게 둔화된다.

'기존 고객 위주로 돌아가는 비즈니스인데 왜 신규 고객 확보에 힘써야 할까?'라고 의문이 생길 수도 있다. 이는 구독 시장의 특성 때문이다. 구독 서비스에서는 고객이 고려하는 브랜드 수가 적고, 한번 고객을 확보하면 향후 행동 충성도도 어느 정도 유지될 가능성이 높다. 예를 들면 대출이나 보험 서비스에서는 소비자의 고려 집합이 대개 브랜드 하나로 극히 적고, 정보 수집과 비교도 자주 이루어지지 않는다(Dawes et al., 2009). 구독 시장에서는 기본 LTV가 높기 때문에, 그것을 더욱 높이기보다는 신규 고객을 확보하여 도달 범위를 확장하는 것이 전체적인 성장에 더 크게 기여한다.

또 다른 구독 시장 연구에서는 정신적 가용성과 이탈 방지는 비교적 선형적인 관계이며, 현저성을 1포인트 높이면 이탈이 0.25포인트 줄어든다는 보고도 있다(Romaniuk&Sharp, 2003a). 결국 구독 시장에서도 신규 계약 시나 계약 갱신 시는 소비자가 레퍼토리 시장에 가까운 방식으로 브랜드를 선택한다. 따라서 이탈을 방지하기 위해서라도 신규 고객과 기존 고객을 포함한 모든 시장에 도달해 항상 브랜드의 존재감을 업데이트하고 쉽게 떠올릴 수 있도록 하는 것이 효과적이다. 영국의 IPA에 따르면 구독형 시장에서 최적의 마케팅 예산 배분은 장기적인 브랜드 구축에 74%, 단기적인 구매 환기에 26%를 할당하는 것이다(Binet&Field, 2018).

2-8 평범한 소비자가 왜 브랜드를 선택하는지 깨닫자

고객 조사에서는 종종 '익스트림 유저extreme user(극단적인 사용자)'를 관찰하라'고 한다. 그러나 '고객의 평범한 하루'를 상상하고 '보통 사람의 감각'을 크게 벗어나지 않는 능력도 마케팅에서 중요하다. 앞서 살펴보았듯이 좋든 나쁘든 마케터의 감각은 일반 소비자와 차이가 나기 쉽다. 그러다 보면 자사의 입장에 유리한 소비자상이나 구매 행동을 머릿속에서 '창조'해 버린다. 이러한 잘못된 가정이 사업 성장에 부정적인 영향을 미치는 상황을 초래할 수도 있다. 사실

- 극단적으로 구매량이나 구매 빈도가 높은 카테고리의 헤비 유저, 또는 예상치 못한 방식으로 이를 사용하는 소수 사용자다.

과 근거는 이러한 '앞서 나가는 마케터의 상상력'의 궤도를 수정하고 현실적인 소비자 행동을 기반으로 마케팅 전략을 수립하는 데 필요한 이정표 역할을 한다.

예를 들어 대부분의 소비자는 평소에 굳이 브랜드에 대해 생각하지 않는다. 브랜드와 연결되고 싶다는 생각도 없고, 더 알고 싶어하거나 경쟁 브랜드와의 차이점을 이해하고 싶어 하지도 않는다. 인생에는 그 외에도 생각해야 할 일과 해야 할 일이 산더미처럼 많기 때문이다. 그게 보통의 사람이다. 이제까지 살펴본 내용을 정리하는 의미에서, 그런 보통 사람들이 브랜드에 대해 어떤 충성도를 보이는지 다시 한번 생각해 보자.

보통 사람의 재구매 감각

소비자는 경험을 통해 습관적으로 자주 선택하는 브랜드의 '상기 집합'을 가지고 있다. 예를 들어 캔 커피와 세제 브랜드를 선택한다고 하자. 어떤 브랜드의 열광적인 팬도 아니고 특별한 이유를 딱히 의식하고 있는 것도 아니지만, 선택하는 브랜드는 대체로 몇 개로 정해져 있고 패턴이 있을 확률이 높다.

행동주의적 관점에서 보면 이렇게 실제 행동으로 나타나는, 특정 브랜드를 선택하기 쉬운 경향이야말로 충성도라고 규정한다(Uncles et al., 2003). 그리고 성숙 단계에 접어들고 점유율이 크게 변하지 않게 된 시장, 큰 경계선이 없는 시장에서는 소비자의 충성도는 습관적으로 몇 가지 브랜드로 분할된다고 알려졌다(Dowling&Uncles, 1997; Sharp, Wright,&Goodhardt, 2002).

한 브랜드에 완전히 충실하지도 않고, 그렇다고 무작위로 선택하는 것도 아닌 몇 가지 브랜드를 주로 이용하는 행동 충성도를 다중 충성도polygamous loyalty라고 한다(Dowling&Uncles, 1997; Ehrenberg et al., 2004; Sharp et al., 2012). 또는 분할 충성도split loyalty라고도 한다. 이는 오랜 기간에 걸쳐 형성되는 습관과 유사한 개념으로, 비교적 안정적인 특성을 가진다(Ehrenberg et al., 2004). 소비자는 특정 브랜드에만 충성하는 것이 아니라 여러 브랜드에 걸쳐 충성도를 나누고 있는 것이다.

이런 다중 충성도를 좌우하는 요소가 바로 정신적 가용성과 물리적 가용성이다(Sharp et al, 2012). 예를 들어 광고나 입소문이 우발적인 자극으로 작용해 평소 소비자의 레퍼토리에 새로운 브랜드가 단기간 추가될 수 있다. 하지만 이런 신규 브랜드가 영원히 레퍼토리에 남는 것은 아니다. 아무런 조치를 하지 않으면 금세 사라진다. 이를 방지하려면 소비자의 기억 속에서 지속적으로 떠오를 수 있도록 브랜드의 존재를 강화해야 하며, 동시에 소비자가 쉽게 접근할 수 있는 환경을 조성하는 것이 중요하다(Sharp, 2010).

마지막으로 지금까지 명시적으로는 구분하지 않았지만, 충성도에도 종류가 있다. 태도적 충성도와 행동적 충성도다. 전자는 감정, 느낌 문제이고 후자는 실제 구매 행동으로 나타나는 것이다. 다중 충성도는 행동적 충성도를 기반으로 하며 '브랜드에 애정을 갖고 있다'거나 '열광적이다'와 같은 태도적 충성도와는 다른 사고방식이다. 제로차 가정zero-order assumption▪에 따르면 브랜드 선택은 각 구매 기회마다 독립적으로 이루어지며, 소비자는 자신의 레퍼토리 내에서 확률적으로 브랜드를 선택할 뿐이다. 즉, 매 구매가 시험 구매와 같으며, 브랜드에 대한 태도적 몰입이 반드시 선행되는 것은 아니다(Ehrenberg et al., 2004).

미국 노스웨스턴대의 필립 코틀러나 캘리포니아대 명예교수 데이비드 아커의 마케팅 이론에 익숙한 사람이라면 '말도 안 된다. 태도적 충성도는 행동적 충성도의 전제 조건이다'라고 생각할 수도 있다. 실제로, 일본의 마케팅 활동 대부분은 '태도가 행동으로 연결된다, 원인과 결과 관계다'라는 태도 변화 모델을 전제로 한다. 그러나 현실(데이터)은 놀라울 정도로 이 생각을 뒷받침하지 않는다. 반대로 제로차 가정을 전제로 한 NBD 디리클레 모델은 많은 국가와 시장, 카테고리에서 놀라울 정도로 정확하게 브랜드의 퍼포먼스를 예측한다.

과연 태도는 행동으로 이어질까? 무엇이 원인이고 무엇이 결과일까. 다음 장에서는 그 부분의 근거를 살펴보겠다.

▪ 어떤 변수의 값이 다른 변수에 영향을 받지 않는다고 가정하는 통계 개념이다.–옮긴이 주

3장

고객의 '사고 싶다'는 어떻게 만들어지는가?

3-1 소비자에게 긍정적인 인식을 주기만 하면 되는 걸까?

발상을 근본적으로 바꿔 완전히 새로운 관점에서 사물을 생각하는 것을 코페르니쿠스적 전환이라고 한다. 근거 기반 마케팅의 재미는 바로 거기에 있다. 우리가 당연하게 여겼던 원인과 결과의 관계가 실제로는 반대거나, 인과관계 자체가 존재하지 않거나, 많은 자원을 투입한 전략이 성과로 이어지지 않거나, 다른 변수가 개입하는 경우가 많다. 마케팅에서 일반적으로 받아들여져 온 소비자 행동과 전략이 실제와 다를 때, 이 근거를 통해 다시 배우는 과정에서 새로운 통찰이 생겨난다.

전통적인 마케팅의 근간에는 '태도, 즉 소비자가 브랜드에 가지는 호감도, 평가, 감정의 변화가 행동의 변화로 이어진다'는 태도 변화 모델이 자리 잡고 있었다. 소비자가 제품을 구매하는 데는 이유가 있을 것이다. 그렇다면 그 이유를 만들면 된다는 생각이다. 어떻게 하면 더 자사 브랜드를 좋아해 줄 수 있는지, 흥미를 느끼고 고려하게 할지 고민하고 긍정적인 태도를 형성하려 한다. 또한 '태도 → 행동'이라는 경로를 강화하려 한다. 예를 들면 다음 문장을 읽어 보자.

긍정적 태도를 만들려 하는 마케팅

- 브랜드를 더 좋아하게 해서 구매를 촉진한다.
- 제품의 기능이나 성능을 이해시켜서 선택하게 한다.
- 경쟁사와의 차이점을 인식시키고 관심을 갖게 한다.
- 충성도를 높이는 전략으로 고객을 확보한다.
- 브랜드 이미지를 강화화여 시험 구매를 유도한다.
- 불만 사항을 제거하고 개선해 재구매를 증가시킨다.
- 추천 의향을 높이면 입소문이 퍼지고 신규 고객이 유입될 것이다.

이러한 접근 방식은 결국 '브랜드에 대한 태도와 평가가 구매 행동으로 이어진다. 따라서 이를 개선하는 것이 중요하다'는 논리를 기반으로 한다. 이 책은 이를 결정론적 마케팅이라고 부른다.

1950~1960년대 미국에서 진행된 마케팅 연구는 인지심리학의 영향을 크게 받았으며, 태도가 행동을 결정한다는 개념은 이 시기부터 마케팅 전략에 본격적으로 도입되었다(Romaniuk, 2023). 이후 마케팅의 기초 이론이 대부분 유럽과 미국에서 도입되면서, 이러한 접근

방식이 전 세계적으로 널리 퍼졌다. STP, 고객 충성도, 브랜드 이미지, 고객 만족도 등도 이러한 결정론적 마케팅의 대표적인 개념들이다.

결정론적 마케팅에서는 태도와 행동을 '원인과 결과'라는 1대 1 관계로 단순화해서 해석하는 경우가 많다. 이는 직관적으로 이해하기 쉽고, 대중도 쉽게 받아들일 수 있다. 또한 팀 내에서 공통된 인식을 갖기 좋고, 상사나 경영진에게 설명하기 쉬우며, 프레임워크나 개념도로 정리하기 용이하다.

실제로 태도 변화를 전제로 한 이론이나 프레임워크는 지금까지 다수 등장했다. AIDA 즉 Attention(주목) → Interest(관심) → Desire(욕구) → Action(행동)과 같은 구매 프로세스도 이에 해당한다. 현재도 새로운 행동 모델이 계속 나오고 있으며 만족도, 구매 의향, 추천 의향, 브랜드 이미지 같은 기존의 핵심 지표KPI 역시 태도 변화를 중심으로 한다. 브랜드에 대한 긍정적 이미지나 구매 의향이 향후 소비자의 구매 행동과 재구매로 이어지는 '선행적 태도'로 간주되는 것이다.

3-2 태도가 행동을 바꿀까, 행동이 태도를 바꿀까?

마케터들은 흔히 긍정적 인식을 만들면 구매가 늘 거라 가정하고 전략을 세우지만, 한 걸음 물러서서 생각해 보면, '어떤 경험을 한 후에 그 경험에 대한 의견이나 태도가 형성된다'고 보는 것이 더 자연스럽다. 예를 들어 '사용해 본 적은 없지만 정말 좋다'거나 '가 본 적이 없지만 너무 싫다'는 경우는 극히 드물다. 즉, 태도가 구매 행동을 결정하는 것(태도 → 행동)뿐만 아니라, 구매 행동이 태도를 형성하는 것(행동 → 태도)도 고려해야 한다.

사실 마케팅 과학 연구자들은 태도가 행동을 결정한다는 단순한 결정론적 사고를 오래전부터 비판해 왔다. 마케팅 과학의 권위자인 프랭크 배스는 "마케팅 이론의 대부분은 경제학이나 행동과학에서 차용한 것으로, 그런 이론 대부분이 결정론적인 인과관계를 과도하게 강조하며 현실에 맞지 않는다."라고 경종을 울렸다(Bass, 1974). 그 예로 유명한 소비자 구매행동 모델인 하워드-셰스 모델의 재현 연구를 들어 실구매를 종속 변수로 두었을 때 결정 계수가 0.088에 불과했다고■ 보고했다(Farley&Ring, 1970, as cited in Bass, 1974).

또 바이런 샤프는 "소비자의 태도를 바꾸는 것이 자신의 역할이라고 생각하는 마케터들의 착각이, 정작 중요한 목표인 행동 변화를 간과하게 만든다."라고 지적했다(Sharp, 2017). 많은 마케터가 브랜드가 직면한 다양한 과제를 '소비자의 평가와 인식을 바꾸면 해결되는 문제'로 치환해 버리는 결정론적 사고 습관을 가지고 있다. 이러한 경향을 마케팅의 태도 문제marketing's attitude problem라고 부르며, 브랜드와 소비자 행동 연구에서 종종 지적되고 있다(e.g., Foxall, 2002; Sharp, 2017). 태도 형성이 곧 매출 증가와 점유율 확대로 이어질 것이라 가정하고 예산을 투입했지만, 실제로 성장에 기여하는 메커니즘은 따로 있었다면 그런 마케팅 전략은 의미가 없기 때문이다.

마케팅 과학과 확률론적 마케팅

결정론적 사고가 깊이 자리 잡으면 '이렇게 하면 이렇게 된다', '이런 상황에서는 이렇게 해야 한다'와 같은 전제에 얽매여 '그렇지 않

■ 실구매를 잘 설명하지 못했다는 뜻이다.

을 수도 있다', '다른 접근법이 있을지도 모른다'라고 생각할 기회가 줄어든다. 마케팅 과학에서는 이러한 한계를 극복하기 위해 종종 확률론적 사고를 적용해 소비자 행동을 분석한다. 여기서 소비자 행동을 확률적으로 파악한다는 것은, 소비자가 완전히 무작위로 물건을 고르거나 브랜드 전환을 한다는 의미가 아니다. 얼핏 무작위처럼 보이지만 실제로는 일정한 규칙성을 따르고 있다as-if-random는 뜻이다. 자사가 속한 시장에서 이런 소비자 행동의 확률 모델을 파악하면 브랜드 선택의 규칙성을 이해할 수 있고, 이를 바탕으로 전략을 수립하고 실행 방안을 마련할 수 있다. 이러한 접근법을 결정론적 마케팅과 대비해 확률론적 마케팅이라고 부른다.

하지만 이런 확률론적 사고방식은 기존의 마케팅 이론과 프레임워크에 익숙한 마케터에게는 그다지 반응이 좋지 않았다. 브랜드 선택이 확률적으로 이루어진다고 하면 '그렇다면 지금까지 해 온 마케팅은 무슨 의미였지?', '마케팅으로는 아무것도 바꿀 수 없다는 뜻인가?'라는 의문이 들기 때문이다. 그러나 실제로는 그렇지 않다. 오히려 확률론적으로 접근하기 때문에, 바꿀 수 있고 바꿀 수 없는 것의 경계선이 뚜렷해지며 예산 투입 방식과 기대 성과가 명확해진다.

하지만 안타깝게도 많은 기업이 확률론적 접근법을 '어디서부터 시작해서 실무에 어떻게 적용할 것인지' 잘 이해하지 못하고 있다. 그래서인지 사업 성장의 원리에 역행하는 전략을 취하는 경우도 자주 볼 수 있다. 구체적인 접근 방식은 2부와 3부에서 자세히 다루겠지만, 그 전에 주류 마케팅이 태도 형성에 지나치게 집중하는 편향성을 살펴보겠다.

이런 이야기를 하면, 스탠퍼드 대학교 제니퍼 아커의 브랜드 개성 연구(Aaker, 1997)와 다트머스 대학교 케빈 레인 켈러의 고객 기반 브랜드 자산CBBE, Customer-Based Brand Equity (Keller, 2003) 등을 근거로 들며 '아니요, 태도가 중요한 것은 이미 많은 조사와 연구를 통해 밝혀진 사실이에요'라고 말하는 사람도 있다. 하지만 과연 그럴까?

태도와 행동을 동시에 측정한 크로스 섹션 데이터를 활용해 '태도가 행동을 결정한다'는 가설을 세운 뒤 상관관계를 분석하면, 이를 뒷받침하는 결과를 도출하는 것은 어렵지 않다. 분석자가 의도하면 얼마든지 그럴듯한 분석 결과를 만들어 낼 수 있다. 그러나 그러한 결과가 곧바로 현실의 인과관계를 증명하는 것은 아니다. 중요한 것은 '이렇게 될 것이다' 혹은 '그랬으면 좋겠다'는 분석자의 기대와 희망이 아니라, 실제로 어떠한 현상이 일어나고 있는지를 객관적으로 확인하는 것이다.

따라서 이제부터는 '구매 의향'과 '추천 의향'이라는 두 가지 대표적인 태도 지표를 가지고 태도와 행동의 관계를 올바르게 이해하고자 한다.

3-3 '이 브랜드를 구매할 의향이 있습니다'라는 말의 함정

여러분은 어떤 상황에서 '구매 의향'을 측정하는가? 보통 콘셉트 테스트나 만족도 조사에서 활용되며, 때로는 매출 예측을 위해 조사되기도 한다. 어쨌든 향후 구매량이나 브랜드 선택의 변화를 파악하기 위해서 현재 구매 의향을 묻는 방식이 많을 것이다.

그러나, 태도나 의향을 기반으로 미래 행동을 예측하려는 분석 유형은 그다지 정확하지않다(Wright&Klÿn, 1998). 태도와 의향이 '미래의 변화'가 아니라 '과거의 경향'을 나타낼 뿐이기 때문이다. 즉, 구매 의향이 먼저가 아니라 구매 행동이 먼저다(Sharp, 2017). 그렇다면 이러한 방식의 구매 의향 조사는 판단을 흐리게 할 수 있다. 이는 무슨 의미일까?

구매 의향은 설문조사로 이루어지며 '정말 사고 싶다'부터 '전혀 사고 싶지 않다'까지의 척도로 측정되는 경우가 많다. 그 근거로 합리적 행위 이론(Fishbein&Ajzen, 1975)과 계획된 행동 이론(Ajzen, 1991)을 들 수 있을 것이다.■ 합리적 행위 이론은 사람의 행동이 충동적이거나 무작위로 이루어지는 것이 아니라, 행동에 대한 태도와 주변 사람들의 기대(주관적 규범)에 의해 형성된 '행동 의도'를 통해 결정된다고 본다. 예를 들어, 운동을 시작하는 결정은 운동이 건강에 도움이 된다고 믿는 개인의 태도와 주변 사람들이 운동을 권장하는 주관적 규범에 의해 행동 의도가 만들어지고, 그 의도가 실제 운동이라는 행동으로 이어진다고 설명할 수 있다. 행동은 의도의 결과이며, 그 의도는 '행동에 대한 태도(그 행동이 바람직한가)'와 '주관적 규범(사회적으로 그래야 하는가)'에 의해 결정된다. 계획된 행동 이론은 여기에 '행동 통제 인식(그 행동을 얼마나 쉽게 실행할 수 있는가)'이라는 요소를 추가해, 행동에 영향을 미치는 요인을 보다 확장해 설명한다.

한편 일상생활에서의 브랜드 선택은 '생활하던 중 카테고리 수요가 생겨난다 → 그 상황과 결부된 브랜드가 떠오른다'는 순서인 경우도 많을 것이다. '목이 마르다 → 포카리스웨트라도 마실까'라고는 생각해도, '포카리스웨트라도 마실까 → 목이 마르기 시작했어'인 경우는 거의 없을 것이다. 그리고 특히 소비재 시장에서는 '세제를 다 써 가네. 좀 사 둘까'라고 생각하지 '이 세제 브랜드를 사러 가

■ 'Theory of Reasoned Action', 'Theory of Planned Behavior'의 번역문은 다나카田中(2008)를 참고했다.

야지'라고 계획하고 마트에 가는 사람은 별로 없을 것이다. 이처럼 과제나 필요성, 목표가 있어야 브랜드를 떠올리는 것이 일상의 자연스러운 기전이다.

그러나 구매 의향 조사에서는 응답자가 실제 구매 상황이 아닌 상태에서 답을 하게 된다. 특정 브랜드를 선택해야 하는 실제 맥락이 없는 상태에서 '어느 브랜드를 사고 싶은가'라는 질문을 받으면, 응답자는 자연스럽게 과거의 구매 경험을 떠올리며 답하게 된다(Sharp, 2017). 이는 '미래의 브랜드 선택'을 예측하는 것이 아니라 단순히 '과거의 이용 경험'을 반영하는 것에 가깝다.

실제로 구매 의향과 같은 태도적 변수는 과거의 구매 경험에 크게 영향을 받는다. 따라서 시장 점유율이 높고 과거 구매자가 많았던 브랜드의 구매 의향이 항상 더 높게 나타나고, 점유율이 낮은 브랜드는 상대적으로 낮게 측정되는 경향이 있다(Barwise&Ehrenberg, 1985; Bird&Ehrenberg, 1966; Dall'Olmo Riley et al., 1997; Romanik&Sharp, 2000).

이러한 경향은 점유율이 다른 경쟁 브랜드 간의 태도 지표는 단순하게 비교할 수 없다는 사실을 나타낸다(Sharp, 2017). 시장 조사나 컨설팅 리포트에서 브랜드 이미지, 만족도, 구매 의향, 추천 의향 등의 비교 데이터를 볼 때, 그 항목들을 비교하기 전에 브랜드 규모와 과거의 이용 경험 등을 고려해, 이중 위험의 법칙에 따른 영향을 제거한 후 비교할 필요가 있다.

- 특정 브랜드를 선택하게 하는 설문조사를 의도적으로 설계했다면 그 시점에서 탈락이다.

구매 의향이 이후 매출을 보장하지는 않는다

개인적인 경험을 기준으로 볼 때, 구매 의향과 실제 구매 간의 상관관계를 전체 샘플에서 계산하면 보통 상관계수는 0.2~0.4 정도였다. 하지만 특정 소비자 그룹을 세분화하거나 시계열 데이터를 짧게 가져가면 0.6 이상으로 높아지는 경우도 있었다. 실제로 컬럼비아 대학교 경영대학원의 비키 모르위츠는 구매 의향과 실제 구매 행동의 상관관계를 분석한 40편의 연구를 메타 분석한 결과, 평균 상관계수가 0.49라고 발표했다(Morwitz et al., 2007).■ 이 수치만 보면 '신랄하게 비판한 것 치고는 나름 상관관계가 있지 않은가'라고 생각할 수도 있겠지만, 마케팅에서는 '측정하고 싶은 것'과 '실제로 그 지표가 측정하고 있는 것'이 다를 수 있으므로 주의해야 한다.

앞서 이야기했듯이 구매 의향이 높다는 것은 결국 '지금까지 자주 샀다'는 의미다. 그리고 구매 행동은 습관적이다. 따라서 과거에 구매한 브랜드를 앞으로도 선택할 가능성이 상대적으로 높을 수 있다. 이런 맥락에서 구매 의향과 향후 매출 간에 중간 정도의 상관관계가 나타날 수도 있다. 하지만 이때 구매 의향이 의미하는 것은 단순히 '과거의 구매 습관에 따른 기준선'일 뿐, 현재의 마케팅 활동에 의해 '기준선에서 더 증가할 가능성'을 의미하지 않는다. 마케터가 과거의 구매 경향을 알고 싶어서 구매 의향을 물어보는 것은 아닐

■ 단, 음의 상관관계(-0.13)에서 극단적으로 높은 상관관계(0.99)에 이르기까지 편차가 크다고 한다.

것이다. 매출 추이를 확인하면 알 수 있으니 말이다.

구매 의향이라는 지표는 과거의 구매 경험과 습관에 의해 형성된 결과(종속 변수)이지, 미래의 구매 행동 변화를 예측할 수 있는 원인(독립 변수)이 아니다. 실제로 앤드류 버드와 바이런 샤프는 20개 이상의 카테고리에서 다양한 브랜드를 조사한 결과, 구매 의향을 나타내는 소비자의 비율이 현재 브랜드를 이용하는 소비자의 비율로부터 간단한 함수*로 추정될 수 있음을 입증했다(Bird and Ehrenberg, 1966).

그럼에도 불구하고 구매 의향을 '미래의 브랜드 선택 변화'를 나타내는 지표처럼 해석하면, 오해가 생길 수 있다. 이러한 사실을 인지하지 못하면 지표의 의미를 오해하고, 그에 따른 의사결정에서도 오류가 발생할 것이다.

'안 산다'고 하는 사람 VS '산다'고 하는 사람

데이터에서 구매 의향이나 추천 의향 같은 지표를 보면, 우리는 이를 그대로 해석하기 쉽다. 하지만 지표의 '이름'과 실제로 측정하는 '내용'이 다를 수 있다. 예를 들어, 구매 의향이 있는 사람과 없는 사람 중 누가 더 많은 매출을 발생시킬까? '안 산다'고 하고 결국 구매

■ $I = K\sqrt{U} \pm 3$. I: 브랜드를 구매할 의향이 있는 사람의 비율, U: 현재 해당 브랜드를 이용하는 사람의 비율, K: 모수.

하는 사람과 '산다'고 하고 실제로 구매하는 사람 중 어느 쪽이 더 많은 매출을 올릴까? 표면적으로 보면 당연히 후자가 더 클 듯한다. 하지만 실제로는 구매하는 사람들 중 다수가 사전에 구매 의도를 밝히지 않는 경우가 많다(Wright&MacRae, 2007).

예를 들어, 어느 해 미국에서 진행된 인구조사 후속 설문조사에서 새로운 차를 구매할 의향이 있다고 답한 가구의 실제 구매율은 40%였고, 구매 의향이 없다고 답한 가구의 실제 구매율은 7%였다(Theil&Kosobud, 1968, ascited in Sharp, 2017). 이 비율 자체는 특별히 이상하지 않다. 그런가 보다 싶은 수치다. 그런데 실제 매출은 구매 의향이 없다고 답한 가구가 더 많이 일으켰다. 왜 이런 일이 일어났을까? 그 이유는 간단하다. 구매 의향이 없다고 답한 가구가 전체 인구에서 훨씬 더 큰 비율을 차지했기 때문이다.

구매 의향은 과거의 구매 경향을 반영하며, 반드시 미래의 구매 행동을 보장하지 않는다. 하지만 사람은 사전에 살 의향이 없더라도 필요가 생기면 구매한다. 그렇게 되면 다음은 절대적 수가 관건이다. 음의 이항분포를 보면, 시장의 대부분은 비고객(이 경우는 구매 의향이 없는 층)으로 구성된다. 따라서 아무리 구매 의향이 높은 사람이 일부 있다 해도, 전체 시장에서 다수를 차지하는 비고객층이 조금만 움직이는 것이 비즈니스에 훨씬 더 큰 영향을 미친다. 마케팅의 핵심은 기존 고객만이 아니라, 현재 비고객층이 나중에 구매 결정을 내릴 때 자사 브랜드를 떠올릴 수 있도록 '정신적 가용성'을 높여 두는 것이다.

위 사례는 자동차 시장의 예시지만, 소비재와 서비스재로 생각해

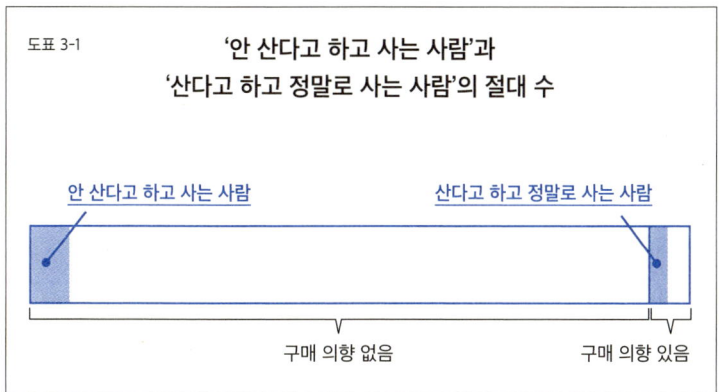

보면 좀 더 직관적으로 파악할 수 있다.

결국 구매 의향은 실제 구매의 대부분을 차지하는 '응답 시점에서 구매 의향이 없다' 또는 '모른다·어느 쪽도 아니다'라는 비고객의 구매 확률 변화를 효과적으로 다루지 못하기 때문에 행동을 예측하는 데 어려움을 겪는다(의향이 구매 행동으로 이어질 때까지의 시계열 분산 설명력이 낮다). 이 문제에 대해서는 저스터 스케일juster scale이라는 척도를 사용할 수 있다(Juster, 1966). 이는 구매 의향이 아니라 구매 확률을 직접 조사하는 방식으로, '구매 의향 없음'으로 비고객층을 일괄적으로 고정하지 않고, 소비자에게 0%~100%의 확률로 구매 의향을 묻는다. 물론 응답자가 생각해서 적는 수치이지만 기존의 구매 의향 지표보다는 신뢰구간이 좁다(Wright&MacRae, 2007).

왜 성장 브랜드보다 쇠퇴 브랜드의 구매 의향이 높을까?

'성장하는 새로운 브랜드'와 '쇠퇴하는 레거시 브랜드'의 시장 점유율이 같다면 소비자는 어떤 브랜드를 구매할 가능성이 더 높을까? 일반적으로는 새로운 브랜드를 구매하겠다는 의향이 더 높을 것처럼 보이지만, 실제로는 쇠퇴하는 레거시 브랜드의 구매 의향이 더 높은 경우가 많다(Bird&Ehrenberg, 1966).

- 하락 추세에 있는 오래된 브랜드: 태도 점수는 높지만 수익이 감소
- 성장 중인 새로운 브랜드: 태도 점수는 낮지만 수익이 증가

이 역시 구매 의향은 과거의 행동에 강하게 영향을 받는다는 특성과 관련이 있다(Sharp, 2017). 레거시 브랜드는 과거 구매 경험이 있는 소비자가 많지만, 새로운 브랜드는 등장한 지 얼마 되지 않아 구매 경험이 있는 소비자가 상대적으로 적다. 구매 의향에는 그 차이가 반영되기 때문에, 일반적으로 쇠퇴하는 레거시 브랜드의 구매 의향이 더 높게 나온다는 직감에 반하는 결과가 나온다. 또한, 성장하는 브랜드의 경우 비고객층의 정신적 가용성이 점차 증가하고 있지만, 구매 의향처럼 과거의 행동에 좌우되는 태도 지표에는 이러한 변화가 제대로 반영되지 않는다. 따라서 성장 가능성을 평가할 때는 비고객층의 인식과 상기 수준을 함께 살펴보는 것이 중요하다. 이에 대한 구체적인 방법은 3부에서 설명하겠다.

구매 의향과 실제 구매의 상관관계가 높아지는 '조건'

그래도 구매 의향을 꼭 이용하고 싶다면(다양한 이유로 이용할 필요가 있다면) 다음 내용을 염두에 두자. 우선 로마니우크는 구매 의향을 '소비자의 평소와 다른 행동을 예측하는 용도'가 아니라 '평소의 구매 행동을 예측하는 용도'로 활용하는 것이 바람직하다고 설명한다(Romaniuk, 2023). 또 모르비츠는 구매 의향과 실구매 간의 상관관계가 높아지는 조건을 비교 검증하고 다음과 같은 사례를 제시했다(Morwitz et al., 2007).

1) 신제품보다 기존 제품
2) 비내구재보다 내구재
3) 카테고리 수준이 아닌 브랜드 수준에서 구매 의향을 물은 경우
4) 매출이 아닌 시험적 구매와의 상관관계
5) 답변에서 구매까지의 간격이 짧은 경우(한 달 이내)
6) 단일 평가monardic가 아닌 상대 평가compare

소비자가 구매 전 신중히 고민하는 자동차, 가전제품 같은 내구재의 최근 트라이얼 비율을 예측하는 경우에는 어느 정도 유용할 수 있지만, 일반 소비재를 포함한 신제품의 중장기 매출을 예측하는 데에는 적합하지 않다. 또한 데이터의 신뢰성을 높이기 위해서는 표본 크기를 충분히 확보하고, 여러 데이터 세트를 활용해 검증하는 것이 바람직하다(Wright and MacRae, 2007). 하나의 데이터 세트만으로

분석하면 오차가 커질 위험이 있다.

　마지막으로, 구매 의향을 측정하는 것이 전혀 의미가 없는 것은 아니다. 예를 들어 브랜드의 건강 진단 차원에서 기존 고객의 충성도를 측정하는 데에는 유용할 수 있으며, 계획된 구매를 하는 소비자가 얼마나 있는지 파악하는 기준이 될 수도 있다. 그러나 기존 고객의 태도 지표만을 측정하는 것으로는 성장 정체에서 벗어나기 어렵다. 중요한 것은 지표의 특성과 한계를 이해하고, 목표에 따라 적절하게 활용하는 것이다.

3-4 '이 브랜드를 추천할 의향이 있습니다'라는 말의 함정

다음으로 추천 의향이 실제 브랜드 성장과 어떤 관계가 있는지 살펴보겠다. 추천 의향은 비즈니스 현장에서 널리 받아들여지는 지표지만, 학계에서는 이에 대한 비판이 많다. 특히 다른 태도 지표는 주로 마케팅 관련 부서에서 사용하는 데 그치지만 추천 의향은 경영진에게도 널리 퍼져 있고, 그것이 이야기를 더 복잡하게 만든다.

추천 의향을 대표하는 지표로는 미국 베인앤드컴퍼니가 개발한 순추천지수NPS, Net Promoter Score■를 들 수 있다. 이 지표는 "이 제품이

■ 순추천지수(NPS®)는 베인앤드컴퍼니, 프레더릭 F. 라이히헬드, NICE Systems, Inc. 의 등록 상표다.

나 브랜드를 친구나 가족에게 추천할 의향이 있습니까?"라는 질문을 통해 측정되며, 0점(전혀 추천하지 않음)부터 10점(매우 추천함)까지의 척도를 사용한다. 2003년 〈하버드 비즈니스 리뷰〉에 'The One Number You Need to Grow'(Reicheld, 2003)라는 논문이 발표되면서 널리 알려졌다. 하지만 이 논문은 나중에 학계로부터 혹독한 비판을 받게 된다.

예를 들어 티모시 케이닝햄은 추천 의향이 기존의 만족도 지표보다 더 나은 예측력을 가지는지에 대한 연구에서, 만족도보다 반드시 뛰어나다고 할 수 없다고 보고했다(Keiningham et al., 2007a). 또한, 단 하나의 지표만으로 기업의 성장 가능성을 예측할 수 있는가에 대한 연구에서, 추천 의향 하나만을 이용한 모델보다 여러 변수를 포함한 다변량 모델이 항상 더 높은 설명력을 가진다는 점을 밝혔다(Keiningham et al., 2007b). 이러한 연구들은 추천 의향에 과도하게 집중하는 것이 잘못된 전략과 자원 배분으로 이어질 수 있다고도 지적했다.

미래 실적의 예측 지표로는 사용해도 좋을까?

경영자 입장에서 가장 궁금한 것은 추천 의향이 실제 기업 실적을 얼마나 잘 예측할 수 있는지일 것이다. 이에 대해서는 매출, 매출총이익, 현금흐름, TSR(총 주주수익률) 같은 재무지표에 대한 예측력을 만족도와 추천 의향으로 비교한 연구가 몇 가지 있다. 예를 들어

Morgan and Rego(2006)에 따르면, 만족도는 다양한 실적지표와 관련이 있는 것으로 나타났지만, 추천 의향과 미래 실적 간에는 유의미한 연관성이 보이지 않았다. 또 재스퍼 반 도른 외 연구진은 추천 의향을 포함한 여러 태도 지표들이 기업의 현재 실적을 설명하는 데 비슷한 효과를 보였다고 밝혔다. 하지만 이런 지표들은 기업의 미래 성장이나 현금 흐름을 예측하는 데는 제한적으로만 설명할 수 있었다(van Doorn, et al., 2013).

어쨌든 추천 의향은 미래 실적의 예측 지표로서 특히 뛰어나다고 할 수는 없다는 이야기다. 그렇다면 이 지표의 어디에 문제가 있는 것일까? 바이런 샤프는 시계열에 주목해 〈하버드 비즈니스 리뷰〉의 원문을 읽어 보라고 한다(Sharp, 2008). NPS가 어떻게 생겨났는지 원문(Reicheld, 2003)을 살펴보면 다음과 같은 흐름을 확인할 수 있다.

NPS가 태어난 배경

1) 2001년 1분기에 추천 데이터를 수집하기 시작함
2) 이후 분기별로 응답 데이터를 축적
3) NPS를 계산해 기업의 수익 성장률과의 관계를 그래프화
4) 1999년부터 2002년까지 과거 3년간의 성장률과 NPS에 강한 상관관계를 발견함

이해할 수 있을까? 성장하기 '전'이 아니라 성장한 '후'의 점수를 측정하고 있다. 이 결과로는 추천 의향이 선행하는 원인이고 사업 성장이 그 결과라고 단언할 수 없다. 여기서 알 수 있는 것은, 성장

한 기업은 추천 의향도 높다는 것뿐이다. 하지만 예를 들어 성장한 기업의 주가가 높은 것은 당연한 일이다. 이것을 보고 누군가 '기업의 주가를 높이면 기업이 성장하는 것 같다', '그러니까 일단 주가부터 높입시다'라고 말한다면 뭐라고 하겠는가? '아니, 그건 순서가 반대 같은데요'라고 당황할 것이다.

소비가 개인 수준에서는 어떨까?

다른 각도에서 살펴보자. 예를 들어 집계된 데이터가 아니라 개인 수준에서 보면 어떨까? 즉, 개인의 시계열 변화를 보았을 경우, 추천 의향이 높은 사람은 이용 금액도 높은지, 향후 구매 행동으로 이어질지 여부가 관점이 된다. 이와 관련해 시계열 데이터를 이용해 과거, 현재, 미래의 구매 행동과 추천 의향 간의 연관성을 조사한 연구가 있는데, 다음과 같은 경향을 살펴볼 수 있다(Mecredy et al., 2018).

- 추천 의향은 과거와 현재의 이용액과는 양의 상관관계가 있지만, 미래의 이용액과는 음의 상관관계가 있음을 나타낸다.[■]
- 상수항이 가장 큰 영향을 미친다. 즉, 추천자층이 개별적으로 미래 이용액을 증가시켰다기보다는 고객 기반 전체에서 균등

■ 표본 수가 적기 때문에 모두 5% 수준이어서 유의미하지 않았다. 그러나 예를 들면 Morgan and Rego(2006)에서는 매출 성장과는 5% 수준에서 음의 상관관계를, 매출 총이익과는 1% 수준에서 음의 상관관계를 보였다.

하게 증가하는 부분이 더 크다(모두가 조금씩 더 많이 구매함).

　이러한 경향을 해석할 때, 어느 해에 많이 산 사람은 그 이용 경험에 근거해 높은 추천 의향을 나타내지만, 구매 행동은 평균으로 회귀하기 때문에 다음 해 이후의 구매량이나 이용 금액은 줄어든다는 기전이 이면에 있을 수도 있다(2장 2절 참고). 최근에는 LTV를 생각할 때 추천 의향을 함께 보는 경우가 있는데, 이처럼 현재 추천 의향이 높다고 해서 반드시 LTV도 높다고는 할 수 없기 때문에 주의해야 한다. 즉, 추천 의향의 수준을 우량 고객의 특징량이라고 생각하고 비용을 집중 투하했지만, 평균으로의 회귀 때문에 매출과 직접적인 연관이 없을 수도 있다. 추천 의향에 근거한 근시안적인 전략은 잘못된 예산 배분으로 이어질 우려가 있다는 케이닝햄의 지적이 떠오르는 부분이다(Keiningham et al., 2007b).

그렇다면 추천 의향은 전혀 의미가 없을까?

이런 비판적인 시각에도 불구하고, 최근 연구에서는 NPS가 특정 상황과 활용 방식에 따라 예측 도구로 유용할 수 있다는 점이 보고되었다(Baehre et al., 2022). 연구를 검토한 결과, 다음 세 가지 요소가 특히 중요하게 지적되었다.

- 점수의 '절댓값'이 아니라 점수의 '변화'에 주목할 것

- 기존 고객의 점수뿐만 아니라 비고객을 포함한 전체 시장의 점수를 사용할 것
- 한 분기 정도의 단기 예측에 그칠 것

우선, 향후 매출 성장과의 관계를 고려할 때 NPS의 '현재 수준'보다는 '변화 추이'가 더욱 중요한 의미를 가질 수 있다. 단순히 점수가 높다는 사실보다, 지속적으로 개선되고 있는지가 더 큰 시사점을 제공한다. 또한, 기존에는 NPS를 기존 고객을 대상으로만 측정하는 경우가 많았지만, 최근에는 비고객을 포함한 전체 시장에서 점수를 계산하는 기업도 늘고 있다. 사실 그 접근법이 정답일 수도 있다. 다니엘 베어는 모든 잠재 고객의 점수를 사용한 경우에만 신뢰할 수 있는 예측이 되었다고 발표했다(Baehre et al., 2022). 기존 고객의 입소문은 긍정적인 쪽으로 치우치는 경향이 있으므로(East et al., 2011), 기존 고객만 기반으로 한 점수는 향후 성장을 좌우하는 비구매층의 변화를 적절히 반영하지 못했을 가능성이 있다. 이는 NPS뿐만 아니라 인지도나 브랜드 상기와 같은 다른 마케팅 지표에서도 공통적으로 나타나는 현상이며, 브랜드의 성장을 예측하기 위해서는 비고객층의 변화를 파악하는 것이 핵심이다(e.g., Romaniuk, 2023).

NPS에 의한 예측은 1분기 정도의 단기간에 효과적일 것 같다(Baehre et al., 2022). 다만, 이것은 NPS 고유의 특성이라기보다는 일반적으로 태도 지표를 예측 도구로 사용할 때 주의사항일 수도 있다(e.g., Williams&Naumann, 2011). 태도 지표는 과거와 현재의 경험을 반영하는 특성이 있기 때문에, 최근 점수가 상승했다는 것은 '실제 이용

고객이 증가하고 있으며, 침투율이 확대되고 있다'는 신호로 해석될 수 있다. 따라서 그 후에 이어지는 매출은 적어도 단기적으로는 증가할 것이라는 논리다. 물론 추천 의향만 보고 의사결정을 하는 기업은 그다지 많지 않을 것이다.

도구는 사용하기 나름이다

마지막으로 개인적인 생각을 덧붙이자면, 추천 의향을 잘 활용하는 기업은 그 부수적인 효과로 현장 직원들의 데이터 활용 의식이 높아지는 경향이 있는 것 같다. 추천 의향을 매장이나 팀별 평가 지표로 활용하거나, 기존 고객을 대상으로 한 퍼포먼스 마케팅과 병행하는 방식도 괜찮아 보인다. 그동안 일부 직원만 공유할 수 있었던 '고객의 피드백 사이클'이 더욱 활성화되면서, 팀 전체의 고객 이해도가 높아지고 매장별, 운영별 점수를 내서 개선점과 우선순위를 명확하게 파악할 수도 있기 때문이다.

이러한 방식이 조직 내에서 자연스럽게 자리 잡고 있다면, 추천 의향을 활용하는 것이 긍정적인 선택이 될 수도 있다. 실제로 내 클라이언트 중에는 이 지표를 신중하게 해석하면서 적절히 활용하는 기업이 많다. 결국 지표와 이론은 비즈니스 성과 창출을 위한 도구다. 따라서 이를 무조건 신뢰하기보다, 근거에 기반한 비판적 시각을 통해 각 지표의 특성과 한계를 정확히 이해하고, 목적에 맞게 적절히 활용하는 것이 중요하다.

| 실전 포인트 |

'안 사는 이유'를 해결해야 할까, '사야 하는 이유'를 제시해야 할까?

강의나 워크숍에서 종종 "우리 브랜드를 구매하지 않는 사람들에게 어떻게 하면 구매를 유도할 수 있을까요?"라는 질문을 받는다. 대부분의 답변은 다음 두 가지 중 하나로 귀결된다.

- 사지 않는 이유(고충 및 불만 사항)를 찾아 해결한다.
- 안 사는 이유가 아니라 '사야 하는 이유'를 제시한다.

하지만 결론부터 말하자면, 실제로는 이 두 가지가 핵심이 아니다. 사지 않는 사람이 사게 하는, 특히 첫 구매를 유도하는 데 중요한 것은 '이유'가 아니라 '상기'의 문제다. 소비자의 마음속에 해당 브랜드와 제품이 떠오르느냐 마느냐가 관건이다.

그러나 많은 마케터는 이 당연한 사실을 간과한 채 '안 사는 이유'나 '사야 하는 이유'라고 하는 '논리'에 집중한다. 어떻게 보면 마케터다운 접근 방식이라고 할 수 있지만, 이러한 사고는 이른바 경제 합리성, 혹은 카너먼이 언급한 시스템 2[■]에 기반하고 있다(Kahneman, 2014). 소비자가 가능한 한 모든 정보를 신중하게 검토한 뒤, 자신에게 가장 큰 효용을 주는 선택을 한다는 '호모 이코노미쿠스적 소비자상'을 전제로 한 접근 방식이다.

'상기'조차 안 되는데 '이유'가 있을 리 없다

안 사는 사람에게 '안 사는 이유'를 물어보면 뭐라고 대답할까? 비고객을 대상으로 인터뷰해 본 사람이라면 결과를 알 것이다. 절반은 '특별한 이유는 없다, 생각해 본 적도 없다'라고 반응한다. 당연한 일이다. 하지만 나머지 절반은 '안 사는 이유'를 말해 준다. 그렇다면 사지 않는 이유를 해결하면 그들이 지갑을 열까?

많은 경우, 비고객이 '사지 않는 이유'를 말하는 것은 질문을 받은 상황에서 논리적으로 설명해야 한다는 압박감 때문일 수 있다.

■ 대니얼 카너먼은 그의 저서 『생각에 관한 생각』에서 인간의 사고와 판단 과정을 시스템 1과 시스템 2로 구분한다. 시스템 1은 빠르고 직관적이며 자연스러운 생각이고 시스템 2는 느리지만 비판적이고 논리적인 생각이다. 시스템 2는 복잡한 수학 문제를 풀거나, 중요한 의사결정을 할 때 활성화된다.-옮긴이 주

더 정확히 말하면, 실제 구매 상황에서는 시스템 1으로 판단하지만, 인터뷰에서는 시스템 2로 반응하기 때문이다.* 따라서 구매하지 않는 이유, 구매 의향을 높이는 방법, 또는 개선점에 대한 응답을 그대로 반영한다고 해서 반드시 제품 구매로 이어진다고 단정할 수 없다. 오히려 사실은 불편 사항 같은 것은 없을지도 모른다.

비고객은 크게 두 부류로 나눌 수 있다. 한 번도 구매 경험이 없는 비구매층과 과거에 구매했지만 어떤 이유로 더 이상 구매하지 않는 부정층이다. 사지 않는 이유를 해결했을 때 제품을 사 주는 것은 후자다. 전자는 브랜드 간의 차이를 인식할 만큼 관심이 없기 때문에, '브랜드 A는 이래서 사지만 브랜드 B는 이래서 안 산다'라고 구체적인 이유를 제시하지 못한다. 실제로 '이유가 있어서 사지 않는' 비고객의 비율은 B2C에서도 B2B에서도 10% 정도, 혹은 그 이하다(Nenycz-Thiel&Romaniuk, 2011; Romaniuk et al., 2021). 니치 브랜드의 경우 이 비율이 좀 더 증가하긴 하지만 그래도 20%에 불과하다.

일부 마케터는 '고객은 항상 불만을 품고 있으며 이를 해결하는 것이 마케팅이다'라는 논리로 과제를 해결하려 한다. 하지만 실제로 비고객의 대부분은 무관심층이다. 흥미롭게도 이런 비고객층은 브랜드에 대한 긍정적인 반응이 가장 적지만, 동시에 부정적인 반응도 적다(Winchester&Romanik, 2008). 그들에게 왜 사지 않느냐고 물으면 그럴듯한 이유를 대지만, 실제로는 그것 때문에 안 사는 것이 아니라 구매 시점에 그 브랜드를 떠올리지 못하는 것뿐이다. 브랜드가

■ 이른바 이중과정이론은 근거가 부족하다는 주장도 있다(e.g., Melnikoff&Bargh, 2018).

상기조차 되지 않는 상황에서 이유가 있을 리가 없다. 따라서 비고객의 표면적인 답변을 근거로 구매 장애물을 제거하는 전략을 세우는 것은 큰 의미가 없다.

'사야 하는 이유'로 움직이는 사람들

반면, '사지 않는 이유'가 아닌 '사야 하는 이유'를 제시해야 한다는 의견도 있다. 제품의 우위성과 차별점을 강조하는 유형의 광고, 할인 정책, '지금 사면 포인트 몇 배' 같은 프로모션이 이에 해당한다. 다만, 이렇게 '사야 하는 이유'로 구매 행동이 일어나는 것은 브랜드를 이미 인지하고 있는 기존 고객이나 카테고리의 헤비 유저에게 한정된다. 설명과 설득은 브랜드를 떠올리지 않는, 카테고리에 관심이 없는 비고객에게는 그다지 효과적인 수단이 아니다. 3부에서 자세히 다루겠지만, 예를 들어 일용소비재FMCG 시장에서는, 이해나 납득 같은 '생각하는 단계'에서 구매 프로세스가 시작되는 소비자는 30% 미만에 불과하다(Pauwels et al., 2020; Valenti et al., 2023).

이는 마케팅뿐만 아니다. 무관심한 사람에게 어떤 이유를 제시하고 설득해 행동을 유도하는 것이 본질적으로 어려운 과제다. 해당 카테고리를 잘 아는 마케터나 헤비 유저에게는 새롭고 흥미로운 기능이나 차별점도 비구매자에게는 전혀 관심을 끌지 못하는 주제일 뿐이다. 따라서 합리적인 설득만으로 행동 변화를 이끌어 내기는 매우 어렵다. 무관심한 사람이 행동하기를 원한다면, 그들을 변화시키려 노력하기보다는 다른 접근법이 필요하다. 사람은 쉽게 변하지 않는다는 전제하에, 그들의 일상에 이미 자리 잡은 행동 패턴이나 습관에 브랜드가 자연스럽게 스며들도록 하는 발상의 전환이 효과적일 수 있다. 이에 대해서는 7장에서 자세히 살펴보겠다.

3-5 마케팅은 실제로 매출을 얼마나 높일 수 있는가?

지금까지, 구매 의향과 추천 의향이라는 두 가지 대표적인 태도 지표를 통해, 태도와 행동의 관계를 알아봤다. 다양한 연구 결과에 따르면, 이러한 KPI들에 있어 태도는 미래 변화를 예측하는 선행 지표라기보다는 과거의 구매 습관이나 이용 경험의 결과물로 나타나는 경향이 있다. 다음으로 이러한 관계가 KGI(중요 목표 달성 지표) 수준의 데이터에서도 동일하게 나타나는지 확인해 보겠다.

실제로 브랜드에 대한 태도는 매출에 어느 정도 영향을 미칠까? 마케팅 정책을 통해 바꿀 수 있는 여지는 얼마나 될까? 몇 가지 실증 연구를 확인해 보자. 먼저 소비재 카테고리의 62개 브랜드를 대상으로 매출에 대한 태도, 행동 충성도, 마케팅 믹스의 영향을 분석

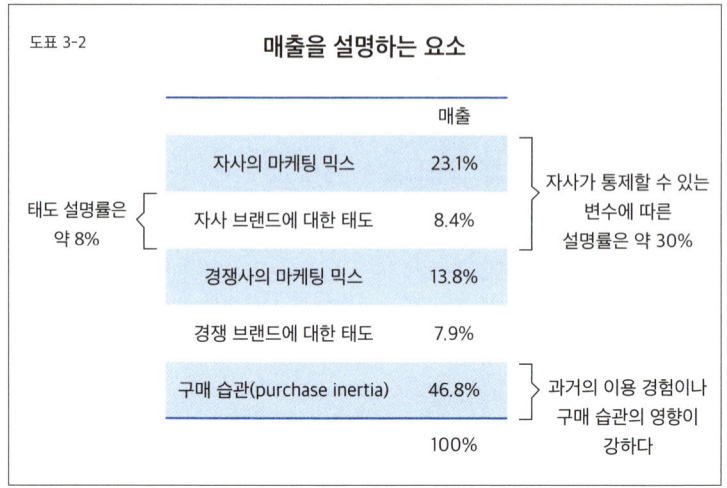

출처: 아래를 바탕으로 저자가 작성함
Srinivasan, S., Vanhuele, M.,&Pauwels, K. (2010). Mind-set metrics in market response models: An integrative approach. *Journal of Marketing Research, 47* (4), 672-684.

했다(Srinivasan et al., 2010). 도표 3-2는 저자들의 최종 모델의 일부를 나타낸 것이다. 자사 브랜드에 대한 태도가 매출 변동을 설명하는 비율은 8% 정도임을 알 수 있다. 경쟁 브랜드에 대한 태도를 포함해도 약 16%다. 실제로는 태도가 조절 변수로 작용해 매출에 공헌하는 경로나 관여도와 같은 상황적 요인에 따라 영향력이 달라질 수 있다(Bruce et al., 2012; Formisano et al., 2020; Pauwels&van Ewijk, 2020). 이 수치만을 보고 태도 변화를 과소평가할 수는 없지만, 마케터로서 '그렇다면 나머지 90%는 어디에서 오는지' 여전히 궁금하다.

도표 3-2의 내용을 보면 과거의 이용 경험과 구매 습관purchase inertia이 전체 매출의 거의 절반(46.8%)을 차지한다. 이는 브랜드에 대한 태도와는 별개로 소비자의 과거 행동이 현재 행동을 크게 좌

우한다는 점을 의미한다. 소비자는 특정 브랜드에 대한 태도적 충성도가 없어도 습관적으로 과거의 선택을 반복하는 경향이 강하며, 이는 행동 충성도의 영향력이 크다■는 뜻이다(Ehrenberg et al., 2004; Jones, 1990a). 다른 변수들을 보면 자사의 마케팅 믹스(23.1%), 경쟁사의 마케팅 믹스(13.8%), 경쟁 브랜드에 대한 태도(7.9%)가 뒤따르고 있다.

태도 변화의 중요성은 카테고리에 따라 다르다

태도 변화가 매출에 미치는 영향은 가격대와 카테고리에 따라 다를까? 일반적으로 고가 브랜드는 저가 브랜드보다 태도가 매출에 미치는 영향이 크며, 반대로 저가 브랜드는 현재 실행 중인 마케팅 활동이 매출에 미치는 영향이 더 크다는 연구 결과가 있다(Srinivasan et al., 2010). 가격이 높은 브랜드일수록 소비자의 관여도가 높아 태도 형성이 중요한 역할을 하지만, 가격이 낮은 브랜드일수록 마케팅 활동의 규모와 강도가 매출을 좌우할 가능성이 크다는 의미다. 다음으로 카테고리별 차이를 살펴보기 위해 도표 3-3을 참고하자.

이 그래프는 코엔 포웰스와 B.J 반 에이위크의 연구 데이터를 바탕으로 소비재, 내구재, 서비스재를 포함한 다양한 카테고리에서 '매출 분산의 몇 퍼센트가 마케팅 믹스의 변수로 설명되는가(왼쪽

■ Srinivasan et al.(2010)에 따르면 구매 습관은 행동 충성도와 거의 동의어로 볼 수 있다.

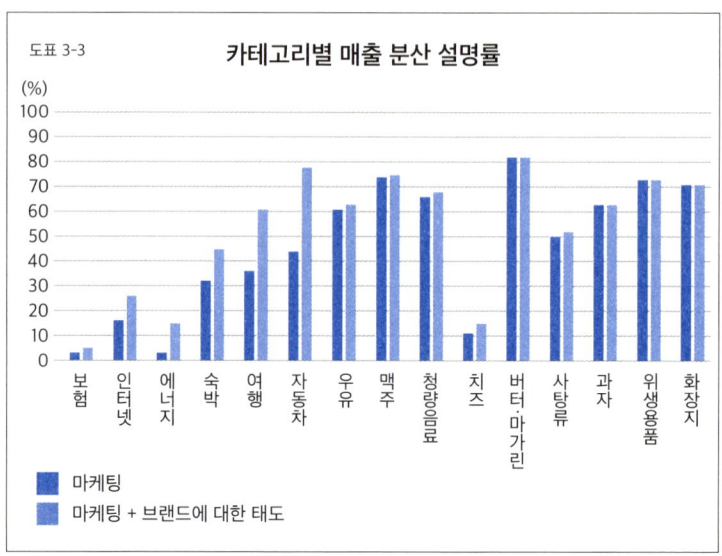

출처: 다음을 바탕으로 저자가 작성함
Pauwels, K.,&van Ewijk, B. (2013). Do online behavior tracking or attitude survey metrics drive brand sales? An integrative model of attitudes and actions on the consumer boulevard. *Marketing Science Institute Working Paper Series, 13* (118), 1-49.

막대 그래프)'와 '여기에 태도 데이터를 추가하면 설명 비율이 얼마나 증가하는가(오른쪽 막대 그래프)'를 나타낸다(Pauwels and van Ewijk, 2013). 두 막대 그래프의 차이는 태도 데이터를 포함했을 때 매출 변동을 설명할 수 있는 비율이 얼마나 증가하는지를 보여 준다. 실무적으로는 다음과 같이 해석할 수 있다.

- 왼쪽 막대 그래프가 긴 카테고리에서는 매출이 마케팅의 영향을 쉽게 받는다.
- 왼쪽 막대 그래프보다 오른쪽 막대 그래프가 긴 카테고리일수

록 태도 형성의 중요도가 높다.
- 두 개의 막대 그래프가 모두 짧은 카테고리는 매출이 과거의 이용 경험과 구매 습관에 따라 달라질 가능성이 높다.

우선, 소비재 카테고리에서는 모두 현행의 마케팅에 크게 의존하고 있으며, 소비자의 태도가 구매 결정에 미치는 영향은 거의 없다고 나타났다. 그러나 소비재 내에서도 카테고리에 따라 정도의 차이가 있다. 버터·마가린류, 맥주, 청량음료, 위생용품, 화장지 등은 마케팅에 의존하는 카테고리로 분류될 수 있다. 반면, 치즈와 같은 카테고리는 거의 소비자의 이용 습관으로 결정된다.

한편, 숙박 및 여행과 같은 서비스업과 자동차와 같은 내구재에서는 태도 형성이 상대적으로 중요하다. 다른 연구(Hanssens et al., 2014)에서도 관여도가 높은 카테고리일수록 태도의 영향력이 강해지고, 관여도가 낮은 카테고리일수록 약해지는 경향을 보인다고 한다. 보험, 인터넷, 인프라 같은 구독 시장에서는 대부분의 구매 결정이 과거의 이용 경험에 의해 이루어지는 것으로 보인다. 이러한 카테고리에서는 기본 행동 충성도가 높으며 일단 정신적 가용성이 형성되면 그대로 지속될 가능성이 높으므로, 이쪽도 일관성 있는 결과라고 할 수 있다(2장 7절 참고).

이처럼 태도 형성이 매출에 미치는 영향력은 카테고리마다 다르게 나타난다. 소비재의 경우 그 영향력이 미미하지만, 고가이면서 관여도가 높은 내구재나 서비스재일수록 태도의 중요성이 증가한다. '행동 → 태도'뿐만 아니라 '태도 → 행동'이라는 경로도 중요할 수 있다. 일부 연구자는 태도와 행동 사이에 양방향 인과관계를 가정하는 것이 더 적절하다고 주장한다(Bruce et al., 2012; Formisano et al., 2020; Pauwels&van Ewijk, 2020; Srinivasan et al., 2010; Valenti et al., 2023).

그러나 이러한 연구 결과를 종합해 볼 때, '태도 → 행동'의 효과는 마케터들이 기대하는 것만큼 크지 않으며, 동시에 '행동 → 태도'의 영향 역시 무시해도 될 만큼 미미하지 않음을 알 수 있다. 더 명확히 말하자면, 현실적으로 비구매층에게 강한 태도를 형성시키는 것은 거의 불가능하며, 브랜드가 성장하기 위해 애초에 강한 태도를 형성시킬 필요도 없다. 이에 대한 근거는 3부에서 다시 설명하겠다.

3-6 소비자의 일상과 연결되는 것이 중요하다

지금까지 KPI 수준(구매 의향, 추천 의향)과 KGI 수준(카테고리별 매출)에서 태도 변화 모델이 실제로 어떻게 작동하는지 살펴보았다. 이제 한 걸음 더 나아가, 광범위한 사회과학 연구와 소비자 행동 연구를 기반으로 태도와 행동의 관계가 어떻게 형성되는지 살펴보고자 한다. 이는 긍정적인 태도가 실제 구매로 이어지는 방법을 모색하고, 마케팅 전략에 효과적으로 적용할 수 있는 전략을 세우기 위해서다.

하지만 어떤 의미에서 이 분야는 마치 '늪'과 같아서 방대한 양의 연구가 진행되고 있다. 나도 모든 연구를 파악하지는 못하기 때문에 이전 연구에 대한 메타 리뷰를 중심으로 살펴보겠다. 먼저 고전적인 연구 중 하나로 Wicker(1969)는 다음과 같은 결과를 보고했다.

- 태도와 행동의 상관관계는 대부분 0.3 미만이며, 많은 경우 0에 가깝다.
- 태도 데이터가 행동 데이터의 10% 이상을 설명하는 경우는 드물다.

이 결과를 두고 저자는 '태도와 행동은 무관하거나 관계가 있더라도 극히 약할 가능성이 높다'고 결론지었다. 즉 사람들이 브랜드를 좋게 생각한다고 해서 실제로 그 브랜드를 산다는 보장이 없다. 이후 말콤 라이트와 밥스 클린도 같은 견해를 보였다(Wright and Klÿn, 1998). 한편 스티븐 크라우스는 88개 연구를 종합 분석한 메타 리뷰에서 다음과 같은 결과를 보고했다(Kraus, 1995).

- 태도와 행동의 상관관계는 평균 0.38이고, 중앙값 0.33이다.
- 태도는 행동 분산의 약 14%를 설명한다.

연구 분야나 연구자에 따라 상관계수를 분석하는 기법이 다르므로, 이러한 수치가 일률적으로 높다고 보기는 어렵다. 하지만 이를 종합적으로 보면, 태도와 행동의 관계가 그다지 강하지 않다는 점을 시사한다.

어떻게 하면 태도와 행동을 일치시킬 수 있을까?

당시 연구자들도 이 사실을 인지하고 있었으며, 어떻게 하면 둘의 연결고리를 개선할 수 있는지에 대한 연구도 활발히 진행되었다. 그중 한 가지 지침으로 호환성 원칙principle of compatibility을 들 수 있다(Ajzen&Fishbein, 1977; Ajzen, 2012). 이것은 행동과 태도가 일치하려면 다음 네 가지 요소가 명확해야 한다고 제시한다.

1) 대상Target: 행동의 대상
2) 행동Act: 구체적인 행동
3) 맥락Context: 행동이 일어나는 맥락과 환경
4) 시간Time: 행동이 일어나는 시점이나 기간

이 네 가지 요소를 정확히 해 태도와 행동의 연결을 강화하는 것이 중요하다고 알려져 있다(Ajzen, 2012; Ajzen&Fishbein, 2005). 이를 줄여서 TACT라고도 한다. 실제로 이러한 대응 관계를 유지함으로써 태도와 행동 간의 상관관계가 0.5 이상이 되는 경우도 있다(Davidson& Jaccard, 1979; Jaccard et al., 1977; Kraus, 1995).

마케터는 종종 '브랜드 이미지를 어떻게 개선할 수 있을까'에만 초점을 맞추지만, 단순히 브랜드의 전반적 이미지나 인식을 높여서 사업을 성장시키기는 쉽지 않다(Dall'Olmo Riley et al., 1997; Ehrenberg et al., 2002). 이는 소비자의 행동이 일상의 맥락과 동떨어진 곳에서 형성된 태도에 의해 결정되는 것이 아니라, 특정 상황 속에서의 태도

attitude-insituation에 의해 결정되기 때문이다(Foxall, 2002).

여러 번 말했듯이 결론은 '맥락'이 중요하다는 것이다. 소비자 행동 연구 분야에서도 오래전부터 같은 생각이 제시되어 왔다. 예를 들어 로버트 G. 샌델은 음료수를 평가할 때, 혼자 마시기, 졸린 오후에 마시기, 아침에 신문을 읽으면서 마시기 등 여러 상황을 고려한 테스트를 했다(Sandell, 1968). 또한 소비자 행동에 미치는 맥락적 영향을 생각할 때 중요한 측면을 다음과 같이 정리하기도 했다(Belk, 1975).

- 물리적 환경: 장소, 소리, 냄새, 날씨, 눈에 보이는 제품 특징 등
- 사회적 환경: 누가 그 자리에 있는가, 그들의 특징이나 역할, 그 사이에서 일어나는 상호작용
- 시간적 관점: 하루 중 시간대, 계절, 그 외에도 당사자의 주관적인 시간(예: 마지막으로 구매한 것은 언제인가, 월급날까지 얼마나 남았는가)
- 작업의 정의: 구매 목적, 해당 맥락에서 필요한 상품의 조건과 역할(예: 친구의 결혼 선물로 소형가전제품을 구매하는 것과 자신을 위해 구매하는 것은 맥락이 다르다)
- 선행 상태: 상황을 특징짓는 기분(불안, 쾌감, 흥분 등)이나 상태(갖고 있는 돈, 피로감, 질병 등)

눈치챘겠지만, 여기서 고객 여정▪ 혹은 클레이튼 크리스텐슨(2017)의 고객의 해결 과제 이론 같은 관점을 엿볼 수 있다는 점이 흥미롭다. 소비자 행동의 사실에 대해 깊이 파고들면 결국 비슷한 곳에 도

달하게 된다. 사실, 이러한 구매 맥락의 이해가 최근 재조명받고 있으며 브랜드 성장과의 관계도 밝혀지고 있다. 예를 들어, 구매 맥락에 따라 소비자가 떠올리는 단서가 다르고 상기하는 브랜드도 다르다(Barden, 2022; Holden&Lutz, 1992; Ratneshwar&Shocker, 1991). 또한, 대형 브랜드일수록 다양한 맥락에서 상기되고(=폭이 넓다), 반대로 소형 브랜드일수록 상기되는 맥락이 적다(=폭이 좁다)(Romaniuk, 2023; Romaniuk&Sharp, 2022).

이러한 연구를 바탕으로, 마케팅에서 맥락을 이해하고 적용하는 접근 방식도 발전하고 있다. 로마니우크와 샤프는 소비자가 어떤 상황에서 '아, 이런 제품 필요하겠다'고 생각하게 되는 순간을 카테고리 엔트리 포인트CEP, Category Entry Point라고 부르며 이를 이해하기 위한 프레임워크를 제안했다(Romaniuk&Sharp, 2022. 7장 6절에서 설명). 또한, Serizawa(2022)는 구매 맥락에서 비고객의 합리성을 분석하고 브랜드를 맥락별로 재해석하는 프레임워크를 제시했다(7장 9절에서 설명). 결론적으로, 마케팅에서는 구매 및 이용 상황(당시 환경, 시점, 기회 등)과 소비자의 목표(직무, 과제, 역할 등)를 고려한 후, 해당 맥락에서 브랜드가 어떤 가치를 제공할 수 있는지에 초점을 맞추는 것이 중요하다.

■ customer journey. 고객이 브랜드나 제품을 인식하고 구매를 결정하기까지의 전체 과정과 경험을 말한다.-옮긴이 주

3-7 오늘 좋아한다 해도, 내일은 모른다

한편으로 아무리 맥락을 정확히 정의한다 해도, 태도만으로 행동을 완전히 예측하는 것은 불가능하다. 태도와 행동은 그 자체에 확률적 특성이 있기 때문이다. 인터뷰와 설문조사 등으로 소비자의 의견을 수집할 수 있지만, 응답 시점의 태도와 인식이 그대로 구매 행동으로 이어진다고 할 수는 없다. 그 사람이 응답할 때 어떤 태도와 인식을 보였든, 실제 행동에 이르기까지 다양한 외부 영향을 받기 때문이다. 경쟁사 광고를 보고 브랜드를 떠올리는 순위가 바뀔지도 모른다. 구매하려던 제품의 가격이 인상되면 니치 브랜드로 눈을 돌릴 수도 있다. 평소 가던 매장에 재고가 없을 수도 있다. 인플루언서나 친구의 의견을 듣고 다른 브랜드를 시험 삼아 구매할 수도 있다. 충동구매를 할 수도 있다. 결국 이러한 '현실'이 개입함으로써 태도와 행동이 '들쭉날쭉해지는' 것이다.

하지만 이런 '들쭉날쭉함' 속에 구매 행동의 본질이 숨어 있다. 어떤 때는 브랜드 A를 선호한다고 말하고 다른 때는 브랜드 B를 선호한다고 하지만, 막상 실제 구매 상황이 되니 별 이유도 없이 브랜드 C를 선택한다. 현실에서는 이런 소비자가 대부분이다. 그렇다면 이처럼 일관성이 결여된 태도와 얼핏 무작위로 보이는 선택을 고려해야만 비로소 '현실에 기반을 둔 마케팅'이 가능해지는 것이 아닐까?

이것을 보여 주는 상징적인 사례가 있다(Sharp, 2017). 예를 들어 한 설문조사에서 브랜드 A를 좋아한다고 응답한 사람이 28%였다고 하자. 이 수치가 충분히 N이 큰 무작위 샘플에서 얻은 값이라면, 같은 조건으로 다시 한번 설문조사를 해도 브랜드 A를 좋아하는 사람은 28% 전후가 될 것이다. 이것만 보면 '모집단의 28%가 브랜드 A를 선호하므로, 무작위 샘플링을 하면 그 비율에 가까운 결과가 나올 것'이라고 생각하기 쉽다. 하지만 이것은 반은 맞고 반은 틀린 생각이다.

만일 모집단이 100만 명이라면, 그중 '항상 브랜드 A를 좋아하는 28만 명'과 '항상 좋아하지 않는 72만 명'이 있는 것이 아니다. 이러한 태도는 확률적으로 변화한다(Sharp, 2017). 예를 들어, 같은 사람에게 브랜드에 대한 태도나 인식을 두 번 물었을 때의 일관성은 약 50%에 불과하다(Castleberry et al., 1994; Dall'Olmo Riley et al., 1997; Rungie, Laurent, et al., 2005). 이는 만족도 조사에서도 유사한 결과를 보인다(Dawes et al., 2020). 1차 설문조사에서 '좋아한다'고 응답한 사람의 절반이 2차에서는 다른 응답을 할 수 있다. 반대로 1차 설문조사에서 '좋아하지 않는다'고 응답한 사람 중 일부가 2차에서는 '좋아한다'고 답해 2차 설문조사의 28%에 포함된다. 결과적으로 브랜드 A에 호의적인 태도를 취할 수 있는 잠재고객층은 실제로는 28% 이상이며, 단지 특정 시점의 표현 선호도가 확률적으로 변화하는 것이다.

마케팅을 확률론적 관점으로 다시 바라보자

이처럼 브랜드에 대한 소비자의 태도와 행동은 우리가 생각하는 것보다 훨씬 더 변덕스럽고 유동적이다. 이렇게 확률적으로 변화하는 현실을 '고려'하기 위해서는 마케팅도 확률적 관점에서 재조정해야 한다. 단발성 설문조사나 인터뷰는 끊임없이 변화하는 소비자의 특정 시점에서의 단면에 불과하다. 이런 단면만 보면 소비자의 태도나 행동을 변화시키는 메커니즘을 파악할 수 없다. 따라서, 실제 소비자에게는 이러한 '편차'가 있다는 것을 받아들이고 '이러한 편차가 왜 발생하는지', '이 편차 속에서 어떤 규칙성을 찾을 수 있는지' 접근하는 것이 더 생산적이다.

이 장의 첫머리에서 언급했듯이, 이 개념은 결정론적 마케팅과 대비해 '확률론적 마케팅'으로 불린다. 이것은 최근에 등장한 개념이 아니라, 1950년대부터 학술 연구가 시작되어 현재까지 다양한 국가와 카테고리에서 지속적으로 연구되고 있다. 특히 Goodhardt et al.(1984)에 의해 NBD 디리클레 모델로 정식화된 것이 중요한 이

정표가 되어, 이후 실무 분야에서도 널리 적용되고 있다.■ 이 모델의 수학적 세부 내용은 여기서는 다루지 않지만, NBD 디리클레는 카테고리와 브랜드의 행동 데이터를 바탕으로 다음과 같은 브랜드 성과를 예측한다.

- 점유율이 얼마나 되면 구매 빈도가 얼마나 되는가
- 어떤 경쟁사와 얼마나 많은 고객을 공유하게 되는가
- 소비자는 일반적으로 몇 개의 레퍼토리를 보유하는가
- 몇 번이나 재구매를 하고, 지갑 점유율은 얼마나 되는가
- 브랜드에 완전히 충성하는 팬은 어느 정도인가

이 모델은 예측 정확도가 높고 식품, 주류, 세제, 샴푸 등 생필품은 물론 일반의약품, 의료기기, 주유소, 스포츠웨어, 자동차, 컴퓨터, 은행, 신용카드, 보험, 텔레비전 프로그램, 스포츠 관람, 도박 등 폭넓은 제품과 서비스에 적용할 수 있다고 보고되었다(Driesener&Rungie, 2022). 또한 소매점 같은 오프라인에서의 소비 행동뿐 아니라 온라인 구매 분석에도 이용되고 있다. 소비자의 브랜드 선택과 비즈니스 성장은 많은 카테고리에서 태도 데이터가 아닌 행동 데이터로 설명된다는 것을 보여 주는 것이다.

그러나 확률적 사고는 복잡한 통계 모델을 활용해 데이터를 분석하는 것만을 의미하지 않는다. 이 책에서 제시하는 바와 같이, 이러

■ 그 밖에도 계량 경제 모델과 마르코프 모델 등 몇 가지 다른 접근법이 있다.

한 분석을 통해 도출된 지식과 규칙성을 실질적인 마케팅 전략에 적용하는 것이 핵심이다. 예를 들어, 이중 위험의 법칙, 구매 중복의 법칙, 자연 독점의 법칙 등은 NBD 디리클레 모델에서 도출된 패턴으로, 다양한 시장과 카테고리에 폭넓게 적용할 수 있는 규칙성이다 (Sharp, 2010).

이어지는 2부와 3부에서는 신제품 개발, 가격 전략, 커뮤니케이션 개발, 미디어 플래닝, 광고 효과 측정 등 다양한 마케팅 실무 영역에서 확률론적 마케팅이 어떻게 적용되는지 살펴보겠다.

| 실전 포인트 |

하던 대로 해 온 마케팅의 문제점

이 장에서 우리는 태도와 행동 간의 관계를 다양한 각도에서 검증했다. 이러한 근거가 축적되었음에도 불구하고, 실무 현장에서는 아직도 '태도 → 행동'이라는 기준을 당연시한다. 어떻게 보면 인과관계를 잘 확인하지도 않고, '설득력 있어 보이는' 이야기를 직감적으로 긍정하는 확증 편향의 일종일 수 있다.

이러한 경향 때문에 확률론적 마케팅이 제대로 확산되지 않는 것 같다. 물론 주요 교과서나 마케팅 책에서도 이에 대한 설명이 부족한 점도 한몫한다. 브랜드의 성장을 일단 태도나 인식의 문제로 생각하면 어느 정도 마음이 편해진다. '그렇다면 광고로 설득하면 된다', '차별화 포인트를 강조하면 된다', '이미지를 개선하면 된다'라는 식으로 문제에 일대일로 대응하는 '답'이 존재하기 때문이다. 지금까지 배운 마케팅 지식을 활용할 수 있을 것 같고, 해야 할 업무도 구체적으로 정리된다. 반면, 소비자 행동을 확률적 사건으로 인식하면 '그럼, 우리가 할 수 있는 일이 뭐지?'라는 인지 부조화로 이어진다. 확률론의 수학적 배경을 잘 이해하지 못하는 사람도 있을 것이다. 개인적인 의견이지만, 이런 문제들은 본질적으로 자신이 알고 있는 지식과 경험 안에서 해결책을 찾을 수 없는 문제를 아예 문제로 인정하고 싶지 않은 방어 기제일 가능성이 크다.

이러한 태도의 또 다른 문제는 당사자뿐만 아니라 주변 사람들도 이를 쉽게 인지하지 못한다는 점이다. 설령 인지한다 해도 지적하기 어려운 환경이 조성된다. 여러분이 담당한 브랜드의 점유율이 줄어들고 있다고 가정하자. 임원들은 고객 충성도를 높이는 데 집중해야 한다고 말한다. 그들은 '현재 고객을 중요하게 여긴다면 결국 점유율도 따라 올라올 것이다'라고 믿는다. 이때 이중 위험의 법칙을 알고 있으면, 충성도 전략을 실행해도 점유율이 회복되지 않는다는 것을 깨닫는다. 그러나 상사가 충성도를 높여야 한다고 말하는데, '그에 대한 근거가 있습니까?'라고 반박하는 직원이 과연 있을까?

이것이 상사가 아니라 동료나 팀원이라고 해도 결과는 동일하다. '모두의 뜻'을 거스르는 것은 부담스럽고, 지금까지 해 오던 방식을 바꿔 리스크를 감수할 이유도 찾기 어렵다. 조직의 구조적 특성상, 일단 결정론적 사고가 침투하면 이를 의심해서 생기는 이점이나 검증할 동기가 생기기 어려운 환경이 조성된다. 이렇게 되면 조직 내에 결정론적인 사고가 확고하게 자리 잡게 되고, 소비자를 이해하는 관점과 마케팅 전략의 선택 폭이 좁아진다.

이러한 일련의 문제에 대해 고故 프랭크 배스는 다음과 같이 지적한다.

> 이론과 실증 사이에 모순이 있는 것으로 보이는 경우, 이론을 거부하거나 데이터를 부인한다는 두 가지 가능성이 존재한다. 지금까지, 소비자 행동의 연구자 대부분은 이론이 아니라 데이터를 부인하는 경향이 있는 것 같다. (생략) 이렇게 결정론적인 행동 이론은 계속 전해진다. 이러한 이론과 일치하지 않는 근거는, 정의상 잘못되었다고 간주되기 때문이다. (Bass, 1974, p.2, 저자 옮김)

이미 반세기 전에도 이렇게 경종이 울렸다. 내가 총괄하는 콜렉시아 컨설팅팀은 제조업과 다양한 사업 분야에서 약 200개 이상의 마케팅 프로젝트에 참여했지만, 여전히 이러한 문제가 크게 변하지 않았다고 생각한다. 많은 조직에서 '자신이 익숙한 이론으로 설명할 수 있는 것이 맞고, 그렇지 않은 것은 받아들일 수 없다', '선의를 가지고 내린 의사결정이 목표에 반하는 결과를 초래한다'는 사례를 수없이 보았다. 데이터와 분석을 아무리 강조해도, 근본적으로 '마케팅에서 태도의 문제'를 해결하지 않는 한 지속적인 비즈니스 성장을 이루기는 어려울 것이다.

2부

당신의 제품 가격은 합리적인 근거가 있는가?

WHAT
이전의 문제

2부에서는 가격의 규칙성을 살펴본다. 기존 마케팅은 WHAT, 즉 어떤 가치를 제공할 것인가를 고민할 때 차별화의 중요성을 강조해 왔다. 하지만 소비자들은 정말 브랜드의 차이를 인식하고 선택할까? 또한 차별화라는 개념은 다양한 상황에 따라 다르게 접근해야 한다. 단순히 경쟁사와 다른 일을 하는 것이 아니라, '누구를 대상으로, 어떤 차별화를 통해, 사업을 어떻게 성장시킬 것인가'를 명확히 파악해야 한다. 결국, 자사 브랜드의 상황과 목표에 맞는 차별화 전략이 필요하다.

차별화는 가격과도 밀접한 관련이 있다. 소비자는 '무엇이(제품) 얼마에(가격)'라는 요소를 하나의 세트로 인식하며 가치를 형성하기 때문이다. 마케터에게도 이익을 극대화하는 방법과 소비자가 높은 가격을 받아들이도록 만드는 전략이 핵심 관심사다. 2부에서는 가격 탄력성이라는 개념을 바탕으로 판매량과 이익의 균형을 최적화하는 가격 책정 기법과 브랜드 성장 단계별 가격 전략을 다룬다.

후반부에는, 신제품의 성패를 결정짓는 요인과 브랜드 포트폴리오의 핵심 쟁점을 근거 기반으로 분석할 것이다. 서브 카테고리화, 프리미엄 가격, 리뉴얼, 리포지셔닝 등 기존에 직관과 경험에 의존해 왔던 주제들도 데이터를 바탕으로 접근해 본다.

evidence-based
marketing

4장

차별화 전략에 대해 의심해 본 적 있는가?

4-1 경쟁을 피하는 것과 경쟁에서 이기는 것은 다르다

차별화는 거의 모든 마케팅 교과서에서 다루는 고전적인 주제다. 많은 사람이 'WHAT(무엇을)'을 고민할 때 가장 먼저 차별화 포인트를 떠올린다. 하지만 최근 해외 마케터들 사이에서는 '브랜드 성장에 차별화가 절대적인가', '차별화와 독자성 중 어느 것이 더 중요한가'에 대한 논의가 이루어지고 있다. 에렌버그-배스 연구소를 비롯해 영국계 리서치 회사인 칸타 등 다양한 연구자와 실무자가 각자의 데이터와 경험을 바탕으로 이를 논의하며, 링크드인 같은 SNS에서도 이러한 흐름을 엿볼 수 있다.

아마 독자들이 보기에는 '뭐? 그런 거 따질 필요 없어!' 또는 '차별화는 당연히 중요하지'라고 반응할 수도 있다. 하지만 최근 상황이 조금 변화하면서 마케터들의 '여론'이 엇갈리고 있는 듯하다. 나의 주관이긴 하지만 이 논쟁은 대략 다음과 같은 대립 구조를 형성하고 있다.

- 차별화파: 시장의 니즈는 점점 더 다양해지고 있다. 소비자는 정보에 민감하며, 항상 자신에게 맞는 상품을 찾고자 한다. 따라서 경쟁사와의 차별점을 명확하게 전달해야만 선택받을 수 있다.
- 브랜드 현저성파: 실제 데이터를 살펴보면 차별화가 반드시 구매 결정에 영향을 미친다는 근거는 없다. 소비자는 제품의 세부적인 차이를 일일이 고려하지 않는다. 사소한 차이를 강조하기보다는, 구매 순간 눈에 띄고 머릿속에 떠오를 수 있도록 만드는 것이 더 중요하다.

이러한 논의는 에렌버그-배스 연구소가 발견한 다음과 같은 규칙성에서 시작되었다.

- 상당수의 소비자는 브랜드의 차별화를 인식하지 못하고, 차별화되어 있다는 인식 없이 브랜드를 선택한다(Romaniuk et al., 2007).
- 만약 마케터의 의도대로 브랜드가 차별화되었고 그 차별화가 구매 동기로 작용한다면, 경쟁 브랜드 간의 고객층에 뚜렷한 차이가 있어야 한다. 하지만 실제로는 경쟁 브랜드 간 고객 프

로필이 거의 동일하게 나타난다(Anesbury et al., 2017; Kennedy& Ehrenberg, 2001; Uncles et al., 2012).

이러한 연구를 바탕으로 바이런 샤프는 『브랜딩의 과학』에서 마케터는 소비자가 의미를 느낄 수 있는 차별화보다, 의미를 느끼지 못하더라도 독자성을 추구해야 한다고 주장했다(Sharp, 2010/2018, p.160). 기존 마케팅에서는 차별화를 성장 전략의 핵심으로 여겼기 때문에, 이러한 주장을 선뜻 받아들이지 못하는 마케터들도 많다.

그런데 종종 오해하는 점이 있다. 샤프는 '차별화가 존재하지 않는다'고 주장하지는 않았다. 그는 차별화가 브랜드의 성공에 그다지 큰 역할을 하지 않는다(Sharp, 2010), 혹은 일반적으로 생각하는 것보다 영향력이 약하고 덜 중요하다고(Romaniuk et al., 2007) 했을 뿐이다. 또한 차별화는 필요조건이지만 충분조건은 아니라고도 했다(Sharp& Dawes, 2001). 그렇다면 이것은 구체적으로 무엇을 의미할까? 실무적으로 어떻게 해석하면 좋을까? 선행 연구를 살펴보자.

우선은 조금 돌아가서, 애초에 기업은 왜 차별화를 하는지부터 살펴보겠다. 마케터들은 종종 다음과 같은 이유로 차별화를 해야 한다고 말한다.

- 제품에 높은 가격을 책정하기 위해
- 다양화된 고객 요구에 부응하기 위해
- 다른 세분화 시장에 어필하기 위해
- 일용품화를 막고 경쟁 우위를 확보하기 위해

- 브랜드의 독자성을 높이고 강한 포지셔닝을 구축하기 위해
- 제안서에 차별화 포인트를 적지 않으면 결재가 통과되지 않기 때문에

이처럼 다양한 이유가 있지만, 차별화 개념 자체는 경제학에서 비롯되었다. 이론적으로 차별화를 통해 제품의 대체 가능성이 줄어들고, 판매자와 구매자가 무작위적으로 거래하는 것이 아니라 특정한 선호에 따라 연결될 수 있다고 여겨졌다.

갑작스럽겠지만, 여러분이 승부를 겨루고 있는 시장은 어떤 시장일까? 여러 기업이 경쟁하며, 각 기업이 크든 작든 서로 다른 특성을 가진 제품을 만들고, 기본적으로 자사가 제품을 얼마에 판매할지 결정할 수 있는 시장일 수도 있다. 이러한 시장에서 흔히 사용되는 전략이 차별화다.

여러분이 소비재 제조업체의 마케터로서 섬유유연제를 담당하고 있다고 가정해 보자. 현재 시장에는 다양한 섬유유연제가 점유율을 놓고 치열하게 경쟁하고 있다. 이런 상황에서 경쟁에서 앞서기 위해 '실내 건조용 섬유유연제'를 개발했다고 하자. 출시 초기에는 실내 건조 기능을 갖춘 섬유유연제가 여러분의 브랜드에만 있기 때문에, 이 기능을 원하는 소비자는 자연스럽게 여러분의 제품을 선택할 수밖에 없다. 따라서 다음 페이지 도표 4-1에서 볼 수 있듯이, 매출(P×Q)에서 비용(C×Q)을 뺀 A 면적은 온전히 여러분의 몫이 된다. 이런 방식으로 차별화를 통해 단기적으로는 소규모 독점에 가까운 시장 지위를 확보할 수 있기를 기대하는 것이다(Sharp&Dawes, 2001).

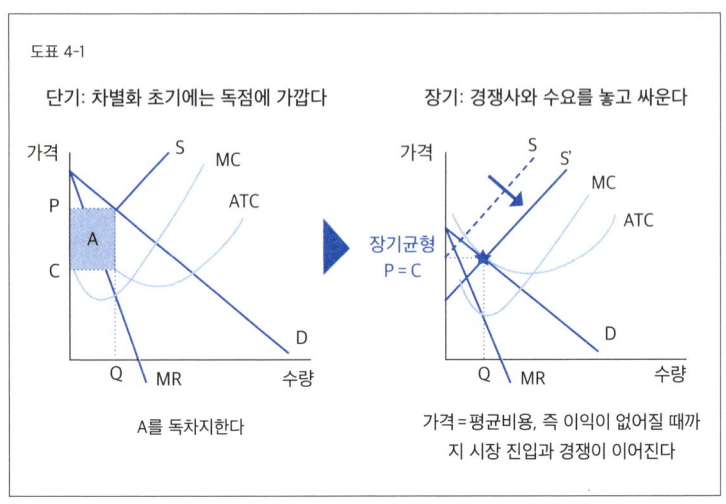

이를 본 경쟁사는 어떻게 반응할까? 많은 돈을 벌 수 있다면, 경쟁사들도 그 혜택을 누리기 위해 유사한 제품을 개발해 시장에 진입하려 할 것이다. 요즘에는 타사의 차별화 포인트를 모방하는 것이 어렵지 않다. 이렇게 경쟁이 심화되면서 시장의 경쟁적 성격이 더욱 강해진다. 알다시피, 현재는 대부분의 기업이 실내 건조 기능을 갖춘 섬유유연제를 판매하고 있다. 이처럼 경쟁사들이 비슷한 기능을 갖춘 제품을 내놓으면, 더 이상 여러분의 브랜드가 수요를 독차지할 수 없다. 제품 간 대체 가능성이 커지고, 같은 가격으로 판매할 수 있는 수량도 줄어든다. 여러분이 단기적으로 독점하고 있던 수요를 여러 기업이 서로 잡아먹는 것이 되어, 상대적으로 수요 곡선이 안쪽으로 밀려드는 모양이 된다.

그렇다면 경쟁사들은 언제까지 시장에 계속 진입할까? 한때 여러분이 독점했던 이익이 매력적으로 보여 진입한 것이기 때문에, 이론적으로는 이익이 0이 될 때까지 계속된다. 이 시점에 여러분은 어떻게 대응하겠는가? 경쟁을 멈출 수는 없지만 판매 수량과 점유율을 최대한 유지하고 싶을 것이다. 이를 위해서는 이후에 설명할 도달 범위 확대, 감성적 매력을 중심으로 한 브랜드 구축, 카테고리 진입점 증가, 독자적 브랜드 자산에 대한 투자 등, 정신적 가용성과 물리적 가용성을 강화하는 전략이 더욱 중요해진다. 이를 볼륨 전략이라 한다.

혹은 이익률을 높이고 싶을 수도 있다. 이를 위해서는 제품의 프리미엄화, 고객 레퍼런스에 따른 가격 차별화, 기존 고객의 행동 충성도가 높은 속성 강화, 퍼포먼스 마케팅 등 가격 수용성과 LTV(고객 생애 가치)를 높이는 전략이 필요하다. 이를 마진 전략이라 한다.

장기적으로는 실내 건조 기능 외 다른 고객 선호 요소를 반영한 섬유유연제를 개발할 수도 있다. 이를 통해 자사의 강점을 살린 새로운 서브 카테고리를 만들어, 초기 시장 진입 시와 유사한 독점 상태를 다시 확립하는 것을 목표로 삼을 수 있다.

전략의 구체적인 구분에 대해서는 다음 장에서 다루겠지만, 중요한 점은 이러한 시장 환경에서 성장하기 위해서는 단순한 차별화만으로는 충분하지 않다는 것이다. 차별화는 경쟁의 기본 전제이며, 결국 모든 기업이 필수적으로 고려해야 하는 요소, 말하자면 '경기 참가비'와 같다. 따라서 차별화는 필요조건이지만 지속적인 성장을 보장할 수 있는 충분조건은 아니다.

4-2 지금까지 무관심했던 사람들이 제품을 구매해 줄까?

'매출 = 고객수×구매 빈도×단가'라는 공식에서 알 수 있듯이 사업이 성장하려면 볼륨(침투율, 점유율 등)과 마진(WTP, LTV, 가격 감도 등) 양측을 모두 관리해야 한다. 일부는 이러한 이유로 차별화를 통해 지금까지 구매하지 않았던 사람들의 관심을 끌어야 한다고 주장하지만, 차별화는 주로 마진을 높이는 데 효과적일 뿐 볼륨을 증가시키는 접근법으로는 한계가 있다. 예를 들면 칸타의 조사결과에 따르면 다음과 같다(Boyd&Stephen, 2022).

- 볼륨을 늘리는 요인: 상기성 42%, 의외성 38%, 차별성 20%
- 마진을 높이는 요인: 차별성 49%, 의외성 45%, 상기성 6%

차별화는 마진을 높이는 요인으로는 중요한 역할을 하지만, 볼륨 성장에는 상대적으로 영향력이 크지 않다. 왜 이런 현상이 발생하는 걸까? 차별화를 통해 지금까지 무관심했던 비고객이 흥미를 느끼고 구매할 가능성이 커지지 않는가? 우선 이론을 간단히 살펴보고, 관련 근거를 확인해 보자.

수평적 차별화와 수직적 차별화

차별화에 대해 좀 더 면밀히 살펴보자. 사실 차별화는 '수평적 차별화'와 '수직적 차별화'라는 두 가지 패턴이 있다(Neven&Thisse, 1990).

수평적 차별화는 사람마다 취향이나 평가가 다르게 나타나는 속성을 기준으로 차별화하는 방식이다. 마케팅 실무에서는 고객의 선호도에 맞춰 기능이나 속성을 차별화하는 것을 의미한다. 예를 들어 디자인, 색상, 크기, 맛, 향기 등은 소비자마다 선호도가 다를 수 있다. 또한 STP 전략을 기반으로 특정 고객 세분화의 요구를 충족시키거나, 헤비 유저가 원하는 특정한 사양을 반영하거나, 특정한 상황에 특화된 기능을 강화하는 것 등도 넓은 의미에서 수평적 차별화에 포함된다.

■ 번역은 다음 기사를 참고했다. https://kantar.jp/solutions/reports/29941

수평적 차별화의 특징

- 사람마다 취향이나 평가가 다르게 나타나는 속성을 차별화
- 특정한 사용 맥락 및 고객 세분화의 효용을 높임
- 가격은 비슷하지만 경쟁사에는 없는 기능과 성능을 제공
- 주로 기존 고객이나 대량 구매자의 WTP 증대에 기여
- 마케팅 및 브랜딩을 통한 인식 차별화

수평적 차별화는 가격대는 비슷하면서도 경쟁사와 구별되는 특징을 부여하는 방향으로 이루어지는 경우가 많다. 예를 들어 섬유유연제의 기본 기능인 빨랫감의 촉감 개선은 모든 브랜드가 제공하지만 탈취, 항균, 향취 등 다양한 요소를 강조하며 차별화를 꾀할 수 있다. 같은 탈취 기능이라도 실내 건조 시 냄새 제거, 땀 냄새 제거, 곰팡이 냄새 방지 등 계절이나 사용 상황에 따라 세분화하는 방식도 이에 해당한다.

반면, 수직적 차별화는 해당 카테고리에서 공통적으로 요구되는 기본적인 품질을 차별화하는 방식이다. 예를 들어 자동차라면 연비가 좋아야 하는데, 이는 운전하는 사람이라면 누구나 선호할 요소다. 즉, 개별적인 취향보다는 카테고리 사용자 대부분이 가치 있게 여기는 기능이나 성능을 강화하는 전략이 수직적 차별화에 해당한다. 수직적 차별화에서는 기본 품질이 향상될수록 가격대도 올라가는 경우가 많다.

수직적 차별화의 특징

- 카테고리 내 모든 사용자가 좋아할 만한 품질 차별화
- 개인 선호도와 관계없이 모든 고객의 효용을 높임
- 모든 브랜드가 보유한 속성이지만 품질이나 가격에서 차이를 둠
- 브랜드 비구매자를 포함해 모든 카테고리 사용자의 WTP 증가
- 기술 혁신과 연구 개발을 통한 성능 개선, 때로는 혁신적인 변화까지 포함

수직적 차별화의 고전적인 예로 마이크로소프트의 윈도 95를 들 수 있다. 초창기 컴퓨터는 사용하려면 명령어를 입력해야 해 초보자에게는 접근이 어려운 기계였다. 하지만 윈도 95는 시작 메뉴에서 클릭 한 번으로 애플리케이션을 실행할 수 있도록 했고, 인터넷 연결도 표준화하는 등 혁신을 가져왔다. 이용 편의성이 크게 향상되면서 '나도 사용할 수 있을 것 같다'고 느끼는 사람들이 늘었고, 컴퓨터 사용자가 급격히 확대되었다. 비슷하게 2G 휴대전화에서 스마트폰으로의 전환도 수직적 차별화로 볼 수 있다.

브랜드가 수직적 차별화와 수평적 차별화 중 어느 쪽에 초점을 맞추는지, 그리고 광고가 이를 어떻게 강조하는지에 따라 사업 성장에 미치는 영향도 달라진다. 다음 페이지 도표 4-2는 이러한 구분에 대한 실증 연구를 보여 준다(Erdem et al., 2008). 연구자들은 광고가 카테고리 사용자의 WTP(고객 지불 의향) 분포에 어떤 영향을 미치는지를 분석하기 위해 네 가지 소비재 카테고리를 조사했고, 다음과 같은 패턴을 발견했다.

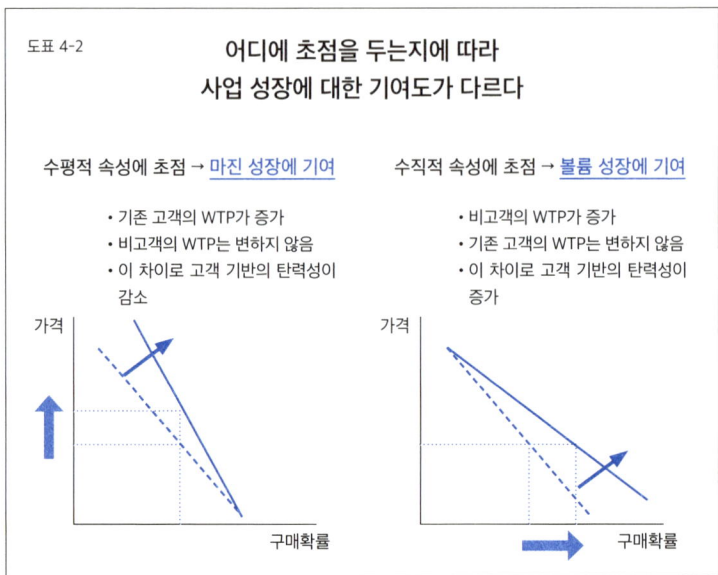

출처: 다음을 바탕으로 저자가 작성함
Erdem, T., Keane, M. P., &Sun, B. (2008). The impact of advertising on consumer price sensitivity in experience goods markets. *Quantitative Marketing and Economics*, 6 (2), 139-176.

    수평적 차별화는 특정 기능, 속성, 또는 사용 상황에 특화된 매력을 창출함으로써, 이에 가치를 느끼는 기존 고객■의 WTP가 높아진다. 반대로, 그 기능이나 속성에 그다지 가치를 느끼지 않는 비고객■■의 WTP는 별로 달라지지 않는다. 이 효과의 차이에 따라 곡선이 오른쪽 상단으로 이동함과 동시에 기울기는 수직에 가까워진다(Erdem et al., 2008). 그 결과, 고객 기반의 전반적 탄력성이 감소해 마진 성장

■ 정확하게는 비한계 소비자를 가리킨다.
■■ 정확하게는 한계 소비자를 가리킨다.

에 주로 기여한다. 예를 들어 높은 가격 책정이 쉬워진다.

다음으로 수직적 차별화는 카테고리 사용자 모두에게 호소하기 때문에 브랜드를 사도 되고 사지 않아도 된다고 생각하던 비고객[*]의 WTP가 높아진다. 반대로, 원래 브랜드에 가격 이상의 가치를 느끼던 기존 고객[**]의 WTP는 크게 변하지 않는다. 이 차이에 따라 곡선은 오른쪽 상단으로 이동하지만, 기울기는 수평에 가까워진다 (Erdem et al., 2008). 수직적 차별화는 비고객의 WTP를 높여 카테고리 내 신규 수요를 창출함으로써 볼륨 성장에 기여하지만, 동시에 고객 기반 전체의 탄력성은 커진다.

- [*] 정확하게는 한계 소비자를 가리킨다.
- [**] 정확하게는 비한계 소비자를 가리킨다.

4-3 차별화는 없는 수요를 만들어 내는 전략이 아니다

이제 이러한 이론을 실천할 때 고려해야 할 몇 가지 사항을 사실에 비추어 설명하고자 한다. '차별화의 논리는 그렇다 치고 실무에서 얼마나 큰 효과를 기대할 수 있고, 어떤 한계가 있는가?'라는 이야기다. 첫 번째 논의는 차별화는 '수요가 전혀 없는 곳에서 수요를 창출하는 기법'이 아니라 '수요가 있음에도 불구하고 기회가 없어서 실현되지 못한 소비를 불러일으키는 기법'이라는 것이다.

기본적으로 제품 차별화나 가격 변화에 반응하는 것은 이미 브랜드에 흥미와 관심이 있는 기존 고객 혹은 카테고리 사용자다. 반면, 비고객은 브랜드에 대한 관심이 적기 때문에, 브랜드에서 어떤 변화가 있더라도 이를 쉽게 인지하지 못한다. 기존 고객은 브랜드의 광고를 비고객보다 두 배 더 잘 기억하지만(Harrison, 2013; Romaniuk&Wight, 2009), 비고객이 브랜드의 차별화에 반응하는 정도는 기존 고객의 절반 이하에 불과하다(Romaniuk et al., 2007). 가격 프로모션도 주로 기존 고객이나 브랜드를 이용한 경험이 있는 소비자가 반응할 뿐, 신규 고객을 크게 확보하지는 못한다는 연구 결과가 있다(Ehrenberg et al., 1994).

마찬가지로, 프리미엄 라인의 가치를 느끼는 것은 기존의 레귤러 라인을 알고 있기 때문이다. 또한 낮은 가격대의 서브 카테고리나 할인 정책에 반응하는 것도 과거의 구매 경험이나 기억을 바탕으로 형성된 참고 가격이 있기 때문이다. 그러나 그런 기존 고객조차도 '차별화되었다는 사실을 인지한 상태에서 제품을 구매하는 비율'은 약 10%에 불과하다는 연구 결과가 있다(Romaniuk et al., 2007). 비고객이라면 말할 것도 없다.

이 책을 읽고 있는 독자 여러분은 직업상 자신이 평소 구매하지 않는 카테고리에 대해서도 잘 알고 있을 수 있지만, 일반 소비자는 평소 구매하지 않는 제품이 얼마나 차별화되어 있는지조차 알지 못한다. 설사 이를 인지한다고 해도 그것이 구매할 이유가 되지는 않는다.

실제로 수직적 차별화를 실시하면 지금까지 판매 기회가 없었던 한계소비자의 WTP가 가격을 웃돌아 신규 구매를 하는 사람도 등장한다(Erdem et al., 2008). 그러나 이는 카테고리 내 비고객 일부를 유입시킬 수 있다는 의미일 뿐, 무관심층이 갑자기 대거 유입되는 것은 아니다.

차별화 전략은 크든 작든 기본적인 수요가 존재한다는 전제를 바탕으로 한다. 소비자는 '이 품질이라면 이 정도 가격을 지불할 수 있다'거나 '이 가격이라면 이 정도 기능만 있어도 타협할 수 있다'는 기준을 가지고 있으며, 이는 수요 곡선의 위치와 기울기로 표현된다. 그러나 이러한 기준 자체가 없는 사람들에게는 수요 곡선을 그릴 수 없다. 해당 카테고리에 전혀 관심이 없는 사람들의 수요 곡선은 세로축에 밀착된 형태가 되며, 가격이 어떻게 변하든 수요는 제로다.

또한, 앞 절에서는 설명의 편의를 위해 수평적 차별화와 수직적 차별화를 같은 범주로 다루었지만, 실무에서는 둘의 차원이 다르다. 업무에서 흔히 말하는 '차별화'는 대부분 '새로운 맛을 추가했다', '향기를 줄이면서 탈취 기능도 강화했다'와 같은 수평적 차별화에 해당한다. 반면, 수직적 차별화는 현실적으로 마케팅의 범위를 벗어나는 경우가 많다.

예를 들어, 자동차의 연비가 1~2% 개선된 정도로는 운전을 하지 않는 사람들이 알아차리기 어렵다. 그러나 '연비가 두 배로 향상되었다'면 이야기가 달라진다. 이는 기존 자동차에 관심이 없던 사람들에게도 분명 매력적인 소식이 될 것이며, 결과적으로 카테고리 전체의 사용층을 넓히는 역할을 할 수 있다. 하지만 마케팅 활동만으로 연비를 두 배로 늘리는 것은 불가능하다. 이는 단순한 차별화가 아니라, 오히려 카테고리의 진화에 가까운 개념이며, 몇 년에 걸친 연구개발과 혁신을 통해 실현될 수 있는 사안이다.

이러한 수직적 차별화를 수평적 차별화와 동일선상에서 취급하는 것은 사과와 오렌지를 비교하는 것과 같다. 그러한 사례를 두고 '차별화는 볼륨 성장에 효과가 있다, 고객 수가 증가한다'고 일반화하는 것은 오해의 소지가 있다.■

■ 다만 몇 가지 조건이 충족되면 차별화가 볼륨을 견인하는 요인이 된다는 보고도 있다. 예를 들어, 신흥 시장의 소규모 브랜드에서는 차별화가 상대적으로 높은 영향을 미치는 것으로 보이지만(Pauwels, 2023), 성숙 시장과 대형 브랜드에서는 차별화보다는 인지도와 만족도가 주요 원동력으로 작용하는 듯하다.

4-4 '차별화하는 것'과 '차별화되는 것'의 차이점

차별화 전략을 실행할 때 주의해야 할 점 두 번째는 마케터가 인식하는 '차별화하고 있다'와 소비자가 느끼는 '차별화되고 있다' 사이의 괴리다. 브랜드를 만든 입장에서는 대부분 '우리는 차별화하고 있다'고 생각할 것이다. 사실 나도 차별화 포인트나 이에 준하는 내용이 없는 기획서는 본 적이 없다. 하지만 데이터를 살펴보면 이야기가 다르다.

앞서 가볍게 언급했듯이, 소비자는 브랜드가 차별화되어 있다는 이유만으로 선택하는 것이 아니다. 소비재에서 내구재, 서비스재, 소매업에 이르기까지 17개 카테고리를 조사한 연구에 따르면 평균 10%의 고객[*]이 브랜드를 '차별화된' 또는 '독특한' 브랜드로 인식한다고 응답했으며(Romaniuk et al., 2007), 8개 카테고리를 대상으로 한 또 다른 연구에서도 특정 브랜드만이 갖고 있는 연상을 소비자가 인식하는 비율은 단 몇 %에 불과했다(Romaniuk&Gaillard, 2007). 대부분의 소비자는 브랜드가 '차별화되었다'고 생각하지 않으며, 그럼에도 그 브랜드를 구매한다는 것이다(Sharp, 2010).

이러한 연구는 '차별화되었다고 생각하는가/독특하다고 생각하는가'라는 질문이 지나치게 단순해서, 소비자가 느끼는 차이와 선택할 때의 이유를 정확하게 파악하지 못한다고 비판받기도 한다. 물론 심층 인터뷰에서 '어떤 점에서 차이를 느끼는가', '어떤 점이 탁월하다고 생각하는가'라고 '질문하면' 차이가 드러날 것이다. 하지만 이렇게 세밀한 질문 없이는 소비자가 차이점을 알아차리지 못하고 자연스럽게 대답하지 못한다는 것은 일반적인 관점에서 볼 때 브랜드 간 차이가 뚜렷하지 않다는 의미다.

실제로 소비자의 뇌는 평소 사용하는 브랜드를 선택할 때, First-Choice-Brand Effect라는 독특한 패턴을 보인다고 한다(Deppe et al., 2005). 소비자가 특정 제품을 구매하려고 할 때, 처음 떠오르는 브랜드가 실제 구매로 이어질 가능성이 높다는 것이다. 정신적 가용성이 높은 브랜드를 구매할 때 우리는 특별한 고민 없이 자연스럽게 선택한다. 감정이나 기억, 보상 등에 관여하는 뇌 영역이 활성화되고, 단기기억과 논리적 판단, 계획, 이유부여 등에 관여하는 영역의 활동이 저하된다(Deppe et al., 2005; Plassmann et al., 2007a; Krampe et al., 2018).

■ 증류주, 소매점, 스킨케어 등은 비율이 좀 더 높은 것으로 보인다.

나아가 마케터의 의도대로 브랜드가 차별화되고 그 차별화가 구매 동기로 작용한다면, 경쟁 브랜드 간의 고객 구성에 상당히 차이가 날 것이다(Sharp&Dawes, 2001). 2장 7절에서 설명한 구독 시장처럼 어떤 소비자는 브랜드 A를, 어떤 소비자는 브랜드 B를 계속 선택해 각 브랜드가 고유한 고객 프로필을 갖게 될 것이라는 이야기다. 이는 STP 전략의 중요성을 뒷받침하는 논리이기도 하다. 하지만 실제 데이터를 분석해 보면 이런 예상과는 다른 결과가 나타난다. 여러 연구에서 경쟁 브랜드 간 고객 프로필은 거의 동일하다는 규칙성이 확인되었다(Anesbury et al., 2017; Kennedy&Ehrenberg, 2001; Uncles et al., 2012).

4-5 대부분의 브랜드가 이 '라인'을 따라 성장한다

그럼 결국 소비자가 실제로 인식한 차이는 어떤 것일까? 이는 DJ라인을 그어 보면 알 수 있다. DJ라인은 '침투율이 증가할수록 충성도가 높아진다'는 이중 위험의 법칙Double Jeopardy Law을 그래프로 나타낸 것이다. 비교적 적은 데이터만으로도 유의미한 통찰을 얻을 수 있으며, 자사의 경쟁 환경을 파악하거나 유망한 서브 카테고리를 찾는 데 유용하다. 또한, 수학적 이론적 배경이 명확하고(Habel&Rungie, 2005), 이를 활용한 연구도 많으며(Dowling&Uncles, 1997: Jarvis&Goodman, 2005: Meyer-Waarden&Benavent, 2006: Sharp&Sharp, 1997), **다양한 카테고리에 적용할 수 있는 견고한 분석 도구다**. 나 역시 시장 구조를 파악할 때 DJ라인을 그리는 것부터 시작한다.

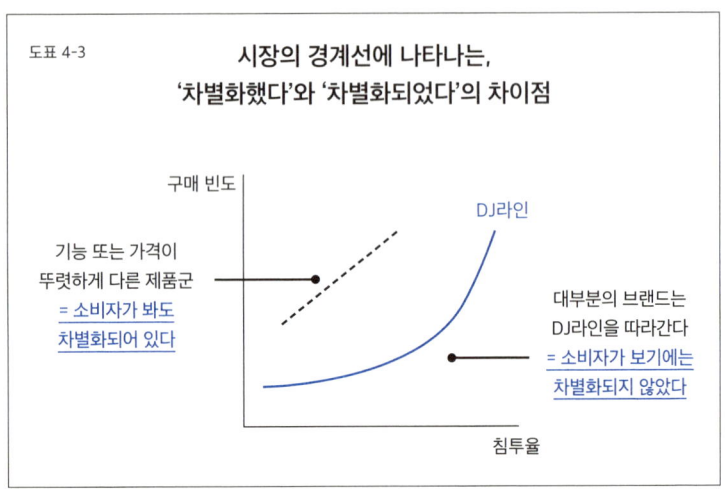

도표 4-3 시장의 경계선에 나타나는, '차별화했다'와 '차별화되었다'의 차이점

조금 전문적인 이야기를 해 보자면, DJ라인은 가로축에 침투율(혹은 점유율), 세로축에 평균 구매 빈도(혹은 SCR나 재구매율 등)를 놓고, 자사 경쟁사를 포함한 카테고리 내 브랜드를 따라 산포도를 만들어 근사곡선을 적용해 그린다. 시장 전체를 조감하거나 서브 카테고리를 찾는 목적으로 사용할 때는 지수 곡선도 상관없지만, 예측 및 평가에는 NBD 디리클레 모델을 사용하는 것이 좋다(Habel & Lockshin, 2013). 자세한 내용은 Habel and Rungie(2005)나 Habel and Lockshin(2013) 등을 참고하자.

대부분의 브랜드는 DJ라인 근처에 모인다. 즉, 대부분의 브랜드가 이중 위험의 법칙에 따라 성장한다. 예를 들어, 중소형 제과 브랜드의 경우 대략 침투율이 4포인트 증가하면 충성도가 약 1포인트 증가하는 비율로 성장한다(Allsopp et al., 2004).

하지만 소비자 관점에서 차별화되는 브랜드는 DJ라인과 확연히 다른 군을 형성한다. 이러한 상태를 '시장에 경계선partition이 있다'라고 하는데, 이러한 경계선이 생기는 것은 같은 카테고리라도 기능이나 가격이 크게 다른 경우다(Romaniuk et al., 2007). 예를 들어 무설탕, 저지방을 내세우는 다이어트 제품, 특정보건용식품■, 알레르기 프리 식품, 빅사이즈 전문 의류, 할인점, 특수 판로가 있는 브랜드, 지역 한정품 등에서는 경계선이 등장했다. 소비자가 제품이나 서비스 간의 차이를 인식하고 구매하는 것은 기능이나 가격대, 유통 등이 물리적으로 다른 경우다.

DJ라인의 다른 특징으로 다음과 같은 점을 들 수 있다.

- 대형 브랜드는 DJ라인 위에 위치할 가능성이 있음
- 소규모 브랜드는 DJ라인 아래에 위치할 가능성이 있음
- 실제로는 직선이 아닌 우상향 곡선을 그리는 경우가 많음
- 서브 카테고리의 제품군은 독자적인 DJ라인을 형성할 수 있음
- 틈새 시장 브랜드나 기분 전환용으로 구매하는 브랜드는 DJ라인에서 벗어날 수 있음

많은 브랜드가 DJ라인을 따라 성장한다는 것은 거기서 '벗어날 때' 전략적인 시사점이 숨겨져 있을 수 있다. 우선 대형 브랜드는 DJ라인보다 위에, 작은 브랜드는 DJ라인보다 아래에 배치되는 경우가

■ 특정 효능에 대해 일본 정부가 심사하고 소비자청 장관이 승인한 식품이다.–옮긴이 주

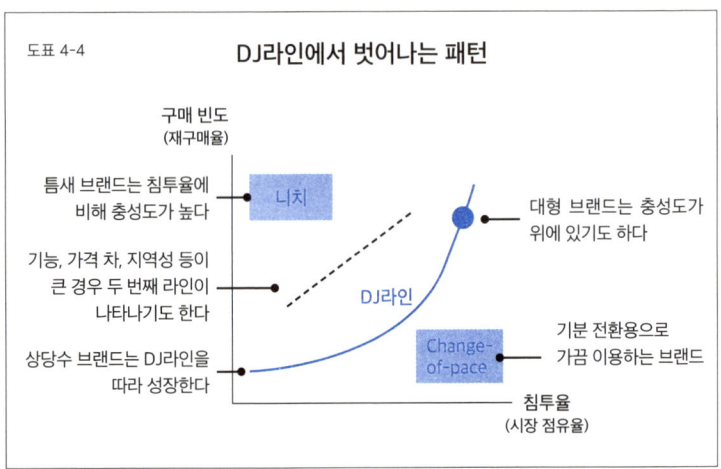

출처: 다음을 바탕으로 저자가 작성함
Dawes, J. (2022). Factors that influence manufacturer and store brand behavioral loyalty. Journal of Retailing and Consumer Services, 68, 103020.
Dowling, G. R.,&Uncles, M. (1997). Do customer loyalty programs really work?. Sloan Management Review, 38 (4), 71-82.
Scriven, J., Bound, J.,&Graham, C. (2017). Making sense of common Dirichlet deviations. Australasian Marketing Journal, 25 (4), 294-308

있다(Li et al., 2009). 특히 대형 브랜드의 충성도는 NBD 디리클레 모델에서 예상되는 추정치보다 높아지는 경우가 있으며(Fader&Schmittlein, 1993), 앞서 언급한 제과류 연구에서도 대형 브랜드가 성장할 때의 침투율과 충성도 비율은 4:1이 아닌 3:1로 생각하는 편이 좋다고 보고되었다(Allsopp et al., 2004).

실제로 DJ라인은 직선이 아니라 우상향하는 곡선을 그린다(Habel&Lockshin, 2013). 이는 점유율이 커질수록 침투율을 높이는 것이 어려워지고, 상대적으로 충성도의 기여도가 커지기 때문이다. 다시 말해, 점유율이 작은 브랜드는 '침투율'이 중요하고, 점유율이 커진 브랜드는 '침투율과 충성도'가 동시에 중요해진다는 의미다. 또한 앞서 언급한 바와 같이 기능이나 가격이 근본적으로 다른 상품은 DJ라인과 별개의 군을 형성할 수 있다. 시장에 이러한 경계선이 있는 경우, 그 서브 카테고리에는 반드시 확장 제품을 출시하도록 하자. 기존 주력 상품과 경쟁해서 자기잠식효과를 일으킬 가능성이 비교적 낮고, 주력 상품이 충족할 수 없는 요구를 수용할 수 있는, 신규 제품의 매출 증가를 일으킬 가능성이 높기 때문이다.

마지막으로, 틈새 브랜드와 가끔 기분 전환용으로 구매하는 브랜드는 DJ라인 바깥쪽에 위치하는 경우가 있다(Kahn et al., 1988). 이에 대해서는 몇 가지 주의점이 있으므로 뒤에서 다시 논의하겠다.

4-6 틈새 시장과 단순한 공백을 구분하는 법

시장 포지션을 고려할 때 차별화와 함께 자주 언급되는 개념이 '틈새(니치)'다. 도표 4-4를 다시 보자. 지금의 대기업들도 한때는 틈새 브랜드였지만, 틈새에 머물러 있던 것이 아니라 DJ라인을 따라 성장하며 점유율과 매출을 확대해 왔다(Dowling&Uncles, 1997). 일정 시점이 되면 틈새 시장에서 벗어나 비고객을 확보하는 방향으로 전환해야 한다. 그러나 이를 논하기에 앞서, '우리가 틈새 시장이라고 생각하는 시장의 공백에는 정말 틈새 수요가 존재하는가?'라는 질문부터 던질 필요가 있다.

마케터는 틈새 수요라고 생각했지만 사실은 기분 전환용 소비일 가능성도 있다. 그게 무슨 문제가 되냐 하면, 틈새 전략은 '고객 수는 적어도 높은 행동 충성도로 적은 고객 수를 보완할 수 있다'는 예측이 가능해야 성립된다. 그러나 기분 전환용 구매는 본질적으로 가끔 구매하는 것이 전제되기 때문에 애초에 구매 빈도와 재구매율이 증가하기 어렵다. 구매 기회가 제한적이고 충성도와 성장을 기대하기 어려운 시장에서는 비즈니스 성공 가능성이 낮으며 아무도 투자하지 않을 것이다. 이 부분을 확실히 확인한 후에 세운 틈새 '전략'이냐고 묻는 것이다.

이처럼 가끔 기분 전환용으로 소비되는 브랜드를 'change-of-pace(전환)' 브랜드라고 부르기도 한다(Kahn et al., 1988). 이 유형의 브랜드는 '항상 구매하지는 않지만, 구매한 적은 있다'고 응답하는 소비자가 많아, 데이터상으로는 침투율이 비교적 높게 나타나는 경향이 있다. 그래서 언뜻 보면 라이트 유저를 확보해 시장이 확대되는 것처럼 보일 수 있지만, 실제로는 재구매가 이루어지지 않아 시간이 지나도 매출 기반이 크게 성장하지 않는다. 일반적으로 성공적인 신제품은 출시 후 2분기부터 시장 침투율과 재구매율이 꾸준히 증가하며, 약 1년 후에는 기존 브랜드에 근접할 정도로 성장한다(Hoek et al., 2003; Singh et al., 2012). 그러나 '틈새처럼 보이는 기분 전환용 브랜드'는 이러한 성장 패턴을 따르기 어렵다.

내 경험을 비추어 봐도, 소규모 브랜드가 좀처럼 성장하지 못하거나 신규 사업이 확장 국면에서 비틀거릴 때는, 틈새 시장과 기분 전환용 수요를 오인해 사업의 핵심 전략으로 삼았다가 실패한 사례가 많았다. 그렇다면 어떻게 생각하면 할까?

이것은 초점을 맞춰야 하는 제품 속성의 문제일 수도 있다. Jarvis

and Goodman(2005)에 따르면 어떤 제품 속성이 '기분 전환용'이고 어떤 제품 속성이 '틈새 수요'로 요구되는지 파악하는 것이 중요하다. 즉, 기분 전환을 위한 기능과 특징이 아니라, 소수의 고객이라도 꾸준히 수요가 있는 기능과 특징에 집중해야 한다. 이를 위해서는 각 제품 속성별로 평균보다 높은 행동 충성도를 보이는 영역을 찾아내는 것이 핵심이다.

'가격대'를 예로 들어 보자. 이 연구에 따르면 와인의 경우 낮은 가격대와 높은 가격대에서 평소보다 높은 행동 충성도가 나타났다. 따라서 소규모 와이너리는 이 두 가격대에서 제품을 구성하고, 중간 가격대는 피하는 것이 좋다. 이미 중간 가격대에서 제품을 판매하고 있다면 손을 떼야 한다. 이러한 행동 충성도에 초점을 맞춘 제품 전략은 6장 후반에서 자세히 살펴보겠다.

4-7 이미지를 바꿔도 '싸우는 장소'와 '싸우는 상대'는 바뀌지 않는다

지금까지 살펴본 바와 같이, 기능, 유통, 가격 같은 물리적 측면이 크게 다르거나 이미 높은 행동 충성도가 확립된 속성에 관해서는 차별화가 효과적일 수 있다. 그렇다면 이렇게 눈에 띄는 특징을 가지지 않는 브랜드가 이미지 같은 인식과 심리 측면에서 차별화하는 것은 얼마나 효과적일까? 이 역시 마케팅 실무에서 흔히 오해되는 주제이므로, 그 배경을 바탕으로 자세히 설명하고자 한다.

비즈니스 전략에서 자주 언급되는 격언 중 하나가 '싸우는 장소를 바꿔라' 또는 '경쟁사와 같은 경기장에서 싸우지 마라'는 것이다. 이러한 관점에서 포지션 맵을 만들기도 한다. 사양, 가격, 연령층, 입지, 이용 형태 등 두 가지 축을 설정해 시장을 규정하고, 브랜드를 배치해 '이곳은 경쟁이 치열하니 피해야 한다'거나 '이 영역에 기회가 있을 것 같다'는 식으로 시장 전략을 논의하는 것이다. 한편, 브랜드 이미지 등의 데이터를 활용해 지각도perception map를 만들고, 마치 시장이 '이미지에 따라 구획된 세부 영역'으로 나뉘어 있는 것처럼 분석하는 경우도 있다.

전자와 같이 물리적 특성을 축으로 경쟁 환경을 분석하는 것은 무방하다. 문제는 후자다. 브랜드 이미지나 인식을 축으로 레드오션이나 화이트 스페이스■를 정의하는 것은 그다지 의미가 없으며 판단을 그르칠 가능성이 있다. 우선, 지각도에서 브랜드 간 거리가 가깝다고 해서 경쟁이 더 치열해지는 것도 아니며, 멀리 떨어져 있다고 해서 경쟁을 피할 수 있다는 근거도 없다(Romaniuk et al., 2007; Sharp et al., 2003). 어디와 경쟁할지는 이미지가 아니라 시장 점유율로 결정된다. 구매 중복의 법칙duplication of purchase law에 따르면 지각도상의 거리■■나 화이트 스페이스를 다각도로 분석한 결과, 시장에 진입한 브랜드는 대형 브랜드와 더 많은 고객을 공유하고 소규모 브랜드와는 더 적은 고객을 공유하게 된다(Ehrenberg et al., 2004; Sharp et al., 2003; Uncles et al., 1995).

싸우는 장소를 바꿔라. 싸우는 방식을 바꿔라. 맞는 말이다. 하지

- ■ white space. 미지의 영역 또는 홀대받는 시장underserved market이다. 기업의 현재 비즈니스 모델로는 정의되거나 해결되지 않는 모든 잠재적 활동의 범위를 포함하고 있기 때문에, 때로는 특이하고 힘든 도전을 해야 할 수도 있다. 화이트 스페이스를 선점하면 기업의 경계를 확장하고 새로운 성장 동력을 확보할 수 있다.-옮긴이 주
- ■■ 애초에 지각도에서의 거리를 단순한 '가까운 정도'로 해석할 수 없는 경우도 있다.

만 이미지를 바꾼다고 해서 그렇게 쉽게 싸우는 장소와 상대가 바뀌는 것은 아니다. 물론 지각도에서 가까이 배치된 브랜드끼리 평균보다 많은 고객을 공유하기도 하지만, 그것은 이미지 때문이 아니라 실제 기능이 유사하기 때문이다(Sharp et al., 2003; Uncles et al., 1995). 이미지 전략만으로 경쟁 관계가 바뀌거나 포지셔닝 변경으로 경쟁을 피할 수 있는 것은 아니다. 애초에 침투율을 변화시키지 않고 특정 이미지와 인식만 높이는 것이 가능한지도 의문이다. 이 부분은 3부에서 다시 자세히 설명하겠다.

덧붙여 오해를 방지하기 위해 상황을 구분해 설명하자면, 지각도를 이용해 현재 브랜드와 연관되지 않은 속성을 찾아내거나, 브랜드에 대한 전반적인 인식을 파악해 광고 개발에 활용할 수는 있다(Romaniuk&Sharp, 2003b; Romaniuk et al., 2007). 그러나 브랜드 선택과 경쟁 구도를 이미지나 인식 틀로 논의하는 것은 적절하지 않다. 애초에 상당수 지각도는 축의 설정과 해석이 주관적인 성격을 띠기 때문에 '화이트 스페이스가 있다 = 잠재시장이 있다'라고 판단할 수는 없다. 공백이 있더라도 그 공백이 무엇을 의미하는지 알아야 가치 판단을 할 수 있다.

차별화에 관한 근거를 정리하다

여기서는 지금까지 살펴본 근거를 정리하겠다. 먼저 기존의 마케팅 이론에서는 차별화의 효과가 과대 평가되어 온 측면이 있다. 예를 들어, 코틀러와 켈러는 "마케터는 무엇이든 차별화할 수 있다고 생각하는 것부터 시작해야 한다."라고 주장했다(Kotler&Keller, 2006/2008, p.397). 이는 이론적으로 가능할 수도 있지만, 소비자가 이를 실제로 인식하고 구매로 이어질지는 별개의 문제다.

그러나 '차별화는 의미가 없다', '아니, 차별화는 의미가 있다'의 대립 구도로 보지 말고 이 역시 상황을 구분하는 것이 중요하다. 차별화는 주로 기존 고객이나 해당 카테고리의 헤비 유저의 WTP를 높여 행동 충성도를 유지하거나 강화함으로써 기업의 마진을 높이는 역할을 한다. 하지만 제품 차별화만으로는 무관심한 비고객을 끌어들이기 어렵다. 따라서 비고객을 대상으로는 다른 접근법이 필요하다. 구체적인 방법은 이후 장에서 다루겠지만, 핵심은 볼륨 성장과 마진 성장을 별개의 목표로 인식하고, 각각에 맞는 마케팅 전략을 따로 수립해야 한다는 점이다. 1장 4절에서 설명한 '양쪽 다, 따로'의 관점이 여기서도 중요하다.

| 실전 포인트 |

소비자가 차별화하는 것은 브랜드가 아닌 맥락이다

결국 차별화란 무엇일까? 기존의 마케팅 이론에서는 차별화를 통해 구매 이유가 생기고, 그것을 전달함으로써 경쟁 우위성과 포지셔닝이 확립된다. 심지어 그렇게 하지 않으면 살아남을 수 없다고까지 주장했다(Keller, 1993; Trout&Rivkin, 2008). 하지만 4장에서 살펴본 바와 같이 이러한 주장을 뒷받침하지 않는 근거도 많이 있다. 특히 주목할 만한 것은 로마니우크의 '고객의 10% 정도만 차별화되었다고 생각한다'라는 연구였다(Romaniuk et al., 2007). 이 내용을 처음 접했을 때 나도 상당한 충격을 받았다.

물론 상식적으로 생각할 때, 소비자들도 모든 브랜드가 똑같다고 생각하진 않을 것이다. 브랜드마다 이름이 다르다는 것(비록 정확한 이름은 기억나지 않지만), 패키지가 다르다는 것(디자인은 구별할 수 없지만), 가격이 다르다는 것(어떤 것이 더 비싼지는 확실하지 않지만) 정도는 알고 있을 것이다. 브랜드 간에 어떤 차이가 있다고 어렴풋이 느끼지만, 그것이 반드시 '차별화되었다'거나 '독특하다'고 인식되지는 않는 것이다. 그럼에도 특정 브랜드는 자주 선택되고, 다른 브랜드는 그러지 않은 이유는 무엇일까?

사람마다 선호가 다르며, 심지어 같은 사람이라도 당시의 상황과 맥락에 따라 선호가 변할 수 있다. 마찬가지로 기업마다 보유한 자원도 다르다. 기술, 설비, 인력, 유통 및 매입 구조, 비용 구조, 외부 파트너 등 각 기업은 서로 다른 강점과 약점을 갖고 있으며, 이러한 요소들이 시장에서 풍부한 '차이'를 만들어 낸다. 사람들은 자신의 상황과 선호에 맞는 제품을 선택할 수 있게 된다(Romaniuk et al., 2007; Sharp&Dawes, 2001). 결국 차별화란 기업이 보유한 자원의 이질성과 소비자의 다양한 수요가 만들어 내는 자연스러운 결과일 수도 있다(Sharp&Dawes, 2001).

소비자가 특정 브랜드를 선택하는 이유, 즉 원인에 타사와의 차별화만 있는 것은 아니다. 오히려 구매 상황에서의 선호도에 부합하는 제품을 그때그때 선택한 결과일 수도 있다. 구매 맥락에 따라 필요한 제품 속성이 다르다는 점을 고려하면 이러한 현상을 더 쉽게 이해할 수 있을 것이다. 예를 들어 다음 내용을 보자.

- 가족 친지가 모두 모일 때는 '대용량 제품이 좋다'
- 평상시 요리에 사용할 때는 '소분 포장된 제품이 편리하다'

- 여름 감기에는 '인후통 완화 효과가 뛰어난 약이 좋다'
- 일하는 동안은 '간편하게 허기를 달랠 수 있는 초콜릿이 좋다'

이처럼 상황이 달라지면 상기되는 단서도 달라지고, 이에 따라 상기되는 브랜드 집합 역시 달라진다(Desai&Hoyer, 2000; Holden&Lutz, 1992; Ratneshwar&Shocker, 1991; Romaniuk&Sharp, 2022). 달리 말하면, 소비자가 가장 먼저 인지하는 것은 브랜드의 차이가 아니라 '맥락의 차이'다. 그다음 그 맥락에서의 필요와 부합하는 특성을 지닌 브랜드를 비로소 '인지'하게 된다. 그렇다면 마케팅의 역할은 명확하다. 특정 상황에서 소비자가 해당 브랜드를 더 쉽게 알아차릴 수 있도록 만드는 것이다.

차별화만으로 선택된 것이 아니다

차별화와 브랜드 선택의 관계는 소비자의 선호, 더 나아가 특정한 상황이라는 제3의 변수에 의해 형성되며, 이로 인해 차별화와 선택 간의 직접적인 상관관계가 있는 것처럼 보일 수 있다. 마케터들은 흔히 '우리 브랜드가 차별화되었기 때문에 선택되었다'고 생각하지만, 실제로 소비자는 특정한 사용 맥락에서 자신의 필요와 목표에 부합하는 '특성이나 속성'을 가진 브랜드를 선택하는 것일 수도 있다. 따라서 맥락을 특정하지 않고 단순히 '이 브랜드는 차별화되었다고 생각하십니까? 독특합니까?'라고 질문하면, 경쟁 브랜드 간의 인식 차이는 거의 나타나지 않는다. 반대로 구체적인 맥락이 주어지면 브랜드 상기 집합이 달라진다. 그 결과, 소비자들이 특정 브랜드를 차별화되었다고 인식하지 않더라도, 주어진 맥락에 따라 일부 브랜드는 자주 선택되고 다른 브랜드는 그러지 않을 수 있다.

사소한 뉘앙스 차이라고 생각할 수도 있다. 하지만 나는 차별화가 성장 전략이냐 아니냐 하는 논의의 본질은 여기에 있다고 생각한다. '어떻게 경쟁사와 차별화할 것인가'를 목표로 삼으면, 당연히 경쟁사와 다른 특성을 가진 제품과 서비스가 많이 나올 것이다. 하지만 그것은 독점적 경쟁에 참여하기 위한 참가비 같은 것이다. 이렇게 만들어진 특성이 '우연히' 구매 상황에서 요구되는 요소와 일치하면 구매로 이어질 수 있지만, 이는 결과론적인 이야기다. 우리는 이런 우연한 일치를 '전략'이라고 부르지 않는다. 오히려 그렇게 '선택하게끔 만드는 것'이 전략의 본질이다. 이를 위해서는 '타사와 다르다 → 그래서 선택된다'는 방향이 아니라, '이용 맥락에서의 선호와 맞는다 → 그 맥락에서 가치 있는 브랜드로 상기된다'라는 방향으로 생각해야 한다.

극단적으로 말하면, 차별화되지 않은 제품이라도 구매 시점에 소비자의 기억에 떠오르면 선택될 수 있지만, 차별화된 제품이라도 소비자가 떠올리지 못하면 선택되지 않는다. 그리고 차별화를 한다고 해서 곧바로 특정한 구매 맥락과 연결되는 것도 아니다. 따라서 차별화가 성장의 충분조건이 되려면 단순히 제품의 특성을 다르게 만드는 것만으로는 부족하다. 구매 맥락에서의 선호에 부합하는 제품과 가격을 제시하고 그 맥락과 제품을 쉽게 연결시키기 위한 효과적인 소통방식이나 그 맥락에서 제품을 쉽게 이용할 수 있게 하는 유통망이 필요하다. 결국 바이런 샤프가 언급한 정신적 가용성과 물리적 가용성에 관한 이야기로 회귀한다. 다음 장에서는 그 부분의 구체적인 논의와 사례를 자세히 살펴보겠다.

evidence-based marketing

5장

당신의 가격 프로모션을 재검토하라

5-1 여러분의 가격은 어떤 근거를 가지고 책정되었나?

본래 차별화는 '가격'과 불가분의 관계에 있다. 기업 내부에서는 제품은 개발부서가 만들고 가격은 마케팅부서나 기획실이 책정한다는 식으로 역할이 나뉘어 있는 경우가 많다. 하지만 소비자에게는 '무엇이(제품) 얼마에(가격)'가 하나의 세트로 인식되며, 결국 이 조합이 제품의 가치를 형성한다.

먼저 가격 책정의 기본 규칙을 간단히 정리해 보자. 여러분의 회사에서는 일반적으로 제품의 가격을 어떻게 책정하는가? 내가 받은 인상으로는 여전히 비용에 근거한 사고방식이 주류를 이루는 것 같다. 원가에 이익을 얹고, 거기에 경쟁사의 가격이나 영업부서의 의견을 추가해 '대략 이 정도면 적절하겠다'는 기준을 세운 후, 원가 변동 전망과 소매점과의 협상을 고려해 기존 제품 라인업과 비슷한 마진이 되도록 판매가를 조정하는 방식이다.

물론 이런 방식이 기본적인 접근법이겠지만, 이 방법만으로는 '이익이 발생할지 여부'만 파악할 수 있을 뿐, 실제로 이익을 극대화하는 최적의 가격인지 여부는 알 수 없다. 또한, 소비자의 선호에 맞춰 가격이 적절하게 책정되었는지에 대한 근거도 부족하다(물론 현재 시세가 경험적 근거를 바탕으로 형성되었다는 시각도 있을 수 있다). 가격이 너무 비싸서 구매 의사가 있는 소비자조차 접근하지 못하거나, 반대로 더 높은 가격을 지불할 의사가 있는 소비자에게 지나치게 저렴한 가격에 판매하는 상황이 발생할 수도 있다.

예를 들어 여러분이 아이스크림을 판매한다고 하자. 고급 재료를 쓰고 특별한 제조법을 개발해 경쟁사와 차별화된 제품을 만들었다. 이를 고려해 처음에는 개당 1만 원에 판매를 시작했다. 아이스크림 치고는 꽤 높은 가격이다. 이 경우, 아이스크림을 먹고 싶지만 1만 원까지 지불할 수 없다고 생각하는 사람들은 구매를 포기할 것이다. 단순히 '비싸게 팔고 싶어서 제품을 차별화했다'는 생각만으로는 이런 기회 손실이 누적되어 전체 매출 감소로 이어질 수 있다. 이를 깨달은 여러분은 안 되겠다 싶어 가격을 5천 원으로 낮췄다. 그러자 지금까지 구매를 망설였던 사람들이 살 수 있게 되었다. 하지만 동시에, 더 비싼 가격에도 이 아이스크림을 구매했을 사람들이 존재한다는 사실이 드러났다. 소비자 입장에서는 WTP(고객 지불 의향)보다 저렴한 가격에 구매할 수 있어 이득이지만, 기업 입장에서는 또 다른 형태의 기회 손실이 발생한 셈이다.

그러면 어떤 관점에서 접근해야 할까? WTP와 실제 가격 사이의 괴리가 클수록 기회 손실이 커지므로, 기본적으로 WTP에 맞춰 가격을 조정하되 그 괴리를 최소화하는 것이 중요하다. 이를 통해 전체 고객 기반에서의 마진을 극대화할 수 있다. 다시 말해 경쟁사와의 차이가 아닌, 소비자가 인식하는 가치에 가격표를 붙이는 것이다.

5-2 가격을 매길 수 있는 가치에, 가치에 부합하는 가격을 매긴다

소비자의 선호와 WTP(고객 지불 의향)에 따라 가격을 달리 책정하는 것을 가격 차별이라고 한다. 예를 들어 영화관, 유원지, 수족관에서는 일반 요금과 학생 요금을 구분해 운영한다. 호텔과 항공사는 요일이나 시즌에 따라 가격을 조정하며, 온천이나 관광 명소에서는 지역 주민에게 할인 혜택을 제공한다. 최근 거치형 게임기 시장에서는 초회 한정판과 일반판을 출시한 뒤, 일정 기간이 지나면 구독형 서비스를 도입하는 방식이 활용되고 있다. 이처럼 같은 브랜드 내에서도 고객층과 이용 상황에 따라 가치가 다르게 평가되는 경우, 다양한 가격 포인트와 이용 방법을 제공함으로써 기회 손실을 줄일 수 있다. 여러 수준의 WTP를 수용할 수 있는 가격 체계를 구축하는 것이다.

만일 소비자 개개인의 WTP에 맞춰 가격을 책정할 수 있다면 기회 손실을 최소화할 수 있을 것이다. 이를 완벽히 실현하기는 어렵지만, 유사한 비즈니스 모델을 스마트폰 앱과 온라인 게임이 보여주고 있다. '기본 기능은 무료', '그 이상은 과금' 형태의 서비스다. 만약 모든 기능과 아이템을 일괄적으로 개방한 뒤 전체 사용자를 대상으로 가격을 인상하면, 이에 가치를 느끼지 못하는 라이트 유저부터 이탈하기 시작한다. 이는 미래 성장을 뒷받침할 라이트 유저를 잃을 뿐만 아니라, WTP가 높은 헤비 유저로부터 더 많은 수익을 창출할 기회도 놓치는 결과다. 반면 기본 서비스는 무료로 제공하고, 추가 지불 여부를 사용자 스스로 결정할 수 있도록 하면, 폭넓은 고객층을 유지하면서도 각 소비자가 자신의 WTP에 맞춰 서비스를 이용하도록 유도할 수 있다.

다만 현실적으로는 이러한 가격 차별이 가능한 카테고리는 제한적이다. 특히 제조사가 직접적인 가격 차별을 시도하면 '부당한 이윤 추구다!'라는 비난이 쏟아질 것이 뻔하다. 그렇다면 어떻게 생각하면 좋을까?

핵심은 가격을 매길 수 있는 가치를 제시하고 가치에 맞는 가격을 책정하는 것이다. 따라서 어떤 조건에서 소비자가 추가로 비용을 지불해도 좋다고 느끼는지를 파악하고, 이에 대한 선택사항을 마련하면 된다. 이것은 특정 기능일 수도 있고, 특정 구매 상황일 수도 있다. 혹은 둘의 조합일지도 모른다. 어쨌든 소비자의 WTP가 어떤 지점에서 변하는지를 판별하는 것이 관건이다. 이를 위해서는 가격 탄력성이라는 개념을 이해해야 한다. 먼저 간단한 예시를 통해 설명하고, 이어서 관련 근거를 살펴보겠다.

가격 탄력성과 가격 감도

먼저, 가격과 수요의 관계를 정리해 보자. 생필품처럼 대체하기 어려운 물건은 가격이 상승해도 수요가 크게 줄지 않는다. 예를 들어 휘발유나 화장지는 물가 상승의 영향을 받기 쉽고, 때로는 급격히 가격이 오르기도 하지만 소비자들은 어쩔 수 없이 구매한다. 비싸다고 생각하면서도 그 가격을 받아들일 수밖에 없다. 이처럼 가격이 변화해도 수요가 크게 달라지지 않는 경우를 '가격 탄력성이 작다'고 한다.

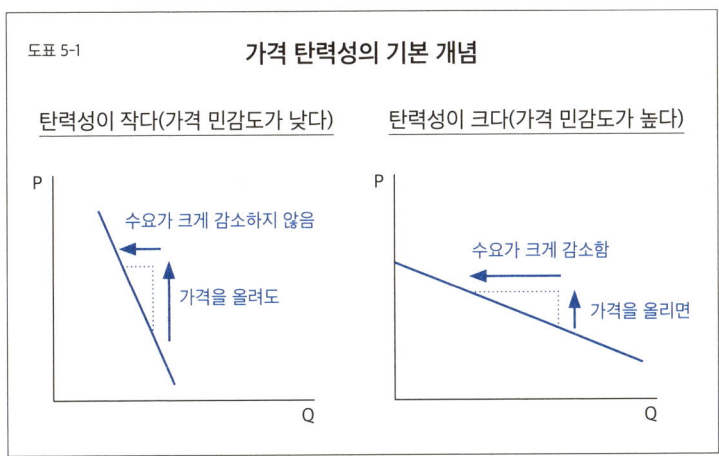

그렇다면 과자나 청량음료 같은 소비재는 어떨까? 평소 애용하던 브랜드가 갑자기 비싸지면, 비슷한 브랜드가 얼마든지 있기 때문에 그것을 사면 된다. 사치품도 가격이 급등하면 구매를 망설이는 사람이 늘어난다. 이렇게 가격이 변하면 수요가 크게 달라지는 경우를 '가격 탄력성이 크다'고 한다.

일반적으로 가격 탄력성은 시장이나 소비자의 가격 민감도를 측정하는 지표로 널리 이용된다(Kaul&Wittink, 1995). 가격 변화율에 대한 수요 변화율로 표현되며 마케팅에서는 '가격이 1% 변화했을 때 판매 수량이 몇 % 변화하는지'를 분석할 때 자주 활용된다. 이 책에서는 가격 탄력성을 ε로 표기한다. 예를 들어 $\varepsilon = -3$은 가격이 1% 상승하면 판매량이 3% 감소하며, 반대로 가격이 1% 하락하면 판매량이 3% 증가한다는 의미다. 마이너스 부호■가 붙는 것은 일반적으로 가격의 변화와 수요의 변화가 반비례 관계이기 때문이다. 가격이 오르면 구매자가 줄어든다. 가격 탄력성 개념이 익숙하지 않은 독자들을 위해 마케터의 입장을 직관적으로 정리해 봤다.

마케터 관점에서 생각하는 가격 탄력성

가격 탄력성이 작을 경우

- 장점: 가격을 인상해도 판매량이 크게 줄지 않는다. 가격을 올리기 쉽다.

■ 보통 가격 탄력성은 절댓값으로 영향력을 판단하지만, 이 책에서는 원문대로 부호를 포함해 그대로 표기했다.

- 아쉬운 점: 가격을 인하해도 그다지 판매량이 늘지 않는다. 판촉 활동의 효과가 작다.

가격 탄력성이 클 경우
- 장점: 가격을 약간만 인하해도 판매량이 크게 늘어난다. 판촉 활동이 효과적이다.
- 아쉬운 점: 가격을 인상하면 판매량이 크게 줄어든다. 가격을 올리기 어렵다.

실제로는 가격 탄력성이 항상 일정하진 않으며, 가격 인하와 인상에 따른 비대칭적 반응이 나타날 수 있다. 이에 대해서는 이후에 자세히 다루겠다.

자, 실제로 가격 탄력성은 얼마나 효과적일까? 가격 탄력성에 관한 연구도 많이 있는데, 그중에서도 텔리스와 비몰트의 두 가지 리뷰 논문이 유명하다(Tellis, 1988; Bijmolt et al., 2005). 좀 더 최근의 논문에서는 1961년부터 2004년까지 수행된 81건의 선행 연구(1851개의 탄력성 추정치)를 메타분석한 결과, 평균 가격 탄력성이 대략 $\varepsilon = -2.62$임을 밝혔다(Bijmolt et al., 2005). 편차가 있긴 하지만 가격을 10% 낮추면 평균적으로 약 25%의 판매량 증가를 기대할 수 있으며, 그 반대의 경우도 성립한다(Sharp, 2010).

다만, 이 값은 어디까지나 평균일 뿐이며, 절댓값만으로 실무적인 적용을 바로 할 수 있는 것은 아니다. 오히려 마케터들에게 중요한 것은 가격 탄력성이 언제, 어디서 달라지는지, 그리고 마케팅으로 어떻게 개입할 수 있는지다. 그에 따라, 어떻게 하면 판매량 감소를 최소화하면서 가격을 올릴 수 있을지, 혹은 판매량 증가를 기대할 수 없는 과도한 가격 인하를 피하려면 무엇을 조심해야 할지, 프리미엄 전략을 성공으로 이끌려면 어떤 방법이 효과적인지 알 수 있기 때문이다.

광고는 가격 탄력성에 어떤 영향을 미칠까?

광고가 가격 탄력성에 미치는 영향에 대해서는 연구자 사이에서도 의견이 분분하다(Mitra&Lynch, 1995). 한편에서는 광고가 브랜드의 차별화를 촉진하고 충성도를 높여 가격 탄력성을 낮춘다고 본다(Comanor&Wilson, 1979). 반면, 광고가 소비자에게 대체품에 대한 지식과 정보를 제공해 고려 대상 제품군을 확대함으로써 가격 탄력성을 높일 수도 있다는 의견도 있다(Nelson, 1970, 1974). 양측 모두 실증 연구를 통해 견해를 뒷받침하고 있으니, 통일된 견해가 있다고는 할 수 없다.

다만 광고를 보고 차별화를 인식해야 브랜드 충성도가 높아지고 그 결과 가격 민감도가 떨어진다는 논리라면, 소비자가 차별화를 인식하지 못하는 경우, 넬슨의 연구 내용처럼 단순히 대체품에 대한 지식만 늘어나 가격 탄력성이 높아질 수도 있다(Nelson, 1970, 1974). 로마니우크의 연구에 따르면 실제로 차별화를 인식하고 제품을 구매하는 고객은 10%도 안 된다(Romaniuk et al., 2007). 브랜드 충성도는 차별화의 결과가 아니라 시장 침투율의 함수로 보는 것이 더 타당할지도 모른다(Sharp, 2010).

따라서 일반적으로 정보 제공형 광고는 가격 탄력성을 높이는 경향이 있지만, 특정 고객층의 선호에 부합하는 속성이나 감정에 호소하는 광고는 해당 고객층의 가격 탄력성을 낮추는 역할을 한다고 해석하는 것이 타당하다. 다만, 이 경우에도 광고를 본다고 해서 직접적으로 가격 민감도가 변화하는 것이 아니라, 고객층에 따라 광고가 WTP(고객 지불 의향)에 미치는 영향이 다르고, 그 차이에 따라 탄력성이 달라진다고 생각하는 연구도 있다(e.g., Becker&Murphy, 1993; Erdem et al., 2008).

광고의 내용에 따라 가격 민감도와 가격 탄력성에 미치는 영향이 달라질 수도 있다. 예를 들어 Kaul and Wittink(1995)의 연구에 따르면, 가격을 강조하는 광고는 소비자의 가격 민감도를 높이는 반면, 가격 외 요소에 중점을 둔 광고는 가격 민감도를 낮추는 경향이 있다. 그러나 최근 대규모 데이터를 기반으로 한 연구에서는 단순한 설명이나 설득만으로 가격 민감도를 낮추는 것이 어렵다는 결과가 나왔다. 오히려 감성적 요소를 활용한 브랜드 구축이 가격 민감도를 낮추는 데 더 효과적이라고 보고되었다(Binet&Field, 2013, 2018). 또한 광고의 효과는 소비자가 제품을 구매하는 방식에 따라서도 달라진다. 기억을 단서로 삼아 구매 선택지를 떠올리는 카테고리에서는 광고가 가격 탄력성을 높일 가능성이 있다. 반면, 매장 내 정보에 의존해 선택을 검토하는 카테고리에서는 광고가 가격 탄력성을 낮추는 경향이 나타난다(Mitra&Lynch, 1995).

이처럼 광고의 내용에 따라 효과는 다르게 나타나지만, 광고를 본 소비자의 가격 민감도가 높아졌다는 사실만으로 광고가 직접적으로 가격 민감도를 높였는지, 아니면 원래 가격 민감도가 높은 소비자가 광고를 더 잘 기억하는 것인지 명확히 판단하기는 어렵다(Kaul&Wittink, 1995). 현재 브랜드를 이용하는 고객은 비고객에 비해 해당 브랜드의 광고를 기억할 확률이 약 두 배 높다는 연구 결과도 있다(Harrison, 2013; Romaniuk&Wight, 2009). 광고 내용만 보고는 이러한 효과의 차이를 구분할 수 없다. 달리 말하면 '언제, 누구에게, 어떤 광고를 할 것인가'라는 조합에 따라 가격 민감도가 증가하거나 감소할 수 있지 않다는 가설을 세울 수 있다. 이제 이 부분에 대해 자세히 살펴보자.

5-3 소비자는 무엇에, 어떨 때 지갑이 쉽게 열릴까?

같은 물건이라도 사람에 따라 느끼는 가치가 다르다. 개인마다 선호가 다르기 때문이다. 그렇다면 세부 소비자층에 따라 가격 민감도는 어떻게 다를까? 카테고리의 헤비 유저와 라이트 유저를 생각해 보자. 헤비 유저는 해당 제품을 자주 사용하기 때문에 가격과 품질에 대한 이해도가 높아 가성비를 중시할 수도 있다. 반면 라이트 유저는 가끔만 구매하고 이용 경험도 적기 때문에 그다지 가격에 대해 잘 모를 수도 있다. 이렇게 생각하면 헤비 유저의 가격 민감도가 높을 것 같다.

그러나 다른 관점에서 보면, 헤비 유저는 요구 사항이 분명하고 기능과 성능에 타협하지 않기 때문에 다소 비싸더라도 구매하는 사람이 많지 않을까 생각할 수도 있다. 반대로 라이트 유저는 구매 빈도가 낮은 만큼 한번 살 때는 신중해지고, 그 때문에 가격 민감도는 높다고 생각할 수도 있다.

눈을 돌려 실제 근거를 바라보면, 헤비 유저가 가격 민감도가 높다는 연구가 많다는 인상을 받았다(Allenby&Lenk, 1995; Helsen&Schmittlein, 1994; Kalyanaram&Little, 1994; Kim&Rossi, 1994). 그러나 이와 상반되는 결과를 보고한 연구도 있으며(Ainslie&Rossi, 1998), 소비자가 스스로 보고한 특정 제품 카테고리의 사용 빈도와 그 제품에 대한 가격 탄력성 사이에 유의미한 관계가 없다는 연구 결과도 존재한다(Scriven&Ehrenberg, 2004). (Scriven&Ehrenberg, 2004). 게다가 선행 연구를 살펴보면, '누가' 지갑을 여는지가 아니라, '무엇에 대해', '어떤 상황에서' 지갑이 열리는지를 보는 것이 더 적절할 수도 있다.

'누군가'가 아니라 '무엇에 대해' '어떨 때'

브랜드는 기능, 가격, 패키지, 원재료 등 다양한 속성으로 구성되며, 특정 속성은 다른 속성보다 더 높은 행동 충성도를 유발할 수 있다(Jarvis&Goodman, 2005). 예를 들어, 세제 시장에서 캡슐형과 페이스트형 제품은 높은 행동 충성도를 유발하는 속성이다(Rungie&Laurent, 2012). 이러한 속성을 중심으로 한 타깃팅 전략은 기업의 마진을 높이는 데 효과적일 수 있다. 실제로 케첩 브랜드 하인즈의 사례에서는, 기존 고객의 선호도(맛의 농도)를 강화하는 광고가 가격 탄력성을 낮추는 데 영향을 미쳤다는 연구 결과가 있다(Erdem et al., 2008). 대상 고객층의 선호도를 파악하고, 이를 어떤 기능, 속성과 연결할 것인지 명확히 이해하는 것이 중요하다.

같은 사람이라도 맥락과 상황에 따라 가격 민감도가 달라진다. 화창한 날에는 비싼 우산을 살 생각이 없지만, 이동 중 비를 만나면 다소 비싸더라도 우산을 구매할 가능성이 높다. 평소 마트에서 장을 볼 때 가격에 민감한 사람도, 여행이나 관광을 갔을 때는 상대적으로 가격에 덜 신경 쓸 수 있다. 실제로 와인을 연구 대상으로 삼은 사례에서는, 기념일처럼 소비자에게 중요한 사용 맥락에서는 가격

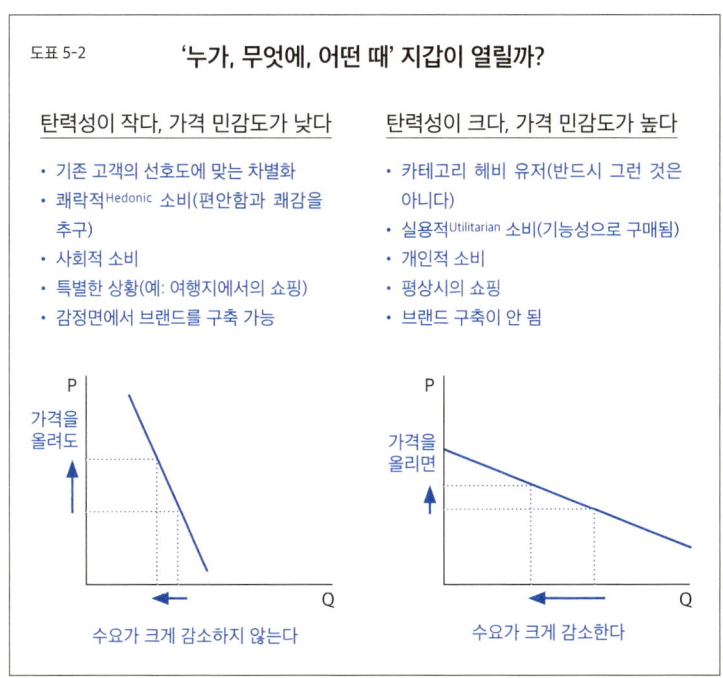

도표 5-2 　'누가, 무엇에, 어떤 때' 지갑이 열릴까?

탄력성이 유의미하게 감소하는 경향이 있다고 보고되었다(Huang et al., 2017). 또한, 기능성을 중시하며 구매할 때보다 즐거움이나 기쁨을 위해 구매할 때 가격 민감도가 낮았으며, 개인이 혼자 소비할 때보다 다른 사람과 함께 소비할 때 가격 민감도가 상대적으로 낮아지는 경향도 확인되었다(Wakefield&Inman, 2003). 필요한 기능과 경험은 맥락에 따라 달라지므로, 각 상황에서 어떤 속성이 가치로 작용하는지를 파악하는 것이 중요하다.

이러한 관점에서, 가격 전략을 세울 때도 카테고리 엔트리 포인트CEP에 따른 접근이 필요하다. '동일한 고객층이나 단일한 수요로 보이지만, 실제로는 선호도와 가격 민감도가 다른 여러 구매 상황과 마주하고 있는 것은 아닌가'라는 고민을 해 봐야 한다. 실제로 소비자들은 특정한 고정 가격대에 충성하기보다는 다양한 가격대에서 구매하는 '레퍼토리'를 가지고 있다(Romaniuk&Dawes, 2005). 또한 구매 상황이 달라지면 소비자가 요구하는 가격대도 달라진다(Romaniuk&Sharp, 2022). 따라서 선호도의 이질성이 큰 시장일수록 가격 차별화 전략을 고려하지 않는 기업은 손실을 볼 가능성이 크다.

'고객-맥락-속성-가격 차별'에 일관성을 유지한다

지금까지의 내용을 정리해 보자. 전반적인 고객 기반의 마진을 높이려면 단순히 가격을 인상하는 것이 아니라, '가격을 매길 수 있는 가치에, 가치에 따라 가격을 매긴다'는 접근이 필요하다. 사람마다 선호도가 다르고, 같은 사람이라도 상황에 따라 중요하게 여기는 기능이 달라지기 때문이다. 구체적으로는 브랜드의 '타깃 고객층'이 언제, 어떤 상황에서 가격 탄력성이 낮아지는지를 파악하고, 그때 어떤 '제품 속성'이 가치를 얻는지 분석하는 것이 중요하다.

오늘날 대부분의 제품이 프리미엄화와 서브 카테고리화를 추진하고 있지만, 어떤 기능이 프리미엄 속성으로 작용하고, 어떤 속성이 제품이나 서비스의 차별화를 결정짓는지는 소비자의 선호도와 구매 상황에 따라 다르다. 실제로 최근 성공한 제품들을 살펴보면, 이러한 '고객-맥락-속성-가격 차별'이 효과적으로 적용되었음을 확인할 수 있다(6장 8절 참고).

즉, 기업은 상황별 선호도와 가격 탄력성의 차이를 활용해 서브 카테고리화와 프리미엄화를 추진한다. 이는 마케팅을 잘하는 기업들이 오랫동안 중요하게 여겨 온 전략 모델이기도 하다. 결국 핵심은 가격 탄력성이나 가격 민감도를 단순히 고객층, 브랜드, 광고 방식에 따라 고정된 상수로 보지 않는 것이다. 오히려 상황과 제품 속성의 조합에 따라 변하는 변수로 인식해야 한다. 이러한 접근 방식을 통해 기업은 마진 성장 전략을 보다 효과적으로 설계할 수 있다.

5-4 이익을 극대화할 수 있는 가격은 어떻게 파악할까?

지금까지 가격 탄력성의 개념을 익히고 이를 마케팅에 활용하는 기본적인 방법을 배웠다. 이제부터는 실전편이다. 대형 브랜드와 소규모 브랜드 간의 가격 전략 차이와 가격 인상과 인하의 효과에 대한 실무적 근거를 살펴보겠다.

탄력성 차이를 이용해 마진을 높인다

매출은 판매 수량(볼륨)×가격(마진)의 곱으로 결정되며, 우리는 이를 최대화하고자 한다. 그러나 일반적으로 볼륨과 마진은 맞교환 관계에 있다. 가격이 높아지면 구매자 수는 적어지고, 구매자 수를 늘리려면 가격을 낮춰야 한다. 한쪽을 늘리려면 다른 한쪽을 희생해야 하는 딜레마가 늘 따라다니는 것이다. 하지만 최근 연구에 따르면 이런 맞교환이 반드시 대칭적이지는 않다는 점이 밝혀졌다. 비싸고 싼 것에는 느낌의 차이가 있다. 이에 대해 카네만 등이 제시한 손실 회피 성향, 즉 전망 이론prospect theory ■이 널리 알려져 있다(Kahneman &Tversky, 1979).

마케팅 분야에서도 소비자들이 가격의 높고 낮음을 어떻게 느끼는지, 그 인식이 어떻게 가격 탄력성의 차이로 나타나는지, 매출에 어떤 영향을 미치는지에 대한 연구가 활발히 이루어졌다. 그 결과, 가격에 대한 소비자의 반응에는 비대칭성이 존재하며, 가격 탄력성의 변화에는 몇 가지 규칙성이 있다는 점이 밝혀졌다.

우선 마케터들이 주목할 만한 점은, 충성도나 브랜드 이미지와 마찬가지로 가격 탄력성도 브랜드의 규모와 점유율에 크게 영향을 받는다는 것이다. 소비재의 평균 가격 탄력성은 대략 $\varepsilon = -2.6$ 정도로 생각되지만(Bijmolt et al., 2005), 상대적으로 보면 소규모 브랜드일수록 탄력성이 크고, 대형 브랜드일수록 탄력성이 낮다(Scriven&Ehrenberg, 2004). 실제로 시장 점유율이 10% 미만인 소규모 브랜드와 점유율이 50% 이상인 대형 브랜드에서는 탄력성이 두 배 이상 차이가 난다.

■ 2013년 노벨경제학상을 받은 대니얼 카너먼 교수의 대표적인 이론으로 인간의 '손실 회피성'을 주요 개념으로 다룬다. 인간은 합리적으로 행동하는 생물이라고 생각되어 왔지만, 사실은 여러 가지 심리 상태에 의해서 비합리적인 행동을 취하기 쉽다는 것을 실험적으로 증명하여 행동경제학의 발전에 크게 기여했다.-옮긴이 주

- 점유율이 10% 미만인 소규모 브랜드: $\varepsilon = -4.2$
- 점유율이 50% 이상인 대형 브랜드: $\varepsilon = -1.9$

이러한 규칙성은 차별화 전략을 추구하는(또는 그렇게 믿는) 틈새 브랜드에도 예외 없이 적용된다. 일반적으로 차별화가 이루어질수록 대체 가능성이 낮아져 가격 탄력성이 감소할 것이라고 예상할 수 있다. 그러나 4장에서 살펴본 것처럼, 소비자가 브랜드를 '차별화되었다'고 인식하는 경우는 기능, 가격, 유통 채널 등에서 명확한 차이가 있을 때다. 실제로 기능이나 가격에서 큰 차이가 없는 한, 가격 탄력성에서도 뚜렷한 차이가 나타나지 않는다는 연구 결과도 있다(Scriven and Ehrenberg, 2004). 따라서 '우리는 틈새 시장을 타깃으로 하니까 좀 더 과감하게 가격을 책정해도 괜찮다'는 식의 단순한 사고방식은 위험하다.

보다 실증적인 근거를 보자. 가격을 인상하거나 인하할 때 주요 경쟁 브랜드(예: 시장 점유율이 가장 높은 브랜드)의 가격을 초과해 변경하면 가격 탄력성이 크게 변한다는 연구 결과가 있다(Scriven& Ehrenberg, 2004). 특히, '기존에 주요 경쟁사보다 낮았던 가격'을 '주요 경쟁사보다 높은 가격'으로 변경하거나 그 반대로 조정할 때, 탄력성의 차이가 두드러지게 나타난다.

- 주요 경쟁사의 가격을 초과하는 가격 변경: $\varepsilon = -5.6$
- 주요 경쟁사의 가격을 초과하지 않는 가격 변경: $\varepsilon = -2.8$

이 차이를 활용하면 '가격을 올리면 판매 수량이 줄어든다'는 현상을 완화할 수 있다. 예를 들어, 마진을 높이기 위해 경쟁사의 가격보다 크게 올리면 탄력성이 급격히 증가해 판매량이 크게 감소할 수 있다. 따라서 주요 경쟁사의 가격을 아슬아슬하게 넘지 않는 선에서 가격을 설정해야 한다(Sharp, 2017). 반대로 판매량을 늘리기 위해 가격을 낮추려면, 경쟁사의 가격보다 약간 낮은 수준으로 설정하는 것이 효과적이다(Sharp, 2017). 가격을 너무 과도하게 낮추면 판매량은 증가할지도 모르지만 이익을 확보하기 어려워진다. 이러한 원칙은 간단하지만 실용성이 높아, 전략적인 가격 설정을 통해 경쟁사보다 유리한 시장 포지션을 확보하는 데 도움이 될 것이다.

소비자가 느끼는 가격의 허용 범위

5장 3절에서 '같은 제품과 서비스라도 사람이나 맥락에 따라 WTP가 다르다'고 했다. 소비자가 가치를 인식하는 방식에 따라 기꺼이 지불하려는 금액이 달라진다. 이는 기업이 가격을 인상하거나 인하할 때 소비자가 느끼는 '비싸다' 혹은 '싸다'라는 인식도 마찬가지로 주관적인 판단에 따라 달라질 수 있음을 의미한다. 그렇다면 소비자는 무엇을 기준으로 가격이 비싸거나 싸다고 느낄까? 또한 가격이 어느 정도 변하면 비싸거나 싸다고 인식하는 걸까? 실제 수요 곡선에는 이러한 소비자 심리가 반영되어 있다.

예를 들어, 가격을 30% 인하했을 때와 40% 인하했을 때, 소비자가 체감하는 '저렴한 느낌'은 얼마나 달라질까? 과연 40%까지 가격을 내릴 필요가 있을까? 만약 30% 인하와 40% 인하의 판매량 증가 효과가 비슷하다면, 40% 인하 프로모션은 단순히 가격 인하의 하한선을 낮추는 결과를 초래할 뿐이다.

사실 수요 곡선에는 탄력적인 영역과 비탄력적인 영역이 혼재되어 있는 경우가 많다(Kalyanaram&Little, 1994; Pauwels et al., 2007). 구체적으로 보면, 소비자가 참고 가격으로 인식하는 가격대 근방에서는 가격이 변하더라도 매출이 크게 변화하지 않는 비탄력적인 영역이 존재한다. 이 영역에서는 가격 민감도가 상대적으로 낮으며, 반대로 이 영역을 벗어나면 가격 민감도가 급격히 높아진다(Casado&Ferrer, 2013). 이러한 한곗값을 가격의 허용 범위 또는 수용영역latitude of acceptance이라고 한다. 예를 들어 Pauwels et al.(2007)의 연구에 따르면, 20개의 소비재 카테고리를 조사한 결과 76%의 브랜드에 이런 영역이 존재하는 것으로 보인다.

대형 브랜드와 소규모 브랜드의 가격 전략

가격의 허용 범위와 이를 결정하는 한곗값을 조사하면 가격 정책에 대한 실무적인 시사점을 얻을 수 있다. 우선, 소비자는 어떤 기준으로 가격이 높거나 저렴하다고 판단할까? 이에 대해 포웰스는 소비자가 과거 구매 가격을 내적 참고 가격으로 삼는 경우와, 구매 시점에서 매장의 선반이나 경쟁 제품 가격 등 눈에 들어오는 가격 정보를 외적 참고 가격으로 삼는 경우가 있다고 지적했다(Pauwels et al., 2007). 소비재에서는 전자가 이용되는 경우가 많은 것 같지만, 둘 다 참고되는 경우가 가장 많다.

다음으로, 가격 허용 범위가 무엇에 따라 달라지는지를 살펴보자. 한 가지 주요 요인은 고객의 특성과 관련이 있다. 연구에 따르면, 브랜드 충성도가 높은 고객일수록 가격 허용 범위가 넓어지는 반면, 카테고리 헤비 유저일수록 좁아진다(Kalyanaram&Little, 1994). 충성도가 낮은 고객의 경우 가격 허용 범위가 거의 없다는 연구 결과도 있다(Boztuğ et al., 2014).

또한, 대형 브랜드일수록 가격 허용 범위가 넓어지는 경향이 있다 (Casado&Ferrer, 2013; Pauwels et al., 2007). 이는 이중 위험의 법칙을 적용해 보면 이해하기 쉬울 것이다. 대형 브랜드는 일반적으로 충성도가 높고(Sharp, 2010), 충성도가 높은 고객일수록 가격 허용 범위가 넓기 때문에(Kalyanaram&Little, 1994), 결과적으로 대형 브랜드는 가격 인상에 대한 저항이 상대적으로 적다. 반면 소규모 브랜드는 이와 반대 패턴을 보인다. 소규모 브랜드일수록 충성도는 낮기 때문에 가격 허용 범위도 좁아진다.

대형 브랜드는 역치 전후의 갭도 더 큰 것으로 보인다(Casado&Ferrer, 2013). 대형 브랜드는 일정한 가격 범위에서는 수요 변화가 크지 않지만, 그 범위를 초과하면 더욱 탄력적으로 움직여 강약이 있는 곡선을 그린다. 반대로 소규모 브랜드는 허용 범위가 좁고 역치 전후의 탄력성도 크게 변하지 않기 때문에 전체적으로 완만한 곡선을 그린다.

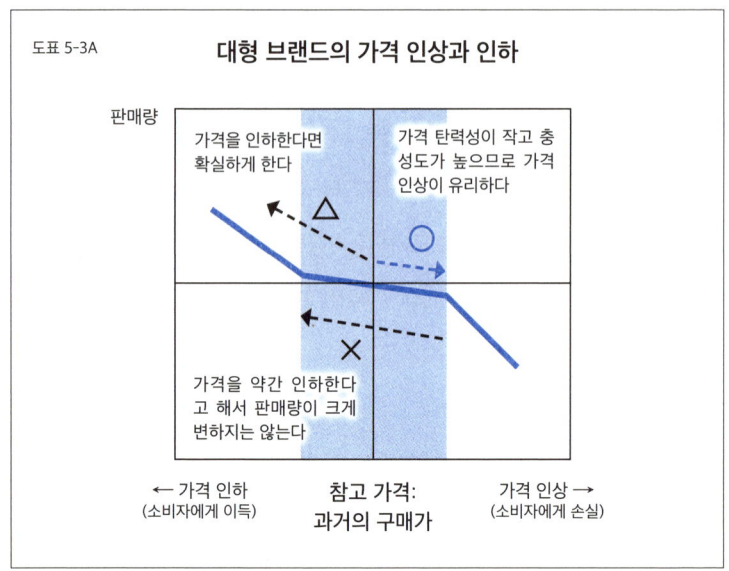

이러한 연구 결과를 바탕으로 가격 인상과 인하의 기본적인 지침을 도출할 수 있다. 도표 5-3을 보자. 세로축이 판매량, 가로축은 참고 가격과의 차이를 나타낸다. 이 그래프에서는 참고 가격을 중심으로 왼쪽으로 갈수록 가격 인하 폭이 커지고(소비자에게는 이득), 오른쪽으로 갈수록 가격 인상 폭이 커진다(소비자에게는 손해).

대형 브랜드는 가격 탄력성이 낮고 가격 허용 범위가 넓기 때문에 점진적인 가격 인상이 기본 전략이다. 이때 중요한 것은 한곗값의 상한선을 초과하지 않도록 주의하는 것이며, 시간을 두고 단계적으로 가격을 올리는 방식이 효과적이다. 특히, 광고 등을 통해 정신적 가용성을, 유통 등을 통해 물리적 가용성을 동시에 강화하면 한층 효과적이다. 반대로 할인을 할 때는 상당한 폭의 할인이 아니면

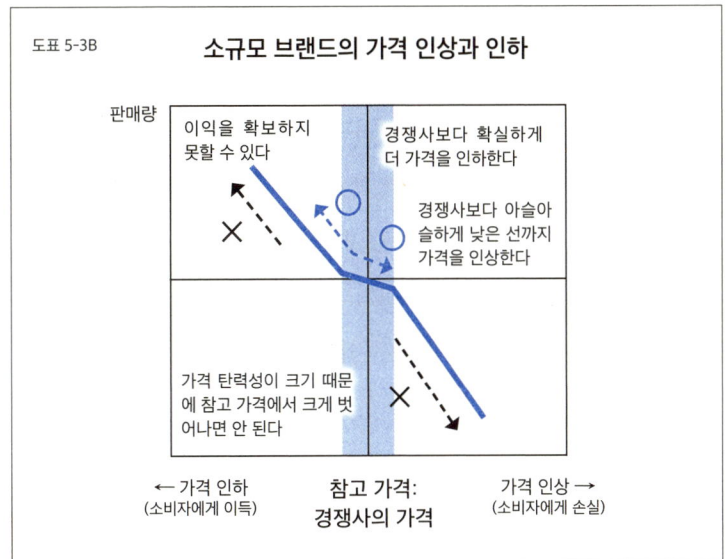

출처: 다음을 바탕으로 저자가 작성함
Casado, E.,&Ferrer, J. C. (2013). Consumer price sensitivity in the retail industry: Latitude of acceptance with heterogeneous demand. *European Journal of Operational Research, 228* (2), 418-426.
Pauwels, K. (2021, September 14). How to manage price thresholds: Customers discount your discounts. *Smarter Marketing gets Better Results: Prof. Dr. Koen Pauwels on marketing analytics.*
Pauwels, K., Srinivasan, S.,&Franses, P. H. (2007). When do price thresholds matter in retail categories?. *Marketing Science, 26* (1), 83-100.
Scriven, J.,&Ehrenberg, A. (2004). Consistent consumer responses to price changes. *Australasian Marketing Journal, 12* (3), 21-39.
Sharp, B. (2017). *Marketing: Theory, evidence, practice.* Melbourne. Oxford University Press.

판매량 증가에 큰 영향을 미치지 못한다. 하지만 뒤에 설명하겠지만, 주력 상품의 가격 프로모션은 권장하지 않는다.

소규모 브랜드는 가격 탄력성이 크기 때문에 시장 시세에서 크게 벗어나지 않는 가격 설정이 기본 방침이다. 또한, 소비자들이 경쟁사 제품과 비교해 가격이 비싸다고 인식할 가능성이 높다(Pauwels, 2021). 이러한 상황에서는 경쟁 가격 전후로 탄력성이 크게 변화하는 특성(Scriven&Ehrenberg, 2004)을 적극적으로 활용할 수 있다. 가격을 인상할 경우 대형 경쟁사보다 약간 낮은 수준으로 올려야 판매량 감소를 최소화하면서도 마진을 확보할 수 있다. 반대로 가격을 인하할 경우, 저렴한 경쟁사보다 근소하게 낮은 가격을 책정하면 그만큼 판매량을 크게 늘릴 수 있다. 하지만 대폭적인 가격 인하는 주의해야 한다. 이후 가격을 다시 올리고 싶어도 같은 비율로 판매량이 감소할 수 있기 때문이다. 따라서 박리다매로도 수익을 창출할 수 있는 구조가 아닌 한, 대폭적인 가격 인하는 별로 추천하지 않는다.

가격 허용 범위의 비대칭성

가격 허용 범위는 비대칭적인 특성을 보인다. Han et al.(2001)가 커피 카테고리를 대상으로 한 연구에 따르면, 소비자는 가격 인하보다 가격 인상에 더 민감하게 반응했다. 참고 가격을 기준으로 허용 범위를 분석했을 때, 가격 인하는 소비자에게 이익이 되어 허용 범위가 넓지만, 손실로 여겨지는 가격 인상은 허용 범위가 좁았다. 이는 소비자가 '가격 인상에는 민감하고, 가격 인하에는 상대적으로 둔감하다'는 것을 의미한다.

이 경우 판매량을 늘리려면 가격을 상당히 낮춰야 하며, 반대로 가격을 조금만 올려도 판매량이 줄어들 수 있다. 이는 전망 이론에서 설명하는 손실 회피 성향을 잘 보여 주는 사례다.

그러나 더 광범위한 카테고리를 살펴본 연구에 따르면, 이 패턴

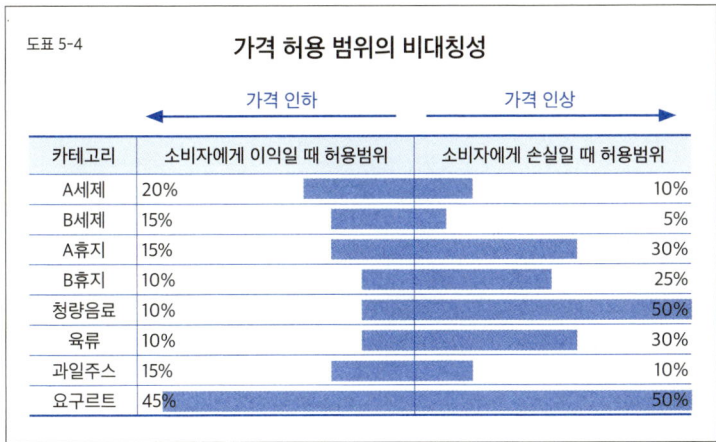

출처: 아래를 바탕으로 저자가 작성함
Casado, E.,&Ferrer, J. C. (2013). Consumer price sensitivity in the retail industry: Latitude of acceptance with heterogeneous demand. *European Journal of Operational Research, 228* (2), 418-426.

이 모든 경우에 일률적으로 적용되지는 않는 것으로 나타났다. 도표 5-4를 살펴보면, 일부 카테고리에서는 가격 인하와 가격 인상 시 허용 범위의 크기가 역전되는 현상이 관찰되었다(Casado&Ferrer, 2013). 세제와 과일주스에는 앞서 언급한 커피와 유사하게 '이득 측이 손실 측보다 큰' 패턴을 보였다. 반면 화장지, 청량음료, 육류에서는 '이득 측이 손실 측보다 작은' 패턴이 나타났다. 후자의 경우, 가격 인상에 둔감하고 가격 인하에 민감하다고 해석할 수 있다. 즉, 약간의 가격 인하로도 판매량이 쉽게 증가하고 어느 정도 가격을 인상해도 판매량이 크게 감소하지 않는다. 요구르트의 경우는 특이한 양상을 보였는데, 가격 인상과 인하 모두에 대해 상당히 넓은 허용 범위가 있음을 알 수 있다.

도표 5-4를 분석해 보면, '이 카테고리는 이렇게 된다'는 식의 명확한 경향을 찾기는 어려워 보인다. 굳이 구분하자면, 세제나 과일주스는 소비자가 봤을 때 차별화 정도가 작아서 '대체로 비슷하다'고 인식하기 쉬운 카테고리다. 반면 화장지, 청량음료, 육류는 기존 구매 습관의 영향이 더 강할 것 같은 카테고리로 보이기도 하지만, 이 역시 브랜드별로 세부적인 분석이 필요할 듯하다.

이런 분석은 실무적으로 상당한 이점을 제공한다. 예를 들어, 과일주스 브랜드가 판매량을 크게 증가시키려면 15% 이상의 가격 인하가 필요하다는 것을 알 수 있고, 10% 미만의 가격 인상은 판매량을 크게 줄이지 않을 것이라는 예측이 가능하다. 물론 최종적으로는 다른 요인도 종합적으로 고려한 후 판단해야 하지만, 대략적으로나마 이런 기준이 있으면 가격 전략을 세울 때 매우 유용할 것이다.

5-5 가격 프로모션이 할 수 있는 것과 할 수 없는 것

여기서는 가격 프로모션에 관한 근거를 살펴보겠다. 앞서 논의했듯이, 소비자 선호도와 가격 탄력성을 고려한 가격 책정은 브랜드의 마진을 키우는 중요한 마케팅 의사결정이다. 그러나 가격 프로모션은 이와는 다소 다른 성격을 지닌다. 실무에서는 소비자가 신제품을 시험 구매하도록 유도하거나 기존 제품의 판매를 촉진하기 위해 할인 행사가 자주 활용된다. 그렇다면 이러한 가격 프로모션이 실제로 어떤 효과를 가져오며, 동시에 어떤 위험을 수반하는지 다시 한번 점검해 보자.

가격 프로모션에 대해 흔히 '신규 고객이 쉽게 접근할 수 있는 가격으로 책정해 시험 구매를 유도하자' 또는 '평소 우리 제품을 구매하지 않는 사람에게 제품의 장점을 알려 재구매로 연결하자'고 말하는 사람이 있다. 하지만 가격 프로모션에 반응하는 것은 주로 기존 고객이나 카테고리 헤비 유저들이며 신규 고객 확보 효과는 크게 없는 것으로 알려졌다(Dawes, 2018; Ehrenberg et al., 1994). 물론 가격 프로모션을 통해 매출 상한선은 상승할 수 있지만, 문제는 이런 방식으로 얻어지는 실질적인 매출 증가분이 얼마나 되는가 하는 것이다.

할인을 하면 대부분 기존 고객이 구매한다

우선, 가격 프로모션을 하지 않아도 정가로 사던 기존 고객에게 단순히 저렴하게 판매했을 가능성이 있다. 이 경우 할인한 만큼 수익이 감소한다. 다음으로, 가격 프로모션은 미래의 수요를 앞당기는 효과를 일으킨다. 특히 카테고리 헤비 유저는 '쌀 때 사서 비축해 두자'라는 심리가 작용한다. 또한 정가로 판매하는 가게에서 할인하는 가게로 고객이나 판매량이 이동했을 뿐일 가능성도 있다. 이러한 이유로 가격 프로모션을 통해 창출된 신규 매출 증가분은 상당히 적은 경우가 많다. 실제로 18개의 소비재 카테고리를 대상으로 한 최근 재현 연구에 따르면, 가격 프로모션으로 구매하는 사람의 약 80%가 기존 고객이었다(Dawes, 2018).

그리고 가격 프로모션은 장기적인 브랜드 구축에 효과가 없을 뿐만 아니라 오히려 가격 민감도를 높이는 부정적인 영향을 미칠 수 있다(Binet&Field, 2013; Binet&Carter, 2018). 저렴하게 구매했다는 이유로 소비자가 다음 구매 시 그 브랜드를 선택해 줄까? 브랜딩은 그렇게 단순하지 않다.

저렴해서 제품을 샀다면, 소비자는 이후 그 제품을 어떤 식으로 기억할까? 제품의 품질에 확실히 자신 있다면 이야기는 다를 수 있지만, 평균적인 브랜드, 특히 판매가 부진한 제품이 할인 행사를 자주 한 경우, 소비자의 기억에 남는 것은 '싸구려 브랜드' 혹은 '세일할 때나 사는 브랜드'라는 이미지일 가능성이 크다. 실제로 수천 명 규모의 패널 데이터를 분석한 결과, 가격 프로모션을 통한 구매 전후의 브랜드 선택 행동에는 유의미한 차이가 나타나지 않았다(Dawes, 2018). 마케터들의 기대와 달리, 가격 프로모션을 통한 구매가 반드시 구매 행동의 변화를 이끌어 내는 것은 아니다(Dawes, 2018; Ehrenberg et al., 1994). 다만, 뒤에서 설명하겠지만 소규모 브랜드의 경우는 가격 프로모션도 일부 긍정적인 효과를 가져올 수 있다.

왜 가격 프로모션으로는 성장할 수 없을까?

일시적 가격 변동만으로는 마진 성장도 볼륨 성장도 달성하기 어렵다. 왜 그럴까? 선행 연구에 따르면, 소비자의 구매 의향을 바꾸려면 최소 15%의 가격 인하가 필요하다고 알려져 있다(Gupta&Cooper, 1992). 그러나 실제 실험 결과, 15%의 가격 변화가 있어도 구매 행동이 바뀌는 소비자는 전체의 5% 이하에 불과하다고 나타났다(Scriven &Ehrenberg, 2004). 3장 3절에서 살펴본 바와 같이, 구매 의향은 구매 행동의 선행 지표가 아니다. 할인에 반응하는 일부 고객이 있을 수 있지만, 대다수 소비자는 기존의 구매 패턴을 유지하는 경향이 있다.

여기서 말하는 '대다수 소비자'란 라이트 유저를 가리킨다. 이들의 구매 빈도는 낮은 편으로, 특정 브랜드를 재구매하기까지 1년 이상 걸리는 경우도 흔하다(Dawes et al., 2022). 또한 특정 브랜드의 프로모션이 진행되는 1주일 동안 이를 접하는 잠재 고객은 5% 정도에 불과하다(Binet&Carter, 2018). 대다수의 라이트 유저는 단기적인 가격 프로모션의 존재 자체를 알아차리지 못한다. 설사 프로모션을 인지했다 해도, 브랜드 전환에 따른 위험이 얻을 수 있는 이점보다 크다고 판단하는 경우가 많아 새로운 브랜드를 시도하는 데 주저하게 된다(Ehrenberg et al., 1994).

또한 앞서 살펴본 바와 같이, 대형 브랜드는 가격 탄력성이 낮아서 약간의 가격 인하로는 판매량 증가를 크게 기대할 수 없다(Scriven&Ehrenberg, 2004). 6장에서 더 자세히 다루겠지만, 대형 브랜드의 제품은 매출 기여도가 높은 주력 제품인 경우가 많아 기본적으로 과도한 할인을 하지 않는 것이 바람직하다.

반대로 소규모 브랜드는 가격 탄력성이 높아 가격 인하의 효과가 상대적으로 크다. 하지만 이러한 탄력성은 양방향으로 작용하므로 프로모션 종료 후 고객 이탈에 주의해야 한다. 소규모 브랜드는 유지 이중 위험의 법칙(1장 2절 참고)에 따라 고객 이탈의 영향이 더욱 클 수 있으므로 가격 인하 전략을 세울 때 더욱 신중하게 접근해야 한다.

가격 프로모션의 활용법

그렇다면 어떤 가격 프로모션이 실행 가치가 있을까? 앞서 말했듯이 가격 프로모션으로는 브랜드 구축과 같은 장기적 효과를 기대할 수 없기 때문에, 한다면 단기적으로 한꺼번에 판매량을 크게 늘릴 필요가 있다.

공헌 이익률[*]이 각각 20%, 40%, 60%인 브랜드가 5~30% 할인을 실시했을 경우를 살펴보자. 원래 마진을 유지하기 위해 필요한 판매량 증가분을 계산해 보면 도표 5-5와 같은 결과를 얻을 수 있다.

도표 5-5

		할인율					
		5%	10%	15%	20%	25%	30%
공헌 이익률	20%	33.3%	100.0%	300.0%	N/A	N/A	N/A
	40%	14.3%	33.3%	60.0%	100.0%	166.7%	300.0%
	60%	9.1%	20.0%	33.3%	50.0%	71.4%	100.0%

예를 들어 평소에는 공헌 이익률이 40%인 브랜드가 15% 할인했을 경우, 마진을 유지하려면 판매량이 60% 증가해야 한다. 가격

■ 매출액 대비 공헌이익(매출−변동비)의 비율을 나타내는 지표다. 예를 들어, 어떤 제품이 1개에 10만 원에 팔리고, 만들 때 드는 변동비가 6만 원이라면, 공헌이익은 4만 원(=10만 원−6만 원)이고, 공헌 이익률은 (4만÷10만)×100=40%다. 매출의 몇 퍼센트가 고정비용을 충당하고 순이익을 증가시키는 데 사용 가능한지 보여 준다.−옮긴이 주

프로모션에 반응하는 것은 주로 기존 고객뿐이라고 가정하고, 15%의 가격 변화로 구매 행동이 변하는 고객이 전체의 5% 이하라는 앞의 실험 결과를 적용해 보면,[*] 기존 고객의 5%를 동원해 판매량을 1.6배 이상 늘리지 못하면 그 프로모션은 실패로 볼 수 있다. 물론 이것은 상당히 대략적인 사고 실험이고 실제로는 이 장에서 살펴봤듯이 다양한 요인이 작용할 것이다. 그러나 기존 고객의 충성도에도 상한이 있다는 점을 잊어서는 안 된다(2장 참고).

당연히 평상시 이익률이 낮은 브랜드의 경우, 프로모션으로 인한 가격 인하분을 상쇄하기 위해서는 판매량 증가가 더욱 커야 한다. 예를 들어, 일반적인 공헌 이익률이 20%인 브랜드라면 15%의 할인을 정당화하는 데 필요한 매출 증가율은 300%로 늘어난다. 이렇게 되면 5%의 동원력으로는 두말할 것 없이 불가능하다. 할인의 목적이 이익을 무시하고 브랜드 인지도를 높이는 것이라면 이해할 수 있지만, 그렇다면 할인 대신 광고에 투자하는 것이 더 나을 것이다. 그렇게 하는 것이 오히려 정신적 가용성이나 브랜드 구축에 기여할 수 있기 때문이다.

가격 프로모션이 효과적일 수 있는 경우는 제한적이며, 규모가 매우 작은 브랜드가 매출 기준선을 높이려 할 때 정도다. 시장 점유율이 3% 이하인 작은 브랜드의 경우, 가격 프로모션을 포함한 이른바 단기 프로모션이 이후에도 지속적으로 매출에 기여할 수 있다는

■ Scriven and Ehrenberg(2004)은 이 실험이 가격 탄력성에 영향을 미치는 요인을 이해하기 위한 것이며, 예측을 위한 이용은 가정하지 않았다고 언급했다.

연구 결과가 있다(Slotegraaf and Pauwels, 2008). 항상 그런 것은 아니지만, 특히 가치가 높고 제품 수가 많은 브랜드일수록 더 큰 영향을 미친다. 브랜드 규모가 작을 때는 가격 프로모션을 브랜드 가치를 높이려는 전략과 결합하고, 신제품을 지속적으로 출시하며 프로모션을 병행하는 방식도 고려할 수 있다. 다만, 이러한 접근 방식이 다른 연구 결과들과 완전히 일치한다고 보기는 어렵다.

5-6 소비자의 무리한 요구에 휘둘리지 않아야 한다

많은 기업이 가격을 설정할 때, 특히 높은 가격 책정을 고려할 때 팬의 존재를 떠올린다. 때로는 가혹한 의견을 내기도 하지만 우리 브랜드를 진심으로 좋아한다고 말해 주니까, 프리미엄 라인이나 신제품에도 관심을 가져 주지 않을까 하는 기대다. 하지만 여기서 다시 한번 스스로에게 질문을 던져 보자. 이것은 정말 '팬'이 내는 목소리일까? 팬의 목소리를 듣고 그들과 소통한다고 생각하지만, 실제로는 단지 카테고리 헤비 유저의 무리한 요구에 휘둘리고 있는 것일 수도 있다.

시장에는 말로는 특정 브랜드를 좋아한다면서 비싼 돈을 내고 사고 싶진 않거나, 고품질과 양질의 서비스를 요구하지만 추가 비용 지불에는 소극적인 사람이 어느 정도 존재한다. 이러한 '마음만 팬'의 요구를 들어줘 봤자 기업은 손해를 볼 뿐이다. 이들은 진정한 팬이 아니라 카테고리 헤비 유저로 볼 수 있다.

카테고리 헤비 유저는 가격과 품질에 대해 잘 알고 가성비를 따진다(Danaher&Brodie, 2000; Woodside&Ozcan, 2009). 가격 민감도는 라이트 유저보다 높지만(Allenby&Lenk, 1995; Kim&Rossi, 1994), WTP(고객 지불 의향)의 범위는 라이트 유저와 크게 다르지 않다. 그래서 조금이라도 비싸거나 다른 좋은 구매 조건이 있으면 주저 없이 다른 브랜드로 이동한다.

결국, 카테고리 헤비 유저의 요구는 '좋은 제품을 더 싸게', '같은 가격으로 더 많이'라는 것이다. 물론 사용자 경험UX이나 고객 경험CX 개선에 관해서는 카테고리 헤비 유저를 대상으로 조사해 유용한 통찰을 얻을 수 있다(村山·芹澤, 2020). 그러나 마케팅 대상으로 삼을 때는 단순히 '팬들의 목소리'로 받아들이는 것에 주의해야 한다. 제품의 품질을 높이면서 가격을 낮추거나, 같은 가격에 더 많은 혜택을 제공하면 단기적으로는 고객 만족도가 올라갈 수 있다. 이는 소비자 잉여■를 증가시키는 효과가 있기 때문이다. 하지만 과도한 소비자 잉여 증가는 결국 기업에 재정적 손실을 초래할 위험이 있다.

■ 소비자가 어떤 상품을 구매할 때 지불할 용의가 있는 최대 금액과 실제로 지불한 금액 사이의 차이다. 예를 들어, 어떤 사람이 사과 한 개에 대해 1,000원까지 지불할 용의가 있지만 실제 시장 가격이 800원이라면, 이 소비자의 소비자 잉여는 200원이다.-옮긴이 주

그들은 추가 비용을 지불할 의향이 있는가

그럼 어느 지점에서 선을 그어야 할까? 5장 3절에서 살펴봤듯이, 기존 고객을 대상으로 한 마케팅의 목적 중 하나는 선호도와 편익이 일치할수록 가격 민감도가 낮아진다는 특성을 활용해 수익을 늘리는 것이다.

나는 팬 마케팅 전문가는 아니지만 이것도 근본적으로는 다르지 않다고 생각한다. 팬을 중시하는 이유가 LTV(고객 생애 가치) 증대라면 뛰어난 품질과 고객 경험을 위해 추가 비용을 지불할 의향이 있는지, 정말로 구매라는 행동을 할지를 기준으로 선을 그어야 한다. 추가 투자에 대해 추가 수익이 발생하는지를 파악하는 것이다 (단순한 ROI가 아니라 '증분' 즉 기존에서 더 늘어난 ROI다. 9장 참고).

'자신의 취향에 맞는 제품이나 서비스라면 높은 가격을 지불할 수 있다'는 관계성에 투자하면, 우리는 해당 고객층의 가격 민감도가 낮아질 것으로 기대한다. 그런데 팬들에게 투자한다고 생각했는데 사실은 카테고리의 헤비 유저에게 투자했을 뿐이라면 수요 곡선에 변화가 일어나지 않는다. 오히려 높은 품질을 저렴한 가격에 제공해야만 구매할 정도로 가격 민감도가 높은 헤비 유저들이 몰리기 때문에 전체 고객 기반의 수요 곡선은 수평에 가까워지고 더욱 탄력적으로 변한다. '브랜드 파워'에 이끌려서가 아닌 '싼값'이어서 구매하는 것이다. 이는 본말이 전도되는 현상이다.

'어떤 말을 하는가'가 아닌 '어떤 행동을 하는가'

'마음만 팬'인 소비자를 완전히 무시해도 된다고 하지는 않겠지만, 가능한 한 비용을 들이지 않고 현상 유지하는 방향이 최선이다. 1부에서 설명한 바와 같이 태도가 반드시 행동의 선행 지표는 아니기 때문이다. 브랜드를 정말 좋아한다고 하니까 돈도 많이 써 줄 것이라고 단정 짓는 것은 위험하다. 사람을 판단하는 기준은 '어떤 말을 하는가'가 아니라 '어떤 행동을 하는가'다.

이 책에서도 반복해서 말해 왔지만, 행동 충성도가 높은 집단은 헤비 유저가 아니라 라이트 유저다(Dawes, 2020). 하지만 그들은 태도적 충성도가 높아서 특정 브랜드를 재구매하는 것이 아니다. 계획해서 하는 것도 아니다. 그냥 생각났는데 마침 거기 있어서 사는 것이다. 마케터 입장에서는 재구매처럼 보이겠지만, 그것은 보고 싶은 것을 보고 있는 것일뿐 실제로는 매번 새로운 구매와 다를 바 없다. '마음만 팬'에 투자할 수 있는 예산은 이런 '태도적 충성도는 낮지만 실제로는 구매해 주는 라이트 유저'의 침투율을 높이는 데 투자하는 기회비용라는 점을 잊지 않도록 하자.

| 실전 포인트 |

볼륨 전략과 마진 전략, 어디에 초점을 맞출 것인가?

시장 구성원의 대부분은 비고객이며 이는 음의 이항분포로 설명된다. 그런데 같은 음의 이항분포라도 '분포의 어디에 주목할 것인가'에 따라 전략적 관점이 달라진다. 분포의 왼쪽에 착안하면 구매 횟수가 0회인 비고객에게 첫 구매를 유도하거나, 1회 구매한 라이트 유저에게 재구매를 촉진하는 것이 중요하다는 에렌버그-배스 모델이 답이 된다. 하지만 분포의 반대쪽으로 눈을 돌리면 또 다른 해석이 가능하다. 즉, 브랜드에 있어서 고객의 가치는 등가가 아니라는 견해다(Fader, 2012; Fader et al., 2022).

왼쪽과 오른쪽 어디에 주목할 것인가

음의 이항분포의 오른쪽에는 LTV가 압도적으로 높은 고객들이 존재한다. 이들은 평균으로의 회귀로 평소보다 '우연히' 많이 구매한 라이트 유저가 아니라 진정한 의미의 고가치 고객이다. 2장에서 설명했듯이, 이러한 고객은 수가 극히 적어서 의도적으로 늘리기 어렵지만, 구매 빈도와 이용 금액이 매우 크기 때문에 개인화personalization 전략을 구사할 수 있는 기업에게는 무시할 수 없는 비즈니스 원천이 된다. 실제로 앱이나 온라인 게임 산업에서는 이러한 고객층이 매출의 대부분을 차지한다. 즉, 고객 기반 내에 'WTP가 높고 가격 탄력성이 낮은 소수의 고가치 고객'과 'WTP가 낮고 가격 탄력성이 높은 다수의 일반 고객'이 공존한다는 시각도 가능하다.

이와 같이, 같은 음의 이항분포라도 고객 가치의 이질성에 주목

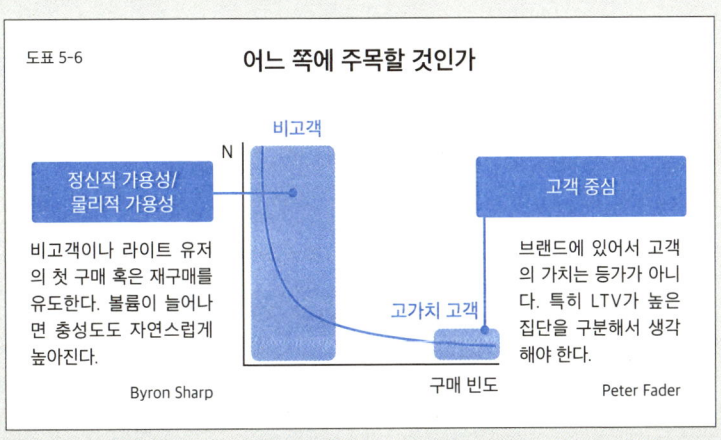

도표 5-6 어느 쪽에 주목할 것인가

하면, 브랜드에 높은 가치를 제공하는 일부 특정 코호트(고객그룹)를 선별해 이들의 요구에 맞춘 제품 및 서비스를 개발하고, 유통 경로를 정비하는 일이 중요해진다. 이는 비고객 확보와는 구분해서 투자할 가치가 있다는 결론에 도달한다.■ 신규 고객을 확보할 때도 가능하다면 이런 고가치 고객이 될 확률이 높은 잠재고객층을 우선 확보해야 한다. 이러한 접근 방식을 고객 중심성customer centricity이라고 한다. 미 펜실베이니아 대학 와튼 스쿨의 마케팅 교수인 피터 페더 등이 제창한 개념이다.

고객 중심주의customer-centric와 비슷한 용어로 보이겠지만, 고객 중심성은 단순히 고객의 관점에서 생각하고, 모든 고객을 소중히 하자는 이념이나 정책은 아니다. 오히려 모든 고객을 동등하게 대우할 수 없다는 전제하에, 어떤 고객을 중심으로 삼아야 할지 데이터 기반으로 결정하자는 이야기다.

볼륨과 마진을 개별적으로 관리한다

바이런 샤프와 피터 페이더 중 누가 옳은지 논하고 싶은 것은 아니다. 언뜻 보기에 대립하는 견해여도 실은 같은 사실에 근거한 것이고 동전의 앞뒷면과 같은 관계임을 이해해야 한다. 비즈니스 성장을 위

■ 매우 흥미롭게도, 음의 이항분포는 이중 위험의 법칙 등의 배경에 있는 확률 분포 중 하나로, LTV를 추정할 때 적용되기도 한다(Fader et al., 2005; Schmittlein et al., 1987).

해서는 두 가지 관점을 구분할 필요가 있다고 생각한다. 나는 음의 이항분포의 왼쪽에 초점을 맞춰 총 구매 횟수의 증가를 목표로 하는 접근법을 '볼륨 전략', 분포의 오른쪽에 초점을 맞춰 총 이용액의 증가를 목표로 하는 접근법을 '마진 전략'이라 부르며 구분한다. 결국 사업 성장은 이러한 '볼륨×마진'이라는 곱셈을 극대화하는 것이다.

뻔한 소리를 한다고 생각할 수도 있다. 하지만 각 목표에 대해 적절한 수단과 기법을 선택한 사람은 그렇게 많지 않다. 대기업의 마케팅부서조차 볼륨 성장이 필요할 때 마진 성장에 효과적인 전략에 집중하거나, 마진 성장에 효과적일 것으로 생각해 볼륨 성장에 특화된 전략을 실행하는 것을 현장에서 자주 볼 수 있다. 이것이 이 책을 쓰는 이유다.

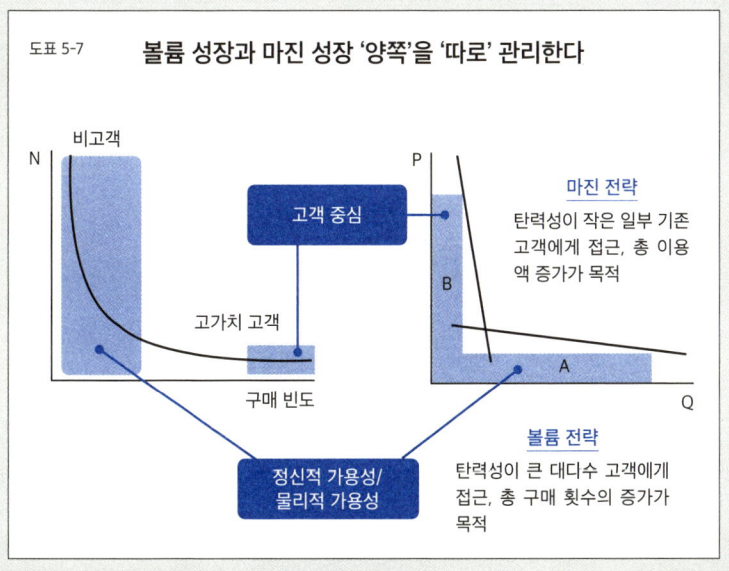

도표 5-7   볼륨 성장과 마진 성장 '양쪽'을 '따로' 관리한다

볼륨 전략과 마진 전략의 실행

마케팅에는 다양한 키워드와 프레임워크가 존재하며, 각각의 배경이 되는 이론과 사례가 있다. 그러나 그중 일부는 특정 개념을 지지하는 반면, 일부는 정반대의 주장을 펼친다.

마케팅에서 흔히 볼 수 있는 대립 구조

- 고객 vs. 비고객
- 고객 이탈 방지 vs. 신규 고객 확보
- 충성도 vs. 침투율
- STP vs. CEP
- 타깃팅의 정확도 vs. 도달 범위
- 브랜드 차별화 vs. 브랜드 현저성
- 합리적 설득 vs. 감정적 호소
- BOFU(구매 완료 단계) vs. TOFU(브랜드 인지 단계)
- 퍼포먼스 마케팅 vs. 브랜드 구축

실제로 이러한 대립과 의견 차이 중에는 볼륨 성장과 마진 성장이라는 서로 다른 목표에 대한 방법론을 같은 운동장에서 비교하기 때문에 발생하는 경우가 많다. 목표가 다르면 최적의 수단도 달라지므로, 표면적으로는 접근 방식과 논리가 정반대처럼 보일 수도 있다. 이를 올바르게 적용하려면, 어떤 방법이 어떤 성장에 효과적인지에 대한 근거를 이해하는 것이 중요하다. 아래에 볼륨 전략과 마진 전략의 착안점 및 대표적인 접근 방식을 정리해 보았다.

볼륨 전략

볼륨 전략은 카테고리 사용자, 특히 비고객을 대상으로 하며 총 구매 횟수를 늘리는 것을 목표로 한다. 총 구매횟수는 고객 수×구매 빈도로 결정되며 이중 위험의 법칙에 따라 구매 빈도는 고객 수의 함수가 된다. 따라서 볼륨 전략은 결국 침투율을 높이는 게임이나 다름없다. 도표 5-7에서 A를 확보하려는 것이다. 참고로 총 구매량이 아니라 총 구매 횟수인 이유는 구매량이 상수이기 때문이다(2장 6절 참고).

- 볼륨 전략의 목표: 총 구매횟수, 침투율, 점유율 증가
- 볼륨 전략의 착안점:
  - 넓은 도달 범위, 증분 도달
  - 비고객층의 인지도 확대
  - 얕고 폭넓은 인지도 유지
  - 카테고리 엔트리 포인트 증가
  - 정신적 가용성 및 물리적 가용성 강화
  - 수직적 차별화, 카테고리 성장에 대한 투자
  - 카테고리 멤버십 확립
  - 주력 제품에 대한 투자
  - 장기적인 브랜드 구축, 감정 호소(마진 성장에 효과적)

- TOFU 확대
- ROI 또는 ROAS로 판단하지 않음

마진 전략

마진 전략은 주로 기존 고객을 대상으로 한다. 프리미엄화뿐만 아니라, 고객 기반 전반의 기회 손실을 줄이기 위해 가격 민감도가 낮은 구매 맥락과 행동 충성도가 높은 제품 및 서비스 속성을 파악해, 가격 탄력성에 따른 가격 차별이나 서브 카테고리화를 실시한다. 도표 5-7의 B를 확보하려는 것이다. 특히 개인화가 가능한 업계에서는 LTV가 높은 일부 고가치 고객을 위한 전략을 중점적으로 실행한다.

- 마진 전략의 목표: 총 이용액 및 LTV 증가, 가격 민감도 저하
- 마진 전략의 착안점:
  - STP
  - 기존 고객에 대한 선호도 향상 및 WTP 개선
  - 고객 중심
  - 행동 충성도가 높은 기능과 속성에 대한 어필
  - 수평적 차별화
  - 탄력성에 따른 가격 차별
  - 서브 카테고리화(볼륨 성장에 효과적)
  - 프리미엄화
  - 퍼포먼스 마케팅, 합리적 설득
  - BOFU 확보

- 인상적인 마케팅 ROI

볼륨 전략과 마진 전략을 다룰 때 몇 가지 염두에 둬야 할 사항이 있다. 우선, 이러한 두 전략을 하나의 마케팅 활동(같은 제품, 같은 카피, 같은 가격, 같은 크리에이티브, 같은 CX 등)으로 해결하려고 하면 효과가 적을 수 있다. 예를 들어 라이트 유저의 카테고리 엔트리 포인트CEP를 늘리는 것(볼륨 성장)과 기존 고객의 WTP를 높이는 것(마진 성장)은 '동떨어진 곳에 있는 다른 목표'라고 할 수 있다. 당연히 달성하기 위한 접근법도 다르다. 몇 가지 예외를 제외하고(예: 모든 카테고리 사용자에게 영향을 미치는 감정적 호소), 한 전략을 아무리 최적화해도 모든 소비자의 WTP가 균일하게 증가하지 않는다. 수요곡선의 위치와 기울기가 다르기 때문이다. 앞서 살펴본 것처럼 사람마다 선호도가 다르고, 또 같은 사람과 같은 제품이라도 상황에 따라 무엇이 가치 있는지가 달라진다.

바꿀 수 있는 것과 바꿀 수 없는 것

이 책에서 살펴보았듯이 시장과 소비자 행동에는 바꿀 수 있는 것과 바꿀 수 없는 것이 존재한다. 하지만 마케터들은 때때로 그것을 바꾸는 것이 자신의 역할이라고 생각하며, 창의적인 아이디어를 통해 변화시킬 수 있다고 믿는다. 예를 들어, 음의 이항분포에서 '분포의 오른쪽 끝에 있는 우량 고객을 더 많이 늘리고 싶다'고 질문하는 경우가 있다.

　우량 고객을 직접적으로 늘릴 수 있다면 매출에 큰 영향을 미치겠지만, 현실적으로 어려운 일이다. 음의 이항분포가 '그런 형태'를 띠지 않기 때문이다. 대부분의 업계는 이중 위험의 법칙의 영향을 받기 때문에 볼륨 성장을 동반하지 않는 마진 성장은 비현실적이다. 가격 탄력성과 평균 이용액도 브랜드 규모에 좌우된다는 점을 다시 한번 떠올리자(Dawes et al., 2017; Scriven&Ehrenberg, 2004).

　또한, '일반 고객에게 투자하면 우량 고객이 될 것'이라고 생각하는 경우가 있지만, 실제로는 그렇지 않은 경우가 많다. 다른 기업의 마케팅에서 '고객을 키워서' 우량 고객으로 만든 사례가 얼마나 있을까? 우량 고객은 찾아내는 것이다. 현실에서 대부분의 기업은 고객 기반이 증가하면서 자연스럽게 일정 비율의 우량 고객이 포함되기를 기대하는 것이 최선이다. 특히 개인화가 어려운 소비재 산업에서는 더욱 그렇다. 또, LTV를 어느 정도 정확하게 계산하려면 약 3~4년의 데이터가 필요하다. 따라서 브랜드 규모가 작을 때는 음의 이항분포 왼쪽에 초점을 맞춰 침투율을 늘려 고객 기반을 넓히고, 어느 정도 데이터가 쌓이면 분포의 오른쪽, 가치가 높은 그룹을 찾아 이를 유지하는 순서로 전략을 실행하는 것이 효과적이다.

6장

신제품이
살아남을 수 있는
진짜 방법

6-1 신제품의 성공 확률과 생존율은 어떻게 될까

지금까지 차별화 전략과 가격 전략을 살펴봤다. 2부를 마무리하는 차원에서 제품 개발과 브랜드 포트폴리오 관리와 관련된 근거를 살펴보도록 하겠다. 시장을 확대하려 할 때, 여러분은 어떤 접근법을 생각하는가? 여러 선택지 중 하나로 제품 라인업 확대, 즉 신제품 출시를 떠올릴 수 있을 것이다.

매출 부진을 타개하는 돌파구, 신규 고객 확보의 핵심, 소매점과의 협상력을 높이는 수단. 신제품은 비즈니스와 브랜드가 직면한 다양한 문제를 한꺼번에 해결하고 상황을 개선하는, '에이스 카드'로 여겨지는 경향이 있다. 애초에 혁신을 일으키는 제품을 만드는 것은 제조사의 사명과도 같다. 이러한 이유로 신제품 개발은 기업의 중기 계획이나 신규 사업 전략에서 주역을 맡는 경우가 많다.

하지만 알다시피 모든 신제품이 성공하는 것은 아니다. 1,000개의 신제품 중 살아남는 것은 고작 3개라는 말이 있을 정도로, 베스트셀러와 대히트 상품은 극히 일부에 불과하다. 하지만 카테고리에 따른 차이와 소비자 인식의 영향도 무시할 수 없다. 실제로 신제품의 실패율이 90%에 달한다는 연구가 있는 한편(Gourville, 2006), 이는 언론 매체나 업계의 통념, 혹은 담당자의 체감에 의해 과장된 것일 뿐, 실제 실패율은 40% 정도라는 연구도 있다(Castellion&Markham, 2013). 또한, 식품류에서는 성공률이 58~88%로 충분히 높다는 연구도 있다(Salnikova et al., 2019).

신제품의 생존율은 장기적으로 감소 추세를 보이지만, 단기적으로는 상황이 예상보다 긍정적이다. 한 연구에 따르면, 37개 소비재 카테고리에서 어느 해에 출시된 약 1만 개의 SKU[*] 중 1년 내 실패율은 30% 이하였다(Wilbur&Farris, 2014). 또한 8만 개 이상의 SKU를 조사한 최근의 연구에서도 출시 후 1년 내 실패율은 약 25%, 2년 내 실패율은 약 40%로 나타났다(Victory et al., 2021). 이는 '1,000개 중 3개'라는 통념이 과장되었음을 보여 주며, '대박'이 난 제품만 계산한다면 실제로는 신제품의 절반 정도가 적어도 단기적으로는 잘 팔린다는 것을 의미한다.

그러나 이러한 '싹이 보이는' 제품도 충분한 지원을 받지 못하는

■ Stock Keeping Unit. 각 기업이 상품 재고를 관리하기 위해 내부적으로 정의한 최소 단위다. 예를 들어 어떤 티셔츠가 3가지 색상과 3가지 사이즈로 제공된다면 총 9개의 SKU가 생성된다.-옮긴이 주

경우가 많다. 결국 1,000개 중 3개에 들지 못할 확률이 높다는 이유로, 일정 기간 지켜보며 향후 자원과 광고 예산 투입을 결정하자는 논리에 따른 것이다. 나는 이러한 사고방식이 '1,000개 중 3개' 현상의 근본 원인이 아닐까 생각한다. 신제품에 대한 기대는 크지만 '살아남는 3개'라는 단어가 걸림돌이 되어 브랜드를 키우려는 의지를 꺾어 버리는 것이 아닐까?

'신제품의 잠재력을 신중하게 판단하겠다'거나 '투자 대비 효과를 극대화하는 최선의 방법을 검토하겠다'라는 접근 방식이 오히려 그 제품의 잠재력과 ROI 자체를 감소시키고, 결과적으로 '1,000개 중 3개 생존' 현상을 초래하는 게 아닌가 하는 의문이 든다. 처음부터 적극적인 마케팅 지원을 했다면 더 잘 팔렸을 신제품의 싹을 스스로 잘라 버리는 상황이다.

이처럼 '좋을 결과를 예상하며 내리는 선의의 경영 판단이야말로 비즈니스와 브랜드를 망가뜨리는 진짜 원인이 아닌가'라는 의심은 신제품 개발뿐만 아니라 기존 제품의 리뉴얼, 브랜드 포트폴리오 관리, 주력 제품에 대한 광고 예산 배분 및 확장 등 다양한 국면에서 나타나고 있다. 이 장에서는 이러한 가설의 사실관계를 보다 자세히 살펴보겠다.

6-2 브랜드 포트폴리오의 핵심인 증분 침투율을 이해하라

신제품의 절반이 2년도 못 가 사라진다는 점을 고려하면, 역시 신제품의 성공 확률이 높다고 보기는 어렵다. 애초에 왜 신제품은 실패할 확률이 높을까? 어떻게 하면 성공 확률을 높일 수 있을까? 소비자가 신제품을 처음 구매할 때의 기본적인 사실부터 확인해 보자.

소비자는 세 번의 구매 중 한 번 이상 첫 번째 제품(신제품에 한정하지 않음)을 선택하며, 이러한 첫 번째 구매 제품이 장바구니의 약 5~6%를 차지한다고 한다(Bogomolova et al., 2019). 또한, 첫 구매 고객과 기존 고객의 프로필에 큰 차이는 없는 것으로 보고되었다. 기본적으로는 습관적인 구매 행동 패턴을 보이지만, 새로운 제품을 구매하는 행위 자체는 얼리어답터 같은 특정 고객층에 국한되지 않음을 의미한다. 이는 다양한 소비자가 신제품을 구매할 가능성이 열려 있음을 시사한다.

한편, 기업의 관점에서 신제품 출시는 크게 두 가지 방식으로 이루어진다. 하나는 완전히 새로운 브랜드를 출시하는 것이고, 다른 하나는 기존 브랜드를 확장하는 방식이다. 확장 전략에는 동일한 카테고리 내에서 확장하는 라인 확장이 있고, 기존 브랜드의 이름을 사용해 다른 카테고리로 진출하는 카테고리 확장이 있다(Aaker&Keller, 1990; Farquhar, 1989; Grime et al., 2002). 그 외에도 이름을 바꾸어 서브 브랜드를 만들거나 고가의 서브 카테고리로 진출하는 프리미엄화 전략을 사용하기도 한다.

이들에게는 공통점과 차이점이 있으며 각각의 전략에 따라 주의해야 할 점이 있다. 먼저 라인 확장을 기반으로 한 신제품 성장에 공통적으로 적용되는 규칙성과 주의점을 살펴본 다음, 프리미엄 전략과 서브 카테고리 전략, 카테고리 확장 등을 살펴보겠다.

제품 라인업을 늘리는 것이 능사는 아니다

브랜드 라인업 폭이 넓다는 것은 해당 카테고리에서 강점과 전문성이 있다는 것을 나타내며 이는 지각 품질*을 개선하고 장기적인 매출에 공헌하는 기능이 있다(Ataman et al., 2010; Berger et al., 2007). 그렇다고 무작정 제품 수를 늘리는 것은 바람직하지 않다(Gourville&Soman, 2005). 원래는 SKU의 수에 비례해 시장 침투율도 함께 증가하는 것이

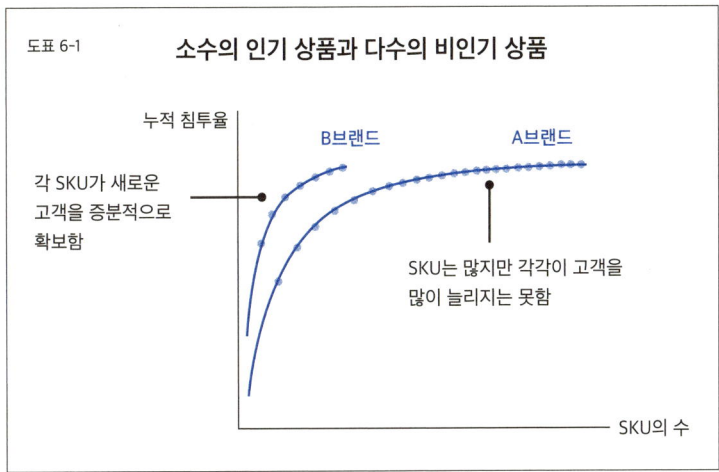

출처: 다음을 바탕으로 저자가 작성함
Tanusondjaja, A., Nenycz-Thiel, M., Kennedy, R.,&Corsi, A. (December, 2012). *Is Bigger Always Better? Exploring the relationship between the number of brand offerings in a portfolio and its overall brand penetration* [Conference Paper]. ANZMAC Conference, Adelaide, Australia.

이상적이다. 즉 제품 라인업을 늘릴수록 신규 고객이 늘어나는 방향을 기대하는 것이다. 그러나 SKU의 수와 침투율의 관계를 조사한 연구에 따르면, 그렇게 단순한 선형 관계가 나타나지 않는다(Tanusondjaja et al., 2012). 실제로는 도표 6-1과 같은 수확체감의 법칙■■을 따르

- perceived quality. 소비자들이 특정 브랜드의 제품이나 서비스에 대해 인식하는 전반적인 품질이나 우수성을 의미한다. 객관적이거나 실제적인 품질과는 다르며, 소비자의 주관적인 평가와 감정을 반영한다.-옮긴이 주
- ■■ 생산 과정에서 특정 생산 요소를 증가시키면서 다른 모든 요소를 일정하게 유지하면, 어느 시점에서 단위당 추가 생산량(한계 생산물)이 점차 감소하는 현상을 말한다. 옥수수 수확을 예로 들자면, 처음에 비료를 추가하면 수확량이 급격히 증가하다가 최적의 양을 넘으면 증가량이 줄어들기 시작한다. 그리고 이 지점부터 비료를 1단위 줄 때마다 옥수수 수확량의 증가는 적어진다. 이 시점을 넘어 계속 비료를 추가하면 결국 수확량이 줄어들게 된다.-옮긴이 주

는 곡선을 그리게 된다. 즉, 모든 SKU가 동일하게 매출에 공헌하는 것은 아니다.

더욱 흥미로운 점은 시장 점유율이 같은 브랜드에서도 A처럼 롱테일 패턴을 보이는 경우가 있고 B처럼 짧은 패턴을 보이는 경우도 있다는 것이다. 이와 관련해 두 브랜드가 그린 패턴의 한 시점을 살펴보면 다음과 같다(Tanusondjaja et al., 2012).

- A브랜드: 침투율 18%, SKU24
- B브랜드: 침투율 17%, SKU7

두 브랜드 모두 침투율은 거의 다르지 않지만, A브랜드는 B브랜드보다 3배 이상 많은 SKU를 보유하고 있다. 왜 이런 차이가 생길까. 주력 제품 외의 SKU당 증분 침투율 즉, SKU 1개를 추가할 시 새로운 고객을 얼마나 늘릴 수 있는가가 다르기 때문이다. 연구 데이터를 보면 B브랜드의 경우, 주력 제품이 단독으로 8.7%의 침투율을 확보하고 있으며, 나머지 6개의 SKU도 평균 1.4%의 증분 침투율을 확보하고 있다(Tanusondjaja et al., 2012). 반면 A브랜드는 24개의 SKU를 갖고 있지만, 그중 절반은 0.1% 이하의 증분 침투율만 갖고 있다.* 즉, A브랜드는 증분 매출을 크게 창출하지 못하는 SKU를 많이 보유하고 있지만, B브랜드는 각 SKU가 서로 다른 고객을 확보해

■ 물론 성숙 시장에서는 0.1%의 차이를 두고 경쟁이 벌어질 수 있으므로 서브 카테고리에 적극적으로 참여한다는 판단도 충분히 정당화된다. 자세한 내용은 6장 9절 참고.

포트폴리오 효율성이 높다.

  당연히 제조업체든 소매업체든 모두 B브랜드처럼 각 SKU가 MECE Mutually Exclusive and Collectively Exhaustive(서로 중복 없이, 전체적으로 누락 없이)하게 작동하는 상태가 이상적이다. 하지만 현실을 보면 A와 같은 포트폴리오를 가진 브랜드가 많다. 대규모 소비재 연구에 따르면, 브랜드 침투율의 약 80% 및 매출의 약 70%가 포트폴리오 상위 절반의 SKU에 의해 지탱되고 있다(Tanusond jaja et al., 2018). 다시 말하면, 나머지 절반의 SKU에 의해 롱테일 부분의 비용이 증가하고 자칫하면 적자를 낼 수 있는 제품을 많이 보유하게 된다는 것이다.

6-3 신제품의 성공과 실패, 그 분기점에 있는 사실

왜 이런 상황에 처하게 될까? 돌파구는 어디에 있을까? 여기서는 신제품의 성패를 가르는 요인을 자세히 살펴보겠다.

우선 거시적 관점에서 알아야 할 기본 사실은 기업이 아무리 제품 확장을 해도 카테고리의 총수요가 무조건 증가하는 것은 아니라는 점이다(Quelch&Kenny, 1994). 가게 매대에 진열된 제품 종류가 늘어나더라도 소비자의 구매량이나 사용액이 그만큼 증가하진 않는다. 새로운 맛의 과자가 출시되었다고 해서 과자를 먹지 않던 사람들이 갑자기 구매하진 않으며, 프리미엄 라인이 출시되더라도 주로 기존 레귤러 라인의 사용자들이 기뻐할 뿐이다. 실제로 확장판 제품을 구매하는 사람들 대부분은, 기존 브랜드의 기존 고객으로 알려졌다(Lomax&McWilliam, 2001).

따라서 기업이 계속해서 새로운 제품 아이디어를 내놓아 라인을 확장하더라도, 이는 주로 기존 고객들의 선택지만 늘리는 결과를 낳을 뿐, 실질적인 매출 증가로 이어지지 않을 가능성이 크다. 물론 고객이 경쟁 브랜드로 이탈하는 것보다는 자사 브랜드 내에서 선택이 이루어지는 것이 더 낫다고 판단해 이를 전략적으로 허용할 수도 있다. 그러나 지나친 내부 경쟁으로 제 살 깎아 먹기가 발생하지 않도록 주의해야 한다(Romaniuk&Sharp, 2022).

다음으로, 신제품은 유통 및 배송에 대한 지원이 필요하다. Ataman et al.(2008)의 연구에 따르면, 22개 카테고리의 225개 신제품을 5년간 분석한 결과, 신제품의 성패에 가장 큰 영향을 미치는 요소는 '광범위한 유통'이었다. 하지만 낙관적인 유통 계획이 많은 것 또한 문제라는 연구 결과도 있다(Wilbur and Farris, 2014). 특히 제품이 출시되기 전 담당자가 배급에 대해 지나치게 후하게 추정하는 것(예: 수익성 평가보다 빨리 출시하는 것을 우선시하거나 매장의 수를 과대 추정)과 출시 후 제대로 된 피드백을 거의 하지 않는 것이 큰 문제로 지적되었다.

기업이 신제품의 기대치를 설정할 때는 혁신의 '정도'도 중요한 요소가 된다. 제품 혁신이 브랜드 자산에 긍정적 영향을 미친다는 것은 사실이지만(Sriram et al., 2007), 혁신의 강도에 따라 기대 효과와 실제 성과가 크게 달라질 수 있다. 즉, 비즈니스에 커다란 영향을 주기 위해서는 나름대로 과감한 혁신이 필요하다. 새로운 과자 맛을 추가하는 것 같은 사소한 기능 변경 수준의 혁신은 효과가 떨어질

뿐 아니라, 때로는 혁신이 전혀 없는 경우보다도 성과가 저조할 수 있다는 점이 데이터로 확인되었다(Binet&Field, 2018).

히트 제품에는 있고 실패 제품에는 없는 것

다음으로 제품 출시 이후의 과정, 특히 성공과 실패 패턴에 어떤 차이가 있는지 살펴보자. 성숙 시장에서 신제품은 오랜 기간에 걸쳐 조금씩 성장한다고 여겨질 수도 있다. 그러나, 실제로 성공적인 신제품은 상당히 단기간에 기존 브랜드와 유사한 수준의 침투율이나 충성도를 달성한다(Ehrenberg&Goodhardt, 2001; Hoek et al., 2003;Singh et al., 2012).

구매 빈도는 제품 출시 후 비교적 빠르게(예: 1분기) 기존 브랜드와 같은 수준까지 올라가며, 이후에는 그 수준을 유지한다(Ehrenberg&Goodhardt, 2001). 신규 첫 구매도 빠른 시기(예: 1분기 후반)에 정점을 찍은 후 서서히 감소한다(Hoek et al., 2003). 이에 따라 침투율도 2~3분기 동안 안정기에 접어들고 4분기에는 기존 브랜드와 동일한 수준에 도달한다(Singh et al., 2012).

이러한 경향은 성공한 신제품과 실패한 신제품을 비교하면 더 명확해진다. 여러 소비재 카테고리에서 성공한 확장 사례와 실패한 확장 사례를 비교한 연구에 따르면, 성장 과정에서 다음과 같은 점이 크게 달랐다(Singh et al., 2012).

성공한 신제품 그룹

- 침투율과 재구매율 모두 2분기부터 4분기까지 지속적으로 증가한다.
- 침투율과 재구매율 모두 4분기까지 기존 브랜드와 거의 동일한 수준이 된다.

실패한 신제품 그룹

- 침투율과 재구매율 모두 2분기에 정점을 찍은 후 감소한다.
- 특히 재구매율이 낮다.

이 연구는 '기존 브랜드를 기준으로 3분기까지 침투율과 재구매율이 얼마나 증가할 것인가'가 마케팅 투자 여부를 결정하는 판단 자료가 될 수 있음을 시사한다. 특히 성공 그룹에서는 2분기부터 재구매율이 증가하는 반면, 실패 그룹에서는 재구매율이 낮고 감소 추세가 두드러진다. 이 때문에 이 시기의 성장 여부가 이후의 성공과 실패를 가늠하는 중요한 요소가 될 것으로 보인다.

6-4 정말 상품력이나 기획력의 문제일까?

이러한 사실을 다른 시각에서 보면, 성공한 그룹은 신제품을 키우는 데 1년을 투자하지만, 실패한 그룹은 신제품이 단순히 빠르게 판별되거나 충분한 시간을 확보하지 못했을 가능성도 있다. 예를 들어, 신제품 출시 시 '초반에 광고를 많이 집행한 후 반응을 지켜보는' 방식의 프로모션을 진행하는 경우가 많다. 나중에 자세히 다루겠지만, 광고 반응은 출시 직후 가장 높게 나타나므로 이 시기에 판매 촉진 전략을 활용하는 것은 적절한 선택일 수 있다. 그러나 여기서 마케팅 활동이 중단되면, 성장을 이끌어 줄 라이트 유저층에 도달하기도 전에 마케팅이 종료되는 문제가 발생한다. 결국, 라이트 유저 기반이 확장되지 않으면 매출도 더 이상 증가할 수 없다(Sharp, 2010).

어떤 사람들은 제품 판매 실적이 저조하면 인사이트 부족이나 미흡한 콘셉트 등 제품 자체의 잠재력을 문제 삼는다. 하지만 이것이 진정한 원인일까? 사실은 잠재력을 논하기 전에 다른 문제가 있는 것이 아닐까? 이를테면 앞서 언급한 것처럼 '신제품 개발에 있어 어느 정도의 위험을 감수하고, 충분한 예산과 자원을 투입해 신제품을 키울 의지가 있는가'라는 경영 판단의 문제가 있을 수도 있다.

이 가설을 뒷받침하는 연구에서는 100개 이상의 신제품 개발 프로젝트를 대상으로, 신제품 성공을 결정짓는 요인을 전략, 포트폴리오 관리, 자원 배분, 프로젝트 팀의 집중도라는 네 가지 측면에서 분석했다(Cooper et al., 2004). 연구 결과, 성공한 그룹과 실패한 그룹 사이에 유의미한 차이($p<0.01$)가 있었으며, 특히 큰 차이를 보인 주요 요인을 살펴보면 다음과 같은 특징이 드러났다.

성공한 그룹은 신제품에 대한 장기적인 투자 계획과 충분한 예산이 배정되었지만, 실패한 그룹은 지원이 부족했다. 또한, 성공 그룹은 영업 인력과 시간이 충분했으나, 실패 그룹은 압도적으로 인력이 부족했다. 업무 환경에서도 차이가 있었다. 성공 그룹은 우선순위가 명확하고 신제품에 집중할 수 있었지만, 실패 그룹은 멀티태스킹으로 인해 집중하기가 어려웠다.

또한, 마케팅 투자 자체는 두 그룹 모두 부족했지만, 실패 그룹에서 그 격차가 더 컸다. 흥미로운 점은 시장 선택, 신제품의 역할, 로드맵 정의 등 전략 수립에서는 큰 차이가 없었다는 것이다. 두 그룹 모두 '큰 그림'은 그릴 수 있었지만, 성공 그룹은 사람, 자금, 시간을 적절히 투입한 반면, 실패 그룹은 실행 단계에서 이를 제대로 뒷받침하지 못했다.

이러한 문제에 대해 경영자에게 신제품을 제대로 지원하지 않는 이유를 물으면 어떨까? '그게 아니라 키울 가치가 있는지 보려고 한다'거나 '진짜 잠재력이 있는 제품이라면 처음에 기회만 주면 이후에는 저절로 잘될 것이다'라는 반응이 돌아올 때가 있다. 무슨 말인지는 이해한다. 기업 입장에는 1,000개 중 3개만 살아남는 치열한 시장 환경에서 투자 대비 효과를 분석하고, 확실한 의사결정을 하기 위한 '전략적 판단'을 하려는 것이다. 하지만 이런 접근 방식으로 잠재력을 저울질하는 동안, 그 제품의 잠재력 자체가 줄어들고 있다는 것은 알고 있을까?

수백 개 마케팅 전략의 인풋과 아웃풋을 기록한 데이터베이스 분석에 따르면, 제품 출시 초기에는 베이스 성장률과 광고 반응이 가장 높게 나타난다. 즉, 초기에 광고를 적극적으로 집행할수록 매출과 시장 점유율이 증가할 가능성이 크다. 하지만 시간이 지나면서 그 효과는 점차 감소한다. 특히, 이렇다 할 특성이 없는 소규모 브랜드는 시간이 흐를수록 베이스 성장률과 광고 반응이 가장 낮아지는 것으로 나타났다(Binet&Field, 2018). 신제품 출시 후 한동안은 마케팅하기 유리한 상황이 조성되지만, 시간이 지날수록 마케팅에 대한 반응이 무뎌지고, 신제품으로서의 매력이 감소하면서 '단순히 소규모일 뿐'인 브랜드로 인식되면서 가장 불리한 상태에 처한다는 것이다.■ 일부 경영자와 마케터가 기대하는 '잠재력이 있으면 스스로 해

■ 틈새 브랜드의 성공 여부에 대해서는 다른 관점이 필요하다(2장 5절 또는 4장 6절 참고).

낸다'와 같이 낙관적인 생각이 현실에서는 거의 실현되지 않음을 보여 준다.

6-5 근거를 통해 바라본 신제품 출시 후의 전략

그렇다면 이런 배경을 염두에 두고 신제품을 출시한 후 프로모션을 진행할 때는 어떤 점에 유의해야 할까? 흔히 헤비 유저는 정보 민감도가 높고 오피니언 리더 역할을 하기 때문에 그들을 먼저 공략해야 한다는 의견이 있다. 물론 혁신성이 높은 카테고리에서는 이런 관점이 유효하지만, 대부분의 신제품에는 해당되지 않는다.

혁신적인 제품과 기술 제품의 확산 방식과(e.g., Bass, 1969; Moore, 1999; Rogers, 1983), 일상적으로 재구매되는 제품의 시장 침투 방식은 완전히 다르다(e.g., Ehrenberg et al., 2004). 후자는 '특정 임계점을 넘으면 폭발적으로 확산되고, 그 이후에는 저절로 성장한다'는 식의 단순한 확산 모델이 적용되지 않는다. 이는 전문 지식이 있는 사람도 종종 혼동하는 점이므로 주의하자.

　신제품 구매자 중에는 카테고리 내 헤비 유저(제품 확장의 경우 메인 브랜드의 헤비 유저)가 상대적으로 많을 수도 있지만, 이는 헤비 유저가 단순히 카테고리 내 구매 빈도가 높아 신제품을 인지할 확률이 높기 때문이다(Romaniuk&Sharp, 2022). 신제품이 아직 라이트 유저층에 충분히 침투하지 않았을 때 일반적으로 나타나는 현상이며, 특정 브랜드에 국한된 것이 아니다. 또한 헤비 유저가 반드시 신제품의 헤비 유저가 되기 쉽다는 근거는 없다. 오히려 메인 브랜드의 헤비 유저는 확장 제품에서는 라이트 유저가 될 가능성이 높다는 것이 입증되었다(Tanusondjaja et al., 2016; Trinh et al., 2016).

　헤비 유저는 특별한 홍보 없이도 모이는 경향이 있지만, 이들이 자동으로 신제품의 헤비 유저가 되는 것은 아니다. 따라서 신제품 출시 시 헤비 유저만을 겨냥한 전략을 내놓을 필요는 없고, 헤비 유저가 처음에 많이 구매한다고 해서 그 이후에 라이트 유저로 고객 기반을 확장하기를 소홀히 해서는 안 된다.

　라이트 유저는 일반적으로 1년에 한두 번 정도만 구매하는 특성이 있으므로(Dawes et al., 2022; Hossain et al., 2023), 출시 직후의 단기 프로모션만으로는 이들을 유인하기 어렵다. 더불어 신규 고객은 브랜드를 쉽게 기억하지 못한다(Trinh et al., 2016). 이런 이유로 헤비 유저에만 집중하기보다는 오히려 라이트 유저층에 침투하기 위한 지속적인 마케팅 지원이 필요하다.

신제품 출시 후 1~2년 사이에 해야 할 일

신제품 출시 후 단계별 마케팅 포인트를 요약해 보겠다.

1분기

신제품 출시 직후에는 광고와 프로모션이 매우 효과적이다. 하지만 몇 가지 주의점도 있다. 우선, 신규 구매는 비교적 일찍 정점을 찍기 때문에, 출시 직후 몇 달 동안은 침투율을 높이는 데 초점을 맞추고, 헤비 유저 같은 특정 타깃층에 편중되지 않도록 주의해야 한다. 마케팅 메시지는 제품의 기능이나 성분 설명에만 치중하지 말고, 제품이 어떤 상황에서 어떤 가치를 제공하는지 이용 맥락을 강조한다. 홍보와 브랜드 현저성을 우선시하고, 차별화 포인트 설득은 그다음이다. 유통 측면에서는 다양한 지역과 고객층에 도달할 수 있는 채널을 선택해 최대한 증분 침투율을 높이는 것이 중요하다. 주의할 점은 1분기 초동 매출만으로 신제품의 성패를 판단하지 말아야 한다. 이 시기에는 성공 그룹과 실패 그룹 간 KPI가 크지 않아(Singh et al., 2012), 잠재력을 정확하게 측정할 수 없다.

2분기~3분기

이 시기의 지속적인 마케팅 투자가 제품의 성패를 가른다. 성공적인 제품은 침투율과 재구매율이 모두 증가하는 반면, 실패하는 제품은 모두 하락한다. 특히 2분기에서 3분기까지 재구매율이 꾸준히 증가하는 것이 성공한 제품군의 주요 특징이다. 따라서 2분기 이후에는 재구매를 촉진하는 전략에 집중하자. 다만, 기존 브랜드보다 무조건 높은 재구매율을 목표로 할 필요는 없다. 기존 브랜드와 동등한 수준까지 더 빠르게 성장하기만 하면 된다. DJ라인(4장 5절)을 활용해 해당 카테고리의 '침투율 대 재구매율'의 성장비율을 파악하고 이를 통해 자사 브랜드가 그 선에서 크게 벗어나진 않았는지 확인하자.

4분기~2년 이후

침투율과 재구매율이 기존 SKU 수준에 근접했다고 해서 마케팅 투자를 갑자기 중단하는 것은 바람직하지 않다. 오히려 2년 차 이후에도 지속적으로 투자해야 한다. 아무것도 하지 않으면 정신적 가용성과 물리적 가용성이 감소한다. 이는 이미 시장에서 확고한 위치를 차지한 기존 브랜드를 확장한 제품에도 해당된다. '잠재력이 있는 제품이라면 저절로 잘될 것이다'라는 생각은 현실과 거리가 멀다.

6-6 밀어줘야 할 것은 언제나 주력 제품이다

신제품 출시 및 확장을 논의할 때 고려해야 할 중요한 관점이 있다. 어쩌면 이것이 가장 본질적인 질문일 수도 있다. "매출과 비즈니스 성장 문제를 해결하기 위해 신제품이 정말 필요한가?" 확장에 힘쓰기보다는 오히려 현재 매출이 가장 큰 주력 SKU나 핵심 제품에 집중하는 것이 더 효과적일 수 있다(Binet&Field, 2018; Romaniuk&Sharp, 2022; Tanusondjaja et al., 2018). 예를 들어, 15개 소비재 카테고리에서 9만 개 이상의 SKU를 분석한 연구에 따르면, 주력 SKU가 브랜드 침투율의 약 50%, 매출의 약 40%를 차지했다(Tanusondja et al., 2018).

이런 이야기를 하면 마케팅에 대해 잘 모르는 사람들이 종종 이렇게 묻는다. "이미 인지도가 100%에 가까운 메인 브랜드를 계속 홍보하는 것이 무슨 소용이 있을까요? 그보다는 신제품을 판매하는 데 돈을 쓰는 게 낫죠." 어떤 의미에서 이런 생각은 '새로운 수입원을 창출해야 한다'는 사명감에서 나왔을 수도 있다. 하지만 주력 SKU는 '당연히 잘 팔린다'는 인식 때문에 판매 기여도에 비해 마케팅 투자가 부족해지는 경향이 있다.

그러나 소비자는 단순히 제품을 인지해서 구매하지 않는다. 제품이 기억나서 구매하는 것이다. 그리고 사람의 기억이나 연상은 시간이 지나면 희미해지기 마련이다. 다르게 말하자면, 매출 향상과 비즈니스 성장 이전에, '현재의 매출과 시장 점유율을 유지하기 위해 필요한 최소한의 광고량'이 있다(Sharp, 2017, p.471). 자세한 내용은 3부에서 살펴보겠지만, 예를 들어 1년 동안 광고를 하지 않으면 매출이 평균 16% 감소하고, 2년 동안 광고를 하지 않으면 25% 감소한다는 보고도 있다(Hartnet et al., 2021). 아무리 스테디셀러이고 인지도가 높은 제품이라도 마케팅 지원이 필요한 것에는 변함이 없다. 오히려 비용 대비 효과 측면에서 핵심 제품을 광고하는 것이 가장 ROI가 높다는 보고도 있다(Binet&Field, 2018).

이야기 하나를 들려주겠다. 한 지역에 오랜 역사를 지닌 과자 제조업체 A사와 B사가 있었다. 두 회사는 시장 점유율을 놓고 오랫동안 경쟁해 왔으며, 끊임없이 새로운 맛의 과자를 선보였다. 각 회사의 마케터들은 '원재료에 신경 쓰는 고객', '환경을 생각하는 혁신가' 등 세분화된 고객층을 겨냥했다. 고객 설문조사를 바탕으로 새로운 콘셉트의 맛을 개발했고 출시할 때마다 대대적으로 광고와 판촉 활동을 펼쳤다.

한편, 시장에 새로 진입한 C사는 이런 경쟁에 가담하지 않았다. 대신 기본 짭짤한 맛 제품만을 고수했고, 광고도 거의 바꾸지 않으며 독자적인 노선을 유지했다. A사와 B사의 마케터들은 C사는 마케팅을 전혀 이해하지 못한다며 상대도 하지 않았다. 자, 무슨 일이 일어났을까?

A사와 B사 모두 매출이 하락했고 시장 점유율은 C사로 이동했다. 왜 이런 일이 일어났을까? 카테고리 수요의 대부분이 기본 짠맛이었기 때문이다. 물론 A사와 B사도 제품 라인업에 짠맛이 있긴 했다. 그러나 새로운 맛에만 집중해 광고했고 짠맛은 수년간 아예 광고를 하지 않았다. 반면 C사는 짠맛'만' 출시하고 짠맛'만' 광고했다. 결과적으로, 이 사례는 라이트 유저층이 다음 구매 시 어떤 브랜드에 손이 갈 가능성이 높은지를 보여 준다.

신제품과 주력 상품의 트레이드오프

이번에는 비용 측면에서 생각해 보자. 여러 SKU를 취급하면 주력 SKU만 생산하는 경우에 비해 생산 비용이 25~45% 더 높다고 한다(Quelch&Kenny, 1994). 또한 새로운 SKU를 충분히 유통하려면 추가 비용이 발생한다(Wilbur&Farris, 2014). 그러면 그 돈은 어디에서 나올까? 당연히 배정된 예산에서 짜내야 한다. 제조사에게 신제품 출시는 일종의 '축제'와 같은 의미이기 때문에, 약간의 추가 예산을 확보할 수는 있을 것이다. 그러나 SKU의 수에 비례해 무한정 예산이 투

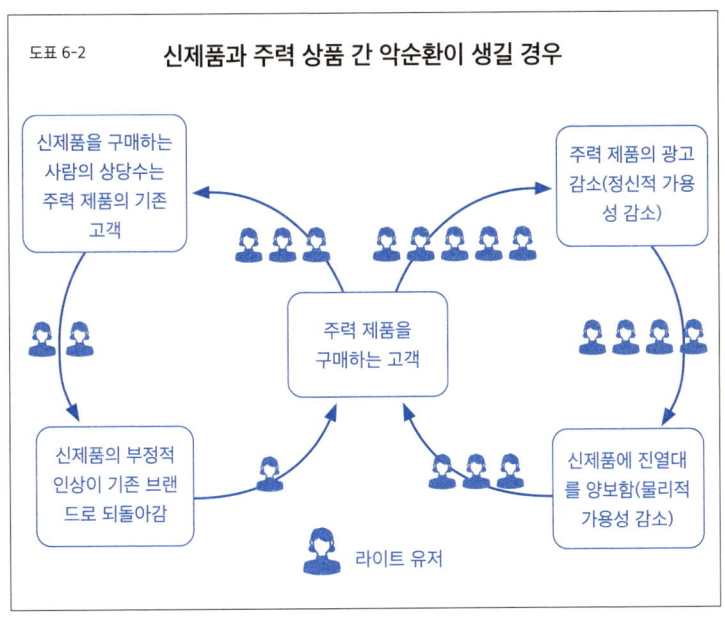

도표 6-2 신제품과 주력 상품 간 악순환이 생길 경우

입될 수는 없다. 오히려 한정된 예산 내에서 기존 제품의 포지셔닝을 강화할지, 아니면 제품 라인을 확장할지 선택하라고 의사결정을 강요받는 경우가 대부분이다.

항상 트레이드오프 관계에 대해 생각해야 한다. 이는 단순히 예산 문제에 국한되지 않는다. 공장의 생산 라인, 인적 자원, 매장의 진열 공간 등 모든 자원을 두고 신규 SKU는 현재 매출에 기여하는 주력 SKU와 경쟁하게 된다. 많은 SKU가 주력 SKU에 할당될 수 있었던 자원과 기회비용을 점유하고 있다는 점을 간과해서는 안 된다. '제품 개발은 원래 그런 것'이라며 넘어갈 수도 있지만, 주력 SKU의 축소는 비즈니스 성장에 직접적인 영향을 미치며, 특히 라이트 유저를 유지하고 확보하는 측면에서 중요한 문제로 작용한다.

시장의 대부분은 라이트 유저이며, 이들을 얼마나 확보하느냐가 성장을 좌우한다는 것은 누구나 아는 사실이다(Sharp, 2010). 결국 주력 SKU의 매출이 큰 것도 라이트 유저가 구매하고 있기 때문이다(Romaniuk&Sharp, 2022). 주력 SKU의 정신적 가용성이 약화되면 라이트 유저의 상기 집합에서 밀려나게 된다. 주력 SKU가 확장 제품에게 매장 진열대를 양보하는 꼴이 되면 당연히 물리적 가용성도 줄어들고, 고객 기반이 축소된다. 이러한 변화에 따라 신제품을 사는 사람의 대부분은 축소된 주력 SKU의 기존 고객이다(Lomax&McWilliam, 2001). 도표 6-2에서 알 수 있듯이, 이런 과정이 반복되면 거의 확실하게 브랜드의 전체 매출이 쪼그라든다.

6-7 포트폴리오에 남길 제품과 없앨 제품을 구분하는 법

여기까지 읽으면 '그렇다면 제품 확장을 하지 않는 편이 좋다는 말인가?' 또는 '제품 라인업이 적으면 소매점과의 협상력이 약해지지 않는가?'라는 의문이 들 수 있다. 차근차근 살펴보자. 먼저, 누구도 제품 확장을 해서는 안 된다고 말한 적이 없다. 앞서 언급했듯이, 라인업의 규모는 브랜드 자산과 장기적인 성과에 영향을 미친다 (Ataman et al., 2010; Berger et al., 2007). 그러나 단순히 개수를 늘리는 것이 아니라, 새로운 증분 매출로 이어질 수 있는 방식으로 확장해야 한다.

브랜드의 포트폴리오는 상호배타적이면서 전체를 포괄하는 MECE 원칙과 시너지 효과를 중심으로 논의되곤 하지만, 본질은 소비자 일상 속에서 이루어지는 땅따먹기 게임이다. 소비자는 하나의 제품 카테고리를 다양한 상황에서 이용한다. 4장과 5장에서 살펴봤듯이 소비자에게 필요한 제품 요구 사항과 가격대도 상황에 따라 다르기에, 소비자층이 아니라 상황에 맞추어 브랜드 포트폴리오를 설계한다는 관점이 중요해진다(Romaniuk&Sharp, 2022).

포트폴리오에서 각 제품의 기능이 서로 겹치지 않고 전체를 포괄하도록 구성되어 있더라도(MECE 원칙), 그 기능이 소비자의 실제 사용 상황에서 가치 있게 인식되지 않으면 증분 매출이 발생하지 않는다. 또한, 소비자 유형별로 포트폴리오를 구성해도 각 제품이 비슷한 상황에서 사용된다면 새로운 고객을 확보하기 어려우며, 오히려 기존 제품의 판매를 잠식할 수 있다. 따라서 포트폴리오는 '소비자의 다양한 이용 맥락이나 제품 카테고리에 진입하는 지점을 몇 퍼센트나 확보하고 있는가'라는 증분 침투율의 관점에서 관리해야 한다(6장 2절 참고).

예를 들어 포트폴리오 관리에서는 롱테일 부분의 SKU 중 어떤 제품을 남기고 어떤 제품을 정리할지가 자주 논의된다. 이때는 '증분 침투로 이어지는 기능, 속성, 가격대, 이벤트, 지역, 계절, 결제 방법, 이용 형태는 무엇인가'라는 기준에서 우선순위를 검토하자. 로마니우크와 샤프의 연구 결과에 따르면, 주력 SKU가 충족시킬 수 없는 요구를 채우거나 특정 채널에 특화된 SKU, 아직 시도하지 않은 방향성에 대한 확장은 포트폴리오에 남겨도 좋다(Romaniuk and Sharp, 2022). 이는 증분 매출로 이어질 가능성이 있기 때문이다. 반대로 진열대 자리만 차지하고 매출이 적으면서 제조와 유통에 추가 비용이 드는, 일명 무임승차 SKU에는 주의를 기울여야 한다.

팔리지 않는 제품이 브랜드를 훼손하는 메커니즘

무임승차 SKU는 추가적인 매출 증가를 가져오지 않는 것을 넘어서 브랜드 이미지를 훼손할 우려가 있다. 예를 들어, 팔리지 않는 SKU는 대개 가격 프로모션의 대상이 된다. 하지만 5장에서 언급했듯이 가격 프로모션이 계속되면 세일 행사 때 대량 구매하면 되는 브랜드 혹은 할인 매장에서나 사는 브랜드로 기억에 남는다. 그런데 확장 제품을 사는 사람 중 상당수가 기존 브랜드의 기존 고객이므로(Lomax&McWilliam, 2001), 이러한 부정적인 인식이 기존 브랜드에도 영향을 미칠 수 있다.

그렇게 되면 해당 브랜드로는 더 이상 프리미엄화를 할 수 없다. 소매점에서 해당 제품의 진열 공간을 축소하거나 취급을 꺼리는 상황으로 이어질 수 있다. 이른바 마케팅의 4P Product, Price, Place, Promotion 중 신제품의 성공에 가장 큰 영향을 미치는 요소는 Place, 즉 유통이다(Ataman et al., 2008). 따라서 신중한 고려 없이 제품 라인업을 늘려 소매점의 불만을 초래하는 것은 영업부서로서는 최악의 협상 전략이다. 결론적으로 제품 확장은 긍정적 또는 부정적 영향을 모두 줄 수 있다는 점을 기억해 두자.

신제품 개발은 단순히 개별 제품의 차원을 넘어 브랜드와 사업 전체의 문제라는 관점에서 접근해야 한다. 그리고 기업이 밀어 줘야 하는 것은 항상 주력 제품이라는 점을 잊지 말자. 브랜드가 성장하기 위해서는 수요의 중심축 역할을 하는 메인 브랜드와 주력 SKU를 최우선으로 해, '소비자의 기억과 진열대에서의 땅따먹기 싸움'에서 승리해야 한다.

6-8 브랜드는 어떻게 프리미엄화를 해야 할까?

성숙한 시장에서 브랜드가 일정 규모에 도달하면, '침투율이 예전만큼 쉽게 증가하지 않고, 기존 고객 대상의 업셀링도 한계에 이르렀다. 이제부터 어떻게 성장해야 하는가?'라는 과제에 직면하게 된다. 이러한 상황에서는 고가 또는 저가 범위의 서브 카테고리로 확장하는 전략을 고려할 수 있다. 특히 고가 범위의 서브 카테고리로의 진출, 이른바 '프리미엄화'는 마진 성장에 긍정적인 영향을 미칠 수 있다. 예를 들어, 4개국 20개 카테고리의 스캐너 데이터를 이용한 연구에 따르면, 성숙한 서브 카테고리에서는 신제품이 기존 제품보다 약 30% 높은 가격에 출시되는 것으로 나타났다(Nenycz-Thiel et al., 2018a).

프리미엄화와 관련해 Binet and Field(2018)는 실제 전략의 결과를 분석하고 몇 가지 제안을 했다. 그중에서 특히 주목할 만한 세 가지 포인트는 다음과 같다.

프리미엄 전략의 기본 지식

1) 새로운 브랜드 또는 카테고리에서는 프리미엄화를 하기 어렵다.
2) 가격대가 높을수록 감성에 호소하는 광고로 가격 민감도를 낮출 필요가 있다.
3) 프리미엄화와 리포지셔닝은 각각 장단점이 있다.

하나씩 살펴보자. 우선 일반적으로 새로운 브랜드나 카테고리에서는 프리미엄화를 시도하기 어렵다. 소비자들은 처음 들어보는 브랜드가 갑자기 '나는 프리미엄이에요'라고 외친다고 해서 쉽게 매력을 느끼지 않는다. 성장 초기 단계에는 고객 기반을 확장하는 것이 비즈니스에 미치는 영향이 더 크며, 시간이 지남에 따라 프리미엄화하는 것이 현실적인 선택일 것이다(Binet&Field, 2018).

다음으로, 낮은 가격대와 높은 가격대의 제품은 광고의 역할이 다르다. 고가 제품일수록 감성에 호소하는 광고를 통해 브랜드를 구축하고 가격 민감도를 낮추어 프리미엄을 지지하는 역할이 요구된다(Binet&Field, 2018). 덧붙여서 단기 퍼포먼스 마케팅과 장기 브랜딩 전략 모두 저가 제품과 슈퍼 프리미엄 제품*에서 특히 효과적인 것

■ 일반 프리미엄보다 더 높은 가격대.

으로 나타났다.

마지막으로, 성숙한 브랜드는 프리미엄 라인을 추가하는 대신 기존 브랜드 자체를 리포지셔닝한다는 선택지도 있다. 하지만 이 선택지에는 일장일단이 있는 듯하다(Binet and Field, 2018). 리포지셔닝은 시간과 비용이 많이 들지만 가격 민감도를 낮추는 효과가 커 장기적으로 수익성이 높아 보인다. 반면, 프리미엄화는 비교적 빨리 성과를 낼 수 있지만 기존 제품의 시장을 잠식하는 위험이 존재한다.

야쿠르트가 프리미엄화를 한 방식

가격대가 높은 카테고리에서는 품질뿐만 아니라 구매 맥락을 명확하게 전달하는 것이 중요하다. 가격 민감도가 맥락에 따라 달라지기 때문이다(Huang et al., 2017; Wakefield&Inman, 2003). 예를 들어 프리미엄 맥주는 휴가 기간이나 주말의 보상과 같은 특정 이용 맥락에 맞게 가격을 설정한다. 만약 이를 고려하지 않고 단순히 '프리미엄 라인의 맛있는 맥주'라고만 접근한다면 레귤러 맥주와의 경쟁에서 마진 성장을 기대하기 어려울 것이다.

프리미엄화에 국한된 이야기는 아니다. 서브 카테고리화를 진행할 때도 자주 '축을 이동'하는 전략이 활용된다. 이는 5장 3절에서 설명했듯이, 레귤러 라인 및 기존 브랜드와 차별화된 '구매 맥락, 제품 속성, 가격' 조합을 탐색하는 과정을 의미한다. 이용 맥락에 맞춰 '매력을 호소하는 축'을 이동하는 것이다.

이렇게 축을 이동한 모범적인 사례로는 닛케이 크로스 트렌드의 '히트 상품 베스트 30'에서 2022년 1위에 선정된 야쿠르트 1000과 Y1000을 들 수 있다. 야쿠르트는 설명하지 않아도 모두가 아는 유산균 음료 브랜드다. 야쿠르트 1000과 Y1000은 유산균의 실로타 균주 수가 1,000억 마리이고 균주의 밀도가 기존 제품의 두 배나 높은 기능적 혁신을 이루었다. 이 제품을 어떻게 판매해서 큰 성공을 거두었는지에 대해 지금까지 설명한 근거를 참고해 개인적인 견해를 이야기해 보겠다.

우선 야쿠르트는 '가족의 건강을 지킨다', '옛날부터 있어 온 친숙함', '신뢰할 수 있는'이라는 호소력을 축으로, 장내 환경 개선이라는 맥락에서 소비자들이 쉽게 떠올린다는 강점이 있는 브랜드다. 하지만 장 활동 카테고리에는 이미 여러 경쟁사가 존재하고 대체 가능성도 높기 때문에 비교적 탄력성이 높은 성숙 시장이라고 할 수 있다. 그래서인지 닛케이 크로스 트렌드의 기사[*]에 따르면, 야쿠르트 1000과 Y1000은 30~50대 직장인을 대상으로 '스트레스 완화 및 수면의 질 개선'이라는 장점을 강조하고 있다.

확실히 지금까지 수면 카테고리에서 쉽게 떠올릴 만한 음료 제조업체는 많지 않았다. 또한 출시 초기에는 택배 배송을 중심으로 하되 백화점과 고급 매장에서도 판매해 판매 폭을 넓히는 전략도 병행했다. 야쿠르트 레이디라는 독자적인 유통망을 살리면서 택배와는 다른 고객층에 접근할 수 있는 채널도 갖추었다. 신제품의 성공

■ https://xtrend.nikkei.com/atcl/contents/18/00698/00005/

에 중요한 유통과 증분 침투율을 효과적으로 관리하고 있음을 알 수 있다. 그리고 광고를 통해 전국적으로 라이트 유저에게도 침투하려는 노력을 기울였다.

그러면 맥락, 속성, 가격의 조합은 어떨까? 야쿠르트 1000은 개당 130엔, Y1000은 150엔으로 기존 야쿠르트 400이 80엔인 것에 비해 다소 비싼 편이다. 그러나 스트레스가 많은 현대인이 충분한 수면을 원하고 수면의 질을 개선하고자 하는 사회적 맥락과 결합함으로써 가격 민감도를 낮추었다. 동시에 제품의 기능적 혁신을 수면의 질 향상이라는 고객 가치로 연결해 프리미엄 가격을 정당화할 수 있는 논리적인 조합을 구축했다. 물론 이러한 성공 배경에는 야쿠르트 레이디가 가진 뛰어난 영업력과 기업의 높은 제품 개발 역량이 있었다. 하지만 아무리 유산균 밀도가 두 배나 높은 제품이라 해도 기존 제품의 연장선에서 장내 활동 시장을 공략했다면 이렇게 큰 성공을 거두지는 못했을 것이다.

6-9 새로 진출할 서브 카테고리를 찾는 방법

이미 프리미엄 제품을 출시했다면 어떻게 생각하면 좋을까? 가격대를 높여서 차별화하면 확실히 마진을 높이는 데 도움이 될 수 있다. 하지만 여러 개의 '프리미엄'을 만드는 것은 그다지 추천할 수 없다. 애초에 높은 가격대의 수요가 적기 때문이다. 프리미엄 상품을 많이 출시해도 작은 고객 기반 내에서 서로 경쟁할 뿐이고 처음에 내놓은 제품이 손해를 볼 가능성이 크다. 여러 개의 프리미엄을 만든 결과, 잘 팔리지 않거나 할인 판매를 해야 한다면 프리미엄 제품을 출시하는 의미가 없다.

이런 경우 새로운 수요를 찾는 것이 다음 전략일 수 있다. 성숙 시장에서는 특정 고객이 때때로 구매하는 '서브 카테고리'를 통해 전체 카테고리가 성장할 가능성이 있다고 한다(Nenycz-Thiel et al., 2018b). 따라서 어떤 유형의 서브 카테고리를 통해 얼마나 신규 고객을 유치할 수 있는지, 혹은 기존 고객으로부터의 수익을 높일 수 있는지를 가늠하는 것이 중요하다. 이러한 관점에서 볼 때 낮은 가격대의 서브 카테고리로 진출하거나 다른 카테고리로의 브랜드 확장도 생각할 수 있다.

낮은 가격대의 서브 카테고리로 진출하면 소비자의 WTP(고객 지불 의향)보다 낮은 가격대로 제품을 제공하게 된다. 해당 카테고리의 소비자들이 일정 수 이상 있기 때문에, 볼륨 증가를 기대할 수 있다. 그러나 '싸게 파니까 품질을 낮춰도 된다'라는 단편적인 생각은 금물이다. 제품에는 품질을 유지해야 하는 속성과 느슨하게 적용해도 되는 속성이 존재한다. 4장과 5장에서 살펴봤듯이 카테고리 유저에게 중요한 상품 속성이 있는 경우, 그 속성이 유지되고 소비자에게 잘 전달되고 있는지가 WTP에 영향을 미친다(Erdem et al., 2008). 또한, 어떤 속성을 갖춘 제품이나 서비스가 소비자에게 '저렴하다'고 인식되는 정도는 개인의 선호도에 따라 달라질 수 있다.

서브 카테고리를 찾는 방법

착안점 ①: DJ라인을 그려 시장의 경계선을 찾는다

서브 카테고리를 찾는 방법을 살펴보자. 먼저 DJ라인을 그려 '자사가 충족하지 못하는 시장의 경계선'이 없는지 확인한다. 4장 5절에

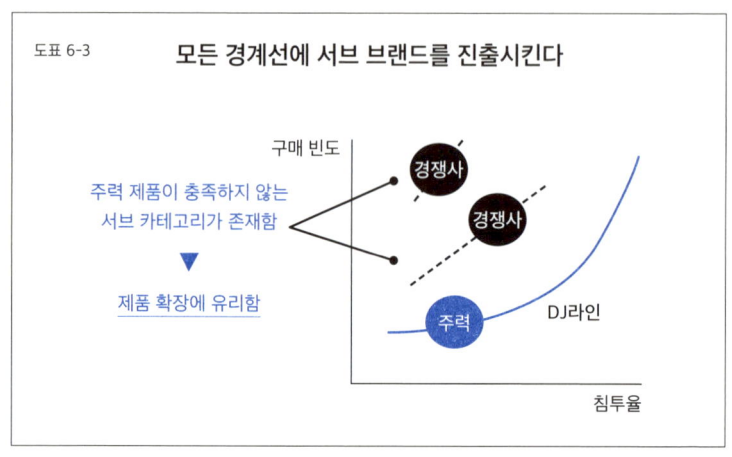

도표 6-3 모든 경계선에 서브 브랜드를 진출시킨다

서 살펴봤듯이 기능성, 가격, 유통 채널이 크게 다른 브랜드는 주류 브랜드와는 다른 클러스터를 형성할 수 있다. 이 지점이 서브 카테고리일 가능성이 있으며, 이를 두고 '시장에 경계선이 있다'고 표현한다. 이러한 서브 카테고리는 기존 SKU로는 충족하지 못할 수 있으므로 서브 브랜드 개발에 적극적으로 나서야 한다.

착안점 ②: 고객 행동의 변화에 주목한다

또 하나의 접근법은 '행동 충성도'가 변화하는 기점이 되는 기능과 속성에 주목하는 것이다(Jarvis&Goodman, 2005; Rungie&Laurent, 2012). 특정 기능만 집중적으로 사용되거나, 평소와는 다른 맥락에서 소비되거나, 특정 지역이나 시간대에만 이용 금액이 많아지는 경우, 이는 서브 카테고리화를 할 기회가 될 수 있다. 이런 변화는 소비자의 행동이 변화하는 분기점에서 발생한다. 따라서 우선 그 분기점을 찾아

내고 대상과 이유를 조사하는 것이 필요하다.

예를 들어 클라우드 서비스 제공업체인 드롭박스는 사용자 행동의 가치를 분석한 결과 흥미로운 패턴을 발견했다. 사진과 동영상을 백업하는 용도로 사용하는 고객은 기업 입장에서 상대적으로 가치가 낮았다. 이들은 유료 요금제로 업그레이드할 가능성이 낮았기 때문이다. 반면, 업무용 문서와 프레젠테이션 자료를 공유하고, 네트워크를 통해 협업하는 고객이 훨씬 높은 가치를 지닌 것으로 나타났다(Chen, 2021). 드롭박스는 전자를 저수익 활동, 후자를 고수익 활동으로 나눈 후, 후자를 우선적으로 확보하고 관련 기능을 강화함으로써 시장을 확장했다. 많은 브랜드가 이런 기능과 맥락에 따라 달라지는 행동 충성도를 간과한 채, 부적절한 차별화 전략을 실행하거나 모든 기능을 일률적으로 제공함으로써 중요한 기회를 놓치고 있다.

반대로 서브 카테고리에 진출할 때 그다지 추천하지 않는 것은, 소비자의 '발언'을 중심으로 놓고 '행동'을 부차적인 것으로 고려하는 접근이다. 내 경험에 비추어 볼 때, 성급하게 페르소나를 만들거나 가치관, 라이프스타일 같은 개념적 세분화에서 시작하면 대부분의 신제품이 기존 SKU를 잠식하게 된다. 그 대신 SCR(카테고리 구매 점유율) 같은 고객의 실제 행동을 나타내는 충성도 지표, 혹은 실제 이용액이나 구매 횟수 등의 데이터를 기반으로 주력 제품과는 뚜렷이 구분되는 행동 충성도가 집중된 영역에서 서브 카테고리화를 시작해야 한다.

착안점 ③: 평소 생활 습관에서 벗어나는 시점에 주목한다

고객의 평소 생활 습관이 끊기는 상황에 주목하는 것도 도움이 된다. 우선 대전제로서 행동이 습관화되면 의향의 변화가 행동의 변화로 이어지기 어렵다고 알려져 있다(Ji&Wood: 2007; Verplanken&Wood, 2006; Webb&Sheeran, 2006). 즉, 다음과 같은 대략적인 패턴이 나타난다.

특정 맥락에서 특정 행동을 반복하는 것이 '습관화'되었다.
→ 의향의 변화가 행동의 변화로 이어지기 어렵다.

특정 맥락에서 특정 행동을 반복하는 것이 '습관화'되지 않았다.
→ 의향의 변화가 행동의 변화로 이어지기 쉽다.

1부에서 '인식이나 태도는 행동의 선행 지표가 되지 않는다'고 했는데, 이는 대부분의 브랜드 선택이 습관적으로 이루어지므로(Polygamous Loyalty*), 제품의 강점을 직설적으로 설명해도 행동 변화로 이어지지 않는 것이다. 예를 들면 정크 푸드를 엄청나게 좋아하는 사람에게 건강한 식사의 이점을 설명하면 어떻게 될까? 인식은 바뀔지도 모르지만 행동은 별로 변하지 않을 것이다. "건강이 중요한 건 알고 있지만 무의식적으로 먹게 되어요."라고 답할 것이다. 브랜드 선택도 본질적으로는 이와 같다. 본인에게 뭔가 평소와는 다른 행동 의향이 있더라도, 결국은 습관적인 구매 행동을 반복

■ 단일 브랜드가 아닌 다양한 브랜드에 충성도를 가지는 성향.-옮긴이 주

하는 경향이 강하다(Ji&Wood; 2007).

　이것을 뒤집어 보면, 강한 습관이 확립되지 않으면 의향이 행동을 이끌 여지가 있다고도 할 수 있다. 예를 들어, 집에서 진행할 수 있는 유전자 검사 서비스를 판매할 경우를 생각해 보자. 이 서비스는 소비자가 일생에 한 번 정도 경험하는 유형의 서비스이므로 습관으로 확립되지 않았다. 따라서 정보 제공이나 설명을 통해 소비자의 인식을 변화시키면, 실제 구매로 연결될 가능성이 높아진다.

　습관이 확립되어 있어도 의향의 변화가 행동으로 이어지는 경우도 있다. 바로 습관적인 행동이 일어나는 맥락이 바뀌었을 때다(Neal et al., 2006). 지속적인 습관이라 하더라도, 그 행동을 촉발하는 환경이나 맥락이 바뀌면 변화할 여지가 생긴다. 예를 들어, 이사를 하거나 새로운 인생 단계로 진입할 때, 취직이나 진학 같은 중요한 전환점을 맞이할 때 우리의 일상은 크게 바뀐다. 교우 관계나 가족 구성의 변화, 질병으로 인한 생활과 식습관 변화도 이에 해당한다. 이렇게 습관적인 행동과 결부된 물리적 환경이 크게 변화하면 의향의 변화가 행동의 변화로 이어지기 쉬운 상태가 된다.

강한 습관이 확립되어 있으며, 행동 맥락도 변하지 않는다.
　→ 의향의 변화가 <u>행동의 변화로 이어지기 어렵다.</u>

강한 습관이 확립되어 있지만, 행동 맥락이 바뀐다.
　→ 의향의 변화가 <u>행동의 변화로 이어지기 쉽다.</u>

최근 몇 년 동안 원격 근무가 확산되면서 회사에 출근해 일하는 전통적인 습관이 깨지고 집이나 제3의 장소에서 일하는 새로운 습관이 자리 잡았다. 이에 따라 이전에는 사용하지 않던 제품이나 서비스를 이용하고 자신에게 필요한 기능의 우선순위가 바뀐 사람이 상당수 있을 것이다.

이런 '평소 습관이 끊기는 시점이나 상황'도 서브 카테고리를 찾는 데 도움이 된다. 예를 들어 얼마 전 일본의 한 지역 관광지에서 전동 킥보드가 도입되었다는 뉴스를 보았다. 통근이나 통학 같은 일상적 이동은 습관의 영향을 강하게 받는 '루틴'이다. 단순히 새로운 이점을 강조하는 것만으로는 '그렇구나, 그럼 내일부터 전철 대신 킥보드로 출근해야겠다'처럼 행동을 바꾸기는 어렵다. 하지만 여행이나 귀성처럼 평소의 습관이 끊기는 시점에서는 '재미있겠다, 한번 해 볼까?'라고 생각할 수도 있다. 또한 이런 경험을 먼저 함으로써 '짧은 거리를 이동할 때는 킥보드도 좋은 선택이 될 수 있겠다'라는 인식이 생겨 일상생활에서의 새로운 습관으로 이어질 수도 있다.

이 사례는 엄밀히 말하면 제품의 서브 카테고리라기보다는 행동의 서브 카테고리에 초점을 맞추고 있다. 그러나 실무에서는 경쟁사 제품을 포함한 소비자의 기존 습관 속에서 자사 브랜드를 이용할 기회를 어떻게 늘릴 것인지가 과제가 된다. 따라서 이와 같이 타깃 고객층의 행동 맥락이 자연스럽게 변화하는 '갈림길'을 노린 개입은 습관을 변화시키는 효과적인 전술이라고 볼 수 있다.

또한, 반복적 행동이라고 해도 항상 습관적으로 이루어지는 것은 아니다. 예를 들어 자동차 운전은 '출근'이라는 용도에서는 습관화되어 있을 가능성이 높지만, '여가를 위한 외출' 시에는 평소 습관의 테두리를 벗어난 의사결정을 내릴 수도 있다(Verplanken&Wood, 2006). 이러한 상황에서 우리는 행동 변화로 이어지는 경험과 인식의 단서를 발견할 수도 있다. 내 고객 중 한 명은 고객 여정을 두 가지 맥락으로 구분했다. 습관으로 형성된 맥락(시스템 1에서 처리되는 상황)과 습관이 아직 형성되지 않은 맥락(시스템 2의 의식적 의사결정이 필요한 상황)으로 나눈 뒤, 후자의 맥락에 초점을 맞추어 인식 변화를 유도하는 전략을 실행했고 이를 통해 성과를 올릴 수 있었다.

카테고리를 확장하는 방법

같은 카테고리 내에서 서로 잠식할 가능성이 높은 라인 확장과 달리, 카테고리 확장은 다른 카테고리의 침투에 초점을 맞추기 때문에 증분 매출을 만드는 데 상당히 효과적이다. 실제로 동일한 브랜드가 두 개의 다른 카테고리에 존재하는 경우, 한 카테고리에서 해당 브랜드를 구매한 사람은 다른 카테고리에서의 브랜드 확장 제품을 약 2.4배 더 쉽게 구매할 수 있다(Grasby et al., 2019). 보완적 카테고리와 대체 가능한 카테고리의 경우에는 더욱 그런 경향이 강해지는 것으로 보인다.

　신규 고객 확보 측면에서도 비슷한 SKU를 양산하기보다 카테고리 확장이나 새로운 서브 브랜드를 만드는 것이 더 큰 영향을 미친다. 한 가지 주의할 점으로는 구매 상기와 브랜드 구축 간의 예산 배분을 신중히 고려해야 한다. 새로운 서브 브랜드를 도입하거나 카테고리를 확장할 때는 라인 확장보다 브랜드 구축이 상대적으로 더 중요하기 때문이다(Binet&Field, 2018).

- 라인 확장 시 중요도: 구매 상기 38%, 브랜드 구축 62%
- 새로운 서브 브랜드 도입 시 중요도: 구매 상기 22%, 브랜드 구축 78%
- 카테고리 확장 시 중요도: 구매 상기 16%, 브랜드 구축 84%

6-10 리뉴얼의 함정, '새로움'이 목적이 되지 않았는가?

이 장의 마지막 주제로, 기존 브랜드의 리뉴얼과 그에 따른 로고나 패키지 변경에 대해 살펴보겠다.

리뉴얼의 필요성이 커지는 데에는 여러 가지 이유가 있을 것이다. 롱셀러 브랜드가 되었지만 고객 평균 연령도 높아져서 새로운 활기를 불어넣고 싶거나, 회사의 흡수 합병으로 기존 브랜드를 재정비하고 싶을 수도 있다. 하지만 스테디셀러가 될수록 관계자들이 늘어나 의사결정이 복잡해지는 경향이 있다. '새로운 요소를 도입하지 않으면 고객이 싫증을 낼 것이다', '아니다, 오래된 팬들의 반감을 사지 않도록 신중해야 한다', '시대에 맞춘 리뉴얼로 젊은 층을 유인해야 한다' 등의 주장이 대립할 수 있다.

그러한 논의 자체는 바람직하지만 정말 리뉴얼이 필요한지부터 먼저 확인해 보자. 많은 경우 경영진과 담당자는 브랜드가 젊어져야 하고 대대적인 변화가 필요하다고 생각한다. 하지만 실은 브랜드의 인지도, 상기, 선호도 등과 행동 충성도에는 이상이 없거나, 혹은 신제품 때문에 메인 브랜드의 광고와 유통이 소홀해지고 있는 탓에 정신적 가용성이나 물리적 가용성이 일시적으로 약해졌을 뿐인 경우도 꽤 있다.

새로움을 위해 만든 신제품들

혹시 '새로운 것을 만드는 것' 자체가 목적이 되어 있지는 않은가? 제품을 리뉴얼하든 확장하든 1,000개 중 살아남는 제품이 고작 3개에 불과한 현실에서, 기업의 경영자와 마케터는 종종 '이제껏 없던 새로움'에 대한 맹신과 조급함에 빠지곤 한다. 예를 들어, 스테디셀러 브랜드나 판매가 부진한 레거시 브랜드를 담당하게 되면, 새로운 요소를 추가하지 않으면 소비자가 인지하지 못할 것이라는 불안감이나, 가만히 있으면 시장 점유율을 빼앗길 것이라는 압박감에 시달리기 쉽다. 하지만 이는 본질적으로 '특별히 이야기할 것이 없다', '새로운 뉴스가 없다', '매력을 호소할 특징이 없다'는 상태를 견디지 못하는 것에 불과할 수도 있다.

그러한 심리는 이해할 수 있다. 하지만 새로움 만들기가 목적이 되면 소비자에게는 전혀 중요하지 않은 차이점을 가지고 제품 라인을 확장하게 되고, 결국 무엇이 새로운지 설명해야만 새로움이 전달되는 신제품이 늘어난다. 이러한 수단의 목적화를 비꼬아 'New News(뉴스를 위한 새로움 만들기)'라고 부르기도 한다. 소비자는 단순히 새롭다는 이유만으로 제품을 구매하지 않는다. 대부분의 구매는 상기나 습관에 의해 이루어진다. 실제로 뉴스거리를 만들기 위한 사소한 제품 변경은 효과가 미미하며 주력 상품의 브랜드 강화에 집중하는 것이 더 효과적이라는 연구 결과가 보고되었다(Binet and Field, 2018).

소비자의 인지 경로를 변경해도 정말 괜찮을까?

기존 브랜드나 주력 SKU의 대대적인 리뉴얼은 애초에 상당한 위험을 수반한다. 지금까지 쌓아 온 브랜드 일관성과 소비자에게 확립된 상기 경로를 어떠한 형태로든 변경하게 되기 때문이다. 블록을 무너뜨리는 것은 한순간이지만, 다시 쌓으려면 막대한 비용과 인력, 그리고 시간이 필요하다. 이러한 이유로, 대대적인 리뉴얼을 고려하기 전에 '이용 맥락'을 확장해 볼 것을 권한다. 특히, 고객층의 고령화가 진행된 레거시 브랜드의 경우, 사용 맥락이 고착화되면서 브랜드로의 진입점이 점점 줄어드는 경향이 있기 때문이다.

    시장 점유율이 큰 브랜드는 지속적으로 새로운 진입점을 구축해 소비자의 기억을 갱신한다(Sharp, 2010; Romaniuk&Sharp, 2022). 예를 들어 일본 KFC는 '오늘, 켄터키 먹지 않을래?'라는 유명한 광고 문구로 크리스마스 시즌에 KFC 치킨을 먹는 문화를 만드는 등 다양한 상황에서의 진입점을 늘렸다. 하지만 오리지널 레시피를 변경하거나 브랜드의 상징인 켄터키 할아버지를 바꾸진 않는다. 이처럼 브랜드의 핵심은 유지하면서 지금까지와는 다른 구매 맥락에서 상기될 수 있도록 브랜드의 가치를 재해석하는 것이다(Serizawa, 2022). 이 부분은 3부에서 자세히 설명하겠다. 그래도 성과가 나오지 않는다면 그때 다시 리뉴얼을 검토하는 것이 적절하다.

6-11 로고 및 패키지에 심각한 의미는 필요 없다

서론이 길어졌다. 막상 리뉴얼을 결정한 후에도 다양한 오해와 우선순위 설정에서 실수가 발생할 수 있다. '대대적인 리뉴얼을 하거나 타깃 연령대를 낮추면 기존 고객의 반감을 살 수 있다'라고 말하는 사람이 있지만, 이는 주로 제품의 맛이나 기능 등 '내용물'을 변경했을 때 해당한다. 반면 패키지, 로고, 디자인 같은 '외부' 요소를 리뉴얼할 때는 기존 고객의 반감보다는 소비자가 브랜드를 인지하지 못하는 상황을 더 경계해야 한다.

대표적인 사례로 과일 주스 '트로피카나'의 패키지 리뉴얼을 들 수 있다. 트로피카나는 막대한 예산을 들여 패키지를 대폭 변경했지만, 매출이 급감해 황급히 원래 디자인으로 돌아가야 했다(Lee et al.,

2010). 모던한 이미지를 추구해 패키지에 다양한 의미를 담으려 했지만, 오히려 소비자들이 '내가 알던 익숙한 트로피카나'를 인지하지 못하는 상황이 생겼다. 이 사례는 브랜드가 담고 싶은 '의미'나 경영자의 '의도'가, 소비자가 쉽게 인식할 수 있는 브랜드의 고유한 자산을 지키는 것보다 우선될 때 발생할 수 있는 문제를 보여 준다.

독자적인 브랜드 자산의 중요성

최근에는 목적purpose이나 MVVMission, Vision, Values를 기점으로 리뉴얼이 진행되는 경우가 많아지고 있다. 이런 변화 자체는 문제가 없지만 로고, 패키지, 디자인에서부터 경영자의 생각과 브랜드 스토리를 느낄 수 있는 것이 중요하다고 주장하는 이들도 있다. 그렇게 하면 브랜딩이 이루어질 것이라는 믿음에서 비롯된 주장인데, 실제 브랜드 선택과는 동떨어진 면이 있다.

이 분야의 전문가인 에렌버그-배스 연구소의 제니 로마니우크는 브랜드의 독자적인 자산DBA, Distinctive Brand Assets에 대해 언급하며, '브랜드 이름 외에는 아무것도 생각나지 않게 하는 것이 좋다. 다른 의미를 갖게 하는 것이 오히려 위험하다'고 했다(Romaniuk, 2018). 브랜드와는 무관한 의미나 연상이 개입할수록 브랜드를 떠올릴 확률이 줄어들기 때문이다. 이러한 현상을 정신적 경쟁mental competition이라고 한다.

예를 들어, 브랜드 상기라는 측면에서 이상적인 '로고'란 무엇일까? 사람들이 로고를 보았을 때 해당 브랜드를 떠올리고, 또 그 로고를 통해 떠올리는 브랜드가 오직 해당 브랜드뿐인 상태가 이상적이다(Romaniuk, 2018). 그러나 만약 'DBA → 의미 → 브랜드'라는 경로가 생긴다면, 중간에 끼어 있는 '의미'와 연관된 다른 브랜드가 생각날 수 있다. 이 경우, 자사 브랜드와는 관계가 없고 자칫 잘못하면 비슷한 MVV를 내세우고 있는 경쟁 브랜드가 상기 집합 안에 들어올 수 있다.

일반적으로 대부분의 소비자는 패키지나 로고, 디자인을 '그거 (평소에 자주 사는 브랜드)'를 식별하기 위한 기호로만 인식한다. 아무리 경쟁사와 차별화된 브랜드 스토리나 뛰어난 가치를 전달하더라도, 일반 소비자는 마트나 편의점에서 '특별한 스토리'를 찾으려 하지 않는다. 소비자의 관여도가 높은 카테고리라면 또 이야기가 달라지겠지만 일상 생활에서 보통 사람은 '내가 항상 사용하던 그게 보이지 않네? 그럼 다른 걸 사지 뭐'라는 식으로 접근한다. 자사의 정신적 가용성을 줄이기 위해 굳이 고민할 필요는 없다는 이야기다.

나는 이른바 퍼포스 브랜딩[■]에는 회의적인 시각을 갖고 있다.[■■] 하지만 한 가지 오해하지 말았으면 하는 것은, 독자적인 브랜드 자산을 선택할 때 경영자의 생각이나 브랜드 스토리를 기점으로 하는

- [■] purpose branding. 기업의 존재 목적과 사회적 가치를 브랜드의 핵심으로 내세우는 전략이다.-옮긴이 주
- [■■] 애초에 퍼포스 브랜딩과 MVV Mission, Vision, Values는 소비자를 직접적인 대상으로 한 마케팅 커뮤니케이션 도구가 아니라, 사내외 이해관계자를 위한 내부 마케팅과 팀 내 인식 공유 도구로 활용되어야 한다고 생각한다.

것 자체는 아무런 문제가 없다. 문제는 '이러한 요소를 표현하는 것을 유일한 목표로 할 때' 발생한다. 로고뿐 아니라 패키지, 슬로건 등에서도 비슷한 문제가 발생할 수 있다는 점에 유의하자.

한 세제 제조업체의 경영자가 요즘 소비자는 환경 문제에 대한 의식이 높다고 판단했다고 하자. 그는 '우리 기업이 환경 문제에 적극적으로 대응하고 있다는 점을 널리 알리자'고 생각해 환경 친화적인 점을 브랜드의 사회적 가치로 삼고 대대적으로 홍보했다. 하지만 소비자들은 세정력이 약해서 더러움을 제거하지 못할 테니 다른 제품을 선택하겠다고 반응했다. 그 결과 매출이 감소하게 된다면 이는 본말이 전도된 상황이라고 할 수 있다. 실제로 친환경이라는 키워드로 호소하면 대체로 이런 패턴이 나타난다(Newman et al., 2014; van Doorn&Verhoef, 2011; van Doorn et al., 2021). 지속가능성을 홍보할 때는 제품의 속성보다는 기업의 사회적 책임CSR으로 접근하는 것이 더 효과적일 것이다.

브랜드의 독자적 자산을 소비자에게 묻지 마라

리뉴얼을 진행할 때, 특히 팬이나 헤비 유저를 대상으로 심층 인터뷰나 포커스 그룹 인터뷰를 실시해 의견을 수집하는 경우가 있다. 그러나 리뉴얼 여부나 리뉴얼에 따른 브랜드의 독자적 자산DBA 변경을 소비자 의견으로 결정하는 것은 적절하지 않다.

예를 들어, 오래된 레거시 브랜드에 대해 '브랜드 이미지가 낡았다고 생각하시나요?' 혹은 '어떤 패키지가 더 좋을까요?'라고 물으면, 소비자들이 평론가처럼 비판할 수도 있다. 하지만 소비자는 마케터도 디자이너도 아니므로 DBA에 대한 주관적인 의견을 듣는 것은 큰 의미가 없다(Romaniuk, 2018). 소비자에게 확인해야 할 것은 그들이 DBA를 알고 있는지, 그리고 해당 DBA를 자사 브랜드와 얼마나 배타적으로 연관 짓는지에 대한 '사실'이다. 이것이 비즈니스에 실질적인 영향을 미치며, 기업이 직접 통제할 수 있는 영역이기 때문이다.

구체적으로 리뉴얼이나 DBA 개발을 진행하기 위해서는 어떤 과정을 거쳐야 할까? 이 주제에 관해서는 제니 로마니우크의 『독자적인 브랜드 자산 구축 Building Distinctive Brand Aseets』(Oxford University Press, 국내 미출간)이 가장 상세히 다루고 있다. 다른 어떤 책과도 비교할 수 없을 정도로 전문적이고 실무적으로 구성된 걸작이니 꼭 읽어 볼 것을 추천한다.

3부

당신의 광고는 얼마나 전략적인가?

| **HOW 이전의 문제**

이제 광고 커뮤니케이션과 미디어 플래닝, 광고 비용 대비 효과에 관한 사실을 살펴보겠다. 광고는 소비자에게 어떤 영향을 미치고 어떻게 매출과 점유율을 창출할까? 근거가 있는 커뮤니케이션 디자인이란 무엇일까? 도달 범위 vs. 타깃팅, 포지셔닝 vs. 카테고리 엔트리 포인트, 브랜드 일관성 vs. 해석의 참신함, 설득력 vs. 현저성. 때로는 상충되는 관점 사이에서 어떻게 균형을 맞출 수 있을까? 이 역시 잘못된 이해를 불러일으키는 주제다.

또한 광고 '실행 전' 계획뿐 아니라 '실행 후'의 효과 분석과 다음 조치에 대한 피드백 역시 매우 중요하다. 최근에는 예산 배분 최적화, ROI 극대화 같은 용어가 상당히 가볍게 사용되지만, 그 의미를 정확히 이해하고 활용할 수 있는 사람은 의외로 많지 않다. 3부에서는 이 부분도 확인하면서, 근거가 있는 광고 커뮤니케이션과 미디어 플래닝을 실천하기 위한 접근방식을 소개하겠다.

evidence-based marketing

7장

브랜드 이미지와 포지셔닝에 대한 의외의 사실

7-1 브랜드 이미지는
원인이 아닌 결과다

포지셔닝, 브랜드 이미지, 인식 등 지금까지 광고 커뮤니케이션의 토대가 되어 온 개념이 얼마나 타당성 있는지 확인해 보자. 또한 비교적 새로운 커뮤니케이션 관리 및 개발 도구인 카테고리 엔트리 포인트CEP를 만드는 방법을 단계별로 설명하겠다.

먼저 브랜드 이미지에 대한 기본적인 사실부터 짚어 보자. '소비자가 우리 브랜드를 어떻게 인식하는가'는 시대와 지역을 막론하고 기업의 주요 관심사다. 회의실에서도 종종 '어떤 이미지로 경쟁에서 우위를 점하고 있으며, 어떤 이미지를 개선해야 하는가'를 두고 논쟁이 펼쳐진다. 이를 평가하기 위해 '매력적인', '품질이 높은', '안심할 수 있는', '신뢰할 수 있는', '사용하기 쉬운', '자신에게 맞는', '동경하는', '가성비 좋은' 등의 항목이 포함된 설문조사를 실시해 브랜드의 현재 상태를 진단하는 데 활용한다.

많은 기업이 브랜드 이미지를 개선하면 매출 증가와 신규 고객 확보로 이어질 것이라고 기대한다. 브랜드 이미지를 '원인'으로, 구매를 '결과'로 보는 인과관계를 기반으로 생각한다. 광고 평가와 효과 측정 역시 대부분 이런 방향성을 전제로 한다. 예를 들어, '신뢰할 수 있는' 또는 '편안한' 등의 이미지 중 구매에 영향을 미치는 요소를 찾아 이를 강조하는 메시지나 크리에이티브를 개발하려는 방식이다.

하지만 이에 대해 정반대의 인과관계를 제시하는 지적도 있다. '브랜드 이미지 향상이 구매 행동을 유도한다'는 것이 아니라, 오히려 '구매 경험을 통해 좋은 이미지를 형성하게 된다'는 것이다. 어떤 의미인지 데이터를 통해 확인해 보자.

다음 페이지의 도표 7-1은 Dawes(2011)의 연구에서 보고된 데이터 일부로, 은행에 대한 이미지가 시장 점유율 순으로 정리되어 있다. 그런데 이미지 항목을 보면 어느 은행에나 일반적으로 적용되는 내용임을 알 수 있다. 이런 식으로 카테고리 내 모든 브랜드에 해당하면서, 소비자가 브랜드를 평가할 때 일반적으로 사용하는 가치 판단 요소를 평가 속성evaluative attribute이라고 한다. 이러한 평가 속성은 이용 경험의 영향을 크게 받는다고 알려져 있다(Barwise&Ehrenberg 1985; Dall'Olmo Riley et al., 1997).

업계 2위인 C은행의 경우, 23%의 소비자가 '대출을 받기가 좋다'고 평가했으며, 다른 항목도 비슷한 점수를 받았다. 다음으로 평

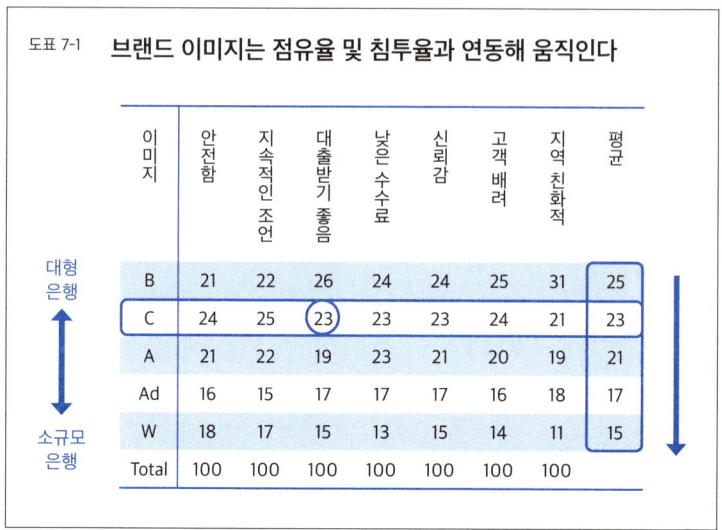

출처: 다음을 바탕으로 저자가 작성함
Dawes, J. (2011) Predictable patterns in buyer behaviour and brand metrics: Implications for brand managers. In M. D. Uncles (Ed.), *Perspectives on Brand Management* (chap. 6). Tilde University Press.

균을 보면 시장 점유율이 높은 순서대로 이미지 점수가 하락하는 경향을 보인다. 즉, 업계 1위인 B은행은 모든 이미지 항목에서 평균 25%로 높은 점수를 받은 반면, 업계 최하위인 W은행은 평균 15%로 전반적으로 낮은 점수를 받았다. 일부 항목에서 편차가 있지만 대체로 대형 브랜드는 모든 이미지 평가가 높고 소규모 브랜드는 낮다.

이러한 패턴은 이 데이터에 국한된 현상이 아니다. 실은 반세기 이상 다양한 연구에서 일관되게 보고된 규칙성이다(Barwise&Ehrenberg, 1985; Bird et al., 1970; Dall'Olmo Riley et al., 1997; Dall'Olmo Riley et al., 1999;

Dawes, 2011; Romanik et al., 2012; Romanik&Sharp, 2000). 즉, 카테고리에서 일반적으로 평가되는 브랜드 이미지는 개별 마케팅 활동이 아닌 해당 브랜드의 침투율이나 시장 점유율과 연동되어 오르내린다■는 것이다. 실제로 이용 경험과의 상관관계는 많은 경우 0.8 이상으로 나타난다(Dall'Olmo Riley et al., 1999).

인지도가 높을수록 평가가 좋은 이유

이는 브랜드 이미지도 이중 위험의 법칙을 따르기 때문이다(Dall'Olmo Riley et al., 1997; Ehrenberg et al., 2002). 고객 수가 적은 브랜드일수록 브랜드를 좋아한다고 말하는 고객이 적어진다. 이 현상을 설명하기 위해 논문에서는 종종 다음과 같은 예를 든다(Dall'Olmo Riley et al., 1997; Ehrenberg et al., 1990; Mcphee, 1963).

인구 1,000명인 마을에 A와 B라는 두 레스토랑이 있다고 하자. 마을 사람 모두가 그중 한 가게를 이용하고 있으며, 900명이 A를, 300명이 B를 알고 있다. 두 가게를 모두 알고 있는 사람은 200명인 셈이다. 그런데 두 레스토랑은 맛, 가격, 메뉴 수, 고객 서비스, 이용 편의성 면에서 모두 동일하고 유일한 차이점은 인지도뿐이다. 이 상태에서 두 가게가 각각 고객 설문조사를 실시해 '어느 가게를 좋아하는지', '음식이 맛있는지', '다음에도 이용할 의향이 있는지', '친구

■ 시장에 경계선이 있는 경우를 제외한다(4장 5절).

나 가족에게 추천하고 싶은지' 등을 물으면 어떤 결과가 나올까? 일반적으로 생각하면 고객 수는 달라도 두 가게의 효용이 완전히 같으므로 만족도 측면에서는 동일한 결과가 나올 것처럼 보인다.

하지만 실제 결과는 다르게 나타난다. 우선, A만 아는 사람은 당연히 A를 선택한다(900명 − 200명 = 700명). 두 가게를 모두 아는 사람은 두 레스토랑의 효용이 완전히 같다면 단순하게 절반씩 나뉠 것이다(200명×0.5 = 100명). 따라서 A는 A의 고객 89%(800명/900명)가 A를 좋아한다고 대답하게 된다. 같은 방식으로 B를 살펴보면, B만 아는 사람(300명 − 200명 = 100명)은 당연히 B를 선택하고, 양쪽을 모두 아는 사람 중 절반이 B를 선택하면 B 고객의 67%(200명/300명)가 B를 좋아한다고 답하게 된다. 즉, '고객 수가 적은 B는 B를 좋아한다고 답하는 고객의 비율도 낮다'는 이중 위험의 법칙을 따른다. 이때 A와 B 중 실제로 어느 쪽이 더 맛있거나, 품질이 뛰어나거나, 서비스가 좋은지는 결과에 영향을 미치지 않는다. A의 고객은 A를, B의 고객은 B를 좋다고 평가하기 때문이다(Sharp, 2010). 결국 '브랜드 이미지'란 이러한 방식으로 형성되는 것이다.

이것은 어디까지나 사고 실험이므로 몇 가지 실증 연구 결과도 살펴보겠다. 먼저 브랜드에 대한 인식 형성에는 직접적인 이용 경험, 타인의 입소문, 광고 등의 마케팅, 이렇게 세 가지 요인이 주로 작용한다. 이 중 가장 강력한 영향력을 미치는 것은 직접적인 이용 경험이라고 알려져 있다(Romaniuk&Huang, 2020). 실제 고객은 비고객에 비해 브랜드를 약 두 배 더 쉽게 떠올리며(Harrison, 2013; Romaniuk&Wight, 2009) 브랜드에 대해 더 긍정적인 태도를 형성한다(East et al., 2011;

Romaniuk, 2023). 반대로 구매 경험이 없는 비고객층에서는 긍정적인 반응이 가장 적게 나타난다(East et al., 2011; Winchester&Romaniuk, 2008). 이 때문에 이미 많은 고객을 확보한 대형 브랜드는 모든 평가 지표에서 높은 점수를 얻는 반면, 비고객이 대부분인 소규모 브랜드는 전반적으로 낮은 평가를 받을 수밖에 없다.

| 실전 포인트 |

소비자의 인식을 바꿀 수 있는 방법

시장 점유율이 다른 브랜드들의 인식을 단순 비교하는 것은 적절하지 않다(Sharp, 2017). 시장조사 기관이나 컨설팅 기업의 리포트에서 브랜드 이미지, 만족도, 구매 의향, 추천 의향 등을 경쟁사와 직접 비교하는 그래프를 자주 볼 수 있는데, 이러한 비교는 이중 위험의 법칙이 미치는 영향을 제거한 후에 이루어져야 한다. 실제로 과거 이용 경험을 고려하면 브랜드 간 태도나 인식 차이가 생각보다 미미할 수 있다(Romaniuk&Nenycz-Thiel, 2013). 따라서 최소한 고객과 비고객은 분리해서 분석해야 한다. 예를 들어 광고 효과를 측정할 때도 고객과 비고객은 인지 지표에 대한 반응이 다르다. 이를 구분하지 않고 함께 분석하면 광고가 만들어 낸 효과인지, 대상 집단의 구성 차이에서 비롯된 것인지를 변별할 수 없고 광고 메시지와 시각적 요소의 효과를 잘못 평가할 수 있다(Vaughan et al., 2016).

이러한 사실은 평가 속성을 기반으로 한 이미지 전략의 타당성에 의문을 제기한다. 예를 들어, 한 중소 음료 제조업체가 과즙의 '신선함'을 강조한 츄하이 X를 개발했다고 하자. 츄하이는 소주나 보드카 등 무색무취의 증류주에 과즙이나 탄산을 넣은 술이다. 제조업체는 '신선한 과일 맛을 느낄 수 있는 츄하이 X'라는 인식을 소비자들에게 심어 선택받으려 한다. 그러나 이 업체가 아무리 강렬한 과즙감을 어필한다 해도 츄하이 X의 이미지만 두드러지게 개선되진 않는다. 과즙의 신선함은 모든 츄하이에서 기대할 수 있는 평가 속성이며, 해당 카테고리에서 가장 중요한 이점이기 때문이다. 각 회사가 고가치화를 목표로 치열한 소비자 인식 쟁탈전을 벌이고 있으므로, 특정 브랜드가 특정 이미지를 독점하기란 쉽지 않다(Romaniuk & Gaillard, 2007).

그럼 어떻게 될까? 앞서 언급했듯이 브랜드 이미지의 점수는 시장 점유율과 침투율에 좌우된다. 즉, 츄하이 X가 점유율을 늘리면 '신선함'을 강조하든 그렇지 않든, 이를 포함한 모든 이미지가 자연스럽게 개선된다. 반대로 점유율이 작은 상태에 머무르면, 아무리 강점을 강조해도 이미지 점수는 낮은 수준에서 크게 변하지 않는다(볼보의 '안전과 안심'처럼 장기간 꾸준한 광고 예산을 투입할 수 있다면 이야기는 달라질 수도 있다).

평가 속성과 기술적 속성

그러면 소비자의 인식 변화를 목표로 하는 마케팅이 전혀 의미가 없느냐 하면 그렇지는 않다. 특정 브랜드의 고유한 특징이나 중점적으로 마케팅하는 기능에 대한 인식은 반드시 고객 수나 이용 경험과 직접적으로 연동되지 않을 수도 있다(Dall'Olmo Riley et al., 1997; Dall'Olmo Riley et al., 1999; Ehrenberg et al., 2002). 이러한 인식을 기술적 속성descriptive attribute이라고 한다. 평가 속성과 기술적 속성의 기본적인 차이는 주관적인 태도인가 객관적인 사실인가에 있다. 예를 들어, '전자기기가 사용하기 쉽다'나 '커피가 향기롭다'는 주관적인 가치 판단을 포함한 평가 속성이다. 반면 '세제가 차가운 물에서도 잘 녹는다'거나 '자동차가 일본에서 제작되었다'는 브랜드 고유의 객관적 사실, 즉 기술적 속성에 해당한다.

기술적 속성에 대한 반응은 고객과 비고객 간에 큰 차이가 나지 않는다(Dall'Olmo Riley et al., 1997; Dall'Olmo Riley et al., 1999). 이는 마케팅을 통해 비고객층에서도 기술적 속성에 대한 인식을 형성할 수 있음을 시사한다. 하지만 기술적 속성 자체가 브랜드 선택을 결정짓는 요소는 아니다. 소비자는 마케터와 달리 브랜드를 독립적으로 떠올리는 것이 아니라 주로 특정 맥락에서 인식하기 때문에, 단순히 기술적 속성을 알리는 것만으로는 부족하다. 이 부분은 7장 후반부에서 다시 다루겠지만, 자사의 기술적 속성을 고객의 목표와 연관된 가치로 재해석하고, 적절한 맥락과 연결해 소비자의 기억에 남도록 하는 것이 중요하다.

마지막으로 평가 속성과 기술적 속성을 구별하는 방법에 대해 언급하겠다. 앞서 설명했듯이 두 속성 간에는 차이가 있지만, 고가 치화와 세분화가 진행된 성숙 시장에서는 표현 방식에 따라 어느 쪽으로든 해석될 여지가 있다. 기업이 자사의 차별적인 기술적 속성이라 여기는 요소가 소비자에게는 해당 카테고리에서 기본적으로 기대되는 품질로 인식될 수도 있고, 그 반대일 수도 있다. 최종적으로는 소비자가 이런 속성을 어떻게 인식하고 있는지 알아보는 수밖에 없다. 선행 연구를 참고하면 대략 다음과 같이 판단할 수 있다(Barwise&Ehrenberg 1985; Winchester&Romaniuk, 2003).

- 평가 속성: 브랜드와 평가 속성을 연관 짓는 비율이 기존 고객층에서 높고 비고객층에서는 낮게 나타난다. 기존 고객은 해당 속성을 브랜드와 강하게 연결하지만, 비고객은 그렇지 않다. 평가 속성은 오히려 시장 점유율과 연동하기 때문에, 비고객을 대상으로 한 마케팅의 주요 메시지로 활용하기 어렵다.
- 기술적 속성: 브랜드와 기술 속성을 연관 짓는 비율이 기존 고객과 비고객 모두에게 비슷하게 나타난다. 즉, 기존 고객과 비고객이 해당 속성과 브랜드를 비슷하게 연관한다. 따라서 비고객을 대상으로 한 마케팅의 주요 메시지로 활용할 수 있다.

7-2 브랜드 개성은 마케터가 만들어낸 상상력의 산물일까

브랜드 이미지와 마찬가지로 자주 오해받는 개념 중 하나가 브랜드 개성brand personality이다. 이는 브랜드에 인간적인 특성을 부여해 의인화하는 것이다. 브랜딩 관련 교과서에서는 흔히 브랜드에도 인격이 있으며, 사람들이 다른 사람과 관계를 맺듯이 브랜드와도 관계를 형성할 수 있다고 설명한다. 이러한 관계성을 강화하는 것이 중요하다고 여겨지며, 광고 기획서나 프로모션 회의에서도 종종 등장한다. 안타깝게도 이것은 충분히 데이터로 실증된 이론이 아니다. 오히려 연구를 위한 수법gimmick으로 간주되기도 한다(Avis&Aitken, 2015). 브랜드를 '인공물'이 아닌 '생명이 있는 실체'로 해석하는 편이 이론을 통합하는 데 여러모로 편리했기 때문에 이러한 개념이 제시되었다는 해석도 있다.

사실 브랜드에 대한 초기 학술 연구에서는 소비자가 브랜드를 사람처럼 인식한다고 명확히 제시되지 않았다. 그러나 90년대 들어 데이비드 아커와 케빈 레인 켈러 등의 연구가 마케팅 분야에 큰 영향을 미치면서, 실무에서도 점차 소비자가 브랜드를 실제 사람처럼 인식한다는 방식이 확산되었다(Aaker, 1991·1997; Keller, 1993). 예를 들어, 아커는 브랜드 개성을 측정하는 BPFFM Brand Personality Five Factor Model(브랜드 개성 5요인 모델)을 제안했다(Aaker, 1997). 이 모델은 빅 파이브 모델(개방성, 성실성, 외향성, 친화성, 신경성)이라는 사람의 성격을 다섯 가지 주요 요소로 설명하는 심리학 척도를 참고해 개발되었다. BPFFM을 적용할 때 연구자들은 응답자에게 브랜드를 마치 사람처럼 평가하도록 요구한다.

예를 들면 이런 식이다. "이 브랜드를 실제 사람이라고 상상해 보세요." "다소 낯설 수 있지만, 이 브랜드에서 어떤 성격이나 인간적 특성이 떠오르는지 알려주세요." 이런 전제를 하고 나서 평가로 넘어간다.

그러나 이런 방식으로 특정한 개성을 이야기할 수 있다고 해도, 그것이 소비자가 원래부터 자연스럽게 가지고 있는 이미지라고는 할 수 없다. 마치 주변의 돌멩이를 의인화해 보라고 하면 가능은 하지만, 그렇다고 해서 평소에 우리가 그런 행동을 하지는 않는 것과 같다.

듣기 전에는 존재하지 않았던 인식

이러한 투영법의 타당성에 대한 논의는 심리학 분야에서 오래전부터 이어져 왔다(Lilienfeld, 2000). 소비자가 정말로 브랜드에 인간적인 이미지를 덧씌우는 것인지, 아니면 단순히 유도 질문의 결과인지 검증하기 위해 연구자들은 흥미로운 실험을 진행했다(Avis et al., 2014). 연구팀은 '일반적으로 인격이나 생활양식을 연상할 가능성이 없는 대상'으로 '돌'을 선택한 뒤, 아커가 개발한 척도를 이용해 '돌의 개성'을 측정하면 어떤 결과가 나오는지 조사했다(Aaker, 1997). 그 결과 42개의 척도 항목 중 41개에서 통계적으로 유의미한 차이를 보였으며, 응답자들 중 일부는 돌에 대해 다음과 같은 '개성'을 제시하기도 했다.

- 이 돌은 여행을 좋아하고, 별자리 운세를 믿으며, 고향에 대한 애착이 강하고, 삶에 만족하는 것 같다.
- 이 돌은 젊은 사업가로, 처세에 능하다. 출세를 위해서라면 남을 발판으로 삼는 교활함도 가지고 있다. 검은 서류 가방을 들고 다니며 두뇌 회전이 빨라 말을 잘하지만, 별로 친구가 되고 싶지 않은 유형이다.

당연한 말이지만, 이것이 '우리는 돌을 인간처럼 인식하는 경향이 있다'는 것을 증명하는 것은 아니다. 오히려 인간처럼 표현해 달라는 사전 요청이 '그전까지 존재하지 않았던 인식'을 만들어 낸 결과다. 아커의 연구에 따르면, 브랜드 개성은 광고나 패키지 같은 마케팅적 자극의 결과로 형성되며, 브랜드 개성 척도는 이를 측정하는 도구로 기능한다(Aaker, 1997). 하지만 마케팅의 영향을 받지 않는 무기물(돌)조차 질문 방식에 따라 통계적 유의성을 가지게 되어, 성격적 특성과 스토리를 부여받을 수 있다면, 과연 이 척도가 무엇을 측정하는지 의문이 생긴다.

이처럼 브랜드 개성에 관련된 이야기는 마케팅 접근 방식으로서의 타당성을 나타내기보다는 인간의 풍부한 상상력을 드러내는 데 그친다고 볼 수도 있다(Avis&Aitken, 2015). 실제로 fMRI(기능적 자기공명영상)를 활용한 연구에 따르면, 애초에 사람의 특징을 판단하는 뇌 영역과 제품의 특징을 판단하는 뇌 영역이 다르기 때문에 브랜드를 사람처럼 의미 부여하지는 않는다고 한다(Yoon et al., 2006).

판타지와 사실을 구분하라

소비자가 브랜드를 마치 살아 있는 인간처럼 인식한다는 주장만으로도 충분히 '흥미롭지만', 일부 연구에서는 브랜드를 단순히 의인화하는 것을 넘어, 소비자가 의인화된 브랜드와 쉽게 '대화할 수 있다'고까지 주장한다(Blackston, 1993, as cited in Avis & Aitken, 2015). 나는 판타지와 사실 사이에 명확한 선 긋기가 필요하다고 생각하기 때문에 한때 브랜드 개성과 브랜드 릴레이션십brand relationship 관련 논문을 집중적으로 찾아 읽었다.

이론을 바탕으로 개념 모델을 설정하고, 인자 분석(브랜드 이미지처럼 직접 측정할 수 없는 잠재 변수를 관측 데이터를 기반으로 추출하는 분석 기법)을 수행하는 연구는 비교적 많이 볼 수 있다. 그러나 검증적 인자 분석의 적용성이 뛰어나다고 해도 이는 척도의 신뢰성을 나타내는 것일 뿐 인자가 실제로 존재한다는 증거가 되지는 않는다. 그렇다면 실제로 소비자들이 브랜드에 인간적 특성을 연결시키는 비율은 얼마나 될까? 이를 조사한 결과, 소비재의 경우 평균 10%에도 미치지 않았으며, 자동차와 같은 고관여 카테고리[*]에서도 10%를 조금 넘는 수준에 불과했다(Romaniuk&Ehrenberg, 2012). 또한 경쟁 브랜드 간의 '개성'은 거의 차이가 없었다. 예를 들어 자동차의 경우 여러 브랜드가 '스타일리시'라는 이미지를 가지는 반면, 청량음료에 '깜찍함'을 연상하는 사람은 거의 없다는 것이다.

사람이 만들어 낸 개념을 마치 실재하는 것처럼 착각하고, 이를 전제로 논의가 진행된다. 추론이나 사고 실험에서 비롯된 가정이 키워드가 되어 혼자 걸어 다니며 통설처럼 여겨진다. 이런 경우는 심리학의 응용 분야에서 자주 발생하는 현상이다(Brick et al., 2022 ; van der Maas et al., 2006). 근거 기반 마케팅에서도 이러한 비판이 빈번하게 제기된다. 브랜드 개성을 비롯해 페르소나, 구매 퍼널, 매슬로의 인간 욕구 5단계 이론, USP Unique Selling Proposition, 브랜드 아키타입[**], 브

- 자동차 산업은 오래전부터 브랜드 이미지와 브랜드 관계 마케팅이 활발하게 이루어진 분야다.
- brand archetype. 마케팅에서 브랜드의 정체성을 상징하는 12가지 캐릭터다. 예를 들어 나이키의 브랜드 아키타입은 영웅 hero, 반항적인 정신과 자유를 강조하는 할리 데이비슨은 무법자 ourlaw, 소비자에게 꿈과 영감을 주는 디즈니는 마법사 magician 다.-옮긴이 주

랜드 러브* 등 여러 개념이 그 대상이 된다.

사내의 고맥락적 high context 논의에서 이런 개념을 은유적으로 활용하는 것은 의미가 있을 수 있다. 그러나 이를 현실 소비자 행동과 연결해 '실제로도 그럴 것이다'라는 가정하에 마케팅을 진행하면 머지않아 한계에 부딪히게 된다. 현실에서는 그런 방식으로 구매하지 않는 경우가 많기 때문이다(2장 2절, 8장 7절 참고). 마케팅에서는 '측정하려는 것과 실제로 측정하는 것이 다른 사례'가 적지 않지만, '측정하려는 것을 만들어 내는 것'은 단순한 실수를 넘어서는 문제다. 업계에서 자주 언급된다고 해서 무조건 신뢰하기보다, 그것이 실제로 근거 있는 개념인지 비판적으로 검토하는 자세가 필요하다.

■ brand love. 소비자가 특정 브랜드에 대해 느끼는 강한 감정적 애착을 의미한다. 예시로, 애플이나 할리데이비슨 같은 브랜드는 소비자와 강한 감성적 연결을 형성하여 브랜드 러브를 성공적으로 구축했다고 여겨진다.-옮긴이 주

7-3 포지셔닝 전략, '독자적인 위치'라는 환상

다음으로 포지셔닝에 대해서 생각해 보자. 포지셔닝은 브랜드 이미지와 인식 형성에 관련된 활동으로, 현재 광고 커뮤니케이션의 핵심이라 해도 과언이 아니다. 그렇다면 어떤 상태일 때 '포지셔닝 되어 있다'고 할 수 있을까? 브랜드 이론의 대가들의 연구를 참고해 '포지셔닝 된 브랜드'의 정의를 몇 가지로 정리해 보겠다.

- 소비자의 마음속에서 브랜드가 독특한 위치를 차지한다(Kotler &Keller, 2006/2008; Ries&Trout, 2001).
- USP를 가지고 있으며 타깃 고객층이 브랜드를 구매해야 하는 설득력 있는 이유를 제공할 수 있다(Keller, 1993; Kotler&Keller,

2006/2008).

- 소비자가 '이것을 얻을 수 있는 것은 이 브랜드뿐이다. 왜냐하면…'이라고 한마디로 표현할 수 있다(Kapferer, 2008).
- 여러 가지 연상으로 소비자 사이에서 브랜드가 차별화되고 경쟁 우위를 구축한다. 이러한 차별화는 반드시 물리적인 특징에 국한되지 않으며, 기능적 혹은 경험적인 혜택, 기업 이미지와 명성 등도 포함된다(Keller, 1993; Keller&Lehmann, 2006).

정리하자면 '차별화'를 통해 이런 혜택을 얻을 수 있는 것은 이 브랜드뿐이라는 '설득력'이 생기고 브랜드를 '구매해야 하는 이유'가 만들어진다. 동시에 이런 이미지가 '경쟁 브랜드에 대한 우위성'이 되어, 소비자의 마음속에서 독자적인 위치, 즉 포지셔닝이 확립된다.

이러한 사고방식은 논리적으로 타당해 보인다. 하지만 실제 소비자 행동과 얼마나 일치할까? 예를 들어, 소규모 브랜드라도 강한 포지셔닝을 확립하면 소비자의 선택을 받을 수 있을까? 반대로, 포지셔닝이 약하면 소비자가 선택하기 어려울까? 더 나아가, 브랜드 성장에 포지셔닝이 정말 필수적인 요소일까? 포지셔닝의 정의를 차별화, 설득력, 구매 이유, 경쟁 우위성이라는 네 가지 요소로 나누어, 이 책에서 지금까지 살펴본 사실과 함께 확인해 보겠다.

1. 경쟁사와의 차별화

팩트

대부분의 고객은 브랜드 간 차별화를 민감하게 인식하지 않으며, 차별화를 느끼지 않아도 구매한다.

우선 차별화의 전제부터 확인해 보자. 4장에서 살펴본 것처럼, 마케터가 '차별화하고 있다'고 생각하는 것과 소비자가 '차별화되어 있다'고 인식하는 것은 상당한 차이가 있다. 소비재, 내구재, 서비스재 등 다양한 카테고리에서 조사된 연구에 따르면, 고객의 80~90%는 브랜드 간에 큰 차이가 없다고 느끼며, 이러한 인식이 없어도 구매가 이루어진다(Romaniuk et al., 2007; Sharp, 2010). 대부분의 소비자는 특별한 경우가 아니라면 브랜드 간 차별화를 크게 인식하지 않으면서도 일상에서 구매 행동을 이어 간다는 것이다.

2. '이런 혜택은 다른 브랜드에서 얻을 수 없다'는 설득력

팩트

소비자가 브랜드를 특정 속성과 연결하는 것은 확률적으로 달라진다.

다음으로, 브랜드 이미지나 인식은 기본적으로 한 기업이 독점할 수 없다. '이런 혜택은 다른 브랜드에서는 얻을 수 없다'는 식으로, 특정 속성이 소비자에게 한 브랜드와만 유일하게 연결되는 경우는 극히 드물다. 일부 연구에 따르면, 특정 속성을 한 브랜드에만 연관 짓는 소비자는 약 2%에 불과한 것으로 나타났다(Romaniuk & Gaillard, 2007, as cited in Dawes, 2011). 3장에서 설명했듯이, 소비자의 태도와 인식은 확률적인 것이기 때문이다. 대다수 소비자는 단일 속성을 추구하지 않으며, 브랜드를 특정 속성만으로 판단하지도 않는다. 구매 맥락에 따라 상기 집단이 달라지며, 그때의 기억 구조에 따라 브랜드를 어떤 속성과 연결시키는지도 달라진다(Romaniuk)&sharp, 2022; Romaniuk, 2023).

예를 들어, 한 소비자 조사에서 '이 혜택을 얻을 수 있는 것은 X브랜드다'라고 답한 사람이 잠시 후 같은 질문을 받았을 때 'Y브랜드다, 아니 Z브랜드다'라고 답을 바꿀 수도 있다. 이러한 현상은 여러 연구에서 확인되었으며, 소비자의 연상 일관성은 약 50% 수준으로 나타났다(Castleberry et al., 1994; Dall'Olmo Riley et al., 1997; Dolnicar&Rossiter, 2008). 따라서 일부 소비자에게 단기간에 '깊고 강한' 인식을 형성할 수 있었다고 해도, 그것이 반드시 매출이나 시장 점유율로 이어진다고는 할 수 없다.

3. 브랜드를 구매해야 하는 이유

팩트

기존 고객에게는 효과적인 면도 있다. 다만 비고객에게는 다른 접근 방식이 필요하다.

'구매 이유 만들기'에 관해서는 기존 고객과 비고객으로 나누어 생각할 필요가 있다. 4장에서 언급한 바와 같이 일부 기존 고객은 브랜드가 가진 특정한 기능이나 특징을 선호하며, 그것이 브랜드에 대한 WTP(고객 지불 의향)에 반영되기도 한다(Erdem et al., 2008). 따라서 기존 고객을 대상으로 한 전략으로서는 일리가 있다. 실제로 구매 과정이 이해나 납득과 같은 '생각하는 국면'에서 시작되는 소비자는 일용소비재FMCG에서 약 30%에 달한다고 추정된다(Pauwels et al., 2020; Valenti et al., 2023).

다만, '구매 이유'로 인해 구매 행동이 발생하는 경우는 일부 기존 고객이나 헤비 유저에게 국한된다. 대부분의 소비자는 '구매 이유'나 '구매하지 않는 이유'에 대해 깊이 고민하지 않는다. 특정 이유로 구매하지 않는다고 답하는 비고객은 B2C뿐만 아니라 B2B에서도 약 10% 혹은 그 이하에 불과하다(Nenycz-Thiel&Romaniuk, 2011; Romaniuk et al., 2021). 나머지 대다수의 비고객은 구매를 피하는 명확한 이유가 있어서가 아니라, 단순히 그 브랜드를 떠올리지 못했기 때문에 구매하지 않는 것이다(Sharp, 2010).

4. 경쟁 우위성

팩트

어떤 브랜드와 경쟁할지는 포지셔닝이 아니라 시장 점유율로 결정된다.

구매 중복의 법칙에 따르면, 기업은 시장 점유율에 따라 경쟁 브랜드와 고객을 공유하게 된다(Goodhardt et al., 1984; Ehrenberg et al., 2004; Sharp, 2010). 즉, 대형 브랜드일수록 더 많은 고객을 공유하고, 소규모 브랜드일수록 공유하는 고객이 적어진다. 4장과 6장에서 설명한 바와 같이, 이 패턴에서 벗어나는 경우는 물리적인 4P가 근본적으로 다를 때다. 알레르기 프리 제품, 빅 사이즈 전문점, 지역 한정 판매, 초고가 또는 초저가 제품 등이 해당한다. 이는 단순히 머릿속에서 설정한 포지셔닝이나 인식만으로는 해결하기 어려운 문제다.

이처럼 포지셔닝에 대한 개념은 언뜻 논리적으로 보이지만, 실제 시장과 소비자 행동을 데이터로 확인해 보면 현실과 상당히 동떨어진 측면이 많다. 적어도 지금까지의 연구 결과를 보면, 많은 교과서에서 강조하는 '강한 포지셔닝이 강한 브랜드를 만든다'거나 '독특한 포지셔닝이 성장의 주요 동력'이라는 주장이 적극적으로 인정되는 경우는 별로 없는 것 같다.

7-4 '그 브랜드'가 하나의 포지셔닝으로 성공한 것처럼 보이는 이유

그렇다고는 해도, 성장하는 브랜드나 대형 브랜드 중에는 포지셔닝을 잘해 성공한 듯한 경우가 많다. 언론매체와 SNS에서도 '이 브랜드는 타깃 설정이 정교하고 포지셔닝을 잘한다'는 평가를 종종 접할 수 있다. 이에 대해서는 어떨까?

사실 이런 브랜드도 성장 후 되돌아보면 '특정 포지션에 있는 것처럼 보일 뿐'인 경우가 많다. 이런 현상을 자주 있는 예를 들어 설명해 보겠다. 요즘 인기 있는 헤어케어 브랜드가 있다고 하자. 중견기업에서 출시된 이 브랜드는 대기업이 각축전을 벌이는 카테고리에서는 드물게 단기간에 점유율 상위를 차지해 주목을 받았다. 미디어는 특집 기사를 짜서 '독자적인 A라는 이점을 중심으로 한 커뮤니케이션이 효과적이었다. 또한 타깃을 좁힌 포지셔닝으로 팬층을 확대한 것이 성공 요인이다'고 평가했다.

이 기사를 본 다른 회사의 마케터는 '역시 STP가 성장의 열쇠'라거나 '우리도 다음 신제품은 타깃을 좁혀 독자적인 포지셔닝을 구축해야 한다'고 생각한다. 하지만 이것은 큰 착각일 수 있다.

'포지셔닝'뿐만 아니라 '폭의 넓이'도 중요하다

확실히 이 브랜드는 출시 초기부터 A라는 이점을 광고와 패키지를 통해 강조해 왔다. 입소문 탄 내용이나 리뷰 사이트를 봐도 A라는 키워드가 좋은 평가를 얻고 있기 때문에 외부인의 눈에는 'A라는 포지셔닝으로 성장한 것처럼 보일' 수 있다.

하지만 실은 이 브랜드는 성장 과정에서 다양한 전략을 구사했다. 먼저, 라이프스타일 잡지와 동영상 광고, 옥외광고를 고객층에 맞춰 선별적으로 활용해 채널별 도달 범위를 넓혔다. 또한 소비자의 일상과 밀접한 접점을 늘리기 위해 경험 중심의 콘텐츠를 제공하고, 지역 관광 자원과 협력해 다양한 상황에서 브랜드를 접할 기회를 확대했다. 그 결과, 다양한 맥락에서 B~E라는 브랜드의 폭을 확보하는 데 성공했고, 침투율이 증가해 현재의 점유율을 달성하게 되었다. 수면 위로 드러나진 않지만 매출의 많은 부분을 창출하고 있는 것은 B~E라는 '브랜드 인지도의 폭'인 것이다.

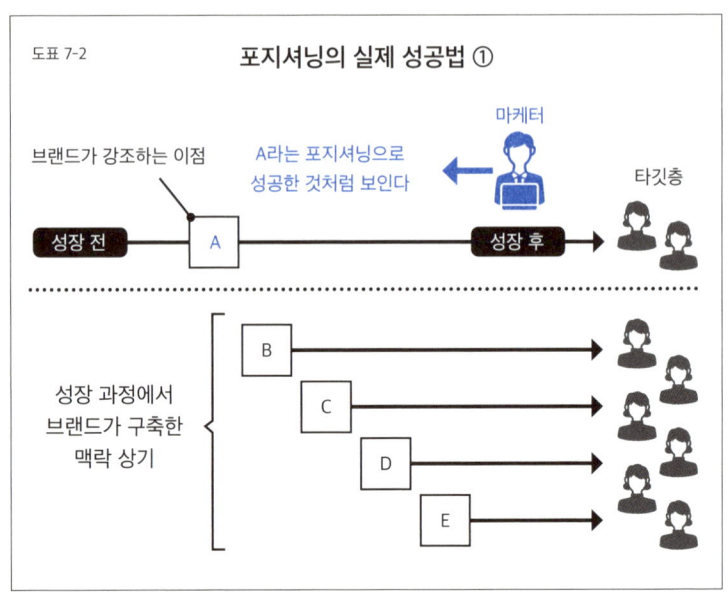

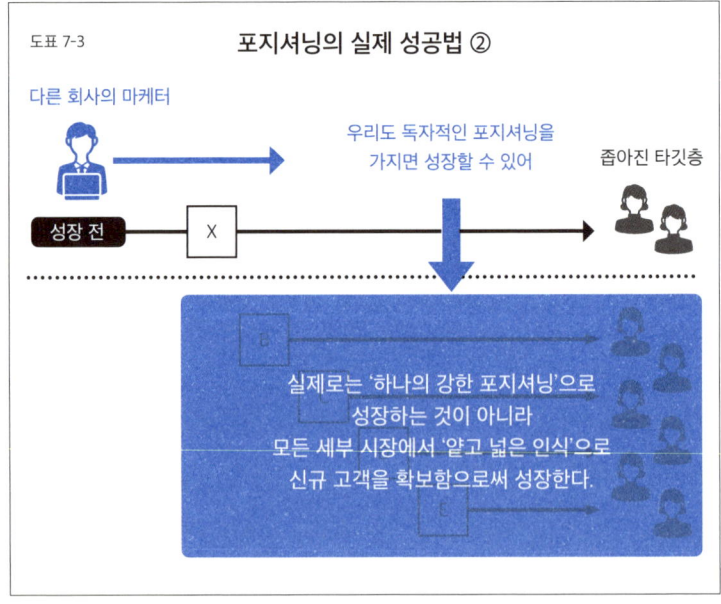

대형 브랜드도 STP만으로 성장한 것은 아니다

에렌버그-배스 연구소에 따르면, 강력한 브랜드는 단일한 가치 제안에 의존하지 않고 다양한 카테고리의 요구를 충족하는 정신적 가용성을 구축했기 때문에 성공할 수 있었다(Romaniuk & Sharp, 2022). 유명 브랜드들이 소위 STP 전략으로 성공한 것처럼 보일 수도 있지만, 실제로 브랜드가 성장할 때는 특정 타깃 세그먼트에 국한되지 않고 모든 세그먼트에서 신규 고객을 확보하며 확장한다(Dawes, 2016a). 또한, 대형 브랜드는 단순히 기존 고객층의 재구매로 시장 점유율을 유지하는 것이 아니다. 장기 추적 데이터를 보면, 주요 브랜드들은 '분기에서 1년 사이 침투율을 2배로 확대'하고, '1년에서 5년 사이 다시 2배로 증가'시키는 패턴을 보인다(Graham & Kennedy, 2022). 카테고리의 울트라 라이트 유저를 폭넓게 받아들이며 성장하는 것이지, STP 전략만으로 성장하는 것은 아니다(Dawes et al., 2022; Graham & Kennedy, 2022; Hossain et al., 2023; Sharp et al., 2024).

실제로 크게 성장한 브랜드를 싱글 소스 데이터로 분석해 보면, 단일한 포지셔닝에 의존하기보다는 다양한 축에서 포지셔닝할 수 있는 다면적인 특성을 보이는 경우가 많다. 브랜드가 여러 속성이나 상황과 연결될수록 소비자가 구매할 가능성이 커지기 때문이다(Romaniuk, 2003; Romaniuk & Sharp, 2022). 충성도와 관련해서도 비슷한 경향이 나타난다. 특정한 인식이나 포지셔닝이 충성도를 결정짓기보다는, 브랜드와 연관된 속성이 많을수록 충성도가 높아지는 경향이 관찰된다(Romaniuk & Sharp, 2003b).

개인적인 경험으로도, 특정 포지션을 먼저 확보한 뒤 매출을 늘리려는 전략을 고수한 신제품은 대개 1~2년 만에 진열대에서 사라지거나 성장이 정체되었다. 그리고 성장의 정체기를 극복할 수 있는지 여부는 기존의 이른바 '정설'에 얽매이는지, 아니면 넓은 시야를 가질 수 있는지에 따라 달라진다. 즉 매출이 둔화될 때, 'A의 차별화가 부족하다, A의 포지셔닝을 더 강화해야 한다'는 관점에 얽매이지 않고, 'A가 아니라 B~E가 필요한 것은 아닐까?'라고 반사실적 사고를 할 수 있는 능력이 중요하다. 물론 예외는 존재하지만, 그 예외를 '의도적으로 만들어 내는' 것이 얼마나 어려운지는 실무자들이 더 잘 알고 있을 것이다. 에렌버그-배스 연구소가 발견한 브랜드 성장의 법칙에 적용해 생각해 보면, STP 전략만으로 성장하는 것이 오히려 예외적인 사례에 해당한다.

비고객을 확보하기 위한 방법

이는 비고객 확보가 브랜드 성장에서 필수적이라는 사실과 관련이 있다. 7장 1절에서 살펴본 바와 같이, 기존 고객은 브랜드를 쉽게 떠올리고 긍정적으로 반응하는 반면, 비고객은 상대적으로 긍정적인 반응이 가장 낮은 집단에 속한다(East et al., 2011; Harrison, 2013; Romaniuk, 2023). 흥미로운 점은 비고객층에서 부정적인 반응 역시 적게 나타난다는 것이다(Winchester & Romaniuk, 2008). 이용 경험이 없기 때문에 기본적으로 브랜드에 대해 무관심한 상태인 것이다. 따라서 비고객이 대부분을 차지하는 소규모 브랜드가 '먼저' 강한 포지셔닝을 확립한 후 성장한다는 것은 현실적으로 어렵다. 실제로 소규모 브랜드 간 경쟁이 치열한 와인 시장을 분석한 연구에서도, 소규모 브랜드가 대형 브랜드보다 더 호의적인 태도를 얻는 것은 비현실적이라는 결과가 도출되었다(Dall'Olmo Riley et al., 1999).

그렇다면 브랜드가 성장하기 전후로 비고객의 브랜드에 대한 시각은 어떻게 바뀔까? 로마니우크의 연구에 따르면, 전년 대비 점유율이 증가한 브랜드에 대한 카테고리 사용자의 태도는 다음과 같은 변화를 보였다(Romaniuk, 2023). 먼저, 비인지도가 감소했다. 또한 '특별히 아무 생각도 없다' 혹은 '사용해 봐도 좋다'와 같은 중립적이거나 약간 긍정적인 태도가 증가했다. 반면 '나에게 맞는 유일한 브랜

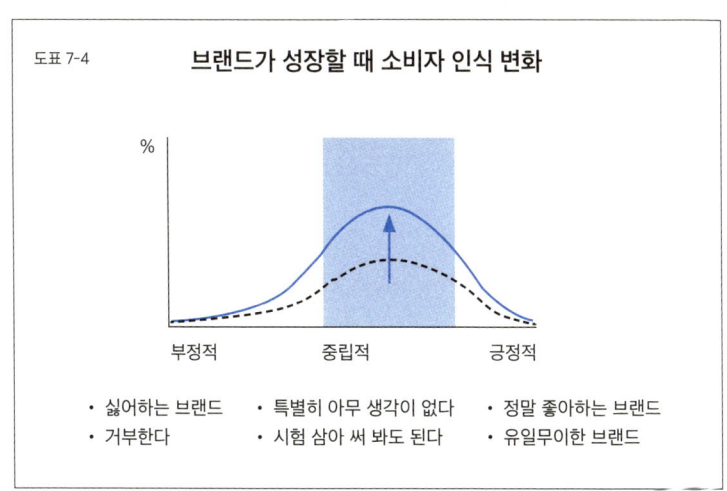

도표 7-4 **브랜드가 성장할 때 소비자 인식 변화**

출처: 다음을 바탕으로 저자가 작성함
Romaniuk, J. (2023). *Better brand health: Measures and metrics for a how brands grow world.* Oxford University Press.

드'와 같은 극단적으로 긍정적인 태도나 '싫다, 거부한다'와 같은 극단적으로 부정적인 태도는 큰 변화를 보이지 않았다.

또한, 구매층으로 범위를 좁혀 태도의 분포를 살펴보면, 비고객층보다는 확실히 긍정적인 태도가 증가한다. 즉, 행동이 태도로 나타난다. 그러나 극단적으로 긍정적인 태도를 가진 고객의 비율은 여전히 많지 않다(Romaniuk, 2023).■ 브랜드에 대한 강한 태도나 인식이 형성된다고 해서 반드시 비고객이 고객으로 전환되는 것은 아니다. 비고객을 확보하려면, 특정 고객층에 대한 강한 인식과 포지셔닝을 확립하는 전략보다는, 보다 광범위한 대상에게 '제로 수준의 상기'를 약간 끌어올리는 '얕고 넓은 인식'의 침투가 중요해진다(Dawes, 2011). 이에 대한 구체적인 논리는 이 장의 후반부에서 다루도록 하겠다.

■ 다만 대형 브랜드의 구매자들 사이에서는 긍정적 태도가 더욱 강해지는 경향도 보인다(이중 위험의 법칙).

7-5 성장하려면 카테고리 엔트리 포인트를 관리하라

7장 전반부에서는 고객이 적은 브랜드가 특정 브랜드 이미지나 포지셔닝을 미리 확립한 후 성장하는 것이 어렵다는 점을 확인했다. 또한, 브랜드에 대한 강한 인식이나 차별화된 연상이 없어도 소비자가 브랜드를 선택할 수 있음을 살펴보았다. 지금까지의 근거를 종합하면 '인식perception은 질보다 양'이라는 점, 즉 단순히 노출 빈도가 높은 브랜드가 경쟁에서 우위를 점할 가능성이 크다는 사실을 시사한다.

따라서 특정 고객층에게 명확한 인식을 심어 주는 데 집착하기보다는, 인식의 폭을 넓히는 것이 더 효과적이다(Dawes, 2011). 제품의 유통망을 확대해 더 많은 점포에서 쉽게 구매할 수 있도록 하는 것처럼, 마케터는 자사의 브랜드를 다양한 속성과 연결해 소비자가 여러 상황에서 자연스럽게 떠올릴 수 있도록 해야 한다(Romaniuk, 2003; Romaniuk&Sharp, 2003b).

이러한 개념을 카테고리 엔트리 포인트CEP라고 하며, 최근에는 구매 맥락과 브랜드의 연결성 연구로 확장되고 있다(Romaniuk&Sharp, 2022). CEP는 소비자가 어떤 브랜드를 떠올리거나 구매하게 되는 계기로, 구매 선택지를 형성하는 역할을 한다. 소비자는 항상 소비나 쇼핑 모드에 있는 것이 아니라, 일상생활을 하다가 특정한 필요나 할 일이 생길 때 '일상 모드'에서 '구매 모드'로 전환된다(Romaniuk, 2023). 이 과정에서 소비자의 머릿속에서 여러 브랜드가 떠오르고, 최종적으로 그중 하나가 선택된다. 브랜드를 선택하기 전에 브랜드가 속한 카테고리에 들어오는 입구(구매 맥락)가 반드시 존재하며, 그 입구와 연결되어 있는 브랜드가 상기되고 선택될 가능성이 높다.

그러나 소비자가 카테고리를 이용하는 맥락은 하나로 정해져 있지 않다. 로마니우크는 소비재부터 서비스재까지 다양한 카테고리에서 CEP를 조사한 50개의 연구 결과를 분석해 다음과 같은 결론을 도출했다(Romaniuk, 2023).

- 평균 CEP는 6.4개다.
- CEP가 하나뿐인 사람은 약 10~20%다. 즉, 라이트 유저가 많다.

대부분의 소비자는 다양한 상황이나 맥락에서 해당 카테고리를 이용한다. 따라서 다양한 CEP와 많이 연결된 브랜드일수록 소비자의 기억 속에서 떠오르는 빈도가 증가하며, 그만큼 선택될 확률도 높아진다. 실제로 에렌버그-배스 연구소의 연구를 비롯한 여러 실증 연구에서, 브랜드가 연결된 CEP 수와 브랜드 성장 사이에 강한 상관관계가 있는 것으로 나타났다(Romaniuk, 2003; Romaniuk, 2022; Romaniuk, 2023; Romaniuk&Sharp, 2003b; Romaniuk&Sharp, 2022; Trembath et al., 2011). 이러한 근거를 바탕으로, 브랜드와 연결된 CEP 수를 늘리거나 기존 CEP와의 연관성을 강화하는 것이 CEP 전략의 핵심이다.

'기존 고객을 향한 메시지'와 '비고객을 향한 메시지'

CEP의 본질을 직관적으로 이해하려면 커뮤니케이션 설계 시 연상의 방향을 고려해 보는 것이 좋다.

- 무엇에서 브랜드를 연상하는가
- 브랜드에서 무엇을 연상하는가

첫 번째인 '무엇에서 브랜드를 연상하는가'는 브랜드를 떠올리게 하는 메커니즘을 의미하며, CEP 개념은 이 방향을 기반으로 한다. 반면, 두 번째인 '브랜드에서 무엇을 연상하는가'는 브랜드와 관련된 속성을 떠올리는 과정으로, 이는 브랜드 평가의 메커니즘에 가깝다. 즉, 브랜드 자체를 떠올리게 하는 출발점이 아니다. 이 두 가지 관점은 근본적으로 다른 메커니즘을 가지고 있으며, 커뮤니케이션에서 수행하는 역할도 다르다. 다음 예를 보자.

우리 회사의 샤부샤부용 드레싱은
A: 건강한 재료만 사용해 안심하고 먹을 수 있다
B: 샐러드나 돈가스에 뿌려도 맛있다

이 드레싱의 마케터라면 A와 B 중 어느 것을 핵심 메시지로 삼아야 할까? '실제 구매 상황에서 소비자는 무엇을 기점으로, 어떤 방향으로 연상하는가'라는 관점에서 생각해 보자. 일반적으로 사람들은 식사 메뉴를 고를 때 '오늘은 안전하고 건강한 성분으로 만들어진 음식을 먹고 싶다'에서 출발하지 않는다. 오히려 '날씨가 더워서 상큼한 것이 먹고 싶다', '시간이 없으니 빨리 먹을 수 있는 것이 좋겠다'와 같은 맥락적 단서에서 시작하는 경향이 있다. 물론 '위생'과 '건강함'이 부족하다고 느껴지면 선택에서 제외될 수는 있지만, 그것이 연상의 출발점이 되지는 않는다.

다시 말해, A는 카테고리의 일반적인 평가 관점이고 B는 새로운 사용 맥락을 제시한다. A를 아무리 강조해도 브랜드에 대한 새로운 연상을 만들어 내지는 못한다. 7장 1절에서 언급했듯이, 이러한 유형의 이미지는 시장 점유율의 영향을 강하게 받기 때문에 변수로 설정해 적극적으로 통제하기 어렵다. 따라서 A보다는 사용 맥락을 중심으로 소비자가 브랜드를 연상하는 데 도움이 될 요소를 찾고, 브랜드를 어떤 단서와 연결할지 고민해야 한다. 예를 들어, B의 연상 범위가 확장되면 기존에 샤부샤부에만 사용되던 제품이 샐러드나 돈가스와도 연결될 수 있다(CEP → 브랜드). 이러한 확장은 볼륨 성장에 기여할 수 있다.

한편, 이미 브랜드를 알고 있으며 평소 구매 레퍼토리에 포함된 기존 고객에게는 '브랜드를 통해 무엇을 연상하는가(브랜드 → 속성)'라는 상기 방향도 고려해야 한다. 5장 3절에서 언급했듯이, 일부 기존 고객층에서는 특정 제품 속성이 높은 행동 충성도를 유도해 WTP(고객 지불 의향)를 증가시키는 경우가 있기 때문이다(Erdern et al., 2008; Jarvis&Goodman, 2005; Rungie&Laurent, 2012).

우리 회사의 샤부샤부용 드레싱은
B: 샐러드나 돈가스에 뿌려 먹어도 맛있다 → 비고객(볼륨 확대 전략)
C: 채소 본연의 맛이 진하게 난다 → 기존 고객(마진 전략)

이와 같은 방식으로 메시지를 구분해 전달할 수 있다. 기존 고객을 대상으로 하는 가치 제안은 일반적으로 STP 마케팅을 활용하는 것이 효과적이다.[*] 다만, 기존 고객에게도 정기적으로 접근해 CEP와 브랜드의 연결성을 유지하려는 노력이 필요하다. '브랜드 → 속성'의 연결은 'CEP → 브랜드'의 연결이 선행되어야 비로소 성립되며, 신규 진입점이 늘어나면 기존 고객의 재구매 증가에도 기여할

■ 예를 들어, 고객이 어떤 선호도를 가지고 있는지, 브랜드의 어떤 측면이 가치가 되고 있는지를 조사해 차별화 포인트로 정리하고, 타깃을 좁혀서 구매해야 할 이유를 어필한다.

수 있다. 이러한 의미에서 B는 고객과 비고객을 포함한 더 넓은 범위에 도달하기 위한 매스 광고용 메시지로 활용하기에 적합하다.

정리하자면, 커뮤니케이션 설계에서는 기존 고객과 비고객을 대상으로 연상의 방향을 다르게 설정해야 한다. 기존 고객에게는 '브랜드를 통해 어떤 혜택을 연상하게 할 것인가'에 초점을 맞춘 메시지가 마진 성장에 효과적이다. 반면, 비고객을 대상으로 할 때는 '어떤 계기로 브랜드를 떠올리게 할 것인가'와 '어디에서 새로운 진입점을 만들 것인가'에 중점을 둔 맥락 중심의 접근, 즉 CEP 전략이 필요하다.

7-6 6W 1H 프레임워크, CEP를 탐색한다

이제 CEP를 중심으로 브랜드를 관리하고 전략을 개발하는 방법을 살펴보자. 먼저 CEP를 탐색하고 발견하는 데 유용한 도구로, 에렌버그-배스 연구소의 제니 로마니우크가 제안한 '6W 1H 프레임워크'를 활용할 수 있다(Romaniuk&Sharp, 2022; Romaniuk, 2023). 이 프레임워크는 카테고리가 사용되는 다양한 상황과 행동 계기를 폭넓게 탐색하는 데 적합하다. 설문조사, 인터뷰 항목 설계, 브레인스토밍을 통한 새로운 관점 도출 등에도 유용하다.

다음은 6W 1H의 각 요소를 심층적으로 분석하기 위해 자주 활용하는 관점과, 이를 주방용 세제에 적용한 예시다. 참고로 CEP를 탐색할 때는 자사 브랜드가 아닌 카테고리 전체를 기준으로 사고하는 것이 중요하다.

- WHY

    왜 그 카테고리를 사용하는가? 어떤 목적을 위해 선택하는가?

    주방 세제 예: 전날 미처 끝내지 못한 설거지를 마무리하기 위해. 주방이 더러우면 기분이 좋지 않다.

- WHEN

    카테고리를 구매하거나 사용하는 시간은 언제인가? 하루 중 특정 시간대, 주간·월간·계절별 차이, 평일과 주말의 차이가 있는가? 평소와 다른 행동 패턴을 보이는 시점은 언제인가? 이벤트나 기념일 등의 영향은 어떤가?

    주방 세제 예: 가족들이 아직 일어나지 않은 아침이나 새벽. 전날 밤에 설거지를 해야 한다는 걸 알지만, 피곤해서 미루게 되는 경우가 있다.

- WHERE

    카테고리는 어디에서 사용되는가? 현실 공간과 디지털 환경 중 어느 쪽에서 활용되는가? 평소와 다른 장소에서 사용하는 경우가 있는가? 그 이유는 무엇인가?

    주방 세제 예: 주방은 육아와 집안일을 하는 와중에 혼자 있을 수 있는 장소다.

- WHILE

    소비자가 카테고리를 사용하기 전이나 사용한 후에 어떤 행동을 하는가? 어떤 상황에서 카테고리에 대한 니즈가 발생하는가?

    주방 세제 예: 집안일이나 일을 시작하기 전, 음악을 들으며 하루의 페이스를 정돈한다.

- with/for WHAT

    그 카테고리를 사용할 때 무슨 카테고리를 함께 사용하는가? 카테고리를 사용할 수 없을 때 무엇으로 대체하는가? 이러한 요소들이 사용 경험에 어떤 영향을 미치는가?

    주방 세제 예: 종종 커피를 내린다.

- with/for WHOM

    누가 구매하고, 누가 사용하는가? 사용할 때 주변에 누가 있는가? 혼자 사용하는가? 사용 행동에 영향을 미치는 제3자가 있는가? 자신을 위해 사용하는가, 아니면 다른 누군가를 위해 사용하는가?

    주방용 세제 예: 혼자 사용한다. 청소하는 동안에는 잡념이 사라진다.

- HOW they feel

    카테고리를 사용하기 전에는 어떤 기분인가? 사용 전후에 감정이 어떻게 변하는가? 사용하는 동안에는 어떤 기분이고, 어

떤 감정을 느끼는가? 어떤 요인이 행동을 증가시키거나 감소시키는가? (물리적·심리적 보상 또는 불편함)

주방용 세제 예: 주방은 하루에도 여러 번 가는 곳이다. 깨끗하면 갈 때마다 기분이 좋다.

이 프레임워크는 심층 인터뷰, 온라인 설문조사, 소셜 미디어 리서치, 워크숍 등 다양한 접근 방식과 함께 활용할 수 있다. 내 경험상 특정 방법에 집착할 필요는 없다. 오히려 과거에 실시한 에스노그래피 조사(고객이 일상에서 제품이나 서비스를 어떻게 사용하고 어떤 행동 패턴을 보이는지 현장에서 깊이 관찰하는 조사)나 고객 여정 조사를 참고해 적용하는 것도 가능하다. 처음에는 이 프레임워크를 기반으로 CEP를 탐색하는 것이 보다 효율적일 것이다.

| 실전 포인트 |

당신 브랜드의
CEP를 찾기 위한 힌트

6W 1H 프레임워크는 다양한 각도에서 구매 맥락을 폭넓게 탐색할 수 있다는 장점이 있다. 하지만 담당자에 따라 CEP의 해상도가 다르게 나타나거나, 카테고리에 따라 CEP가 제한적이라고 느낄 수도 있다.

예를 들어, 초콜릿의 경우 업무 중 출출할 때, 공부할 때, 집안일 중 잠시 쉴 때, 운전하면서, 저녁 식사 후 디저트로, 술안주로, 요리 재료로, 아이들 간식 혹은 자신을 위한 보상 등 다양한 사용 맥락과 용도를 떠올릴 수 있다. 하지만 '전골용 조미료'는 어떨까? 일반적으로 전골을 만들 때만 사용되며, 다른 요리에 활용할 가능성은 제한적이다. 마찬가지로 욕실 곰팡이 방지용 '훈증제' 역시 사용 장소나 용도가 명확하게 정해져 있어, 욕실 외의 공간에서 사용하거나 곰팡이 방지 이외의 목적으로 활용하기 어렵다.

이런 경우에는 '해당 사용 맥락에서 소비자의 목표가 무엇인지'에 주목해야 한다. 특정 상황이나 용도로만 사용되는 제품이라도, 겉으로 보기에는 같은 행동처럼 보이지만 실제 목표는 다를 수 있다. 목표가 다르면 중요하게 여겨지는 가치 역시 달라진다. 예를 들어, 전골을 먹는 목적도 사람마다 다를 수 있다. 어떤 사람은 국물이 잘 밴 재료를 반찬 삼아 밥을 먹는 것이 목표일 수 있고, 다른 사람은 감칠맛이 응축된 국물을 마지막까지 즐기는 것이 핵심일 수도 있다. 마찬가지로 욕실용 훈증제도 누군가에게는 대청소의 일환으로 사용될 수 있지만, 다른 누군가에게는 일상적인 생활 공간 관리를 위한 도구로 여겨질 수 있다.

장소나 시간이 같더라도 목표가 다르면 소비자에게는 서로 다른 CEP가 형성되며, 그 반대의 경우도 마찬가지다. 이는 CEP를 정리하고 전략을 수립하는 과정과도 연결된다. 소비자는 결국 특정 작업을 수행하거나 목표를 이루기 위해 브랜드를 구매한다. 따라서 전략을 세울 때는 소비자의 목표와 브랜드를 연결하고, 브랜드가 그 목표를 달성하는 데 어떤 가치를 제공할 수 있는지 재해석하는 것이 중요하다. 전골용 조미료의 예로 말하면, 전자의 목표는 '흰 쌀밥을 먹는 즐거움'을 제안하는 것이, 후자의 목표에 대해서는 '진한 국물의 즐거움'을 제안하는 것이 가치가 될 수 있다.

이처럼 소비자의 목표에 따라 제품 개발 요건과 어필할 메시지가 달라진다. 목표에 부합하지 않는 제품은 사용되지 않으며, 원하는 보상을 제공하지 못하는 서비스는 선택받지 않는다. 반대로, CEP에서의 행동이 어떤 목표를 향하고 있으며, 그 맥락에서 무엇이 보상이 되는지를 깊이 이해한다면, 이를 반영한 제품과 광고를 개발해 브랜드가 소비자에게 더 자연스럽게 다가갈 수 있다. 이러한 개념은 7장 8절과 9절에서 더 자세히 설명하겠다.

7-7 정신적 가용성, CEP에 우선순위를 매긴다

어떤 관점에서 CEP의 잠재력을 분석하고 어떤 로직으로 우선순위를 매길 것인지 생각해 보자. 6W 1H 프레임워크로 CEP를 탐색하면 아마 수십 개의 CEP 후보가 나올 것이다. 물론 다양한 구매 맥락에서 브랜드를 떠올리게 해야 하긴 하지만, 모든 후보를 동시에 연결하는 것은 현실적으로 어렵다. 바이런 샤프도 브랜드 구축은 단기와 장기로 나누어 접근할 필요가 있다고 강조했다. 장기적으로는 브랜드와 연결되는 속성을 늘리는 것이 목표지만, 단기적으로는 시장에 전달하는 속성과 포지션을 정해 집중해야 한다(Romaniuk&Sharp, 2003b). 그렇다면 어떤 CEP에 집중할지 어떻게 결정하면 될까? 기본적으로는 다음 세 가지 관점 중에서 선택한다(Romaniuk, 2022).

- CEP에 적합한 제품과 서비스를 제공할 수 있는가
- CEP와 경쟁 브랜드 간의 연결 강도는 어느 정도인가
- CEP별로 구매 빈도 및 이용 금액에 차이가 있는가

우선, 자사가 특정 CEP에서 기대되는 기능이나 경험을 충분히 제공할 수 있는지 평가해야 한다. 특히 자사의 강점이 해당 CEP에서 요구되는 가치와 연결되는지 냉정하게 판단하는 것이 중요하다. 만약 자사의 핵심 역량에서 벗어나거나, 경쟁사보다 낮은 품질로만 제공할 수 있다면, 아무리 광고로 포장해도 소비자는 이를 쉽게 간파한다. 다음으로, 이미 경쟁이 치열한 CEP는 피하는 것이 좋다. 특정 CEP에서 여러 브랜드가 유사한 메시지를 내세운다면, 상기 집합 내에서 경쟁이 더욱 치열해질 가능성이 크기 때문이다. 또한, 모든 CEP의 가치가 기업에 동일한 것은 아니다. 더 많은 카테고리 사용자가 떠올리는 CEP나 이용 금액이 높은 CEP가 있다면, 그 CEP와 브랜드를 연결하는 것이 유리하다. 참고로, 내 경험상 서비스재와 B2B에서는 이러한 차이가 비교적 뚜렷하게 나타나지만, 소비재에서는 그 차이가 크지 않은 편이다.

데이터 수집 단계

이상이 CEP의 우선순위를 정하는 기본적인 로직이다. 이를 실제로 확인하려면 데이터가 필요하다. 여기서는 로마니우크의 논문에서

소개된 접근법을 기반으로, 실무에서 특히 중요한 점을 간략히 정리해 보겠다(Romaniuk, 2022, 2023).

먼저, 발견한 CEP와 자사 및 경쟁 브랜드 간의 연결성을 파악하기 위해 온라인 설문조사 같은 정량적 조사를 실시한다. 이 조사의 목적은 '각 CEP가 나타내는 상황과 시점, 맥락에서 소비자가 어느 브랜드를 떠올리는가'를 확인하고, 현재 브랜드와 CEP 간의 연결 강도를 측정하는 것이다. 예를 들면 이런 식이다.

업무 중 스트레스를 받았을 때와 연상되는 음료를 모두 표시해 주세요(복수 응답 가능)
☐ A음료   ☐ B음료
☐ C음료   ☐ D음료

여기서 핵심은 'CEP를 하나씩 제시하고, 해당하는 브랜드를 목록에서 복수 응답으로 선택하게 하는 것'이다.■ 이 방법은 특히 소규모 브랜드나 비고객 데이터를 수집할 때 효과적이다. 이런 질문 방식을 설정할 때 주의할 점은 '척도형 질문'을 사용하지 않는 것이다. 상기는 '떠오르는가, 떠오르지 않는가'의 이분법적 개념이다. '중간 정도로 상기된다'거나 '어느 정도는 떠오른다' 같은 애매한 선택지는 의미가 없다.

■ 반대로 하면, 대형 브랜드는 과소평가되고 소규모 브랜드는 과대평가되는 경향이 있다(Romaniuk, 2023).

평가 대상은 니치 브랜드를 포함해 카테고리 내 중규모 이상의 모든 브랜드를 고려해야 한다. 온라인 설문조사의 경우, 평가 브랜드 수는 20개를 넘지 않는 것이 바람직하다. 샘플링 과정에서는 브랜드 구매자와 비구매자를 포함한 '카테고리 유저 전체'를 모집단으로 설정해 대표성을 확보해야 한다. 자사 브랜드 구매자만을 대상으로 하거나, 특정 브랜드의 충성 고객 또는 팬 커뮤니티 회원만을 조사 대상으로 삼는 것은 적절하지 않다. 리서치 설계에 대한 자세한 정보는 Romaniuk(2023)이나 Barnard & Ehrenberg(1990)의 연구를 참고하면 된다.

덧붙여, 각 CEP에 대한 WTP(고객 지불 의향), 라이트 유저와 헤비 유저의 상기 빈도, 대체 가능성 등의 추가 데이터를 수집하면 CEP의 잠재력을 더욱 깊이 있게 평가할 수 있다. 반면, '이 CEP는 당신에게 얼마나 중요한가요?'처럼 의견을 묻는 방식은 의미가 없다. CEP의 잠재력은 소비자의 주관적 평가가 아니라, 관련된 사실을 기반으로 판단하는 것이 중요하기 때문이다.

데이터 분석 단계

이제 데이터 분석 단계로 넘어가자. 데이터 수집 단계와 마찬가지로, Romaniuk(2022), Romaniuk(2023), Romaniuk&Sharp(2000)에서 설명하는 분석 절차를 내 관점과 함께 살펴보겠다. 7개의 CEP에 대해 6개 브랜드를 조사한 데이터(n=300)를 기반으로 설명하겠다.

1단계. CEP와 브랜드의 연결 수를 계산한다

수집한 데이터를 집계해 브랜드와 CEP를 도표 7-5와 같이 표로 정리했다. 예를 들어, 표의 왼쪽 상단 칸(CEP①×A브랜드)의 202는, 300명 중 202명이 CEP①에서 A브랜드를 떠올렸음을 의미한다. 각 브랜드에 대해 이러한 수치를 합산한 값(CEP 연결 수)은 해당 브랜드가 카테고리 사용자들에게 얼마나 자주 상기되는지, 총 상기 횟수를 의미한다. 예를 들어 이 데이터에서 A브랜드의 총 상기 횟수는 856회다.

도표 7-5

	브랜드 A	브랜드 B	브랜드 C	브랜드 D	브랜드 E	브랜드 F	폭
CEP①	202	167	111	89	95	77	741
CEP②	172	178	118	96	93	70	727
CEP③	131	145	92	97	95	23	583
CEP④	110	80	123	81	75	74	543
CEP⑤	87	76	115	58	25	41	402
CEP⑥	76	76	100	57	53	31	393
CEP⑦	78	75	72	55	27	39	346
CEP 연결 수	856	797	731	533	463	355	3735

2단계. 기대 점수를 산출한다

다음으로 각 브랜드의 열의 합계와 각 CEP의 행의 합계를 곱한 값을 총계로 나누어 기대점수를 산출한다. 예를 들면, CEP①과 브랜

도표 7-6

	브랜드 A	브랜드 B	브랜드 C	브랜드 D	브랜드 E	브랜드 F
CEP①	170	158	145	106	92	70
CEP②	167	155	142	104	90	69
CEP③	134	124	114	83	72	55
CEP④	124	116	106	77	67	52
CEP⑤	92	86	79	57	50	38
CEP⑥	90	84	77	56	49	37
CEP⑦	79	74	68	49	43	33

드 A의 기대 점수는 (856×741) ÷ 3735 = 170으로 계산된다. 이러한 계산 방식의 이론적 근거에 관심이 있는 분들은 Romaniuk and Sharp(2000)의 연구를 참고하면 도움이 될 것이다.

3단계. 정신적 가용성과 물리적 가용성을 평가한다

1단계에서 계산한 연결 수에서 2단계에서 계산한 기대 점수를 뺀 값을 샘플 수(n)로 나누어 각 CEP에서의 브랜드의 상대적 성과를 평가한다(Romaniuk, 2022). 예를 들면, CEP①에서 A브랜드의 성과는 {(202 − 170) ÷ 300}×100 = +11pp이다. ±5점이 하나의 기준이 된다. +5점을 초과하면 해당 CEP에서 브랜드를 떠올리기 쉽고, −5점 미만이면 해당 CEP에서 브랜드를 떠올리기 어렵다고 해석한다(Romaniuk, 2022, 2023). 광고 커뮤니케이션에서 CEP별 인식 변화를 찾고 싶다면 이러한 정신적 이점과 정신적 불이익의 변화에 따라 메

도표 7-7

	브랜드 A	브랜드 B	브랜드 C	브랜드 D	브랜드 E	브랜드 F
CEP①	11	3	-11	-6	1	2
CEP②	2	8	-8	-3	1	0
CEP③	-1	7	-7	5	8	-11
CEP④	-5	-12	6	1	3	7
CEP⑤	-2	-3	12	0	-8	1
CEP⑥	-5	-3	8	0	1	-2
CEP⑦	0	0	1	2	-5	2

시지의 효과를 검증하는 것이 좋다(Romaniuk&Nicholls, 2006).

4단계. CEP의 잠재력을 평가하고 우선순위를 결정한다

3단계에서 구한 점수를 보면서 CEP를 평가하고, 단기와 장기적으로 어디에 초점을 맞춰야 하는지를 파악한다. 이 과정에는 몇 가지 기술적인 측면이 포함되어 있으므로, 지금부터는 내 경험을 곁들여 설명하겠다. 3단계에서 얻은 데이터에 라이트 유저와 헤비 유저의 상기 빈도를 추가한 데이터를 넣어 도표 7-8로 정리했다.

CEP의 잠재력 평가 포인트

- 가능한 한 폭이 넓은 CEP를 선택한다.
- 카테고리 니즈가 비어 있다면 그곳을 제일 먼저 확보한다.
- 헤비 유저만을 위한 CEP는 피한다.

도표 7-8

	브랜드 A	브랜드 B	브랜드 C	브랜드 D	브랜드 E	브랜드 F	라이트 유저	헤비 유저
CEP①	11	3	-11	-6	1	2	67%	82%
CEP②	2	8	-8	-3	1	0	53%	73%
CEP③	-1	7	-7	5	8	-11	45%	65%
CEP④	-5	-12	6	1	3	7	43%	54%
CEP⑤	-2	-3	12	0	-8	1	37%	46%
CEP⑥	-5	-3	8	0	1	-2	15%	45%
CEP⑦	0	0	1	2	-5	2	8%	34%

- 해당 CEP에서 소비자가 가지는 목표가 자사의 강점과 연결되어 있어야 한다.
- 10점 이상인 경쟁사가 여러 개 존재할 경우, 해당 CEP에서의 승부는 어려울 수 있다.
- 소규모이거나 사업을 갓 시작한 브랜드는 우위를 점한 브랜드와 '같이 가는' 것도 방법이다.
- 경쟁사의 정신적 우위가 높아도 비고객에게서는 기회가 있을 수도 있다.
- '약점을 없애는 것'이 아니라 '강점을 늘리는 것'이 핵심이다.
- 10점을 넘으면 광고 빈도수를 줄인다.

도표 7-8에서 A브랜드는 점유율 1위이고, B브랜드는 오래된 브랜드로 점유율 2위다. 이들은 폭넓은 CEP에서 이점을 갖고 있다.

반면 C브랜드는 A, B와는 차별화된 특정 CEP를 통해 자신만의 강점을 구축하고 있는 것으로 보인다.■ 이런 상황에서 당신이 만약 점유율이 가장 낮은 F브랜드의 마케터라면, 어떤 CEP에 주목해야 할까?

우선, 가능한 한 폭이 넓은 CEP를 선택하는 것이 기본 전략이 될 수 있다. 많은 카테고리 사용자들이 접하는 CEP일수록 브랜드와의 연결을 형성하기 쉬워지기 때문이다. 특히 소규모 브랜드의 경우, 카테고리와의 관계를 강화하는 것이 소비자들의 기억에 남는 데 유리하다(Stocchi et al., 2016). 따라서 카테고리에서 대표적인 CEP, 즉 모든 카테고리 사용자에게 공통된 사용 맥락이 비어 있다면, 가장 먼저 이를 공략하는 것이 효과적인 전략이 될 것이다.

그렇다고 해도 이러한 CEP는 대부분 시장 선두 브랜드가 이미 심리적 우위를 확보하고 있는 경우가 많다. 내 경험상, CEP①이나 CEP⑤처럼 10점 이상의 격차가 있는 CEP에서는 이미 확립된 우위를 뒤집기가 매우 어렵다. 반면, 경쟁이 적다고 해서 지나치게 좁은 CEP를 선택하는 것도 의미가 없다. 특히 라이트 유저보다 헤비 유저가 많은 CEP는 다소 '특수한' 성격을 띨 가능성이 크다. 예를 들어, CEP⑥과 CEP⑦은 헤비 유저에게는 어느 정도 반응을 얻지만, 라이트 유저에게는 거의 반응이 없다. 이러한 CEP는 고객층, 지역, 시기 등에 따라 사용이 제한될 수 있으므로 신중한 접근이 필요하다.

그렇다면 F브랜드는 이미 강점을 가진 CEP④를 더욱 확장하는

■ 이해를 돕기 위해 특징을 단순화했다. 실제 시장 상황에서는 기댓값 계산에 기반하기 때문에 이렇게 명확하게 구분되지 않을 수 있다.

것이 최선일까? 물론 하나의 방법이 될 수 있다. 하지만 언뜻 보면 경쟁사가 우위를 점한 CEP라도, 실제로는 그 이점이 기존 고객층에 의해 유지되고, 비고객층에서는 정신적 가용성이 약한 경우가 있다. 특히 연령대가 높은 기존 고객층을 기반으로 성장한 오래된 브랜드에서 이러한 경향이 자주 나타난다. 예를 들어, 두 번째로 폭이 넓은 CEP②에서는 B브랜드가 우위를 차지하고 있다. 하지만 이 우위가 기존 고객층에 의해 유지되고 있고, 비고객층(특히 젊은층)에서는 심리적 침투력mental penetration이 낮다면, 장기적으로는 이를 공략할 기회가 생길 수도 있다.

또 다른 접근법으로, 폭이 넓은 CEP를 목표로 삼되, 높은 점유율을 가진 경쟁사에 '더 가까이' 접근하는 전략이 있다. 특히 소규모 브랜드나 시작 단계 브랜드의 경우, 광고가 경쟁 브랜드와 어느 정도 유사한 편이 오히려 매출을 견인하는 데 유리할 수도 있다(Becker &Gijsenberg, 2023). 단기적으로는 이 방법이 가장 효과적인 수익 창출 전략이 될 가능성이 크다. 요점은 처음부터 1위를 목표로 할 필요는 없다는 것이다.

그런데 CEP③은 F브랜드에게 상당한 약점으로 작용하고 있는 것으로 보인다. 이를 해결할 방향은 없을까? 현실적으로 개선 가능하며, 브랜드 성장에 있어 장기적으로 필요하다면 고려할 만하지만, 대부분의 경우 최우선 과제가 되지는 않는다(Romaniuk, 2023). 이러한 약점은 특정 경쟁사의 제품 시장 적합성PMF, Product Market Fit이 매우 높은 경우나, 자사 브랜드가 애초에 대응하지 않는 영역에서 발생하는 경우가 많다. 예를 들어, 특정 기능이 포함되지 않았거나, 특정 가격대 제품이 없다면 대응 자체가 쉽지 않다. 설령 대응하더라도, 이미 강한 입지를 구축한 경쟁사(브랜드 B, E)와의 정면충돌로 이어질 가능성이 크므로 최선이 아닐 수 있다. 이 전략의 핵심은 기본적으로 '강점을 키우는 것'이지 '약점을 없애는 것'이 아니다.

마지막으로 전략의 목적은 다양한 CEP와의 연결을 확립하는 것이지, 특정 CEP에서의 포지셔닝을 고정하는 것이 아님을 명심해야 한다. 목표로 한 CEP에서 일정 수준의 우위를 확보했다면, 다음 CEP로 빠르게 확장해 나가는 것이 바람직하다. 특정 CEP에서 10점 이상의 우위를 확보하고, 동등하게 경쟁할 브랜드가 없다면 추가적인 CEP를 공략하는 것이 효과적이다. 다만, 광고를 완전히 중단하는 것은 좋은 전략이 아니다. 빈도를 줄이더라도 주기적으로 브랜드와의 연결을 갱신해야 정신적 가용성을 유지할 수 있다(Romaniuk, 2023).

이러한 검토를 거쳐 집중할 CEP를 결정해야 한다. 글로벌 대기업은 여러 CEP를 동시에 관리할 수 있지만, 일반적인 기업에서는 현실적으로 어려운 경우가 많다. 실제 사례를 보면, 대부분의 기업이 연간 효과적으로 운영할 수 있는 CEP는 최대 3개 정도며, 이를 초과하면 관리의 질이 저하되는 경향이 있다. 특히, CEP 전략을 처음 도입하는 단계에서는 단기 목표 1개와 장기 목표 1개 정도로 설정하는 것이 가장 적절하다.

7-8 리트리벌 디자인, 고객의 상기를 디자인하다

CEP에 집중하기로 결정했다면, 해당 CEP와 브랜드의 연결을 강화할 방법을 고민해야 한다. 이를 위해 광고 메시지, 크리에이티브, 고객 경험 등 다양한 요소를 활용할 수 있다. 이때 어떤 전략을 실행하든 반드시 포함해야 할 두 가지 핵심 요소가 있다. 바로 '상황적인 단서'와 '사용 맥락의 목표 가치'다.

상황적인 단서는 CEP를 상징하는 장면이나 상황을 묘사하는 것이다. 사용 맥락의 목표 가치는 브랜드를 CEP의 목표에 부합하는 가치로 변환하는 과정이다. 각각의 요소에 대해 자세히 살펴보자.

상황적인 단서를 광고에 넣자

소비자는 마케터처럼 브랜드를 단독으로 기억하거나 떠올리지 않는다. 언제, 어디서, 누구와 함께, 무엇을 하면서, 어떤 상황에서 구매했는지와 같은 맥락이 브랜드의 회상retrieval에 영향을 미친다.

맥락과 기억의 관계를 보여 주는 유명한 실험이 있다(Godden & Baddeley, 1975). 이 실험은 매우 단순한데, 피험자들에게 수중과 육상이라는 서로 다른 환경에서 단어를 암기하게 한 후, 같은 환경과 다른 환경에서 단어를 회상하도록 했다. 흥미롭게도, 암기한 환경과 회상 환경이 일치할 때 더 많은 단어를 기억해 냈다. 수중에서 외운 단어는 수중에서, 육상에서 외운 단어는 육상에서 떠올릴 때 회상률이 높았다.

이처럼 기억은 문맥이나 상황의 영향을 받는다(Smith & Vela, 2001). 특히 환경이 제공하는 정보를 단서로 삼아 기억을 떠올리는 현상을 환경적 맥락 의존 기억이라고 한다(漁田, 2016). 이는 물리적 환경뿐만 아니라 심리적 환경에도 영향을 받으며, 두 환경이 결합될 때 기억 회상에 더욱 중요한 역할을 한다.

좀 더 일상적인 예를 들어보자. 오랜만에 고향에 내려갔을 때 "그러고 보니 그 상가에 있던 라면 가게가 아직도 있을까? 동아리 활동을 마치고 돌아오는 길에 자주 들렀지." 하고 갑자기 떠올린 적이 있지 않은가? 이 경우, 고향 거리의 풍경과 익숙한 소리, 냄새가 단서가 되어 '그 라면 가게'가 기억 속에서 떠오른 것이다.

브랜드의 상기도 같은 원리로 작동한다. 특정 카테고리의 제품을 구매하거나 이용하는 상황이 단서가 되어, 그 상황과 연관된 브랜드가 소비자의 머릿속에 떠오르게 된다(Holden & Lutz, 1992; Ratneshwar & Shocker, 1991).

일반적으로 맥락과 브랜드 간의 연결이 형성되려면 오랜 시간이 걸리지만, 카테고리 이용 맥락과 관련된 CEP를 광고에서 활용하면 이 과정을 강화하거나 가속화할 수 있다(Romaniuk & Sharp, 2022).

따라서 브랜드 기억을 형성하려면 구매 전후의 '상황적인 단서'를 메시지나 크리에이티브에 포함하는 것이 중요하다. 실제로 기억과 상기에 관한 또 다른 연구에 따르면, 특히 인지도가 낮은 브랜드의 경우, 카테고리 소비 경험과 브랜드를 연결하는 전략이 소비자의 기억에 브랜드를 각인시키는 데 큰 도움이 된다고 보고되었다(Stocchi et al., 2016).

반대로 브랜드명이나 혜택만을 따로 기억하려고 해도 쉽지 않다. 브랜드와 특정 상황 간의 연결 강도에 따라 상기의 용이성과 순서가 결정되기 때문이다(Desai&Hoyer, 2000). '커피를 마시고 싶다'는 생각에는 집인지 회사인지, 아침인지 저녁인지, 혼자인지 함께 있는지 등 다양한 맥락이 존재한다. 맥락을 정하지 않고 단순히 '커피라고 하면?'이라고 물으면 스타벅스가 떠오를 수도 있지만, '다음 회의에서 마시기 위해 일하는 도중 급하게 사는 커피는?'이라고 물으면 편의점 커피가 떠오를 수도 있다.

따라서 커뮤니케이션이나 고객 경험 설계 시에는 이러한 기억의 특성을 고려해야 한다. 예를 들어 브랜드 인식을 바꾸려는 목적으로 커뮤니케이션을 설계할 때, 단순히 제품에 대한 인식만을 재해석하는 것으로는 충분하지 않다. 제품을 이용하는 상황별로 브랜드 인식을 재해석해야 한다. 종종 구매 퍼널과 같은 인식 설계도가 활용되지만, 기억과 상기 메커니즘의 특성을 반영하여 맥락 중심의 상기를 설계하는 리트리벌 디자인retrieval design에 초점을 맞추는 것을 더 추천한다.

소비자의 목표를 공략하라

리트리벌 디자인에서 중요한 요소 중 하나는 브랜드를 CEP의 목표에 부합하는 가치로 재해석하는 것이다. 소비자들은 구매 시 '제품이 속한 카테고리'보다는 '목표에 맞는 카테고리'를 기준으로 브랜드를 선택하는 경향이 있다(Desai&Hoyer, 2000; Holden, 1993; Holden&Lutz, 1992). 즉, 단순히 제품 카테고리에 얽매이지 않고, 자신의 목표를 달성하는 데 가장 적합한 브랜드를 선택한다.

이러한 개념은 행동 과학과 신경 과학 연구를 통해서도 뒷받침된다. 이런 연구를 마케팅에 적용해 실무적으로 성과를 낸 대표적인 사례로, 전 유니레버 마케터이자 『무엇을 놓친 걸까』(사이 출간)의 저자인 필 바든이 있다. 그의 저서에서 특히 주목할 만한 개념이 바로 '목표 가치'다(Barden, 2022).

브랜드 자체가 구매의 목적이 되는 경우는 거의 없다. 브랜드는 언제나 특정 목적을 이루기 위한 수단으로 사용되며, 이 목적과의 연관성이 클수록 소비자의 WTP(고객 지불 의향)가 높아지는 것으로 알려져 있다(Plassmann et al., 2007b). 이러한 판단을 담당하는 뇌 영역이 바로 '보상계'로 알려진 부분이다.

보상계의 반응을 fMRI로 조사해 구매 예측에 활용하는 연구도 활발히 진행되고 있다. 이러한 연구들은 보상계를 활성화하는 제품일수록 실제 매출이 높게 나타나며, 이 반응과 매출 간에는 유의미한 상관관계가 있다는 것을 보여 준다(Berns&Moore, 2012; Knutson et al., 2007). 소비자의 목표와 브랜드가 강하게 연결되어 있고, 이를 통해 더 큰 보상을 기대할 수 있을 때 WTP가 높아지는 것이다. 흥미롭게도, 보상계의 반응은 미래 매출과 높은 상관관계를 보이는 반면, 주관적인 호불호 평가에서는 매출 예측에 큰 도움이 되지 않았다(Berns&Moore, 2012). 이는 3장에서 논의한 태도와 행동의 관계와도 일맥상통하는데, 뇌과학적으로 볼 때 좋아한다는like 감정과 갖고 싶다는want 욕구는 서로 다른 방식으로 처리되기 때문이다(Barden, 2022).

목표는 광고에 대한 주목도에도 영향을 미친다(Pieters&Wedel, 2007; Wedel et al., 2008; Yarbus, 1967). 즉, 광고에서 어디를 볼 것인지, 얼마나 오래 주시할 것인지가 목표에 따라 달라진다. 예를 들어, 바든의 연구에서는 목표가 실제로 세계를 바라보는 방식에 영향을 미친다는 점을 실증적으로 보여 주었다(Barden, 2022). 공복 상태의 그룹은 음식과 관련된 신호인 맥도날드 간판에 더욱 집중한 반면, 배부른 그룹은 다른 점포나 로고에 시선을 분산시켰다. 이는 뇌가 목표 가치가 높은 정보를 자동으로 취사선택하기 때문이다. 광고에 대한 주의도 목표에 따라 달라지며, 단적으로 말하면 '우리는 보고 싶은 것을 본다'는 것이다.

따라서 커뮤니케이션 설계에서 중요한 것은 소비자가 CEP에서 보고 싶어 하는 것이 무엇인지 파악하고, 그들의 욕구에 기반한 목표를 발견해 브랜드를 그 목표의 가치로 제안하는 것이다.

7-9 브랜드를 재해석해 고객이 원하는 가치를 제시하라

리트리벌 디자인을 실제 마케팅 실행 방안에 활용하려면 어떻게 진행해야 할까? 여기에는 얼터네이트 모델(芹澤, 2022)이 적합하다. 얼터네이트 모델은 구매 및 사용 맥락에서 고객의 합리성을 분석하고, 그 문맥에서의 고객 가치가 되도록 브랜드를 재해석하는 도구다. 사용 방법에는 여러 가지가 있지만, 이번 장에서는 리트리벌 디자인의 두 가지 요건인 '상황적인 단서'와 '사용 맥락의 목표 가치'를 찾아 메시지에 활용하는 기법을 소개하겠다.

리트리벌 디자인의 요건

- 상황적인 단서: CEP를 상징적으로 나타내는 장면, 환경, 상황

을 도입한다.
- 사용 맥락의 목표 가치: 브랜드를 소비자의 목표에 적합한 가치로 재해석한다.

얼터네이트 모델을 적용하는 방법

간단한 상황을 예로 들어 살펴보겠다. 주방 세제가 하나 있다. 이 제품의 '판매' 포인트가 되는 기술적 속성은 '싱크대부터 벽면까지 어디든 뿌려 사용할 수 있다'는 점이다. 기업은 스프레이 구조나 성분 개발에 상당한 자원을 투입했기 때문에 이 점을 강조하고 싶어한다. 하지만 이는 기업의 시각일 뿐이다. 효과적인 마케팅을 위해서는 이러한 특성을 그대로 전달하기보다는 고객의 사용 맥락에서 가치를 재해석해 전달하는 것이 중요하다. 처음 시작할 때는 다음과 같은 단계로 진행하는 것이 좋다.

1) CEP에서의 중심적인 행동 찾는다.
2) 그 행동의 계기와 목표 가치를 찾는다.
3) 목표 가치와 브랜드의 기술적 속성을 결합해 가치를 제안한다.

우선 CEP에서 카테고리 이용 행동을 찾아야 한다. '이 행동이 늘었으면 좋겠다' 또는 '이 행동 속에서 브랜드를 사용했으면 좋겠다' 등을 발견하는 것이다. 주방 세제 카테고리 사용자를 조사해 '아직

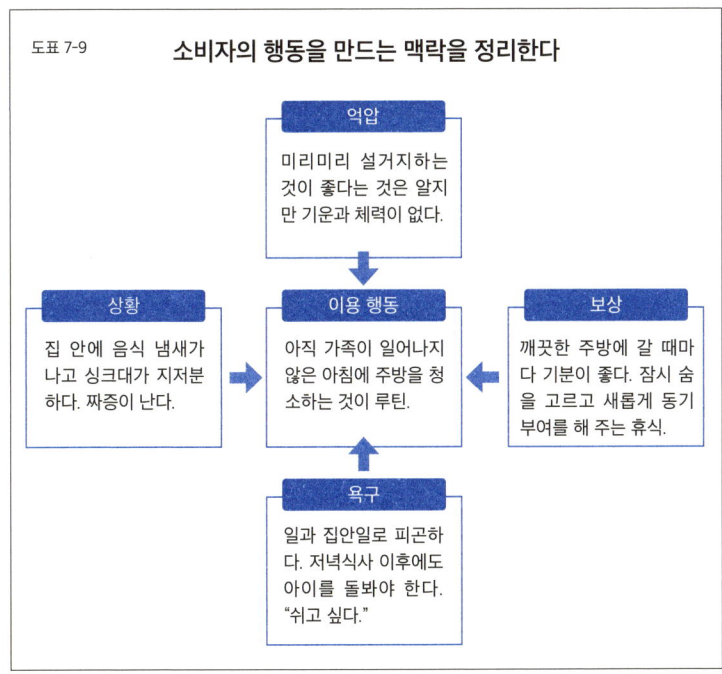

도표 7-9 소비자의 행동을 만드는 맥락을 정리한다

 가족이 일어나지 않은 아침에 주방을 청소하는 것이 루틴'이라는 주부들의 행동을 확인했다. 이제 이 특정 행동을 중심으로 CEP의 맥락을 깊게 파고들어 보자.

 도표 7-9로 얼터네이트 모델을 이해해 보자. 이 모델은 행동을 규정하는 맥락 요인을 네 가지 요소로 구분한다. 행동이 일어나는 상황, 행동 뒤에 있는 욕구, 행동을 방해하는 억압, 그리고 행동의 결과로 얻을 수 있는 보상이다. 이러한 요소들은 카테고리를 이용하는 행동에 영향을 미치는 과거의 경험이나 기억을 반영한다. 경험적으로 볼 때, 이 네 가지 측면을 분석하면 주요한 행동 배경을 대체로

파악할 수 있다. 이를 바탕으로 CEP와 브랜드를 효과적으로 연결하는 메시지를 구상할 수 있다.

행동의 배경을 더 깊이 들여다보면, 욕구와 억압이 드러난다. '재택근무와 육아로 지쳤는데 저녁 식사 후에는 둘째 아이를 목욕시키고, 늦게 귀가하는 남편의 식사를 준비해야 하니 설거지를 미루게 된다. 설거지감이 쌓여 있어도 그저 쉬고 싶을 뿐이다', '밤에 설거지나 주방 청소를 끝내 두는 편이 좋다는 걸 알면서도 기력과 체력이 남아 있지 않다' 등이다. 직접적으로는 '아침에 일어나 집 안에 음식 냄새가 맴돌거나 설거지 더미를 보면 짜증이 난다'는 상황이 행동을 유발하는 계기가 되는 것으로 보인다.

한편, 이 행동의 목표는 무엇일까? 겉으로 보면 단순히 지저분한

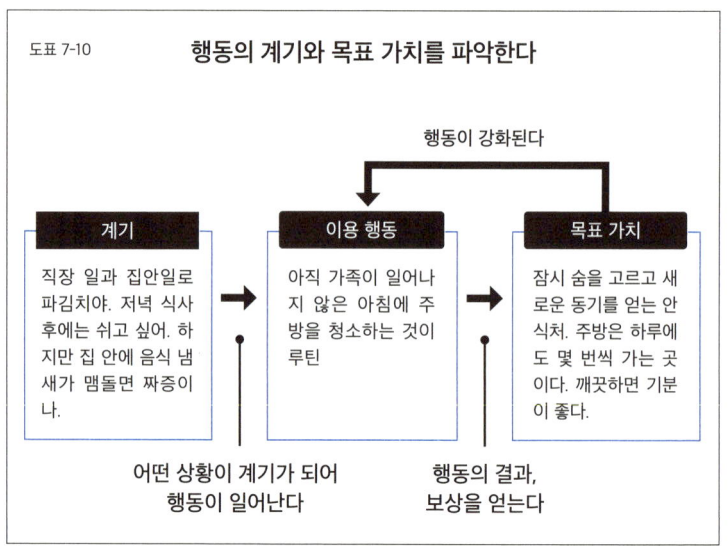

상태를 원래대로 돌려놓기 위한 집안일처럼 보인다. 그러나 맥락을 더 깊이 들여다보면 그것이 전부는 아니다. 주방은 요리를 하는 공간인 동시에, '일이나 육아로 바쁜 와중에도 잠시 숨을 고르고 새롭게 동기 부여를 얻는 특별한 장소'기도 하다. 아침에 주방을 깨끗하게 정리하는 행동은 단순한 집안일을 넘어선다. 쫓기는 일상 속에서 '자신만의 공간'을 유지하려는 목적이 포함되어 있다. '장을 보고 돌아와 깨끗한 주방이 눈에 들어올 때 기분이 좋아지는' 이유도 여기에 있다.

브랜드를 재해석한 메시지

아침 청소는 단순히 지저분한 상태를 원래대로 돌리는 것이 아니라, 긍정적인 보상을 제공하는 행위다. 이것이 '아침에 주방을 청소하는' 행동의 목표 가치다. 이 목표 가치와 '모든 곳에 뿌려도 된다'는 브랜드의 기술적 속성을 결합해 메시지를 만든다. 예를 들어, '주방에 밴 냄새와 얼룩을 간단히 리셋. 아침에 한번 뿌리기만 하면 하루 종일 행복해지는 주방 완성'이라는 가치 제안을 생각할 수 있다.

이는 단순히 기능을 설명하는 것이 아니라, CEP의 상황적 단서와 CEP에서의 목표 가치를 활용해 브랜드를 자연스럽게 연상시키는 메시지가 된다. 이를 기반으로 커뮤니케이션 아이디어를 발전시키면, 다음과 같은 방식으로 브랜드 상기가 확장될 수 있다.

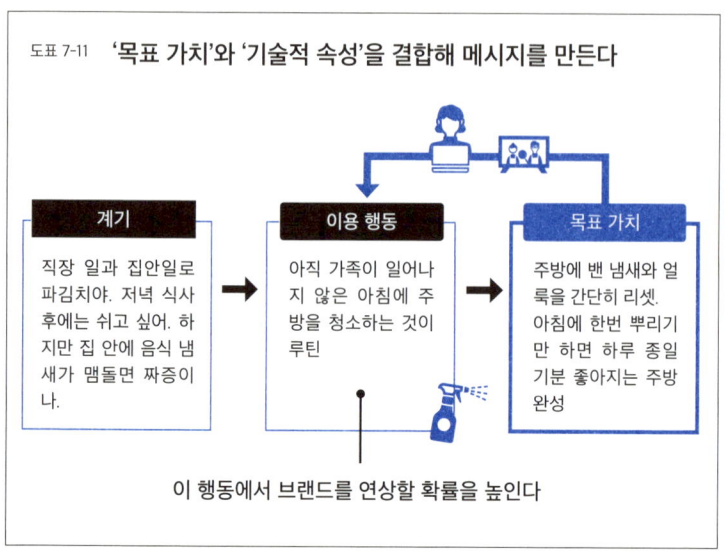

도표 7-11 '목표 가치'와 '기술적 속성'을 결합해 메시지를 만든다

- Before: 주방은 아침에 되도록 보고 싶지 않은 곳, 냄새와 오염으로 짜증이 나는 공간
- After: 주방은 갈 때마다 기분이 좋아지는 곳, 마음에 여유를 주는 공간

덧붙여, 62개 브랜드와 177개 TV 광고를 분석한 연구에 따르면, '제품 특징의 명시적 묘사'와 '이를 통해 얻을 수 있는 기능적·경험적 혜택'을 결합한 접근 방식이 매출 증대에 효과적인 것으로 나타났다. 또한, 브랜드 로고 같은 브랜드의 독자적 자산DBA을 장시간 노출하면 이러한 효과가 더욱 높아지는 경향을 보였다(Bruce et al., 2020).

마케터의 합리성과 고객의 합리성

CEP 기반의 광고 커뮤니케이션이나 고객 경험을 설계할 때는 '마케터의 합리성'과 '고객의 합리성'이 다를 수 있다는 점을 인식해야 한다. 여기서 고객의 합리성이란, 고객이 세상을 이해하는 방식, 즉 그들에게 진실로 여겨지는 세계관, 자신만의 규칙, 주관적인 인과관계를 파악하는 방식을 의미한다. 물론, 이러한 고객의 합리성이 반드시 과학적으로 옳다고는 할 수 없다.

예를 들어, 피부 트러블 개선을 위한 미용 보조제를 생각해 보자. 피부 생리학적으로 보면 컨디션 난조, 스트레스, 수면 부족 등이 피부 트러블을 유발하는 주요 원인이다.

올바른 순서: 컨디션 난조 → 피부 트러블

당연히 마케터도 이 순서로 메시지나 크리에이티브를 생각한다. 마케터의 합리성이다. 하지만 고객은 '아침에 일어났는데 피부가 거칠거칠하면 기분이 안 좋다. 하루 종일 몸이 피곤하고 컨디션도 나빠진다'라고 느낄 수 있다. 과학적으로는 옳지 않지만, 고객에게는 이 순서와 인과관계가 진실이다.

고객의 순서: 피부 트러블 → 컨디션 난조

이것이 고객의 합리성이다. 소비자 조사에서도 자주 관찰되는 현상이다. 이는 제품에 포함되지 않은 성분의 효과를 '실감'하거나, 실제로는 효과가 미미한 방식으로 사용하면서도 '효과'를 느끼는 경우에도 해당된다. 중요한 점은 고객의 합리성을 '교정'하려 하거나, 이에 부합하지 않는 '올바른' 정보를 전면에 내세울 경우 오히려 거부감을 불러일으킬 수 있다는 것이다. 물론 과학적으로 잘못된 내용을 광고에 사용할 수는 없지만, 고객의 합리성에 맞춰 전달하는 방식을 고려해야 한다.

올바른 순서에만 집중해 메시지를 구성하는 것은 효과적이지 않을 수 있다. 예를 들어, '컨디션 난조 → 피부 트러블이 발생하므로, 컨디션을 개선하는 것이 중요하다'는 논리를 따른다면, '하루 종일 지친 몸과 마음을 위한 종합비타민제!'라는 메시지를 떠올릴 수도 있다. 그러나 고객의 목표 가치는 단순히 컨디션을 개선하는 것이 아니라, 아침에 일어났을 때 맑고 탄력 있는 피부 상태를 실감하는 것일 수도 있다.

'눈뜨자마자 수분감이 한껏 느껴지는 스킨 케어 등장! 아침의 여유가 하루의 컨디션을 결정한다!'

이 경우에는 이런 메시지가 더 효과적일 수 있다. 전자와 후자는 같은 타깃과 같은 성분을 바탕으로 하지만, 전자는 'CEP에서 소비자가 느끼는 순서'와 일치하지 않는다. 사소한 차이처럼 보일 수도 있지만, 이 차이를 인식하는지 여부에 따라 메시지와 크리에이티브의 효과, 그리고 소비자의 공감 정도가 크게 달라진다. 단순히 제품의 혜택을 전달하는 것이 아니라, 소비자의 목표와 고객의 합리성에 맞춰 브랜드 가치를 '재해석'하는 것이 중요하다.

7-10 브랜드 일관성에 대한 오해, 소비자는 혼란스러워하지 않는다

CEP와의 연결을 늘리면 '광고 메시지가 너무 많아져 소비자가 혼란스러워하지 않을까?' 또는 '이 브랜드를 언제, 어떤 상황에서 사용해야 할지 헷갈리지 않을까?'라고 걱정하는 경우가 있다. 하지만 소비자는 혼란스러워하지 않는다(Sharp, 2010). 애초에 광고를 그렇게 진지하게 보지도 않으며, 브랜드에 대한 관심도 크지 않다.

소비자가 혼란스러울 것이라고 생각하는 바는 브랜드 중심적인 사고에서 비롯된다. 마케터는 브랜드의 다양한 기능과 혜택을 누구보다 잘 알고 있으며, 이를 언제, 어떤 가치를 중심으로 전달할지 매일 고민한다. 그래서 소비자도 같은 방식으로 사고할 것이라고 착각하는 경향이 있다. 그러나 소비자의 브랜드 선택은 대개 카테고리 수요가 발생하는 순간에서 출발한다. 생활 속 맥락과 연결되지 않은 브랜드는 혼란스럽게 다가오기 전에 애초에 떠오르지도 않는다. 마치 '바다에 가자'고 했을 때, '산'에 대해 생각하는 사람이 없는 것과 같다.

즉, 혼란스러워하는 것은 소비자가 아니라 마케터다. 브랜드가 바다와 산 모두와 연결되어 있다고 해도, 바다에 갈 때는 바다에 대한 기억이 떠오르고, 산에 갈 때는 산에 대한 기억이 떠오른다. 따라서 바다의 CEP와 산의 CEP가 실제로 충돌하는 경우는 거의 없다.■ 게다가 산에서의 브랜드 상기가 약하다면, 바다의 CEP가 혼란을 일으킨 것이 아니라 단순히 '산에서의 광고 노출이 부족했기' 때문일 수 있다.

코카콜라는 바다에서도, 산에서도 떠오르는 브랜드다. 외식할 때도, 배달 피자를 주문할 때도, 영화를 볼 때도, 공원을 산책할 때도, 여름에도, 겨울에도 선택된다. 수십 년에 걸쳐 다양한 상황과 브랜드를 연결해 온 결과, 소비자들은 자연스럽게 코카콜라를 여러 맥락에서 떠올린다. '코카콜라는 언제 마시는 거였지?'라고 고민하는 사람은 없다.

이와 관련해, 메시지를 자주 바꾸면 브랜드의 일관성이 무너진다는 통념이 있지만, 이는 주로 광고 예산이 분산되어 개별 광고의 규모가 작아지는 경우에 해당한다. 물론 메시지를 지나치게 자주 변경

■ 다만, CEP 분석을 할 때(7장 7절 내용), 새로운 메시지가 현재 브랜드가 연결된 CEP에 대해 부정적인 연상이 되지 않는지는 일단 확인하고, 만약 부정적인 영향이 있다면 어떤 고객층이나 조건에서 그렇게 되는지 조사한다.

하는 것은 바람직하지 않지만, 특정 상황에서 어느 정도 인지도를 확보했다면, 다른 상황에서도 인지도를 높이기 위한 노력이 필요하다. '어느 정도'의 기준에 대해서는 이 장 7절에서 구체적으로 다뤘다. 또한, 메시지와 실행execution 중 어떤 요소를 일관되게 유지하고, 어떤 요소를 변화시킬지는 시장 환경이나 브랜드의 성장 단계에 따라 결정된다. 이에 대한 자세한 내용은 8장에서 설명하겠다.

새로움이 오히려 독이 되는 경우

브랜드의 일관성이라는 의미에서는 오히려 브랜드의 독자적 자산DBA의 일관성을 더 신경 써야 한다. 예를 들어, IMCIntegrated Marketing Communication(통합 마케팅 커뮤니케이션)는 단일 캠페인 내 다양한 미디어와 접점에서의 일관성을 강조하지만, 서로 다른 캠페인 간의 일관성은 종종 간과된다(Sharp, 2010). 마찬가지로 메시지나 포지셔닝의 일관성은 자주 언급되지만 시각적 자산, 언어적 자산, 스타일의 일관성은 충분히 고려되지 않는 경우가 많다. 오히려 '더 새롭게, 더 혁신적으로 바꾸자'는 목소리가 더욱 부각되기도 한다.

이로 인해 대행사와 기업 모두 기존과 얼마나 다른지를 지나치게 추구하면서 DBA가 변하거나 활용되지 않는 사례가 자주 발생한다. 소비자는 새로움을 원하므로 브랜드가 새롭게 태어나야 한다는 논리를 내세우며 브랜드 정체성을 바꾸려는 시도가 이루어지지만, 실제로 새로움을 원하는 것은 기업(또는 해당 제안자)일 뿐, 소비자가 아니다. 로마니우크는 이러한 변화 요구를 DBA의 '천적'으로 규정하며, 개선 제안이라는 명목하에 이루어지는 불필요한 변화로부터 브랜드 자산을 지켜야 한다고 강조한다(Romaniuk, 2018). DBA를 변경하면 소비자는 자칫 다음과 같은 반응을 보일 수 있다.

- DBA 변경을 인지하지 못함 → 의미 없는 결과
- DBA 변경을 인지함 → 기존 인지도와 상기도가 저해되고, 지금까지의 투자가 무의미해짐
- DBA 변경을 인지하고 불만을 제기함 → 원상태로 복귀해야 함

이러한 결과는 모두 브랜드에 불리하게 작용하며, 결국 '패배'로 끝날 가능성이 크다. 브랜드 가치를 새롭게 해석하는 것은 유용하지만, DBA는 철저하게 유지되어야 한다. 따라서 앞으로 1년간 집중적으로 관리할 DBA 하나를 선정하거나, DBA 관리 계획과 규칙을 수립하는 등의 방식으로 일관성을 유지하는 데 힘써야 한다(Romaniuk, 2018).

evidence-based marketing

8장 크리에이티브에도 전략이 있을까?

8-1 광고를 중단하면 매출과 점유율은 어떻게 변할까?

광고는 중요하다. 정말 그럴까? 일반적인 업무 환경에서는 이를 의심하는 경우가 드물다. 설령 누군가 광고의 효과에 의문을 제기하더라도, '그렇다면 현재 진행 중인 광고를 중단하고 몇 년 후의 결과를 지켜보자'라고 제안하는 경우는 거의 없다. 그러나 이 책은 이러한 당연한 전제를 다시 검토하고 검증하기 위해 쓰였다. 따라서 광고의 중요성이라는 기본적인 가정부터 다시 살펴보자.

광고를 중단하면 매출과 점유율은 얼마나 감소할까? 최근 연구에 따르면, 광고를 중단한 시점부터 1년 동안 평균 16%의 매출 감소가 발생했으며, 2년 차에는 25%, 3년 차에는 36%까지 감소하는 것으로 나타났다(Hartnett et al., 2021). 시장 점유율의 경우, 1년 동안

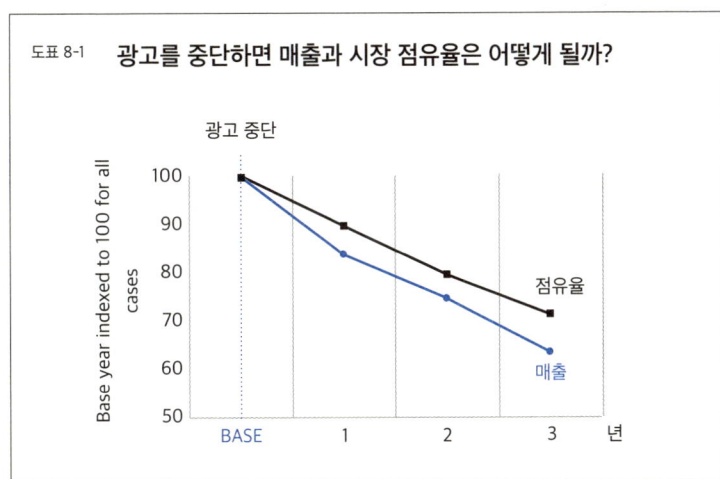

출처: 다음을 바탕으로 저자가 작성함
Hartnett, N., Gelzinis, A., Beal, V., Kennedy, R.,&Sharp, B. (2021). When brands go dark: Examining sales trends when brands stop broad-reach advertising for long periods. *Journal of Advertising Research, 61* (3), 247-259.
Phua, P., Hartnett, N., Beal, V., Trinh, G.,&Kennedy, R. (2023). When brands go dark: A replication and extension: Examining market share of brands that stop advertising for a year or longer. *Journal of Advertising Research, 63* (2), 172-184.

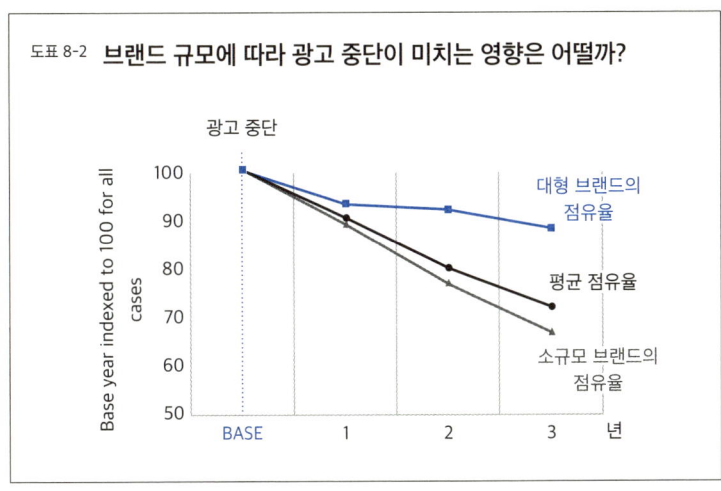

출처: 다음을 바탕으로 저자가 작성함(위 도표는 이미지)
Phua, P., Hartnett, N., Beal, V., Trinh, G.,&Kennedy, R. (2023). When brands go dark: A replication and extension: Examining market share of brands that stop advertising for a year or longer. *Journal of Advertising Research, 63* (2), 172-184.

광고를 하지 않으면 평균 10% 하락했으며, 2년 차에는 20%, 3년 차에는 28%까지 하락했다(Phua et al., 2023).* 또한, 대형 브랜드보다 소규모 브랜드가 더 큰 폭으로 영향을 받는 경향이 확인되었다(Hartnett et al., 2021; Phua et al., 2023).

이 데이터를 자세히 살펴보면, 성장 중이거나 점유율이 안정적인 대형 브랜드는 1~2년간 광고를 중단해도 점유율에 즉각적인 변화가 거의 없다. 그러나 규모가 크더라도 쇠퇴 경향이 있는 브랜드가 광고를 중단하면 빠르고 큰 폭으로 부정적 영향이 나타난다. 소규모이지만 성장 중이거나 안정적인 브랜드의 경우, 광고를 중단한 첫해에는 크게 하락하지 않지만 2~3년 차부터 부정적인 영향이 커지기 시작한다. 쇠퇴 경향이 있는 소규모 브랜드가 광고를 중단할 경우 가장 심각한 영향을 받으며 가장 큰 하락 폭을 보인다.

상황을 지켜보다가 광고를 하면 된다?

광고의 영향력은 단기적인 효과를 넘어 장기적으로도 지속된다. 기업이 광고를 중단하거나 예산을 축소해도, 과거 수년간의 광고 투자로 인한 혜택은 계속 유지될 수 있다(IPA, 2008). 특히 성장 중이거나 점유율이 안정적인 대형 브랜드의 경우, 광고를 중단해도 초기에는

■ 표준편차가 크기 때문에 이는 어디까지나 참고 사항일 뿐이며, 실제 변화는 각 브랜드의 유통, 가격, 카테고리 성장의 영향 등에 따라 크게 달라질 수 있다.

큰 영향이 나타나지 않을 수도 있다(Phua et al., 2023).

하지만 단기적으로 매출이나 점유율에 변화가 없다고 해서 '우리는 브랜드 파워가 있으니 광고를 하지 않아도 된다'고 성급하게 판단해서는 안 된다. 오히려 그 반대다. 장기적으로 보면 절약한 광고비보다 기회 손실로 인해 발생하는 매출 손실이 더 클 수 있다.

IPA 보고서는 불황기에 광고 예산을 삭감하는 것이 장기적인 매출에 어떤 영향을 미치는지 모델화한 사례를 소개한다(IPA, 2008). 광고 예산을 1년간 절반으로 줄였다가 다시 정상 수준으로 되돌릴 경우, 매출이 원래 수준으로 회복되는 데 3년이 걸린다. 광고 예산을 1년간 0으로 줄였다가 다시 정상 수준으로 되돌리면 회복에 5년이 소요된다. 따라서 '매출이나 점유율이 떨어지면 그때 다시 광고하면 된다'거나 '우리는 브랜드 파워가 있으니까 괜찮다'는 생각은 위험할 수 있다.

한번 잃은 매출이나 점유율이 원래대로 돌아오지 않을 가능성도 있다. 여러분이 광고를 하지 않아도 경쟁사는 계속 광고를 한다. 여러분이 상황을 지켜보는 동안 새로운 브랜드가 시장에 진입할 수도 있다. 그리고 소비자들은 여러분의 브랜드를 기억해야 할 의무가 없다. 광고를 한다고 해서 갑자기 점유율이 늘어나진 않지만, 광고를 중단하면 점유율을 유지하는 것조차 어려워질 수 있다.

8-2 광고가 할 수 있는 것과 할 수 없는 것

기본적으로 '광고는 중요하다'고 말할 수 있다. 이는 특별히 새로운 주장은 아니다. 하지만 광고가 왜 중요한지에 대해서는 마케터와 마케팅 과학자들 사이에 상당한 견해 차이가 존재한다.

여러분은 퍼널 지표, 인식 변화율, 브랜드 이미지 점수 등이 예상보다 크게 변하지 않아 고민한 적이 있는가? 특히 캠페인이나 프로모션이 끝난 후, 투자한 예산에 비해 브랜드 인식 변화나 퍼널 병목 현상의 해소 정도가 기대에 미치지 못해 당황한 경험이 있을 것이다. 이런 경우, 마케터들은 다양한 원인을 분석한다. 타깃 설정이 정확하지 않았는지, 소비자 인사이트 분석이 충분하지 않았는지, 메시지나 크리에이티브가 더 개성적이어야 했는지 등을 검토한다.

물론 이런 요인들도 영향을 미칠 수 있지만, 그것이 주된 원인은 아닐 가능성이 크다. 점수나 전환율이 거의 변하지 않는 이유는 애초에 광고가 그런 방식으로 작용하지 않기 때문일 수도 있다. 이제 다양한 근거를 살펴보며, 사람들이 광고의 역할에 대해 근본적으로 오해하고 있을 가능성을 이야기해 보겠다.

광고의 역할은 설득인가, 상기인가?

여러분은 광고의 역할에 대해 어떤 관점을 가지고 있는가? 광고가 소비자의 구매 행동에 어떻게 영향을 미칠 것이라고 기대하며 실무에 적용하는가? 다음 A와 B 중에서 자신의 생각에 더 가까운 쪽을 선택해 보자. 만약 케이스별로 다르게 적용된다고 생각된다면, 현재 진행 중인 프로젝트를 기준으로 판단해도 좋다.

> A: 오늘날 소비자는 정보에 민감하며, 브랜드를 신중하게 판단한 후 자신에게 맞는 상품을 선택한다. 따라서 광고는 설득과 이해 촉진에 중점을 둔다. 무관심한 소비자에게 새로운 정보와 통찰을 제공하거나 브랜드 인식을 변화시켜 구매 동기를 형성하는 것이 주요 역할이다. 이를 통해 신규 고객을 확보하고, 고객 충성도를 높이는 효과를 기대할 수 있다.
>
> B: 소비자는 이전의 경험을 바탕으로 브랜드를 선택하며, 광고를

본다고 해서 생각이 바뀌거나 설득되지 않는다. 브랜드 선택은 주로 습관에 의해 이루어지며, 브랜드를 충분히 이해한 후 구매한다기보다는 특정 순간에 떠오르는 브랜드를 구매할 뿐이다. 따라서 광고의 주요 역할은 기존 고객의 선호도를 유지하고, 구매 후 기억을 강화하며, 브랜드를 지속적으로 상기시키는 것이다.

A 같은 관점을 강한 이론strong theory, B를 약한 이론weak theory이라고 부른다(Ambler, 2000; Jones, 1990a). 강한 이론은 광고가 소비자의 태도나 평가를 변화시켜 구매로 이끄는 '설득'의 도구라고 본다. AIDA 모델이나 정교화 가능성 모델(Petty & Cacioppo, 1986)의 중심 경로처럼, 브랜드에 대한 태도 변화나 평가 형성을 통해 소비자가 구매 결정을 내린다고 가정한다(Santoso et al., 2020). 광고 효과에 관한 초기 연구에서는 이 관점이 주류였다(Vakratsas & Ambler, 1999).

반면, 약한 이론은 광고의 주된 역할을 설득이 아니라 현저성을 높이는 것이라고 본다. 광고는 브랜드에 대한 기억이나 연상을 강화해 구매 시점에 해당 브랜드가 쉽게 떠오를 수 있도록 돕는 역할을 한다(Ambler, 2000; Ehrenberg et al., 2002; Vaughan et al., 2021). 이 이론에서는 광고가 새로운 행동을 유도하기보다는 기존 행동을 강화하는 기능이 더 크다고 본다(Jones, 1990a; Vakratsas & Ambler, 1999).

광고의 역할이 설득인가, 현저성인가. 이 구분은 매우 중요하다. 만약 설득 중심의 세계관으로 접근한다면, 다음과 같은 커뮤니케이션 전략이 되어 버린다.

- STP 로직을 기반으로 페르소나를 활용해 타깃을 좁히고 독자적 포지션 확립을 목표로 한다.
- 차별화 포인트나 USP를 명확히 설명하는 메시지와 크리에이티브를 개발한다. ROI가 불명확한 매스 광고는 가능한 한 피한다.
- 효과 측정은 바람직한 태도 변화, 브랜드 이미지 변화, 기능성의 이해 등 사전에 설정한 목표 달성도를 전후 비교하는 방식으로 진행한다.
- 특히 구매 퍼널의 전환율 개선, 구매 의향, 추천 의향과 같은 태도적 충성도의 변화를 KPI로 설정해 추적한다.

여기서 '되어 버린다'라는 표현을 쓴 이유는, 이러한 커뮤니케이션 전략이 실제 브랜드 성장을 보장한다는 근거가 없기 때문이다. 지금까지 내용을 순서대로 읽어 온 독자라면 이미 눈치챘을 것이다. 이러한 전략이 전제로 삼고 있는 것은 소비자 행동 패턴이지만, '이렇게 하면 브랜드가 성장할 것이다'라는 가정은 지금까지 밝혀진 증거들과 상당히 다르다는 사실을 말이다.

실무자 중에는 '소비자가 광고에 노출되면 생각이 바뀌고, 그 변화가 행동으로 이어진다'는 전제를 바탕으로 커뮤니케이션 전략을 이해하는 경우가 많다. 하지만 설득력 있는 광고가 실제로 효과적인 상황은 제한적이다(Jones, 1990a). 설득적 커뮤니케이션에 대한 실증 연구를 살펴봐도, 설득이 광범위하게 일반적으로 효과적이라는 증거는 찾아볼 수 없다(Hartnett et al., 2020; Lodish et al., 1995; Sharp&Hartnett,

2016).

물론 소비자의 관여도가 높은 카테고리(Armstrong et al., 2016)나 신흥국 시장(Pauwels et al., 2013)에서는 설득적 커뮤니케이션의 효과를 일부 지지하는 연구도 있다. 또한 4장에서 설명했듯이, 기존 고객에게는 선호도에 맞춘 메시지가 효과적으로 작용할 수 있다.

하지만 성숙 시장이나 관여도가 낮은 카테고리, 그리고 사업 성장에 필수적인 라이트 유저나 비구매층을 대상으로 할 때는 이야기가 다르다. 요컨대, 설득은 사용할 때를 골라야 하는 커뮤니케이션 수단이다.■

현저성 관점에서 생각하는 광고 커뮤니케이션

한편, 약한 이론은 낮은 관여도를 가진 카테고리까지 포함하여 더 넓은 적용 가능성을 지닌다고 본다(Jones, 1990a). 이와 관련해 앤드류 에렌버그는 '광고는 설득이 아니라 퍼블리시티다Brand Advertising As Creative Publicity'라는 패러다임 전환을 제시했으며, 이는 현재까지도 주목받고 있다(Ehrenberg et al., 2002). 즉, 광고는 '널리 알리고 생각할 기회를 제공하는 것'이란 말이다. 개인적으로도 이 논문을 접했을 때 큰 감명을 받았다. 특히 광고를 통해 소비자가 각자 자신만의 구매

■ 이 책에서 여러 번 언급했듯이, 다른 방법과 마찬가지로 목적과 도구의 적합성 문제라고 할 수 있다.

이유를 떠올린다는 관점이 인상 깊었다.

많은 마케터와 기획자가 기업이 소비자에게 구매해야 할 이유를 명확히 제공해야 한다고 믿는다. 이러한 사고방식은 광고 기획서에서도 쉽게 확인할 수 있다.

많은 광고가 다음과 같은 구조를 따른다.

이 브랜드는 A라는 점에서 타사와 다르며, B라는 독특한 이점을 제공한다. 그 근거로 C라는 기능을 갖고 있다. 그러므로 당신은 우리 제품을 구매해야 한다.

이러한 접근 방식은 사고를 전환해 구매를 유도하는 설득 전략의 한 형태다. 하지만 이것이 항상 긍정적인 결과를 가져오는 것은 아니다.

과거 상담했던 한 기업의 사례를 살펴보면, 인식 변화에는 성공했지만, 그로 인해 브랜드 인지도가 감소하고 매출이 하락하는 상황이 발생했다. 특히 한 외국계 소비재 제조사의 전 마케터는 범용화된 브랜드를 새롭게 포지셔닝하기 위해 과감한 전략을 추진하며, 다양한 인식 개선 프로젝트를 실행했다. 이 과정에서 기업이 의도한 고객 가치는 분명히 전달되었고, 기획서에 쓴 대로 인식 변화도 일어났다. 그러나 그 결과, 기존에 구축된 브랜드 인지 경로가 혼란스러워지고, 정신적 가용성이 감소하면서 오히려 매출이 하락하는 부작용이 발생했다. 이는 전략의 본질이 흐려진 대표적인 사례다.

소비자가 '자신만의 구매 이유'를 떠올리게 하라

뒤집어 말하면, 소비자가 어떤 이유로든 브랜드를 구매한다면 그것이 기업이 의도한 가치와 꼭 일치하지 않더라도 괜찮다는 뜻이다. 극단적으로 말하면, 기업이 제안하는 구매 이유가 소비자에게 그대로 받아들여지지 않더라도, 소비자가 자신만의 이유로 브랜드를 선택한다면 문제될 것이 없다. 이런 의미에서 광고는 소비자가 구매 맥락에서 자신만의 구매 이유를 떠올릴 수 있도록 유도하는 역할을 해야 한다. 기업이 구매해야 할 이유를 들어 설득하는 것이 아니라, 소비자가 광고를 보고 브랜드에 자유롭게 의미를 부여할 수 있도록 하는 '여백'을 제공하는 것이 중요하다.

다시 말해, 광고는 퍼블리시티다. 에렌버그는 이러한 퍼블리시티의 대표적인 사례로 코카콜라의 'Coke Is It'을 언급했다. 최근 일본 KFC 광고의 "오늘, 켄터키로 가지 않겠어요?"도 이에 해당한다. 이런 광고들은 소비자가 광고를 보고 브랜드를 떠올릴 때, 자신이 선호하는 연상을 자연스럽게 연결할 수 있도록 설계되어 있다.

바이런 샤프는 코카콜라의 광고를 기억 구조를 새롭게 형성하는 좋은 사례로 꼽는다(Sharp, 2010). 코카콜라의 TV 광고를 떠올려 보면, 대부분이 소비자가 이미 경험한 상황을 기반으로 한다. 모두 함께 모여 즐거운 시간을 보내고, 여름에는 바다에 가고, 운동 후에는 갈증이 나고, 라이브 공연은 신나고, 고기는 맛있다는 것, 이 모든 것은 소비자가 이미 알고 있는 사실들이다. 코카콜라의 광고 메시지는 기본적으로 '즐거움'과 '맛있음' 같은 감각적 요소와 DBA가 중심이며, 성분 설명이나 기능적 설득은 거의 등장하지 않는다.

특정한 상황과 브랜드를 연결하는 방식으로 브랜드의 기억 구조를 구축한 것이다. 물론 모든 기업이 수십 년 동안 브랜드 구축에 투자할 수는 없다. 그렇지만 7장에서 설명한 대로 하나의 상황과 하나의 CEP부터 시작해 볼 수 있겠다.

| 실전 포인트 |

상사를 설득할 수 있는 광고가 소비자도 설득할 수 있다?

소비자를 합리적으로 설득하려다 보면 광고가 경쟁사와 매우 유사해지는 경우가 많다. 특히 시판 약품 같은 카테고리에서는 이러한 차별화가 더욱 어려운 일이 된다. 이는 카테고리 수요 자체가 제한적이기 때문이다. 하지만 광고 대행사에서 일해 본 경험이 있다면 알겠지만, '다른 것과 비슷합니다'라는 이야기를 클라이언트가 쉽게 받아들일 리 없다. 결국 세부적인 차이와 특징을 강조하기 위해 설득적인 표현이나 스토리 개발에 고심하게 된다.

그러나 소비자는 브랜드를 알고 싶어서, 혹은 이해하고 싶어서 제품을 구매하는 것이 아니다. 아무리 논리적으로 설명해도 '어차피 다 비슷할 것'이라고 생각하는 것이 차가운 현실이다. 이 '어차피 다

비슷할 것'이라는 소비자의 인식을 인정하고 이를 커뮤니케이션 개발의 전제로 삼는다면, '어떻게 브랜드의 현저성을 높일 수 있을까'라는 새로운 관점을 가질 수 있다.

하지만 현실적으로는 소비자보다 먼저 상사나 클라이언트를 설득해야 하는 상황과 맞물리면서, 정작 가장 중요한 '브랜드'를 새롭게 변화시키지 못한 채 광고가 제작되는 경우가 많다.

8-3 광고는 고객과 몇 번 접촉해야 하는가?

광고의 도달 범위와 접촉 빈도 중 어느 것이 더 중요한지에 대한 논의는 마케팅에서 오랫동안 이어져 온 논의 주제다. 만약 '광고는 한 번만 접촉해도 충분하니 도달 범위를 넓히는 것이 더 중요하다'고 주장하면, 사람들은 '정말 그런가?' 또는 '최소 3회 이상은 필요하지 않나?' 하는 반응을 보이곤 한다. 실제로 많은 사람이 광고 접촉과 구매 행동 간의 관계를 특정 임곗값 이상 초과해야 구매 확률이 높아지는 S자형 곡선으로 인식한다. 이른바 유효 빈도의 개념이다. 하지만 광고는 정말로 그렇게 작동하는 것일까?

광고의 역사를 되짚어보면, 이 주제를 놓고도 '도달파'와 '빈도파' 간의 논쟁이 지속되어 왔으며, 이를 둘러싼 다양한 실증 연구가 존재한다. 텔리스는 3회 정도의 낮은 빈도로 접촉해도 충분한 효과를 얻을 수 있다고 믿는 사람들을 '미니멀리스트'로, 최적의 광고 반응을 얻기 위해서는 그 이상의 높은 접촉 빈도가 필요하다고 주장하는 사람들을 '반복론자'로 분류했다(Tellis, 1997).

미니멀리스트 이론의 대표적인 학자로는 3 히트 이론three hit theory을 제안한 허버트 크루그먼(Krugman, 1972)과 이를 검증해 유효 빈도의 개념을 확립한 마이클 네이플스(Naples, 1979)가 있다. 일부 연구자들은 3회도 많고, 1회만으로도 충분한 광고 효과를 얻을 수 있다고 주장하기도 했다(Gibson, 1996; Jones, 1995).

반면, 빈도론자들은 광고 노출이 13회에 달해도 여전히 효과가 증가한다고 주장한 Zielske(1959)의 연구를 대표적인 사례로 든다. 이후에도 효과를 극대화하기 위해 필요한 최적 접촉 횟수에 대한 논의는 계속되었으며 5회, 8회, 10회, 심지어 20회를 초과해도 효과가 증가한다는 보고도 존재한다(Burton et al., 2019; Kohli et al., 2005; Nordhielm, 2002; Pechmann&Stewart, 1988; Schmidt&Eisend, 2015).

시장별 광고 반응 패턴을 기억하자

소비자 행동 연구에서 중요한 관심사는 '소비자는 실제로 광고에 어떻게 반응하는가' 또는 '여러 번 접촉한다면, 어느 정도의 간격으로 접촉해야 하는가'이다. 먼저, 소비자의 광고 반응 패턴을 살펴보자.

만약 소비자의 반응이 수확체감형 법칙에 따른다면, 첫 번째 광

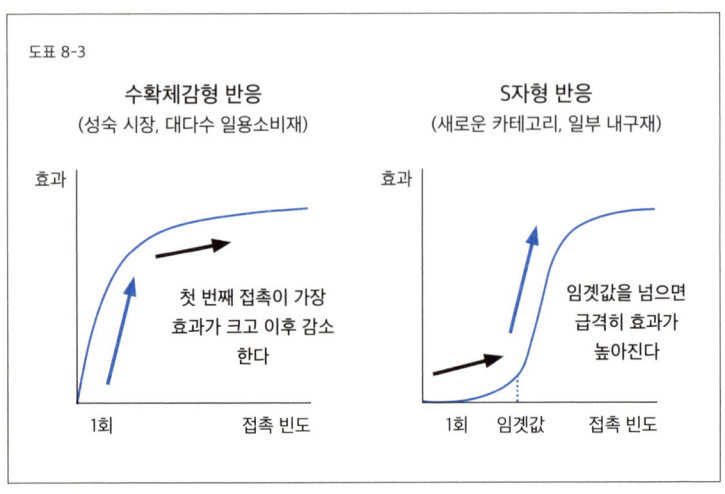

고 접촉이 가장 효과적이며, 이후 접촉부터는 효과가 점차 감소한다. S자형 반응이라면 초기 접촉에서는 효과가 크지 않다가 특정 접촉 횟수를 초과하면 효과가 급격히 증가한다.

이 주제에 대해서는 여러 차례 광범위한 리뷰와 실증 연구가 진행되었으며, 특히 성숙 시장에서 구매 간격이 짧은 카테고리, 예를 들어 소비재에서는 수확체감형 반응 함수가 나타나기 쉬운 것으로 보고되었다(Jones, 1995; Simon&Arndt, 1980; Taylor et al., 2009; Taylor et al., 2013; Vakratsas&Ambler, 1999; Wind&Sharp, 2009).

앞에서 '몇 회 이상 접촉해야 광고 효과가 나타난다'거나 '그 횟수를 초과하면 갑자기 구매 확률이 높아진다'는 식의 임곗값이 존재한다고 인식하는 경우가 많다고 했다. 그러나 광고 반응이 수확체감 곡선을 따른다면, 애초에 그러한 임곗값은 생길 수 없다(Cannon et al.,

2002). 첫 번째 접촉이 가장 큰 반응을 보이고, 이후 접촉 빈도가 증가할수록 효과가 점차 감소하기 때문이다.

바이런 샤프는 일반적인 광고 추적 데이터에서 소비자가 광고를 이해하고 반응하기 위해 일정 수준의 접촉이 필요할 수는 있지만, 명확한 임곗값이 존재한다는 증거는 없다고 설명한다(Sharp, 2017). 다만, 비교적 새로운 내구재 카테고리에서는 S자형 반응 함수가 나타날 수 있다는 연구도 있다(Vakratsas et al., 2004).

새로운 카테고리나 내구재의 경우에는 접촉 빈도를 높이는 것이 도움이 될 수 있지만, 대다수의 성숙 시장이나 소비재에서는 같은 사람에게 여러 번 노출시키는 것보다 '처음 1회'에 노출되는 사람 수를 늘리는 편이 더 효과적이라는 것이다. 실제로 고객 기반 내에서 접촉 빈도의 차이를 조사해 보면, 단 한 번의 광고 접촉만으로도 구매로 이어지는 비율이 상당히 높았다(Jones, 1999; McCurdy, 2017).

소비자가 맨 처음 떠올리는 브랜드?

하지만 '그렇게 하면 전달되는 정보와 이해가 부족해 첫 번째 상기를 시킬 수 없지 않을까?' 또는 '단순 노출 효과(접촉 횟수가 증가할수록 긍정적인 반응이 나타난다는 효과)에 대해서는 어떻게 설명할 수 있을까?'라는 의문이 생길 수 있다. 하나씩 살펴보자.

우선 첫 번째 상기에 관해서는, 대형 브랜드가 기존 고객을 대상으로 할 때(마진 전략)와 소규모 브랜드가 비고객층을 공략할 때(볼

류 전략)의 접근 방식이 다르다. 전자의 경우, 반복적인 광고 접촉이 태도 변화와 구매 의향 증가에 기여할 수 있다(Burton et al., 2019; Schmidt&Eisend, 2015). 또한 LTV(고객 생애 가치)가 높은 우량 고객에 대해서는 높은 빈도의 커뮤니케이션이 효과적일 수도 있다. 이는 특히 해외 거래나 B2B 시장에서 두드러진다.

반면, 소규모 브랜드가 성장하려면 비고객층에서 사전 인지도를 형성하는 것이 중요하다. 이러한 변화는 최초 상기도[*]에는 잘 드러나지 않는다. 실제로, 첫 번째 상기의 변화는 대부분 기존 고객에 의한 것이며, 비고객층에서는 일정한 광고 노출이 지속된 후인 보조 상기도[**] 단계에서 반응이 나타나는 경향이 있다(Romaniuk, 2023). 따라서 비고객 확보는 '타깃을 좁혀 단기간에 최초 상기도를 높이는 전략'으로 접근해서는 안 된다. 본래 비고객은 광고에 무관심한 경우가 많기 때문에, '첫 번째 광고를 통해 브랜드를 인식하고, 두 번째에 흥미를 느끼며, 세 번째에 구매로 이어진다'는 전제 자체가 비현실적이다.

단순 노출 효과는 어떨까?

단순 노출 효과에 대해서는 타임프레임time frame과 광고의 작용, 두

- [*] Top of Mind. 어떤 카테고리에서 가장 먼저 떠오르는 브랜드를 말한다.–옮긴이 주
- [**] Aided Recall. 브랜드명이나 로고 등의 힌트를 제공받았을 때 해당 브랜드를 인식할 수 있는 정도를 나타낸다.–옮긴이 주

가지 측면에서 고려해야 한다. 우선, 라이트 유저는 연간 1~2회만 구매하는 경우가 흔하다(Dawes et al., 2022). 유효 빈도를 전제로 한 '광고가 집중되는 타이밍'에서 수요가 발생하지 않는 비고객층이 더 많다는 의미다(Dawes, 2021). 따라서 광고가 폭넓고 정기적으로 도달하지 않는 한, 비고객층의 마음속에 브랜드를 각인시키기 어렵다. 미디어 단위로 생각해도 마찬가지다. 특정 시기에 광고를 집중적으로 노출하면 결국 해당 미디어의 헤비 유저나 그 시기에 미디어를 많이 이용하는 사람들에게만 도달하게 된다(Romaniuk&Sharp, 2022).

다음으로, 수요가 발생하는 메커니즘과 광고의 역할에 대해 살펴보자. 광고 업계에서 경험이 쌓일수록 '오직 광고만이 수요를 창출한다'는 착각에 빠질 수 있다. 하지만 7장에서 배운 카테고리 엔트리 포인트CEP 개념을 다시 떠올려 보자. 광고가 수요를 창출하는 것이 아니라, 일상생활에서 수요가 발생하고, 그 수요에 맞는 광고가 '인지'되는 것이다. 내가 '오늘 저녁은 뭘 먹지?'라고 고민하며 '여름 제철 음식도 좋고, 시원한 맥주도 마시고 싶네'라고 생각하던 중 우연히 KFC의 레드 핫 치킨 광고를 본다면, '아, 벌써 팔고 있구나, 이걸로 하자'라고 결정할 수 있다. 비교하거나 검토하지 않고 거의 즉각적으로 배달 앱으로 음식을 주문하는 식이다.

이처럼 광고는 소비자의 수요가 발생하는 순간이나 상황에 맞춰 '이런 상품이 있습니다'라고 부드럽게 유도하거나, 기억의 집합체에서 더 눈에 띄게 만드는 역할을 한다(Sharp, 2010). 만약 광고의 목표가 소비자를 설득하는 것이라면 짧은 시간에 높은 빈도로 접촉해 이해를 촉진할 필요가 있다. 그러나 앞서 설명한 것처럼 광고의 주요 역할은 설득이 아니라 퍼블리시티다(Ehrenberg, 1974; Ehrenberg et al., 2002). 광고는 기존 기억을 갱신하거나, 경험을 기반으로 한 연상을 강화하는 것이므로(Ambler, 1998; Jones, 1990a), 짧은 시간에 여러 번 접촉할 필요는 없으며, 오히려 낮은 빈도로 장기간 반복 노출하는 것이 더 효과적이다.

하지만 현실적인 문제가 있다. 수요가 발생하는 정확한 타이밍을 예측하기 어렵다는 것이다. 그렇기 때문에 결국 연중 내내 광고를 노출하게 된다. 이는 최신성recency이라는 개념과 연결된다(Ephron, 1997). 실제로 여러 인지 심리학 실험에서 짧은 기간에 집중적으로 노출하기보다는(예: 한 달에 12회), 간격을 두고 장기간 노출하는 것이 구매 확률을 높였고(예: 1년 동안 매달 1회), 인지 및 회상, 재인식 등의 기억 지표도 10~20% 향상되었다(Sahni, 2015; Sawyer et al., 2009). '한 번 잊었다가 다시 생각해 내는' 과정을 반복하는 것이 더 좋은 결과를 가져온다는 것이다(Romaniuk&Sharp, 2022).

그렇다면 '단기에 자주 노출하는' 전략은 완전히 틀린 것일까? 그렇지는 않다. 신제품이나 계절성이 강한 제품을 출시할 때는 효과적인 전략이 될 수 있다(Jones, 1999). 하지만 이런 경우에도 약 3개월 정도의 단기 집중 노출 이후에는 '장기간 저빈도로 노출하는' 전략으로 전환하는 것이 좋다. 실제로 나도 이 패턴을 자주 활용한다.

한편, 예산이 부족하다는 이유로 반응이 높은 특정 영역에만 집중하는 인게이지먼트 중심Engagement-focused 전략[■]을 선택하는 경우가 있다. 그러나 고객의 참여도(인게이지먼트)는 광고의 도달 범위를 완전히 대체할 수 없으며, '광고 없이도 구매할 사람에게 광고를 하는 것'일 가능성이 높다는 점에 유의해야 한다(9장 5절 참고).
예산이 빠듯한 상황은 모든 기업이 마찬가지다. 그러나 '정말로' 규모가 작고 '정말로' 예산이 없는 경우에는 광고보다는 물리적 가용성 강화를 우선시하는 것이 좋다(Romaniuk&Sharp, 2022). 즉, 전화, 이메일, 외부 영업 등 직접적인 영업 활동이 더 현실적인 대안이 될 수 있다.

■ 브랜드와 고객 간의 관계를 강화하고 고객의 참여를 유도하는 마케팅 접근 방식. 나이키의 NIKE+ 커뮤니티와 스타벅스의 My Starbucks Idea 플랫폼 등이 이에 해당한다.-옮긴이 주

| 실전 포인트 |

95:5 규칙, 왜 B2B와 서비스 산업에서 비고객이 중요한가?

최신성의 개념은 B2B 및 서비스 산업에서 특히 중요해지고 있다. 이는 에렌버그-배스 연구소의 존 디튼이 제안한 95:5 규칙을 통해 쉽게 이해할 수 있다(Dawes, 2021). 이 규칙에 따르면, 제품이 평균적으로 5년에 한 번 교체가 이루어진다고 가정할 때, 특정 연도에 교체하는 고객은 전체의 20%를 차지하며, 분기별로 보면 5%에 해당한다. 분기 기준으로 볼 때 시장의 95%는 구매 수요가 없는 잠재 고객으로 남게 된다.

일반적으로 많은 기업에서 프로모션이나 성과 마케팅을 분기 또는 그 이하의 주기로 운영하며, PDCA Plan-Do-Check-Act 사이클을 빠르게 반복하는 경향이 있다. 하지만 이러한 단기 전략만으로는 잠재

고객의 5%만을 대상으로 하게 되며, 이는 시장 전체에서 매우 제한적인 효과를 낳는다. 다시 말해, 특정 분기의 프로모션에 연간 예산의 대부분을 투입할 경우, 이후 시장에 진입하는 나머지 95%의 잠재 고객을 대상으로는 거의 아무런 마케팅 활동도 할 수 없게 된다. 실제로 5%라고 했지만, 그 안에서 경쟁사와 치열하게 경쟁해야 하므로 몇 분의 1로 더욱 감소하는 게임이 될 수 있다.

따라서 기업은 '5%의 고객을 놓고 단기적인 경쟁을 반복할 것인가' 아니면 '나머지 95%에 대한 사전 인식을 형성해 장기적으로 시장에서 우위를 확보할 것인가'를 고민해야 한다.

B2B 및 서비스 산업에서 95:5 규칙은 특히 중요한 의미를 갖는다. B2C 소비재 시장에서는 소비자가 편의점이나 슈퍼마켓에서 브랜드를 즉각적으로 인식하고 구매 결정을 내릴 수 있다. 하지만 B2B 시장에서는 그러한 즉흥적인 구매 방식이 거의 존재하지 않는다. 대부분의 경우, 고객의 수요가 발생했을 때는 이미 머릿속에 몇 개의 브랜드가 떠오른 상태이며, 그 브랜드 중에서 선택이 이루어진다. 이때 자사 제품이나 서비스가 떠오르는 상태를 유지시키는 것이 B2B 마케팅의 본질이다. 자사 제품이나 서비스가 떠오르지 않으면 고려 대상에서 제외되며, 경쟁 입찰 기회조차 얻을 수 없다.

현재 B2B 분야에서도 ROI(투자 대비 수익률)와 ROAS(광고 지출 대비 수익률) 같은 성과 측정 지표를 중요하게 다루고 있다. 하지만 이러한 지표는 마케팅의 효율성을 측정하는 척도일 뿐이며, 결국 현재 시장에 있는 5%의 고객을 얼마나 효율적으로 확보했는지를 평가하는 데 그친다. 비즈니스 성장을 위해서는 '효율성'보다 '효과성'

이 더욱 중요하다. 즉, 임팩트가 커야 한다. 5%에 대한 효율성만 추구해서는 95%에 대한 효과를 얻을 수 없다. 최근 B2B에서도 브랜딩에 대한 관심이 높아지고 있지만, 결국 B2C와 마찬가지로 정신적 가용성의 관점이 중요하다는 점이 강조된다.

8-4 광고 범위가 좁아도 창의적이면 효과가 있을까?

최근 클라이언트 미팅에서 한 전략 컨설턴트가 타깃팅에 대해 이렇게 주장했다.

"최근 STP에는 근거가 없고, 타깃을 정하지 말라는 이야기가 나오는데, 이는 실무를 전혀 이해하지 못하는 사람들이 하는 말입니다. 실무에서 고객층을 정하지 않고 전략과 전술을 세우는 것은 불가능하며, 이는 결국 자원 낭비입니다."

하지만 고객층을 한정하지 않고도 타깃팅을 할 수 있다. 카테고리 사용자 대부분이 직면하는 상황이나 타이밍을 타깃으로 삼으면 되기 때문이다(구체적인 내용은 7장 참고). 이러한 접근법을 기존 마케팅 이론에 익숙한 사람들에게 설명하면, 십중팔구 이런 의견이 돌아온다.

"그럴 때에도 결국 고객 수준에서의 타깃 정의가 필요합니다. 그렇지 않으면 제품 콘셉트나 미디어 플랜이 제대로 기능하지 않아요."

애초에 그 누구도 타깃을 정하지 말라고 한 적이 없다. 오히려 도달을 희생하지 말라는 것이 핵심이다. 종종 이 점을 혼동하는 사람들이 있는데, 이 두 가지는 완전히 별개의 이야기다. 타깃을 정의하는 것 자체는 문제가 없다. 다만, 집중할 CEP와 상황을 고려해 설정해야 한다. 예를 들어 '20~40대 여성'이나 '시니어층'처럼 타깃을 대략적으로 설정하는 것도 가능하다. 이를 정하지 말라는 것은 현실적이지 않다. 문제는 타깃을 설정한 이후, 그 타깃 전체에 효과적으로 도달할 수 있는 전략을 설계하는 것이다. 20~40대 여성층을 타깃으로 삼았다면, 그 연령대의 여성 전반에 도달할 수 있는 전략이 필요하며, 시니어층을 타깃으로 한다면 그 전체를 효율적으로 공략할 방안을 마련해야 한다.■

예산이 작아 모든 사람을 대상으로 광고하기 어려운 상황이라면, 제한된 예산 내에서 최대한 중복 도달 없이 범위를 넓히는 것을 목표로 하는 미디어 플랜을 짜야 한다. 많은 마케터가 자신의 회사는 대기업과 다르고 예산이 없기 때문에 도달 범위를 중심으로 한 전략은 어렵다고 불평한다. 그러나 처음부터 전국 단위의 광고를 하자는 것이 아니다. 대기업이라고 해서 광고비에 여유가 있는 것도 아

■ 광고 대행사 관점에서 보면, 커뮤니케이션 타깃의 정확도를 높이는 것은 좋지만, 커뮤니케이션 타깃에게만 전달하는 것은 바람직하지 않다. 미디어 플랜은 비즈니스 타깃에게 널리 도달할 수 있도록 설계해야 한다.

니다. 그들이 도달해야 할 대상 집단은 '국내의 모든 사람'이며, 글로벌 대기업이라면 '전 세계'가 대상이 된다. 즉, 규모가 크든 작든 모든 기업은 제한된 예산 속에서 광고 전략을 고민해야 한다. 따라서 중요한 것은 이 제한된 예산을 어떻게 효과적으로 사용할지에 대한 전략적 판단이다.

한편, 중소기업이나 디지털 출신 마케터들은 "그렇다 해도 대중 마케팅은 비용이 많이 들고, 비용 대비 효과가 불확실하다"는 반론을 제기한다. '도달 범위보다 타깃팅의 정확도가 더 중요하다', '디지털 플랫폼에서는 세밀한 설정이 가능하다', '비용 대비 효과를 확인하면서 PDCA 사이클을 돌릴 수 있다는 점이 강점이다' 등의 의견도 있다.

타깃을 좁혀서 이익을 창출할 수 있다?

결국, 어떻게 판단해야 할까? 핵심은 타깃팅과 도달 간의 상충 관계가 수익에 미치는 영향을 이해한 후 결정하는 것이다. STP에서 말하는 타깃팅은 기본적으로 전체 시장에서 특정 부분을 좁혀 가는 접근 방식을 의미한다.

여기에 예산과 기대 수익이 얽히면, 결국 '더 많은 고객을 대상으로 광고 예산을 투자하는 것이 이익인가, 아니면 특정 고객층의 구매 확률을 높이는 데 예산을 집중하는 것이 이익인가'라는 질문으로 귀결된다. 타깃을 좁힐수록 도달 범위는 줄어들지만, 그 대신 '메시지와 수요의 일치도'나 '브랜드의 제안과 고객이 요구하는 가치의

적합성'을 높일 수 있다.

이와 관련해 페이스북과 스포티파이를 활용한 실증 실험이 진행되었으며, 다음과 같은 결과가 도출되었다(Ahmadi et al., 2023).

- 현장 실험을 통해 '타깃을 좁힌 전술(이하 타깃팅 전술)'이 '타깃을 좁히지 않은 전술(이하 비 타깃팅 전술)'과 동일한 이익을 창출하려면, 광고 성과를 얼마나 향상시켜야 하는지를 도출하는 모델을 만들었다.
- 해당 모델을 다른 데이터 세트에 적용해 다양한 시장 조건에서의 이익을 추정하고, 이를 '비 타깃팅 전술'과 비교했다.
- 그 결과, 약 절반의 타깃팅 전술이 비 타깃팅 전술과 동일한 이익을 창출하려면 현실적으로 달성하기 어려운 수준의 성과 향상이 필요하다는 점이 확인되었다.

도표 8-4를 보자. 도달 범위가 절반으로 줄어들 경우, 동일한 이익을 유지하려면 광고 성과가 거의 2배 가까이 향상되어야 한다. 또한, 도달 범위가 기존의 20% 수준으로 감소하면, 약 4배의 광고 성과가 요구된다. 타깃을 좁힐수록 이익을 유지하기 위해 필요한 광고 성과는 지수함수적으로 증가한다(Ahmadi et al., 2023).

여러분은 이 연구 결과를 어떻게 받아들였을까? 비교적 새로운 연구이며, 아직 재현 연구가 충분하지 않아 단정적으로 말할 수는 없지만, 나는 광고 전략에서 '양의 부족함을 질로 상쇄한다'는 생각이 현실적으로 어렵다고 느꼈다. 클릭률CTR을 늘리는 것은 비교적

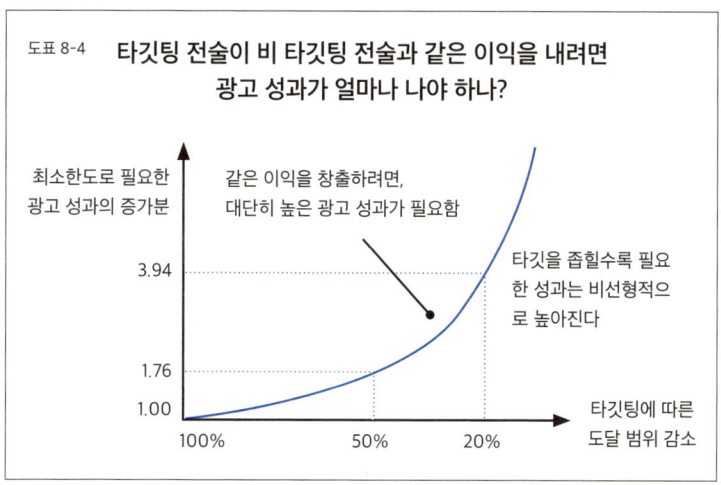

출처: 다음을 바탕으로 저자가 작성함
Ahmadi, I., Abou Nabout, N., Skiera, B., Maleki, E.,&Fladenhofer, J. (2023). Overwhelming targeting options: Selecting audience segments for online advertising. *International Journal of Research in Marketing*. Advance online publication.

가능하겠지만, 메시지나 크리에이티브를 개선하는 것만으로 광고 성과를 두 배 이상 향상시키는 것은 쉽지 않기 때문이다. 또한, 타깃팅의 정확도를 높이기 위해 활용하는 데이터 역시 무료가 아니며, 그 정밀도에도 한계가 있다. 실제로 연구를 진행한 학자들도 서드 파티 데이터* 규제로 활용 가능한 데이터의 질이 낮아지면, 타깃팅 중심의 전략은 더욱 매력적이지 않을 것이라고 지적했다(Ahmadi et al., 2023).

■ third party data. 기업 또는 조직 외부에서 수집되거나 구매한 데이터로, 해당 조직의 고객 또는 사용자와 직접적인 연관이 없는 데이터.-옮긴이 주

결국은 새로운 매출 창출

이런 사실에 대한 마케터의 반응은 크게 두 가지로 나뉜다. 하나는 "비용 대비 효과를 대충 파악하기 때문에 그렇게 되는 것이다. ROI나 ROAS만 제대로 분석하면 문제가 없다"는 반응이고, 또 하나는 "그렇기 때문에 더더욱 철저하게 A/B 테스트를 해야 한다"는 반응이다.

먼저 전자를 살펴보면, ROI나 ROAS를 기준으로 반응이 높은 고객층을 좁혀 나가면, 이미 구매할 마음이 있는 사람에게만 집중하는 경향이 있다. 이런 그룹에서는 평균보다 매출이 상승하고 지표 수치도 높게 나타나지만, 이는 캠페인의 효과가 커서가 아니라, 애초에 광고가 없어도 구매했을 기존 고객이나 헤비 유저에게만 도달했기 때문이다(Sharp, 2017). 새로운 매출을 창출하지 못할 가능성이 크다. 하지만 겉으로 보이는 수치는 나쁘지 않기 때문에, "타깃팅을 하지 않는 것이 더 이익이지 않았을까?"라고 의문을 제기하는 사람은 거의 없다. 신규 고객이 유입되지 않고 기존 고객을 대상으로 한 타깃팅이 한계에 다다르며 매출이 정체되었을 때야, 비로소 문제가 있다는 것을 깨닫게 된다. 개인적으로 볼 때, 몇 년 전부터 D2C 사업자들 사이에서 이런 이야기가 꽤 많이 나오고 있다.

반대로, 뛰어난 마케터들은 철저한 A/B 테스트를 수행하는 경향이 있다. 실제로 Ahmadi et al.(2023)도 좁은 타깃층을 설정하기 전에 그 수익성을 면밀히 평가해야 한다고 강조했다. 다만 실제로 성과를 내고 있는 기업들은 A/B 테스트를 단순한 실험 수준이 아니라, 이렇게까지 해야 하나 싶을 정도로 철저하게 진행한다. 통계를 조금 배운 마케터가 몇 가지 패턴을 테스트하는 정도가 아니라, 데이터 사이언티스트를 고용해 오프라인부터 온라인까지 고객 여정의 대부분을 분석하며, 수백 가지 시나리오를 준비한다. 이들은 비용과 시간을 들여 현장 실험을 진행하고, 테스트 매장이나 실제 제품을 활용해 거의 실제 환경에 가까운 RCT(무작위 대조 실험)를 수행하기도 한다.

새로운 소비자에게 도달하기 위한 타깃팅

한편, 새로운 증분 도달을 늘리기 위한 시장 세분화와 타깃팅은 오히려 적극적으로 수행해야 한다. 이를 위해 자사의 고객 구성이 최상위 브랜드에 비해 편중되어 있지는 않은지를 점검해 보자. 다음과 같은 관점에서 고객 기반을 살펴보고, 지금까지 자사 제품을 구매하지 않았던 소비자층에 도달하기 위해 어디를 공략해야 할지를 고민하는 것이다. 이는 내가 컨설팅을 진행할 때 자주 활용하는 방법으로, 간과된 부분을 발견하는 데 상당히 효과적이었다.

- **지리적 도달**: 최상위 브랜드는 사용되지만 자사 제품은 사용되지 않는 특정 지역이나 장소가 있는가?
- **시간적·계절적 도달**: 최상위 브랜드는 사용되지만 자사 제품은 사용되지 않는 특정 시간대, 계절, 이벤트가 있는가?

- **채널별 도달**: 최상위 브랜드는 활용되지만 자사는 활용되지 않는 터치포인트가 있는가? 유통되지 않는 채널은 없는가?
- **기능별 도달**: 최상위 브랜드는 제공하지만 자사는 제공하지 못하는 기능이나 성분이 있는가? UX적으로 접근하기 어려운 소비자층이 있는가?

왜 이런 내용을 진단할까? 경쟁 브랜드 간의 고객 프로필이 거의 변하지 않기 때문이다(Anesbury et al., 2017; Kennedy & Ehrenberg, 2001). 평균적인 고객 구성은 카테고리에 따라 대략적으로 결정되며, 브랜드가 성장할 때는 해당 카테고리의 고객 구성에 맞춰 성장하는 경향이 있다. 즉, 최상위 브랜드와 비슷한 고객 구성을 확보하지 못했다면 뭔가 놓치고 있는 부분이 있을 가능성이 크다. 따라서 먼저 카테고리를 대표하는 브랜드와 비교해 현재 자사가 확보하지 못한 고객, 지역, 시점, 기회 등이 무엇인지 밝혀내야 한다. 오래된 브랜드가 젊은 층에게 인기가 없다면 젊은 층의 접근을 늘려야 하고, 특정 시간대에 사용량이 편중되어 있다면 새로운 사용 시점을 제안해야 한다. 이러한 신규 증분 도달을 위한 타깃팅은 바람직하다. 다만, 특정 타깃층을 중심으로 어필하더라도, 미디어 플랜은 가능한 한 시장 전체를 넓게 겨냥해 설계해야 한다.

이제 정리해 보자. '광고의 양'과 '광고의 질'은 동일한 개념이 아니다. 어떤 광고든 대규모로 진행하면 매출이 증가하지만, 도달 범위가 부족한 광고를 높은 품질로 보완하려면 매우 뛰어난 성과가 필요하다. 그리고 도달 범위가 줄어들수록, 이를 광고의 질로 만회

하는 것은 점점 어려워지며 결국 실현 불가능한 수준에 이르게 된다. 기존 고객으로부터의 마진을 늘리기 위해 의도적으로 타깃팅을 하거나, 볼륨 성장을 위해 별도의 전략을 진행하는 경우라면 타깃팅이 효과적이다. 그러나 지나치게 타깃팅에만 집중하면 시야가 좁아져, 결과적으로 이익과 고객 기반이 축소될 위험이 있다.

　이러한 점을 종합적으로 평가한 후, 타깃팅하는 것이 장기적으로 더 높은 이익을 창출한다는 결론에 도달한다면 그것도 하나의 전략적 선택이 될 수 있다. 하지만 그렇지 않다면, 어정쩡한 타깃팅보다는 도달 범위를 넓히는 것이 비즈니스 임팩트를 더 빠르게 창출할 수 있다.

　덧붙여, 메시지나 크리에이티브를 아무리 최적화하더라도, 사업의 지속적인 성장을 위해서는 결국 침투율 증가가 필수적이라는 사실은 변하지 않는다.

8-5 메시지와 표현은 일관성이 중요할까, 아니면 변화해도 될까?

브랜드의 일관성은 오래전부터 중요한 요소로 여겨져 왔다(Keller, 1999). 반면, 광고의 맥락이나 표현을 조금씩 변화시키는 것이 매출 반응과 기억 형성에 도움이 된다는 연구도 있다(Bass et al., 2007; Lodish et al., 1995; Unnava&Burnkrant, 1991). 실무에서는 이러한 혼합 접근법, 즉 'WHAT(메시지)은 일관성을 유지하고, HOW(표현)는 매체나 접점에 따라 변화시키는' 전략이 바람직하다고 여겨진다. 실제로 대형 광고 대행사의 플래너나 크리에이티브 디렉터에게 '광고의 일관성을 유지할 때 무엇을 의식하는가?'라는 질문을 던지면, 이와 같은 패턴의 답변이 많이 나온다.

그런데 이 접근법이 모든 브랜드에 정답이 될 수 있을까? 어떤 브랜드든 메시지는 일관되게 유지하되 표현을 변화시키는 방식이 항상 효과적일까? 사실, 이 패턴의 효과성을 체계적으로 검증한 연구는 많지 않다. 최근 연구에 따르면, 적어도 카테고리 특성, 브랜드 규모, 브랜드의 연수, 균형 시장인지 변화가 심한 시장인지 여부와 같은 요소에 따라 가장 적합한 형식이 달라질 수 있다고 밝혀졌다(Becker&Gijsenberg, 2023; Pauwels et al., 2022).

성숙 시장은 브랜드의 규모에 따라 접근 방식이 다르다

우선 성숙 시장의 경우를 살펴보자. 소비재 분야에서 진행된 연구에 따르면, 33개 브랜드와 247개 광고 데이터를 분석해 광고의 일관성(자사 광고가 시간에 따라 얼마나 유사한지)과 광고의 공통성(자사 광고가 경쟁사의 광고와 얼마나 유사한지)이 매출에 미치는 영향을 평가했다(Becker&Gijsenberg, 2023). 연구 결과, 매출을 증가시키기 위해서는 다음과 같은 전략이 필요하다는 결론이 도출되었다.

소규모 브랜드의 경우, WHAT(메시지)과 HOW(표현) 모두 일관성을 유지하는 것이 중요하며, 특히 HOW에서는 경쟁사와의 유사성과 감정적 일관성을 중시해야 한다.

소규모 브랜드에서는 메시지의 일관성뿐만 아니라 감정적 일관성도 중요하다. 캠페인마다 다른 감정을 유발하기보다는 비슷한 감정을 지속적으로 불러일으키는 표현의 일관성이 요구된다. 다만, 어떤 감정을 유발할지는 비교적 자유롭게 설정할 수 있다. 또한, 소규모 브랜드의 경우 광고 내용이 경쟁사와 다소 유사해도 매출에 긍정적인 영향을 미칠 수 있다. 소규모 브랜드는 본래 인지도가 낮기 때문에 먼저 어떤 카테고리의 브랜드인지를 명확하게 전달하는 것이 우선적이기 때문이다. 실제로 브랜드 인지도에 관한 실험에서도 소규모 브랜드는 카테고리와의 연결을 강화하는 것이 기억에 더 잘 남는다는 사실이 밝혀졌다(Stocchi et al., 2016). 이러한 현상은 넓은 의미에서 카테고리 멤버십category membership 개념으로 설명될 수 있다. 다음 절에서 더 자세히 다루겠다.

다음으로 대형 브랜드에 대한 Becker와 Gijsenberg(2023)의 연구에 따르면 다음과 같은 방식이 효과적이라고 한다.

대형 브랜드는 WHAT도 HOW도 변화시키는 접근이 효과적이다.

대형 브랜드의 경우, 경쟁사와의 유사성이 매출에 긍정적인 영향을 미치지 않으며, 메시지나 표현의 일관성도 매출 상승에 기여하지 않는다. 이는 소규모 브랜드와 정반대인 경향이다. 성숙 시장에서 대형 브랜드는 일관성을 유지하기보다는 변화가 필요하다. 의외일 수도 있지만, 오랜 역사를 가진 브랜드가 동일한 메시지를 반복하면 소비자는 지루함을 느낄 수 있다(Naik et al., 1998). 실제로 잘 알려진 브랜드의 광고에서는 일반적인 카테고리 지식이나 연상을 피하는 것이 더 효과적이라고 한다(Stocchi et al., 2016).

요약하자면, 성숙 시장에서 소규모 브랜드는 메시지와 표현의 일관성이 중요하며, 반대로 대형 브랜드는 메시지와 표현을 변화시키는 것이 중요하다. 이러한 경향은 7장 7절에서 다룬 카테고리 엔트리 포인트CEP 관점에서 이해하면 더욱 명확해진다. 소규모 브랜드는 하나의 CEP에 집중해 정신적 이점을 구축하는 것이 중요하며(일관성 유지), 일정 수준의 인지도를 확보한 대형 브랜드는 다음 CEP로 확장해 소비자의 기억 속에서 브랜드가 떠오를 기회를 늘려야 한다(변화 필요).

브랜드의 역사에 따라 접근 방식이 다르다

한편으로, 이러한 패턴은 성숙 시장에서의 WHAT과 HOW의 이해라고도 볼 수 있다.■ 시장 점유율과 소비자 행동이 크게 변하지 않는 비교적 안정된 시장에서 메시지와 표현이 어떻게 이루어져야 하는지 설명하는 것이다. 그렇다면 환경 변화가 심한 시장에서는 어떻게 접근해야 할까?

포웰스는 이렇게 환경 변화가 심한 시장으로 1990년에서 2003년까지의 미국 미니밴 시장을 분석했다(Pauwels et al., 2022). 이 시기는 미니밴 시장이 성장기에서 성숙기로 전환되는 단계였으며, 시장 환경이 역동적으로 변화하고 소비자의 선호도도 빠르게 바뀌었다.

■ Becker and Gijsenberg(2023)는 독일의 소비재 데이터를 이용한 연구다.

초기에는 쾌적함이 주요 구매 요인이었지만 이후 유지 비용, 퍼포먼스, 안전성 등으로 관심이 옮겨 가는 양상이 나타났다. 이렇게 변화가 심한 시장에서는 광고 커뮤니케이션에서 일관성이 필요할까? 아니면 변화가 필요할까? 이 연구 결과에 따르면 다음과 같다.

새로운 브랜드는 WHAT도 HOW도 변해 간다.

환경 변화가 큰 시장에서는 소비자의 선호와 제품 속성이 다양해진다. 따라서 새로운 브랜드는 WTP(고객 지불 의향)의 변화에 맞춰 유연하게 전환할 필요가 있다(Pauwels et al., 2022). CEP 관점에서 보면, 정신적 이점과 단점을 주기적으로 점검하고 자사에 유리한 CEP를 적절히 공략해야 한다.

성숙한 브랜드는 WHAT은 일관성을 유지하면서 HOW를 변화시킨다.

또한 성숙한 브랜드는 이런 접근법으로 매출 효과를 높일 수 있다. 이는 앞서 언급한 메시지의 일관성을 유지하면서 표현을 변화시키는 전형적인 패턴이다. 일관성을 지키면서도 CEP에 맞춰 브랜드 가치를 재해석하고, 스토리와 크리에이티브를 활용해 브랜드의 기억을 지속적으로 갱신하는 것이 중요하다. 참고로, 성숙한 브랜드가 반대 패턴(실행은 동일하게 유지하면서 메시지만 변경하는 전략)을 적용할 경우, 오히려 부정적인 영향을 미칠 수 있다(Pauwels et al., 2022).

도표 8-5

	소규모 / 새로운 브랜드	대형 / 성숙 브랜드
	WHAT도 HOW도 동일	**WHAT도 HOW도 변화한다**
변화가 적은 시장 (예: 성숙 시장의 소비재)	• CEP를 하나 선택해 정신적 이점을 구축한다. 다만, HOW는 경쟁사와의 유사성, 야기하는 감정의 일관성을 중시한다.	• 일정 이상의 정신적 이점을 확립하면, 다음 CEP로 이동해 브랜드가 상기되는 상황을 늘린다.
	WHAT도 HOW도 변화한다	**WHAT은 동일, HOW를 변화시킨다**
변화가 심한 시장 (예: 기술 혁신이 활발한 내구재)	• 선호도의 변화에 맞추어 가치 제안을 유연하게 '전환'한다. 정신적 이점을 내세우기 쉬운 부분을 찾는다.	• 혜택의 일관성을 유지하면서 CEP에 부합하는 스토리와 크리에이티브로 가치를 재해석, 정기적으로 기억을 갱신한다.

출처: 다음을 바탕으로 저자가 작성함
Becker, M.,&Gijsenberg, M. J. (2023). Consistency and commonality in advertising content: Helping or hurting?. *International Journal of Research in Marketing, 40* (1), 128-145.
Pauwels, K., Sud, B., Fisher, R.,&Antia, K. (2022). Should you change your ad messaging or execution? It depends on brand age. Applied Marketing Analytics, 8 (1), 43-54.
Romaniuk, J. (2023). *Better brand health: Measures and metrics for a how brands grow world.* Oxford University Press

지금까지 변화가 적은 시장과 변화가 심한 시장에 대해 메시지와 표현의 일관성을 유지해야 할지, 아니면 변화해야 하는지를 살펴보았다. Becker와 Gijsenberg(2023) 및 Pauwels et al.(2022)의 보고서를 요약하고 CEP 관점의 해석을 추가하면, 대략 도표 8-5와 같이 정리할 수 있다.

8-6 카테고리에 자리를 잡는 것이 우선이다

텔레비전을 보다가 '이건 무슨 광고지?'라고 의아해한 적이 있는가? 또는 가전제품 판매점에서 '이건 어디에 쓰는 물건이지?'라고 궁금해한 적이 있는가? 이런 경우, 브랜드가 어떤 카테고리에 속하는지 명확하게 전달하는 것이 중요하다. 즉, 카테고리 멤버십을 확립해 소비자에게 해당 브랜드가 카테고리 내에서 합리적인 선택임을 인식시키는 것이 필요하다.

여러분이 X라는 대학의 홍보 담당자라고 가정하자. 최근 학생 부족 문제로 고민하고 있으며, 신입생을 늘리고 싶다. 많은 수험생이 이 대학에 흥미를 갖도록 하려면, 다음 두 가지 중 어떤 것을 먼저 전달해야 할까?

1) X대학이 도쿄대와 비교해 어떻게 다르고 얼마나 우수한가
2) X대학이 도쿄대와 얼마나 공통점이나 유사성을 가지고 있는가

마케팅 마인드를 가진 사람이라면 1번을 강조하고 싶겠지만 먼저 전달해야 할 것은 2번이다. 여기서 연구자와 수험생이라는 두 부류가 있다고 하자.

- 연구자: 학문의 헤비 유저
- 수험생: 학문의 라이트 유저(또는 비고객)

전문 연구자의 시각에서는 도쿄대보다 특정 연구 분야에서 더 우수한 대학이 있을 수 있다. 그러나 학문적 이해도가 상대적으로 낮은 수험생들에게는 도쿄대의 네임밸류가 결정적인 요소로 작용한다. '도쿄대와 다르다'는 연상은 긍정적으로 작용하지 않으며, 도쿄대와의 거리가 멀어질수록 관심이 줄어들 가능성이 크다. 따라서 우선 '도쿄대와 유사한 점이 많다'는 점을 강조해, 수험생들이 '그렇다면 X대학도 괜찮을지도 모르겠네'라고 생각하도록 유도하는 것이 중요하다. 그런 후에, 이러한 공통점을 바탕으로 특정 분야에서는 도쿄대보다 더 집중적으로 투자하고 있다는 차별화된 강점을 부각해야 관심을 지속적으로 끌어낼 수 있다.

이러한 논의는 브랜드 전략에서 중요한 개념인 POD Point of Difference(차별점)와 POP Point of Parity(유사점)과 연결된다. 일반적으로, POP를 먼저 확보하는 것이 중요하다고 여겨지며, 이는 '무엇인지'

에 대한 이해가 '어디가 다른지'를 아는 것보다 우선하기 때문이다. 예를 들어, 과거에는 패스트푸드 체인이나 편의점에서 고품질의 커피를 마실 수 있다는 인식이 없었다. 그러나 현재는 이런 곳에서도 본격적인 커피를 즐길 수 있다는 것이 소비자들에게 익숙해졌다. 이 과정에서는 브랜드 차별화보다 '패스트푸드점과 편의점도 본격적인 커피 카테고리에 속한다'는 인식을 확산시키는 것이 우선이었다. 소비자들에게 해당 카테고리의 일원으로 자리 잡는 것이 먼저였던 것이다.

그러나 실무에서는 POD에 집중하다 보면 POP가 간과되는 경우가 많다. 내가 아는 사례로는, 비교적 큰 시장 점유율을 가진 브랜드가 헤비 유저의 목소리에 따라 POD에 집중한 결과, 감정적으로만 호소하는 무명 브랜드에 1년도 안 되어 점유율을 빼앗긴 경우가 있다. POD에만 너무 집중한 나머지, 라이트 유저를 소외시킨 것이다. 소규모 브랜드나 새로운 브랜드는 이런 점에 특히 주의해야 한다. 대기업과의 차별화와 틈새 포지셔닝에만 집중하다 보면 '당연한 것이 당연히 이루어지지 않을 것 같다'는 함정에 빠진다. 대부분의 잠재 고객을 대상으로 해야 하는 소규모 브랜드일수록, 카테고리 멤버십을 명확하게 하는 것이 중요하다(Romaniuk, 2023).

8-7 퍼널, 무의미한 비율을 계산하고 KPI로 정하고 있지 않은가?

마케팅 분야에는 다양한 행동 모델과 구매 퍼널이 존재하며, 그 역사는 매우 오래되었다. 고전적인 모델로는 AIDA나 AIDMA가 널리 알려져 있으며, 이후에도 많은 연구자가 다양한 파생 모델을 제안했다(Barry & Howard, 1990). 이러한 모델 중 상당수는 이론적 가설에 불과했지만, 실증적 근거 없이도 당시 마케터들에게 널리 받아들여졌다.

이와 같은 상황을 우려한 Vakratsas & Ambler(1999)와 Weilbacher(2001, 2002)는 광고 업계에서 기존 모델의 표면적인 요소나 맥락을 약간 수정한 새로운 모델이 계속 등장하고 있지만, 이러한 모델이 실제로 광고가 작동하는 방식을 제대로 설명하지 못한다고 비판했다.

지난 100년 동안 광고 효과를 설명하는 모델이 직관적으로는 타당해 보이지만, 실증적으로 입증된 사례는 거의 없다는 것이다.

그로부터 약 20년이 지난 지금도 상황이 크게 변하진 않았다. 여전히 매년 새로운 행동 모델과 구매 퍼널이 등장하고 있지만, 실제로 소비자가 그런 방식으로 구매한다는 근거나 광고가 소비자를 그렇게 움직이게 한다는 재현성이 검증된 사례는 드물다. 그중에는 '이런 소비자가 있을 것 같다'거나 '최근 이런 선택을 하는 소비자가 늘어나는 것 같다'는 식의, 컨설턴트나 플래너가 발휘한 상상력의 산물에 불과한 모델도 상당수 존재한다.

행동 모델이나 퍼널에 대한 인식은 오랫동안 이어져 왔으며, '모두가 그렇게 말하니 아마도 그럴 것이다' 수준에 머무르는 경우가 많다. 물론 데이터로 뒷받침되는 모델도 존재하지만, 실제로 행동 모델의 재현성을 제대로 입증하는 것은 상당히 어려운 일이다. 나도 과거에 시도해 본 적이 있는데, 그 과정에서 한계가 많다는 것을 실감했다. 혹시 이에 도전해 보고 싶은 사람이라면 Bruce et al.[2012]이나 Valenti et al.[2023] 등의 자료를 참고하면 도움이 될 것이다.

어떤 의미에서 이것은 마케팅 업계의 '상식'일 수도 있다. 일상적인 업무 중에 이러한 본질적인 논의를 생각할 기회는 많지 않다. 오히려 논의의 중심은 특정 행동 모델을 정답으로 설정한 후, 어떤 인식 변화를 일으킬 것인지에 집중된다. 이를 위해 최적의 메시지나 마케팅 믹스가 무엇인지, 퍼널에서 병목 현상이 발생하는 지점이 어디인지, 그것을 어떻게 해결할 수 있을지와 같은 HOW 부분에 대한 논의가 주를 이룬다.

하지만 어떤 변화를 목표로 한다면 '브랜드가 선택받기 위해서는 이러한 변화가 필요하다'거나 '변화를 일으키면 구매가 더 쉬워진다'는 전제가 보장되어야 한다. 만약 이 전제가 성립되지 않는다면, 그 변화를 유도하기 위한 전술을 고민하거나 KPI로 설정해 평가하는 것 자체가 의미가 없다. 이러한 배경을 바탕으로, 본 절과 다음 절에서는 행동 모델과 퍼널에 대한 근거를 살펴보겠다.

전환율과 병목 현상이 도대체 무엇일까

먼저 구매 퍼널부터 살펴보겠다. 실무에서 퍼널을 활용할 때 보통 전환율을 계산하는 경우가 많다. 예를 들어, 관심 단계에서 이해 단계로 넘어갈 때 100명이 70명으로 줄어들고, 이해 단계에서 비교 단계로 넘어갈 때 70명이 20명으로 줄어든다고 가정해 보자. 이 경우 '이해 → 비교 단계에서 병목 현상이 발생하고 있으며, 전환율을 개선해 구매 프로세스를 촉진해야 한다'고 판단할 수 있다. 현재도 이러한 접근 방식을 채택하는 브랜드가 많지만, 여기에는 몇 가지 문제점이 있다. 우선, 전환율이란 무엇을 의미하는가? 병목 현상이 발생한다는 것은 어떤 뜻인가?

구매 퍼널은 소비자 행동이나 고객 여정이 아니다. 소비자가 특정 방식으로 행동하고 브랜드가 그러한 방식으로 선택된다는 근거가 있어서 퍼널이 설정되는 것이 아니다. 많은 사람들이 '모두 비슷한 개념'이라고 생각하지만, 전혀 다르다. 퍼널은 기업 측의 관리 도구이며, 전환율은 단순히 집계 로직에 불과하다. 인식 변화나 행동 변화를 특정한 순서로 진행되는 단계로 가정해 생각하는 것 자체는 문제없지만, 마케터의 상상에 따라 마음대로 설정해서는 안 된다. 그렇게 하려면 먼저 데이터를 수집해야 한다.

전환율 계산은 구매 행동이 순차적으로 진행될 때 의미가 있다. 이를 장애물 경주에 비유할 수 있다. 각 허들을 하나씩 넘으며 최종 목표인 브랜드에 도달하는 과정을 떠올려 보자. 이 과정에서 중간에 장애물이 발생하면(낮은 전환율), 구매로 이어지는 흐름이 그 지점에서 정체되어 병목 현상이 발생한다. 따라서 이러한 문제를 해결할 필요성이 생긴다. 하지만 비교 단계(페이즈)를 거치지 않아도 브랜드에 도달(선택)할 수 있고, 비교 단계를 거친다고 해서 반드시 해당 브랜드에 도달하는 것은 아니다. 이런 경우 '이해 → 비교'라는 전환율 계산이나 그 경로를 강화하기 위한 전략은 실제 고객과 맞지 않을 수 있다. 따라서 이는 진정한 병목 현상이 아니며 반드시 해결해야 할 문제도 아니다.

그렇다면 실제 구매 행동이 장애물 경기처럼 이루어질까? 이에 대한 근거는 없다. 소비자는 생활 속 특정 맥락에서 카테고리 니즈가 발생하면, 관련된 장기 기억을 검색해 몇몇 브랜드를 떠올린다. 이를 상기 집합이라고 한다. 기억을 검색해 떠올리는 과정은 디리클레라는 확률 과정으로 근사할 수 있다(Stocchi, 2014). 실제 브랜드 선택에는 확률적 요소가 작용한다. 따라서 높은 관여도가 요구되는 카테고리나 B2B처럼 의사결정 과정이 정형화된 경우를 제외하면, 전환율이나 병목 현상이라는 개념에는 적절하지 않은 부분이 있다.

최근 연구에서는 광고 효과에 계층적 순서가 존재함을 인정하는 경우도 있지만(이에 대한 설명은 다음 장에서 다룬다), 기업이 임의로 단계를 설정할 수 있는 것은 아니다. 또한 한 단계가 완료되지 않으면 다음 단계로 진행할 수 없다는 엄격한 순차성을 전제로 하고 있지도 않다.

퍼널에 포함된 대다수 지표에 대해

중간 KPI[*]에 관해서도 주의할 점이 있다. 행동 모델이나 구매 퍼널을 브랜드 건강 진단이나 광고 효과 측정의 프레임워크로 활용하는 사례를 자주 접한다. 예를 들어, 구매 의향이나 추천 의향 같은 태도 변화 항목이나 '자신에게 잘 맞는다'거나 '신뢰할 수 있다' 같은 브랜드 이미지 항목을 KPI로 설정해 평가하는 방식이다.

그러나 7장에서 설명한 바와 같이, 이러한 중간 KPI의 점수는 개별 마케팅 활동에 의해 변동되지 않고 브랜드 침투율에 의해 거의 일률적으로 결정된다. 특정한 마케팅 활동으로 하나의 KPI만 높아지거나 특정 전환율(이탈률)이 해결되는 것은 아니다. 이중 위험의 법칙에 영향을 받기 때문이다(Dall'Olmo Riley et al., 1997; Ehrenberg et al., 2002). 덧붙이자면 이 점수가 높아지는 것은 매출 성장과 시장 점유

- [*] 매출 성장, 시장 점유율 확대 같은 최종 목표에 도달하기 전의 중간 단계를 측정하는 지표. 구매 의향, 추천 의향 등이 중간 KPI 지표에 해당한다.-옮긴이 주

율이 확대된 '후'에 나타나는 현상이므로 애초에 KPI로서 어떤 해석이 가능한지 나로서는 이해하기 어렵다.

스토리로서의 설득력이 곧 KPI는 아니다

왜 이러한 오해가 사라지지 않을까? 개인적인 의견으로는, 사실보다 직관이나 설득력을 기준으로 KPI를 설정하는 경우가 많기 때문이라고 생각한다. 팬을 늘리겠다는 목표를 세울 때, 마케터들은 종종 '이런 소비자가 많아졌으면 좋겠다', '브랜드에 대해 이런 이미지나 인식을 가졌으면 좋겠다', '이 기능에 대한 이해가 깊어졌으면 좋겠다'와 같이, 자신들이 바람직하다고 여기는 요소들을 기준으로 KPI를 설정한다.

이는 완전히 상상과 감성의 영역이다. 스토리로서 납득할 만한지, 직관적으로 어색하지 않은지가 우선되다 보니, '그것이 실제 매출로 이어질 근거는 무엇인가?'라는 근거 기반의 시각은 아예 떠오르지 않을지도 모른다.

하지만 설득력 있는 이야기와 소비자 행동의 실제 패턴은 별개의 문제다. 아무리 논리적으로 들려도, 그 이야기가 실제 구매 행동을 유발한다는 보장은 없으며, 마케터가 KPI라고 정했으니 KPI가 되는 것도 아니다. 이런 방식으로는 Weilbacher(2001, 2002)가 지적한 문제 상황이 형성될 수 있다. 참고로, 근거 기반의 KPI 설정과 브랜드 건강 진단에 대해서는 로마니우크의 저서가 도움이 될 것이다

(Romaniuk, 2023).

한편, 퍼널을 KPI로 사용하지 않고, '이런 상태의 소비자에게는 이런 프로모션이 효과적이겠구나'라는 식으로 전체적인 프로모션 전략을 정리하거나, '이런 콘텐츠도 필요하겠구나'라는 매핑*에 활용하는 것은 바람직하다. 하지만 앞서 언급했듯이, 퍼널은 기업이 설정한 집계 로직에 가까우며, 실제 고객 여정을 완전히 반영하는 것은 아니다. 정리나 매핑을 하려면, 데이터 기반으로 고객 여정을 구축하는 것이 훨씬 현실적인 접근 방식이 될 것이다.

■ mapping. 특정 목적을 위해 데이터를 시각화하거나 구조화하는 과정. 고객 여정 매핑, 마케팅 콘텐츠 매핑, 포지셔닝 맵 등이 있으며 마케팅 전략 수립, 고객 경험 개선, 내부 프로세스 최적화에 중요한 도구로 활용된다.–옮긴이 주

8-8 구매를 촉진하고 매출을 증가시키는 광고 설계법

최근 마케터들이 큰 관심을 두고 있는 주제 중 하나는 인식 변화 perception change다. 내가 이끄는 코렉시아의 컨설팅 부서에도 관련 서적을 참고해 시도해 봤지만 잘되지 않는다는 상담이 점점 많이 들어오고 있다. 그들의 기획서를 살펴보면, 먼저 '현재의 브랜드 인식'과 '이상적인 브랜드 인식'을 설정한 뒤, 후자를 달성하기 위해 몇 가지 중간적인 인식 변화를 단계적으로 유도하고, 이를 실현하기 위한 마케팅 활동을 설계하는 구조로 되어 있다. 이러한 구조 자체는 문제가 없지만, 내용 결정 방식에서 문제가 발생한다. 대부분의 기획은 바람직한 인식 변화를 임의의 순서로 유도할 수 있으며, 그렇게 하면 매출 증가나 재구매 같은 성과로 이어질 것이라는 전제하에 구성된 듯 보인다.

하지만 이러한 주장에는 근거가 없다. 어떤 광고 반응을 시작으로 구매 과정이 진행되는지, 그리고 어떤 순서로 인식 변화가 일어나 구매로 이어지는지는 카테고리나 차별화의 강도에 따라 결정되며(Valenti et al., 2023), 기업이 임의로 조정할 수 있는 사항이 아니다. 또한, 특정 브랜드에서 어떤 인식 변화가 가장 구매로 이어지기 쉬운지는 브랜드마다 다르다. 이 부분에 대한 데이터를 철저히 수집하고 분석하고 있다면 이야기가 다르겠지만, 마케터가 임의로 설정한 바람직한 인식 변화를 달성한다고 해서 매출이 급격히 증가할 것이라는 근거는 없다. 나는 CMO나 마케터가 바람직하다고 믿었던 인식 변화를 이루었지만, 오히려 매출이 급격히 하락한 사례를 알고 있다. 그리고 이러한 사례는 한두 건이 아니다. 심지어 이 책을 집필하는 지금도 변화된 인식을 되돌리기 위한 상담 요청을 받고 있다.

물론, 좋은 의도로 열심히 일했지만 돌이킬 수 없는 손해가 발생하는 경우는 충분히 있을 수 있다. 이는 인식과 관련된 문제에만 국한되지 않지만, 사실이나 증거에 기반하지 않고 행동하면 브랜드 자산에 큰 타격을 줄 수도 있다. 여기서는 이러한 실수를 최대한 피하기 위한 방법과 효과적인 접근 방안을 이야기하려 한다.

감정, 인지, 경험이 구매로 이어지는 순서

먼저 배경을 정리해 보자. 광고 연구 분야에서는 소비자가 광고를 접한 후 구매 행동으로 이어지기까지 일정한 심리적 반응 단계가 존재할 것이라는 가설이 오랫동안 제기되어 왔다(Vakratsas & Ambler, 1999). 광고가 직접적으로 구매로 이어지는 것이 아니라, 광고 → X → 구매처럼 중간에 다른 요인이 있을 가능성이 있다는 것이다(Lavidge & Steiner, 1961; Palda, 1966). 이러한 광고 효과의 계층적 영향을 위계 효과HoE, Hierarchy of Effects 라고 부르기도 한다(Pauwels et al., 2020).

이 개념의 기원 중 하나가 AIDA 모델이다. 주의Attention, 관심Interest, 욕망Desire, 행동Action의 약어로, 원래는 영업과 세일즈의 핵심 원리를 설명하기 위해 개발되었지만 이후 광고 연구에서도 채택되었다. AIDA는 다양한 파생 모델로 발전했으며(Barry & Howard, 1990), 대부분 주의와 인식에서 시작해 여러 단계를 거쳐 구매에 이르는 구조를 갖고 있다. 아마도 여러분이 업무에서 활용하는 행동 모델이나 구매 퍼널에서도 여러 계층이나 단계가 설정되어 있을 것이다.

이 분야의 연구는 워낙 방대하여 모든 내용을 추적하기는 어렵지만, 퍼셉션 디자인과 관련된 논의에 한정하면 다음과 같은 배경이 존재한다. 우선, 광고 반응은 정서와 감정의 측면Affect, 이하 A, 인지와 사고의 측면Cognition, 이하 C, 경험과 행동의 측면Experience, 이하 E으로 나눌 수 있다(Vakratsas & Ambler, 1999). 초기 연구에서는 항상 C가 A에 선행하고 E는 고려되지 않는, 즉 C → A(→ 구매) 같은 선형적인 반응 흐름이 주류였다. 즉, 구매가 인식이나 이해에서 시작된다는 관점이 유력했다.

그러나 반드시 C가 처음에 오는 것은 아니며, 소비자의 참여도나 카테고리의 구매 방식 등에 따라 시퀀스가 달라질 수 있다는 연구가 등장했다(Ray, 1973; Vaughn, 1986). 또한, 광고가 모든 소비자에게 동일한 영향을 미치고 일방적으로 진행된다는 가정에는 근거가 없으며, 선형 반응 시퀀스를 전제로 하는 것 자체에 의문을 제기한 연구도 있다(Weilbacher, 2001). 이 분야에서는 통일된 견해에 도달하지 못했으며, 실증 연구도 제한적인 상황이다.

광고가 구매로 이어지는 세 가지 연구

여기서는 후속 연구 중에서도 특히 중요한 이정표가 된 세 가지 연구를 소개하겠다.

첫 번째 연구에서는 250편 이상의 선행 연구와 서적을 검토한 결과, A, C, E가 반드시 시간 순서대로 배열될 필요는 없다고 주장한다(Vakratsas & Ambler, 1999). 광고 반응에는 감정적, 인지적, 경험적 측면이 존재한다는 점은 일반화할 수 있지만, 특정한 순서가 정해져 있는 것은 아니라는 것이다. 연구에 따르면 광고는 A, C, E에 동시에 영향을 미쳐 구매를 촉진하며, 구매 또한 E를 강화하는 것이 자연스러운 흐름으로 보인다. 다만, 이 연구는 다양한 선행 연구를 종합적으로 검토하는 데 초점을 맞췄으며, 직접적인 실증 연구는 포함되지 않았다는 한계가 있다.

두 번째 연구에서는 특정 브랜드에 대한 소비자의 반응 시퀀스를 데이터 기반으로 도출했다(Bruce et al., 2012). 이 연구는 대형 소프트

드링크 브랜드를 대상으로 진행되었으며, 반응 시퀀스는 E → C → A로 나타났다. 또한, 이 연구의 중요한 기여는 통합형 계층 모델 integrated hierarchy model을 실증했다는 점이다. 이 모델의 특징은 광고가 매출에 직접 영향을 미치는 경로(예: 구매 유도)와 중간 변수를 거쳐 매출로 이어지는 경로(예: 브랜드 구축)가 모두 존재한다는 것이다. 광고는 이 두 경로에 동시에 영향을 미치며, 매출(구매 및 이용) 또한 중간 변수를 강화하는 역할을 한다. 다시 말해, 매출과 중간 변수 간에는 상호작용이 존재한다는 것을 의미한다(광고 → E → C → A ⇌ 매출).

그러나 특정 브랜드에 적용된 결과라고 해서 이를 바로 일반화할 수는 없다. 이에 따라 대규모 시계열 데이터를 기반으로 한 재현 연구가 수행되었다(Valenti et al., 2023). 이 연구에서는 18개 소비재 카테고리와 178개 브랜드를 대상으로 앞선 두 연구의 내용이 얼마나 일반화될 수 있는지를 검증했다. 그 결과, 소비재 시장에서는 판매량이 중간 요인에 대한 피드백을 포함하는 통합형 계층 모델과 높은 적합성을 보인다는 사실이 밝혀졌다. 분석 대상이 된 178개 브랜드 중 96%인 171개가 통합형 계층 모델에 해당하는 것으로 나타났다. 즉, 소비재의 인식 변화 전략을 수립할 때, 광고가 구매에 앞서 인식이나 감정을 형성하고 그것이 구매를 유도한다는 일방향적 관점만을 고려할 것이 아니라, 이용 경험 또한 태도와 인식을 강화하는 양방향적 영향을 전제로 해야 한다는 것이다. 이 책에서 다룬 에렌버그-배스의 연구를 바탕으로 보면, 오히려 후자의 경로(이용 → 중간 변수)가 더 큰 영향을 미칠 가능성도 있다.

무엇이 구매의 출발점이 되는가

발렌티의 실증 연구에서 얻을 수 있는 유용한 정보는 여러 가지가 있다(Valenti et al., 2023). 연구 전반에서 가장 많이 관찰된 반응 시퀀스는 A → C → E였다. 특히 소비재의 경우, 캠페인을 설계할 때 이 연결을 고려하면 불필요한 실수를 줄일 수 있다. 이는 임의로 설정한 퍼널이 아니라 데이터 기반의 흐름이라는 점에서 의미가 있다. 또한 연구에서는 브랜드의 목적이 실용적인지 혹은 쾌락적인지, 그리고 차별화의 강약에 따라 반응 시퀀스가 달라진다고 밝혔다. 예를 들어, 실용적인 제품이면서 차별화가 강한 브랜드의 경우 가장 빈번하게 나타난 시퀀스는 A → C → E였으며, 그다음으로 C → E → A, A → E → C 순으로 이어졌다.■ 이와 관련된 자세한 내용은 다음 페이지의 도표 8-6에서 확인할 수 있다.

다음으로, 가장 많이 나타나는 시퀀스의 첫 번째 반응에 주목해보자. 모든 경우에서 감정(A)에서 시작하는 패턴이 가장 많았다. 특히 실용적인 제품이면서 차별화가 약한 경우, A로 시작하는 시퀀스가 가장 두드러졌다. 이는 차별화 인식이 낮고 기능성을 중시하는 소비재일수록 감정적인 접근이 구매의 출발점이 될 가능성이 크다는 점을 시사한다.

또한, 매출에 가장 크게 기여하는 요인은 시퀀스의 마지막에 위

■ 광고 효과를 고려할 때, 제품은 일반적으로 실용재utilitarian와 쾌락재hedonic라는 두 가지 카테고리로 분류된다. 세제, 생리용품, 면도기 같은 제품은 실용재다. 맥주, 사탕, 스낵 같은 제품은 쾌락재다.

도표 8-6   광고 반응의 흐름

	차별화가 강하다	차별화가 약하다
실용재	1. Ⓐ → C → Ⓔ (35%) 2. C → E → A (24%) 3. A → E → C (18%)	1. Ⓐ → C → Ⓔ (65%) 2. A → E → C (13%) 3. C → E → A (13%)
쾌락재	1. Ⓐ → E → Ⓒ (38%) 2. C → E → A (24%) 3. E → C → A (14%)	- Ⓐ → C → Ⓔ (29%) - C → E → A (29%) - A → E → C (29%)

출처: 다음을 바탕으로 저자가 작성함
Valenti, A., Yildirim, G., Vanhuele, M., Srinivasan, S.,&Pauwels, K. (2023). Advertising's sequence of effects on consumer mindset and sales: A comparison across brands and product categories. *International Journal of Research in Marketing, 40* (2), 435-454.

치한 반응이었다(Valenti et al., 2023). 가장 자주 나타나는 시퀀스를 살펴보면, 쾌락적인 제품이면서 차별화가 강한 경우를 제외하고는 모두 E로 끝났다. 이는 7장 8절에서 설명한 바와 같이, 구매 맥락과 이용 경험에 대한 묘사가 중요하다는 점을 다시 한번 뒷받침한다.

이러한 경향을 종합하면, 구매 프로세스의 시작점을 만들고 싶다면 감정적인 요소를 강조하는 것이 효과적이며, 매출에 직접적인 영향을 높이고 싶다면 경험적인 측면을 부각한 광고가 더 적절하다고 볼 수 있다.

쾌락재이면서 차별화가 강한 경우는 다른 유형과 다소 다른 양상을 보인다. 이 경우 가장 빈번하게 나타나는 시퀀스는 A → E → C

였다. 시작점은 다른 경우와 마찬가지로 감정 반응이지만, 매출 증가를 위해서는 브랜드에 대한 지식이나 이해를 깊게 하는 커뮤니케이션도 효과적인 것으로 나타났다. '즐거움이나 기쁨이 핵심 혜택인 카테고리에서 소비자를 생각하게 만드는 것이 과연 효과적일까?'라는 의문이 들 수도 있다. 하지만 이는 소비자의 관여도가 높기 때문으로 설명할 수 있다. 8장 2절에서 언급했듯이, 관여도가 높은 카테고리에서는 설득이 효과적일 수 있으며, 쾌락재의 경우 소비자는 자신의 취향에 맞는지를 신중히 검토하는 경향이 있다. 연구에 따르면, 쾌락재는 고려하는 선택지의 수가 많아지고(Whitley et al., 2018), 이에 따라 구매 결정까지 소요되는 시간과 노력도 증가하는 경향이 있다(Okada, 2005).

| 실전 포인트 |

한정판 운동화를 살 때 줄을 세우는 이유

실용재와 쾌락재에 대한 선택 행동의 차이를 보여 주는 흥미로운 실험이 있다. 실용재와 쾌락재가 각각 단독으로 제시될 경우, 소비자들은 쾌락재를 더 선호하는 경향을 보인다. 그러나 두 가지가 동시에 제시될 때는 실용재를 선택하는 비율이 높아진다. 예를 들어, 자동차 딜러가 스포츠카를 판매하려 할 때, SUV 같은 실용성이 높은 차량과 함께 전시하는 것보다 스포츠카를 단독으로 쇼룸에 배치하는 것이 더 효과적일 수 있다.

또한 사람들은 쾌락재를 구매할 때 금전보다 시간이나 노력을 더 많이 투자하는 경향이 있다. 반면 실용재는 금전으로 해결하는 경우가 많다. 따라서 실용적인 기능과 쾌락적인 요소를 동시에 가진 제품, 예를 들어 운동화 같은 경우에는 일반적인 구매 옵션 외에도 시간이나 노력을 들여 획득할 수 있는 방식을 제공하는 것이 합리적이다. 한정판 운동화를 사기 위해 개점 전부터 줄을 서는 경험을 제공하는 것이 이에 해당한다.

근거 기반으로 적절하게 자유도를 높인다

광고 커뮤니케이션 개발에서 지나치게 높은 자유도는 오히려 문제를 일으킬 수 있다. 모든 것이 가능해지는 상태가 되면 기획이 정리되지 않기 때문이다. 예를 들어, 인식 변화에 대한 기획은 어떤 방식으로 써도 그럴듯해 보이면서도 어딘가 어색한 느낌을 줄 수 있다. 확신을 가지고 "이거다!"라고 말할 수 있는 근거가 부족해지는 경우가 많다.

목표로 하는 인식의 수가 과도하게 많아지는 문제도 발생할 수 있다. 흔히 볼 수 있는 사례로, 인식 변화를 기획하기 위해 아이디어 브레인스토밍을 진행한 후 유도하고 싶은 인식 변화를 다수 도출했지만, 어느 것도 포기하기 어려워 중간 단계가 지나치게 늘어나는 경우가 있다. 개인적으로, 광고 접촉부터 구매에 이르기까지 10단계에 가까운 과정을 설정한 소비재 브랜드도 본 적이 있다. 아무리 봐도 지나치게 많았다. 소비재를 구매하는 데 10개의 인식 변화가 필요할 일은 거의 없으며, 그만큼의 변화가 없이는 구매가 이루어지지 않는다면 어떤 마케팅 전략을 실행하더라도 실질적인 구매로 이어지기 어려울 것이다.

결국, 구체적으로 기획에 반영하는 방안을 고려할 때는 어느 정도 제약이 있는 편이 오히려 도움이 될 수 있다. 이러한 제약, 즉 기획의 핵심이 되는 부분에는 반드시 확실한 근거가 뒷받침되어야 한다. 이 부분이 잘못 설정되면, 하위 단계에서 아무리 좋은 아이디어나 창의적인 접근이 나오더라도 큰 효과를 기대하기 어렵다. 이를 염두에 두고 인식 변화의 설계로 화제를 전환해 보면, 도표 8-6을 중심으로 다음과 같은 접근 방법을 고려할 수 있다.

인식 변화의 설계 단계

1) 먼저 초점을 맞출 CEP를 결정한다(7장 6절, 7절 참고).
2) 다음으로 '실용재인가 쾌락재인가'와 '차별화 정도'라는 두 요소를 축으로 삼고, 자사 카테고리에 해당하는 확률이 높은 상위 3개의 시퀀스를 선별한다.■
3) CEP의 고객 여정 데이터를 별도로 수집하고, 어떤 시퀀스가 가장 적합한지 분석해 유도해야 할 인식 변화의 순서를 결정한다.
4) 만약 A → C → E가 가장 적합했다고 가정하면, 각각에 대해 구체적으로 어떤 인식 변화를 목표로 할 것인지, 그를 위해 어떤 메시지를 중심으로 호소할 것인지, 마케팅 믹스를 어떻게

■ CEP를 먼저 결정하는 것은 CEP에 따라 '실용 목적인가 쾌락 목적인가'가 바뀔 수 있기 때문이다.

할 것인지 등을 검토한다.

　이런 접근 방식을 활용하면 근거에 기반하면서도 재현성이 높고, 간결하면서 실용적인 인식 변화 과정을 설계할 수 있다. 또한, CEP를 명확히 설정한 후 고객 여정 데이터를 수집하면 주요 접점을 선정하고 효과적인 메시지 아이디어를 도출하는 과정이 더욱 수월해질 것이다. 한 가지 주목해야 할 점은 2)에서의 차별화 강도가 마케터의 관점이 아니라는 것이다. 마케터가 브랜드를 차별화했다고 생각하는지가 아니라 소비자가 실제로 어떻게 인식하는가가 핵심이다. 자세한 내용은 4장 4절에서 확인할 수 있다.

8-9 창의적인 광고가 매출과 연결된다는 근거

최근 마케팅 업계에서는 크리에이티브를 데이터로 평가하는 경향이 더욱 강해지고 있다. 크리에이티브나 캐치프레이즈에 대한 사전 테스트도 자주 이루어지고 있다. 여기에서는 크리에이티브가 어떤 잠재력을 지니고 있으며 비즈니스에 강한 영향을 미치려면 어떤 점을 고려해야 하는지 살펴보겠다.

때때로 상업 예술의 차원을 넘어서는 독창적인 광고를 접할 수 있다. 하지만 그러한 창의성 추구가 사업 성장에 항상 긍정적인 영향을 미칠까? 창의성이 단순히 독창성이나 독특함에 국한되는 개념일까? 실무 차원에서 브랜드 전략과 어떻게 연결하는 것이 효과적일까? 이러한 질문에 대한 근거를 살펴보자.

일반적으로 창의성은 장기적인 비즈니스 성장에 큰 효과를 발휘하는 것으로 알려져 있다(Binet & Field, 2013). 그러나 최근 연구에 따르면, 광고상을 수상한 광고조차도 효과, 특히 침투율이 해마다 감소하는 추세를 보이고 있다. 이러한 현상의 주요 원인으로 단기 성과에 대한 지나친 집중이 지적되고 있다(Binet & Field, 2017). Field(2019)는 2008년부터 2018년 사이 광고상을 수상한 캠페인을 분석하여, 이후 큰 비즈니스 성과(시장 점유율 성장, 이익 증가 등)를 달성한 고성과 그룹과 그렇지 않은 저성과 그룹으로 나누어 어떤 요인들이 영향을 미쳤는지 비교했다. 연구 결과, 두 그룹 간에 흥미로운 차이점이 발견되었다. 저성과 그룹은 단기 성과와 좁은 타깃팅에 중점을 두었다. 반면, 고성과 그룹은 장기적인 관점에서 브랜드 구축을 중시했으며, TV와 옥외 광고, 온라인 채널과 같은 폭넓은 매체를 활용해 시장 전체에 도달하는 전략을 채택했다.

다음으로, 광고의 크리에이티브 수준과 매출 간의 관계를 살펴보자. 일반적으로 크리에이티브는 독창성의 수준과 동일하게 여겨지지만, 최근 연구에 따르면 반드시 그렇지만은 않다. 물론 독창성은 크리에이티브의 중요한 한 요소이지만, 그것만이 전부는 아니다. Smith et al.(2007)의 연구에 따르면, 광고의 크리에이티브 수준을 결정짓는 요소는 다음과 같다.

- 독창성originality : 일반적이지 않은, 관습적인 시각과 고정관념을 깨는, 독특한
- 유연성flexibility : 여러 가지 다른 아이디어를 포함하며, 한 관점

에서 다른 관점으로 전환할 수 있는
- 정교성elaboration: 세부 사항을 묘사하고, 기본적인 아이디어를 복잡한 아이디어로 발전시키는
- 종합성synthesis: 일반적으로 관련이 없는 것들을 연결하는, 놀라운 연관성을 그려내는
- 예술성artistic value: 시각적·언어적 독창성이 있는, 아이디어가 생생하게 시각적으로 표현되는

독일 쾰른대학교의 라이나르츠와 사페르트는 이 다섯 가지 요소를 기반으로 광고의 창의성을 평가하는 척도를 개발하고, 2005년부터 2010년까지 437개의 TV 광고를 분석하여 각 창의적 요소가 매출에 미치는 영향을 조사했다(Reinartz & Saffert, 2013). 그 결과, 독창성 단독의 효과는 그다지 강하지 않으며, 다른 요소와 결합될 때 효과가 증폭되는 것으로 나타났다. 앞서 언급한 다섯 가지 요소 중 순서를 고려하지 않고 두 개를 조합하면 총 10가지 경우의 수가 발생하는데, 각 조합이 매출에 미치는 영향을 분석한 결과, 가장 효과가 높은 상위 세 가지 조합은 독창성+정교성, 독창성+예술성, 정교성+예술성이었다.

실제로 가장 많이 채택되는 조합은 유연성+정교성이었다. 이는 세부 사항에 집착하거나 차별화 포인트를 다양하게 설명하려는 광고주의 경향이 반영된 것으로 보인다. 그렇다면 이 조합이 매출에

■ 효과가 큰 순으로 나열하면 정교성 → 예술성 → 독창성 → 유연성 → 종합성 순이다.

미치는 영향은 어느 정도일까? 분석 결과, 효과는 아래에서 두 번째로 낮았다. 실제로 유연성은 다른 어떤 요소와 조합해도 효과가 떨어지는 경향을 보였다. 이는 하나의 광고에서 여러 아이디어나 컨텍스트를 동시에 묘사하는 것이 비효율적일 수 있음을 알려준다.

그들의 연구에 따르면, 제품 카테고리에 따라 창의성 추구가 반드시 좋은 결과로 이어지지 않을 수 있다는 점이 시사되었다.

독창성이 매출에 미치는 영향

- 독창성 수준이 매출에 긍정적인 영향을 미친다: 면도기, 커피, 샴푸, 세제
- 독창성 수준이 매출에 약간 긍정적인 영향을 미친다: 콜라, 요구르트
- 독창성 수준이 매출에 부정적인 영향을 미친다: 보디로션, 페이스 케어

즉, 무조건 참신하고 예술적으로 눈에 띄는 광고가 항상 최선은 아니라는 의미다. 광고 연구에 따르면, 독창성은 브랜드 전략 및 소비자의 목표와 연결되는 역할을 한다. 따라서 독창성과 전략 관련성이 중요 요소로 부각된다(Ang et al., 2007; Rosengren et al., 2020; Smith et al., 2007). 크리에이터는 때때로 클라이언트보다 자신의 개성과 세계관을 우선시하는 경향이 있으며(Koslow et al., 2003), 이는 전략적으로 최적이 아닌 표현으로 이어질 위험이 있다(Rosengren et al., 2020). 따라서 독창성은 단순히 돋보이는 것이 아니라, 브랜드 전략에 최적화

될 때 비로소 마케팅에 효과적으로 기여할 수 있다는 점을 인식해야 한다.

이러한 상황에서는 앞에서 설명한 HoE(광고의 위계 효과) 관점이 유용하다. 광고에 대한 반응은 감정적, 인지적, 경험적 세 가지 측면으로 나눌 수 있으며(Vakratsas & Ambler, 1999), 각 측면에서 어떤 실행 방식이 가장 효과적인지에 대한 연구가 진행되고 있다.

예를 들어, 소비재의 경우 감정적 반응에서 구매 과정이 시작되는 경우가 많다는 사실이 밝혀졌다(Valenti et al., 2023). 따라서 감정에 호소하는 방식과 이를 전달하는 방법을 이해하면 비고객에게 더욱 효과적으로 접근할 수 있을 것이다. 캐나다 브록 대학교의 달롤리오는 16개 소비재 카테고리, 91개 브랜드, 2000개 이상의 TV 광고를 분석해, 각 측면에 어떤 실행 스타일이 적합한지를 연구했다(Dall'Olio et al., 2023). 연구 결과, 감정적 측면에서는 오락성과 이미지, 비주얼 요소가 효과적인 것으로 나타났다. 즉, 시각적인 즐거움을 제공하거나 영상 표현에 중점을 둔 스토리텔링이 감정을 유발하는 데 효과적이라는 점이 확인되었다.

또한, 앞서 언급한 도표 8-6과 조합하면 자사 제품에 적합한 표현 요소를 보다 구체적으로 도출할 수 있다. 연구에 따르면, 판매에 가장 큰 영향을 미치는 요소는 시퀀스의 마지막 반응이므로, 이를 고려해 다음과 같은 방식으로 접근할 수 있다(Valenti et al., 2023).

- 실용재이고 차별화가 약한 경우 → ACE(경험이 중요) → 비교 및 이미지/비주얼

도표 8-7

실행 요소		광고 탄력성	감정적 콘텐츠	인지적 콘텐츠	경험적 콘텐츠
비교	• 다른 제품과의 직접 비교 • 칭찬·극찬			효과 높음	효과 높음
보증	• 유명인 또는 연예인의 추천 • 신뢰할 수 있는/전문적인 정보 출처 • 고객의 실제 경험에 기반한 내용		효과 높음	효과 높음	
오락성	• 유머와 코미디 • 드라마적 요소 • 기승전결이 명확한 스토리텔링 • 영리함/스마트함을 느끼게 하는 요소		효과 높음		
이미지, 비주얼	• 뛰어난 아름다움을 강조 • 불쾌감이나 혐오감을 강조 • 도표, 차트 등의 사용 • 표현이 세세한 영상		효과 높음		효과 높음
기억 장치	• 캐릭터, 마스코트 • 캐치프레이즈 • 징글이나 노래, 사운드 • 브랜드 이름의 반복 • 눈에 잘 띄는 연락처	효과 높음			

출처: 다음을 바탕으로 저자가 작성함
Dall'Olio, F.,&Vakratsas, D. (2023). The impact of advertising creative strategy on advertising elasticity. *Journal of Marketing, 87* (1), 26-44.

- 쾌락재이고 차별화가 강한 경우 → AEC(인지가 중요) → 비교 및 보증

실제로 크리에이티브는 단순히 데이터만으로 결정되는 것은 아니지만, 이러한 근거를 활용하면 제안의 타당성을 훨씬 쉽게 입증할 수 있다.

9장

광고 예산과
마케팅 ROI를
정확하게
알고 있는가

9-1 광고 예산은 어떻게 정해져야 할까?

광고 비용을 얼마로 책정하는 것이 가장 적절할까? 이는 경영자와 마케터가 오랫동안 고민해 온 주제다. 상향식 접근법과 하향식 접근법 중 어떤 방식을 택할 것인지, 매출을 기준으로 할 것인지 이익을 기준으로 할 것인지, 혹은 업계 평균을 따르는 것이 안전한지 등 고려해야 할 요소가 많다. 이 과정에서 빠지기 쉬운 함정도 적지 않다.

안타깝게도, 특정 사업에 대한 최적의 광고 예산을 정확히 산출할 수 있는 명확한 근거는 없다. 이는 계산이 불가능해서가 아니라, 카테고리와 시장 환경, 사업 규모, 수익 구조, 기업의 재무 상황 등에 따라 최적의 기준이 달라지기 때문이다. 그럼에도 불구하고 광고는 사업 계획의 일부이므로, 먼저 관리 회계의 관점에서 접근할 필요가 있다. 비용, 판매량, 이익이라는 틀 안에서 광고에 얼마를 투자하면 가장 큰 이익을 얻을 수 있을지를 계산해 보는 것이다.

흔히 하는 오해 중 하나는 100만 엔의 광고비를 사용해 100만 엔의 매출을 올리면 본전이라고 생각하는 것이다. 하지만 이는 사실과 다르다.

첫째, 그 100만 엔의 매출이 전적으로 해당 광고 덕분인지 불확실하다. 광고가 없었다면 발생하지 않았을 매출인지 판단하기 어려운 경우가 많다. 설령 광고 덕분이라고 가정하더라도, 이를 만들고 고객에게 전달하는 과정에서 다양한 비용이 발생한다. 따라서 최소한 매출에서 이러한 비용을 제외한 금액으로 광고비를 회수하지 못하면 적자가 발생한다. 매출에서 변동비를 차감한 금액을 공헌 이익이라고 한다. 만약 브랜드의 공헌 이익률(공헌 이익 ÷ 매출)이 50%라면, 100만 엔의 광고비를 회수하려면 최소한 200만 엔의 매출이 필요하다. 실제로는 다른 고정비까지 고려해야 하므로 계산이 더 복잡해질 수 있지만, 기본적으로 광고를 비용으로 간주할 경우 공헌 이익을 기준으로 판단하는 것이 일반적이다. (광고를 투자로 간주하는 경우는 이후에 다루겠다.)

이러한 관점에서 최적의 광고 예산을 산출하려면 광고를 얼마나 늘리면 공헌 이익이 얼마나 증가하는지에 대한 기준이 필요하다. 관리 부서가 변동비를 파악하고 있다면, 광고 증가가 매출에 미치는 영향의 크기를 분석해 그에 따라 공헌 이익을 배분하는 방식(몇 배를 곱해 광고 예산을 산출하는 방법)을 고려할 수 있다. 이 영향의 크기는 일반적으로 광고 탄력성으로 표현된다. 이는 광고비 변화율에 따른 판매량 변화율을 의미한다.

여기서 하나의 기준으로, 공헌 이익에 대한 광고비 비율이 광고 탄력성과 같아지도록 예산을 설정하는 방법이 있다(Broadbent, 1988; Wright, 2009). 이는 매출에 공헌 이익률과 광고 탄력성을 곱해 예산을 산출하는 방식이다. 여러 메타 연구에 따르면, 단기 광고 탄력성의 평균은 약 0.1 정도로 알려져 있다(Hanssens, 2015; Sethuraman et al., 2011; Wind & Sharp, 2009). 예를 들어, 공헌 이익률이 50%인 사업이라면 0.5 × 0.1 = 0.05로, 매출의 5%를 광고비로 배정하는 것이 적절하다고 볼 수 있다. 이 접근법은 다소 단순화된 면이 있지만, 바이런 샤프는 "사용 중인 광고 탄력성을 정확히 알 수 없다면, 기준으로서 총 이익의 약 10%를 광고에 사용하는 것이 합리적"이라고 언급한 바 있다(Sharp, 2017, p.472).

광고 탄력성은 카테고리, 시간 축, 제품 생애 주기 등에 따라 달라지므로, 자사의 상황과 유사한 탄력성 값을 참고하는 것이 중요하다. 연구에 따르면, 비내구재의 광고 탄력성은 0.11이며, 내구재는 0.35로 상대적으로 더 높은 편이다(Hanssens, 2015). 또한, 단기 탄력성(0.12)보다 장기 탄력성(0.24)이, 성숙기(0.11)보다 제품 생애 주기의 초기 단계(0.16)가 더 큰 경향을 보인다.* 따라서 내구재 신제품을 출시하거나 새로운 하위 카테고리를 개척해 장기적인 브랜드 구축을 목표로 할 경우, 일반적으로 더 많은 예산을 배정할 수 있다.

- 가격 탄력성의 평균이 −2.6이고, 유통 탄력성이 0.6에서 1.7 사이로 나타난다는 점을 고려하면, 마케팅 4P 중 가격과 유통이 미치는 영향력이 상당히 크다는 것을 알 수 있다.

9-2 불경기에는 광고에 얼마를 투자해야 할까?

앞에서 언급한 예산 결정 방식은 근시안적이라는 비판을 피하기 어렵다. 현실적으로 경쟁사의 광고도 영향을 미치며, 사업 성장의 관점에서는 비고객의 인식 형성과 브랜드 구축을 위한 투자도 필요하다. 또한, 특정 기간 동안 단일 브랜드의 이익 극대화를 목표로 하는 바텀업 접근 방식은 브랜드 포트폴리오 전체를 고려했을 때 최적의 예산 배분이 아닐 수도 있다.

또한, 현재의 수익을 기준으로 예산 비율을 설정하는 것은 광고비를 수익의 원인이 아닌 결과로 취급하는 문제가 있다(Danenberg et al., 2016). 현재 매출을 지지하는 고객 기반을 상한선으로 삼아 예산을 결정하면, 새로운 고객을 유치하거나 새로운 하위 카테고리를 시장에 침투시키기 위한 커뮤니케이션 노력이 소홀해질 우려가 있다. 이러한 관점을 고려할 때, 계량 경제학자인 그레이스 카이트는 다양한 데이터를 분석한 결과, 매출의 5~10%를 광고에 투자할 경우 높은 투자 효과를 얻을 수 있다고 보고했다(Kite, 2022). 그러나 같은 시기 닐슨의 보고서에 따르면, 실제로 광고에 재투자되는 비율은 5% 미만인 경우가 많아 전반적으로 과소 투자 경향이 있는 것으로 나타났다(Nielsen, 2022).

소규모 브랜드일수록 전략적으로 광고해야 한다

실무에서 중요한 것은 시장에서 성장하기 위해 현실적으로 어느 정도의 예산이 필요한지를 이해하는 것이다. 만약 소규모 브랜드와 대형 브랜드가 동일한 방식으로 광고 예산을 결정한다면, 과연 모두가 성장할 수 있을까? 실제로 소규모 브랜드가 대형 브랜드와 같은 원칙으로 광고 예산을 설정한다고 해도 성장하기는 어렵다.

이와 관련해 이해해야 할 개념이 SOV Share of Voice(광고 점유율)이다. 시장 점유율을 SOM Share of Market이라고 부르는 반면, 광고량의 점유율은 SOV라고 한다. SOV는 특정 브랜드가 전체 시장 내에서 차지하는 광고량의 비중을 나타낸다. 자사 광고량을 카테고리 내 모든 광고량으로 나눈 비율이다. 예를 들어, 어떤 시장에서 전체 광고비가 100억인데 그중 A브랜드가 20억을 썼다면 A의 SOV는 20%가 된다. 일반적으로 SOV가 SOM을 초과할수록 성장 가능성이 높다고 여겨진다(Binet & Field, 2013, 2018).

여기서 주목해야 할 점은 카테고리별로 현재의 시장 점유율을 유지하기 위해 필요한 광고량이 존재한다는 것이다(Sharp, 2017). 당연한 이야기지만, 아무런 광고 활동 없이 시장 점유율을 유지할 수는 없다. 그렇다면 이를 결정하는 기준은 무엇일까? 단순히 생각하면 시장 점유율과 동일한 광고 점유율이 필요하다. 즉 SOV와 SOM이 같아야 한다고 볼 수도 있다. 하지만 실제로는 그렇게 단순하지 않다.

소규모 브랜드가 현재의 시장 점유율을 안정적으로 유지하려면 시장 점유율 이상의 광고량이 필요하다는 경향이 있다(SOV≧SOM). 반면, 대형 브랜드는 시장 점유율보다 적은 광고량(SOV〈SOM)으로도 유지할 수 있다(Binet & Field, 2007; Danenberg et al., 2016; Jones, 1990b). 이는 대형 브랜드가 유통망, 비용 구조, 고객 충성도 및 재구매율, 입소문 등 광고 외적인 여러 측면에서 우위를 점하고 있기 때문으로 해석된다.

당연히 소규모 브랜드가 시장 점유율 확대를 목표로 한다면, SOV가 SOM보다 커야 한다. 예산이 제한적인 소규모 브랜드 입장에서는 다소 불리하게 느껴질 수 있지만, SOV와 SOM의 차이를 나타내는 ESOV(Extra/Excess Share of Voice)에 대한 연구 결과가 이를 뒷받침한다. 특히, 소규모 브랜드 중에서도 신제품을 출시하거나 틈새 시장을 겨냥한 브랜드는 ESOV의 효율이 특히 높다고 한다

- 다만 상관관계와 인과관계는 다르다는 점을 유의해야 한다. 성장하고 있는 브랜드는 일반적으로 광고 예산을 더 많이 배정하는데 이는 성장의 요인이라기보다 단순히 결과일 뿐이라는 시각도 존재한다.

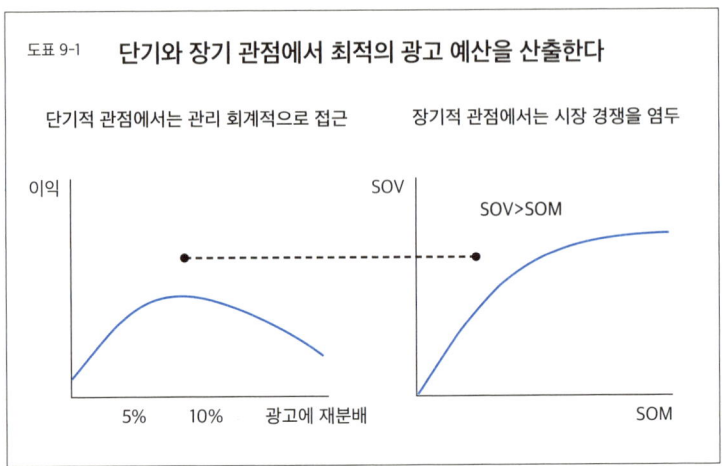

출처: 다음을 바탕으로 저자가 작성함
Binet, L.,&Field, P. (2018). *Effectiveness in context: A manual for brand building.* Institute of Practitioners in Advertising.
Kite, G. (2022). *Three data-led pointers for marketers during budget season.* Marketing Week. https://www.marketingweek.com/grace-kite-three-pointers-budget-season/
Wright, M. (2009). A new theorem for optimizing the advertising budget. *Journal of Advertising Research, 49* (2), 164-169.

(Binet&Field, 2018).

즉, 소규모 브랜드가 적극적으로 SOM을 초과하는 수준의 광고를 집행한다면, 신제품이나 틈새 브랜드는 비교적 큰 성과를 기대할 수 있다. 따라서 단기적인 관점에서는 관리 회계적인 접근이 필요하지만, 장기적인 성장 전략에서는 소규모 브랜드라도 ESOV를 고려해 최적의 예산을 설정하는 것이 중요하다.

불황 시 광고 예산에 대한 근거

불황이 닥치면 많은 기업이 광고 지출을 줄이려 한다. 기업의 수익이 감소하고 소비자의 구매 의욕이 낮아질 것으로 예상되기 때문이다. 하지만 이러한 접근은 근거에 반하는 것이다. 불황기에는 광고 효과가 떨어질 것이라고 생각하는 경우가 많지만, 이는 잘못된 인식이다. 연구에 따르면, 불황 중에도 광고 탄력성은 크게 변하지 않는다(Hanssens, 2015). 따라서 광고비를 총 이익 감소분만큼 줄이는 것은 불가피할 수 있지만, 그 이상으로 축소해서는 안 된다(Wright, 2009).

코로나19로 인한 경제 침체 속에서도 불황기 광고 전략에 대한 논의는 활발하게 이루어졌다. 시장 점유율과 광고 점유율은 최소한 유지해야 하며, 진행 중인 광고를 중단하거나 단기적인 구매 촉진 전략에 의존하는 것은 바람직하지 않다(Field, 2021; IPA, 2008). 오히려 불황일수록 광고 활동을 강화하는 것이 더 효과적일 수 있다. 불황은 브랜드 형성과 정신적 가용성을 확보하는 데 있어 새로운 기회를 제공할 수 있기 때문이다.

2008년 불황 동안 ESOV를 증가시킨 브랜드들은 이후 크게 성장했다. 피터 필드는 불황기에 선택한 광고 전략에 따라 브랜드를 세 그룹으로 나누어 분석했다(Field, 2021). 첫 번째 그룹은 ESOV가 0이거나 마이너스로 감소한 브랜드들이었고, 두 번째 그룹은 ESOV가 0에서 8% 사이였으며, 세 번째 그룹은 ESOV가 8% 이상 증가한 브랜드들이었다. 분석 결과, 세 번째 그룹에 속한 브랜드들은 이익, 가격 경쟁력, 시장 점유율, 침투율 등에서 첫 번째 그룹에 비해 약 5배 높은 성과를 기록했다.⁕ 예를 들어, 세 번째 그룹의 시장 점유율 성장률은 첫 번째 그룹의 4.5배에 달했다. 또한 세 번째 그룹의 브랜드 중 38%는 이익이 크게 성장했지만, 첫 번째 그룹에서는 이익이 증가했다는 사례가 보고되지 않았다.

   더욱 흥미로운 점은, 이렇게 성장한 브랜드들 중 모두가 불황기에 광고비를 늘린 것은 아니라는 것이다(Field, 2021). 불황기에는 경쟁사들도 광고비를 줄이는 경향이 있기 때문에, 기존과 같은 광고비를 유지하는 것만으로도 평소보다 높은 SOV를 확보할 기회를 얻을 수 있었다.

■ 한편으로는 불황기에도 광고할 수 있을 만큼 여력이 있는 브랜드가 지속적으로 성장했다는 시각도 가능하다.

9-3 사업 성장은 '효과'가 먼저고 '효율'은 나중이다

다음으로, 마케팅의 비용 대비 효과와 투자 대비 효과에 대해 생각해 보자. 최근에는 광고비를 단순한 비용이 아니라, 장기적으로 브랜드를 구축하고 유지하는 투자로 인식하는 경향이 널리 퍼지고 있다. 이에 따라 ROI(투자 대비 수익률)와 ROAS(광고 지출 대비 수익) 같은 용어가 자주 사용되지만, 실제로 이러한 지표의 의미를 정확히 이해하고 활용하는 사람이 얼마나 될지는 의문이다. 현실적으로 이들 지표는 상당히 자주 잘못 사용되고 있다.

ROI와 ROAS는 모두 이익이나 매출을 비용으로 '나누어' 계산한다. 하지만 내가 초보 직장인 시절이었을 때, 관리부서의 팀장(현재의 CFO)에게 "왜 나누는 거지?"라는 질문을 받은 적이 있다. 당시에는 광고 효과 모델에 집중하며 수익을 정확하게 추정하는 데만 몰두했기 때문에, 수익을 비용으로 나눈다는 계산 방식 자체에 대해 의문을 가지지 않았다.

나 : 투자에 대한 수익이 어떻게 변화했는지 보고 싶기 때문입니다.
관리부서 : 자네는 그렇게 생각하겠지만, 우리가 보고 싶은 것은 이익이야. 더 정확히 말하면 현금이지. 나누지 말고 빼 주게.

"나누지 말고 빼 줘."라는 말은 ROI가 아니라 수익 자체만 보고하라는 의미였다. 하지만 당시 나는 "재무 부서에는 당연히 ROI가 필요할 것이다. 비용 대비 효과를 중시하는 나는 오히려 칭찬받아야 마땅하다."라고 단순하게 생각했다. 그러나 현실은 정반대였다. 칭찬은커녕, 오히려 그만두라는 말까지 들었다. 왜 그랬을까?

효과가 먼저, 효율은 나중

경영자와 주주가 보는 것은 효과, 즉 실제 수익이다(Sharp, 2017). 이는 ROI에 국한된 이야기가 아니라, 현장과 경영층이 서로 다른 의식과 관점을 가질 수밖에 없다는 점을 보여 준다. 〈Marketing Week〉가 2022년과 2023년에 마케터를 대상으로 실시한 조사에 따르면, "CEO와 CFO는 무엇을 중요하게 생각하나요?"라는 질문에 대해, 비즈니스 성과를 내는 것이나 신규 고객 확보보다 ROI를 가장 중요한 요소로 꼽은 비율이 높았다(Stephenson, 2023). 실제로 마케터의 거의 절반이 고위 경영진이 ROI를 가장 중요하게 여긴다고 답했으며, 이러한 경향은 대기업일수록 더욱 두드러졌다.

하지만 ROI는 효율을 측정하는 지표이지, 효과를 측정하는 지표가 아니다. 나도 지금은 경영진의 일원이지만, 효과보다 효율을 우선시하는 경영자는 거의 만나 본 적이 없다. 클라이언트사의 임원들을 보더라도 기본적으로는 무엇을 해야 이익이 나고, 성장에 큰 영향을 줄 수 있는가를 먼저 고민하고, 그다음으로 어떻게 하면 그것을 효율적으로 달성할 수 있을지를 고려하는 경우가 많다는 인상을 받는다. 물론 상황에 따라 다를 수 있지만, 본래 효과가 크지 않다면 ROI를 개선한다고 해서 경영에 미치는 영향은 크지 않기 때문이다. 실제로 효율을 우선하면 마케팅 활동이 축소되고, 결과적으로 이익의 절대 금액도 감소하게 된다(Binet & Field, 2017; Sharp, 2017).

이 문제를 더욱 악화시키는 것은 ROI가 정확히 무엇을 의미하는지 이해하지 못한 채, 단순히 좋은 개념처럼 보이고 이익이 날 것 같다는 식으로 사용하는 사람들이 많다는 점이다. 예를 들어, 다음과 같은 주장을 살펴보자.

ROI에 관한 선입견

- ROI를 높이면 사업이 성장한다.

■ 반면, 마케터 중 절반은 경영층이 효과를 검증할 때 ROI를 지나치게 중시한다고도 생각했다.

- ROI는 분모(투자)에서 얻는 분자(수익)이라는 관계성을 나타낸다.
- ROI의 최대화가 매출과 이익 최대화로 이어진다.
- ROI가 높은 전략에 많이 투자하면 더 많은 이익을 얻을 수 있다.

이 내용은 ROI에 대한 오해와 잘못된 인식을 다루고 있다. 여러 연구자가 이 문제를 경고했으며, 특히 런던 비즈니스 스쿨의 팀 앰블러는 "ROI는 죽었다: 이제 묻어 버려라"라는 제목의 논문을 발표하기도 했다. 이 논문은 ROI에 대한 집착을 멈춰야 한다는 메시지를 담고 있다. 또한, 이익 성장을 이끄는 요인과 ROI를 높이는 요인은 완전히 다르며, 오직 ROI만 추구할수록 비즈니스 성장에 필요한 마케팅에서 멀어질 수 있다는 점이 데이터로 확인되었다(Binet & Field, 2017).

이제부터 이러한 지적의 배경을 하나씩 살펴보며, 마케팅 ROI의 함정은 무엇이고 이를 어떻게 운용해야 하는지 설명하겠다.■

■ 여기서는 제조업체, 소매업체, 그리고 기업이 수행하는 IMC(통합 마케팅 커뮤니케이션)에서의 ROI를 가정한다. 이익률이 다른 제품을 조달해 판매하는 이커머스 업체나 자사 브랜드를 보유하지 않은 일부 D2C 등에는 적용되지 않을 수 있다.

9-4 마케팅의 ROI를 정확하게 계산할 수 있는가?

마케팅의 ROI, 즉 마케팅 투자 수익률을 MROI라고 한다. 광고나 프로모션 같은 마케팅 활동에 투입한 비용 대비 발생한 이익을 측정하는 지표다. 이에 대한 몇 가지 연구를 바탕으로 정의를 살펴보자 (Farris et al., 2010; Farris et al., 2015; Hanssens, 2019; Lenskold, 2003; Mitchell & Olsen, 2013).

최근에는 업무 대화에서 비용 효율성이나 투자 대비 수익률 같은 용어가 자주 사용되지만, 재무 용어를 사용할 때는 신중해야 한다. 퀴즈를 하나 내겠다. 다음과 같은 상황에서 광고를 운영하고 있다고 가정해 보자.

- 매출 기준선: 100만 엔
- 광고 비용(한 매체만 사용): 25만 엔
- 광고 후 매출: 150만 엔
- 공헌 이익률: 50%

이제 이 광고의 단기 MROI를 계산해 보자. 강연에서 이 문제를 제시하면, 대체로 다음 5가지 유형의 답변이 나온다.

1) 500%
2) 200%
3) 100%
4) 0%
5) 정보가 부족해 계산할 수 없다.

먼저 1)을 선택한 사람들은 (150만 엔 − 25만 엔) ÷ 25만 엔 = 5라는 방식으로 계산했을 것이다. 신문 기사에서도 종종 광고의 ROI를 (광고 후 매출 − 광고비) ÷ 광고비로 설명하는 경우가 많다. 이 공식을 그대로 외운 사람들은 이러한 선택을 하기 쉽다. 하지만 주의해야 할 점은 광고를 했을 때의 매출과 광고에 기인하는 매출은 다르다는 것이다. 기준선인 100만 엔은 이번 마케팅과 관계없이 발생한 매출이므로, 이를 차감한 후 계산해야 한다.

2)를 선택한 경우를 살펴보자. 이 광고로 인해 발생한 매출은 150만 엔 − 100만 엔 = 50만 엔이다. 이 값으로 계산하면 50만 엔

÷ 25만 엔 = 2가 된다. 이 계산은 광고비 대비 수익, 즉 ROAS를 나타낸다. ROAS는 일정한 예산 내에서 동일한 규모의 매체나 대체 전략을 비교하는 데 유용하지만, 지출 수준을 최적화하는 데는 적합하지 않다.

3)을 선택한 경우를 살펴보자. 매출이 50만 엔 증가했지만, 제품을 생산하고 고객에게 전달하는 과정에서 여러 비용이 발생한다. 이를 반영해 공헌 이익으로 계산하면 (50만 엔×0.5) ÷ 25만 엔 = 1이라는 관점이다. 이 계산도 일리가 있지만, 이익을 구하려면 전략에 소요된 비용도 차감해야 한다. 2)와 3)에서 계산한 값은 이익이 아니라 증분 이익이다(Hanssens, 2019).

데이터 분석에 익숙한 사람들은 4)와 5) 사이에서 고민하는 경향이 있다. 단기 MROI는 4)가 정답이다. 이론적으로 보면, 공헌 이익에서 광고 비용을 차감하면 50만 엔 × 0.5 − 25만 엔 = 0이 되므로, 광고로 인한 증가 이익은 0엔이다. 따라서 MROI도 (50만 엔 × 0.5 − 25만 엔) ÷ 25만 엔 = 0이 된다.

반면, 5)를 선택한 사람들은 미래의 현금 흐름과 LTV가 고려되지 않았으며, 광고의 잔여 효과가 불확실하다는 점을 지적하는 경우가 많다. 이는 주제에서 다소 벗어나지만 통찰력 있는 접근이다. 위의 데이터만으로는 장기 MROI를 계산하기에 충분하지 않다.

MROI를 계산하는 방법에는 여러 가지가 있다. 기준 시점에서의 점진적 상승, 전환율, 고객 자산 가치, 기회 비용, 브랜드 가치를 기반으로 계산하는 방법 등이 있다(Farris et al., 2015). 여기서는 그중 가장 기본적인 방법으로, 기준 시점의 점진적 상승을 활용한 계산 방법을 설명하겠다.

다시 정의하자면, 이 책에서는 MROI를 다음과 같이 계산한다(Farris et al., 2010; Mitchell & Olsen, 2013).

$$MROI = \frac{\text{마케팅에 기인한 증분 매출} \times \text{한계 이익률 또는 총 이익률} - \text{마케팅 비용}}{\text{마케팅 비용}}$$

엄밀성과 실용성의 균형

MROI를 정의하는 것과는 별개로, MROI를 얼마나 정밀하게 계산할 것인가도 중요한 문제다. 마케터의 관점에서는 특정 마케팅 활동의 비용과 수익의 관계를 파악하는 것이 핵심이므로, 일반적으로 MROI는 매출총이익에서 해당 마케팅 활동에 소요된 비용을 차감해 계산한다. 이 경우, 마케팅을 지원하는 기업 인프라(예: 고정비)가 포함되지 않기 때문에 MROI 수치는 상당히 높게 나타날 수 있다(Farris et al., 2015). 예를 들어, 소셜 미디어의 MROI는 광고비만 고려하면 높게 나타나지만, 콘텐츠 개발이나 고객 대응에 필요한 인적 자원을 포함하면 수치가 크게 낮아진다(Gallo, 2017).

또한, 사업부 단위에서 접근할 경우 마케팅 활동만으로 증분 매출이 발생하는 것이 아니므로, 생산 라인의 확충이나 직원 추가 고용이 필요했다면 이에 대한 지출도 고려해야 한다는 견해도 있다(Farris et al., 2015). 브랜드 전체의 ROI를 평가할 때 이러한 논쟁은 더욱 두드러지며, 계산을 엄밀하게 할수록 실용성과의 균형을 맞추는 것이 중요해진다. 따라서 어느 정도에서 적절한 선을 그을 필요가 있다.

이익을 측정하는 과정에서도 마찬가지다. 추정의 정밀도를 높이려 하면 몇 가지 장애물이 나타난다. 앞서 광고 후 매출에서 기준선의 매출을 차감해 마케팅에 기인한 매출로 간주했지만, 이는 간편한 계산 방식일 뿐이다. 보다 정확한 분석을 위해서는 광고 반응 함수, 장기 효과와 간접 효과, LTV에 미치는 영향, 미래의 현금 흐름까지 고려해야 한다. 이를 통해 광고의 진정한 기여도를 도출할 수 있지만, 복잡한 모델을 사용한다고 해서 모든 문제가 해결되는 것은 아니다. 필요한 데이터가 많아지고, 전제와 가정이 늘어날수록 오류가 발생할 가능성도 커진다. 결국 ROI를 계산하는 과정 자체에서도 상당한 노력이 필요하며, 정밀한 분석과 실용성 사이에서 균형을 잡는 것이 중요하다.

9-5 ROI만 바라보면 파산을 한다?

바이런 샤프는 "ROI can send you broke."라고 말한 바 있다(Sharp, 2017, p.97). ROI만을 지나치게 강조하면 결국 자금이 바닥나 파산할 수도 있다는 의미다. 왜 이런 일이 발생할까? 그의 말의 진정한 의미는 무엇일까? 여기서는 사업 성장과 ROI의 관계를 보다 자세히 살펴보겠다.

ROI의 분모와 분자에 인과관계가 있을까?

먼저, ROI라는 개념에서 분모와 분자의 관계를 생각해 보자. '수익'

이라는 용어를 사용하기 때문에 많은 사람이 ROI를 투자에서 얻어진 이익으로 해석하지만, 두 요소 사이에 반드시 인과관계가 성립하는 것은 아니다. 또한, 광고 ROI를 '광고가 없었다면 구매하지 않았을 사람이 그 광고를 보고 구매했다'라는 의미로 해석하기도 한다. 그러나 ROI라는 용어가 붙었다고 해서 반드시 그렇게 해석할 수 있는 것은 아니다. 실험을 통해 검증한 경우라면 별개지만, 일반적으로 ROI는 과거의 마케팅 활동과 기존의 구매 습관에서 비롯된 수익을 최근 수행한 마케팅 비용으로 나눈 지표에 가깝다. 물론 이를 이해한다고 해도 실무에서 활용하기에는 한계가 있다.

이 개념은 ROI의 동료 개념인 ROAS(광고 지출 대비 수익률)를 생각하면 좀 더 쉽게 이해할 수 있다. ROAS는 특히 디지털 마케팅에서 실시간 성과 최적화를 위한 지표로 자주 활용되며, 다양한 도구에서 제공하는 기능을 통해 계산된다(계산 방식으로는 기여 모델[■] 등이 있다). 그러나 일부 기여 모델은 이미 구매할 의사가 있는 소비자가 우연히 구매 직전에 광고를 접한 경우에도 해당 전환을 '현재 광고 덕분'으로 간주하는 문제를 가진다. 또한, 고객 여정과 무관하게 기업이 설정한 규칙에 따라 보상을 부여하는 일도 발생한다. 이는 실제 광고 효과를 왜곡할 수 있는 요소가 된다.[■■]

반대로, 현재의 정책이 새롭게 창출하는 비고객의 인지, 선호도,

■ attribution model. 귀속 모델. 어떤 마케팅 채널이 전환(구매 등)에 얼마나 기여했는지 평가하는 방식을 말한다.-옮긴이 주
■■ 현재는 이러한 규칙 기반의 기여 모델에서 MMM(마케팅 믹스 모델) 및 AI 기반 모델로 전환되고 있는 것으로 보인다.

정신적 가용성 확대에 기인한 수익은 거의 반영되지 않는다. 이러한 효과가 실제 매출에 반영되기까지는 일정한 시간이 필요하기 때문이다. 실제로 광고 비용의 효과를 추정할 때 가장 큰 문제 중 하나는 광고비가 집행된 후 효과가 나타날 때까지의 시간적 차이라고 지적된 바 있다(Pauwels, Reibstein, 2010).

다시 말해, ROAS는 분자에 놓인 '전략으로 얻은 매출'을 반드시 신뢰할 수 있는 것이 아닌데도, 그렇게 보일 수 있다는 점에서 오해의 소지가 큰 지표다. ROI 역시 마찬가지다. 기여 모델을 사용해 마케팅 효과를 추정하는 것과 좀 더 정교한 계량 경제 모델을 사용하는 것을 비교해 보자. 최근 연구에 따르면, 기여 모델로 추정했을 경우에는 페이드 서치* 등의 단기적 성과 중심 마케팅이 약 2배로 과대평가되었다. 반면, TV 광고 등의 장기적 브랜드 형성 활동은 3배에서 10배까지 과소평가되었다(Binet et al., 2023).

왜 ROI만 바라보면 파산할까?

미래의 사업 성장을 위해서는 비고객을 확보해야 한다(Sharp, 2010). 그러나 비고객은 기존 고객이나 헤비 유저에 비해 ROI가 낮기 때문에, ROI와 ROAS를 기준으로 타깃, 메시지, 미디어를 좁혀 갈수록

- paid search. 디지털 마케팅의 한 형태로, 광고주가 검색 엔진에 특정 키워드에 대한 광고비를 지불해 자신의 광고를 검색 결과 페이지의 상단에 노출시키는 방식이다.-옮긴이 주

자연스럽게 기존 고객이나 헤비 유저를 대상으로 한 전략이 증가하게 된다. 이로 인해 비고객에 대한 접근이 줄어들고, 결국 새로운 비고객이 유입될 경로가 사라지게 된다. 또한, 기존의 헤비 유저가 평균으로 회귀하면서(2장 2절) 비고객으로 전락할 가능성도 있다. 즉, 고객은 이탈하지만 새로운 고객이 유입되지 않는 상황이 발생할 수 있다.

고객 기반의 축소가 가속화되면, ROI를 중시할수록 이 격차는 더욱 커진다. 기존 고객을 대상으로 업셀링이나 크로스셀링을 시도해 이를 메우려 해도, 2장에서 배운 것처럼 구매량은 일상생활의 함수이므로 한계가 있다. 이후의 상황은 쉽게 예측할 수 있다. 고객 수는 줄어들고 재구매도 감소하면서, 결국 매출이 급격히 하락하게 된다. 이렇게 ROI는 단기적인 수익을 과대평가하는 동시에 지속 가능한 현금 흐름을 창출하는 활동에 패널티를 부과해, 결국 비즈니스를 파괴하는 방향으로 작용한다(Ambler, 2004).

이런 이야기를 하면, "단기 ROI를 높이면 결국 장기적인 사업 성장으로 이어진다."라고 주장하는 사람들이 있다. 그러나 피터 드러커는 단기 성과의 누적이 장기 성과를 달성하는 방법이 아니라고 지적했다(Drucker, 1993). 퍼포먼스 마케팅 같은 단기적인 ROI 극대화 전략이 반드시 장기적인 성장을 보장하는 것은 아니다.

이 글은 대규모 데이터에 기반해 실제로 입증된 내용을 담고 있다. 이 책에서 살펴본 바와 같이, 브랜드 성장을 이끄는 주요 요인은 침투율이다. 그러나 2008년부터 2016년까지 다양한 마케팅 전략을 분석한 연구에 따르면, 침투율을 포함한 매출, 시장 점유율, 가격, 충성도 등은 모두 이익 성장과 1% 수준의 상관관계를 보였지만, 이들 요소와 MROI 간에는 통계적으로 유의미한 관계가 발견되지 않았다(Binet & Field, 2017). 특히 침투율은 오히려 부정적인 상관관계를 나타냈다.

브랜드 구축과 같은 장기적인 목표를 추구하는 전략은 단기적인 효과도 창출할 수 있지만, 그 반대는 성립하지 않는다(Binet & Field, 2013). 이는 사업 성장과 ROI의 극대화가 서로 다른 접근 방식이며 별개의 메커니즘이라는 것을 의미한다. 따라서 ROI를 주요 지표로 삼게 되면 사업 성장에서 멀어지게 되고, 결국 ROI만 바라보다 파산할 위험에 처하게 된다.

9-6 수확체감의 함정, 이익과 ROI가 반비례할 수 있다

즉시 얻을 수 있는 성과나 단기적인 목표에만 집중하는 것을 '낮은 곳에 있는 과일Low-hanging fruits'이라고 조롱하기도 한다. ROI만을 추구할수록 사업 성장에 필요한 마케팅에서 멀어지게 되고, 결국 불필요한 마케팅으로 이어질 수 있다. 기존 고객이나 헤비 유저를 대상으로 한 마케팅 활동의 ROI가 높은 이유는 그 효과가 뛰어나서가 아니라, 그들이 마케팅 활동과 상관없이 어차피 구매할 가능성이 높은 대상일 수 있기 때문이다.

게다가 재무적으로 타당해 보이는 수치가 데이터 기반 의사결정 과정에서 도출되기 때문에 상황은 더욱 골치 아파진다. 실제 비즈니스 현장에서 ROI라는 수치만 언급해도 강력한 논리적 근거로 받아

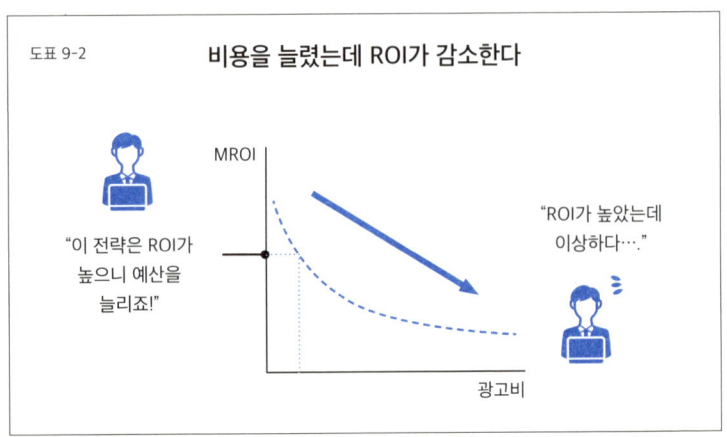

도표 9-2 비용을 늘렸는데 ROI가 감소한다

들여지는 경우가 많다. 예를 들어, 부하 직원이 "이 방안은 ROI가 매우 높으니 예산을 늘리는 것이 좋겠습니다."라고 보고했다고 가정하자. 그렇다면 특별한 사정이 없는 한 이 제안을 긍정적으로 검토할 가능성이 클 것이다.

하지만 이 부하 직원이 마케팅과 이익의 관계를 올바르게 이해하지 못하고 있을 가능성도 있다. 마케팅 활동이 비즈니스에 미치는 영향은 단순한 ROI 수치만으로는 파악하기 어렵다. 예를 들어, ROI가 높은 매체나 메시지, 시장 영역에 우선적으로 예산을 할당했지만 오히려 매출이 감소한 사례, ROI를 기준으로 최적의 예산 배분을 도출했지만 전체 이익이 줄어든 사례가 있지 않은가? 이는 'ROI가 높은 정책'과 '매출이나 이익을 증가시키는 정책'이 반드시 일치하지 않기 때문이다(Mitchell & Olsen, 2013). 또한, 항상 높은 ROI를 보장하는 전략이 존재하는 것도 아니다. 오히려 ROI가 높은 전략은 대개 큰 예산을 사용하지 않는 소규모 전략인 경우가 많다(Sharp, 2017).

이러한 오해는 ROI가 비율로 표시되는 특성에서 비롯된다. 우리는 학교에서 y=ax+b와 같은 일차함수를 배운다. 이때 a를 y의 증가량을 x의 증가량으로 나눈 변화율로 이해한다. 그래서인지 사람들은 a값이 클수록 x가 증가할 때 y의 증가폭도 커진다고 생각하며, 이 개념을 ROI에도 그대로 적용하는 경향이 있다.

이로 인해 ROI가 높은 전략에 투자할수록 더 많은 이익을 얻을 수 있다는 잘못된 믿음이 생긴다. 그러나 이는 ROI의 본질을 오해한 결과다. ROI 계산에서 분모인 비용은 선형적으로 증가할 수 있지만, 분자인 이익은 반드시 선형적이고 지속적으로 증가하지는 않는다.

이게 무슨 뜻일까? 이 분야의 전문가인 UCLA의 도미닉 한센이 설명한 내용을 참고하면서 생각해 보자(Hanssens, 2019, 2020). 먼저, 마케팅 비용과 매출, 이익 간에는 명확한 상관관계가 존재한다(Mantrala et al., 1992). 다음 페이지의 도표 9-3을 살펴보자.

처음에는 광고를 집행하는 만큼 매출과 이익이 함께 상승한다. 그러나 일정 지점에 도달하면 이익은 최댓값 A를 기록하게 된다. 이 지점을 넘어서면 광고를 더 늘려도 매출은 증가하지만, 이익은 오히려 감소하기 시작한다. 매출 자체는 증가하지만 증가율은 점차 둔화되기 때문이다(Mitchell & Olsen, 2013). 이러한 현상을 수확체감이라고 한다. ROI의 분모는 광고를 집행할수록 커지지만, 광고 단위당 수익은 수확체감 법칙에 따라 감소한다. 결국, 이익 곡선이 어느 순간 변곡점을 맞이하며, 상승 추세에서 하락 추세로 전환된다.

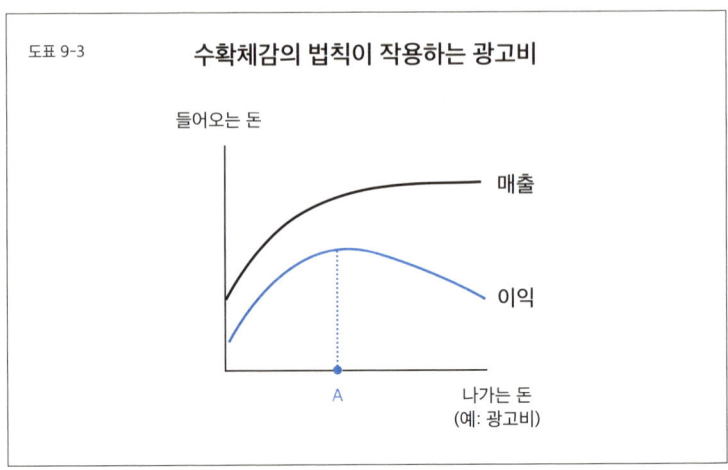

출처: 다음을 바탕으로 저자가 작성함
Hanssens, D. M. (2019). *Finance in marketing: Marketing ROI* [Video]. Marketing Accountability Standards Board.
https://marketing-dictionary.org/m/marketing-return-on-investment/
Mitchell, T.,&Olsen, H. (2013). The elasticity of marketing return on investment. *Journal of Business&Economics Research, 11*(10), 435-444.

광고와 매출의 관계를 설명하는 반응 함수에는 여러 가지 유형이 있으며, 성숙한 시장에서는 수확체감형 반응 함수가 자주 관찰된다 (Taylor et al., 2009; Wind & Sharp, 2009). ■ Mitchell과 Olsen(2013)의 연구에 따르면, 광고비 투자가 증가할수록 MROI는 우하향 곡선을 그린다. 도표 9-4의 그래프처럼, ROI가 높다고 해서 반드시 매출이나 이익이 크다는 것은 아니다. 실제로 순조롭게 성장하는 기업에서는 이익과 ROI가 반비례하는 경우도 있다(Mitchell & Olsen, 2013).

- 특정 카테고리에서는 S자형이 될 수도 있지만(8장 3절 참고) 이 경우에도 궁극적으로는 수확체감의 법칙을 따른다.

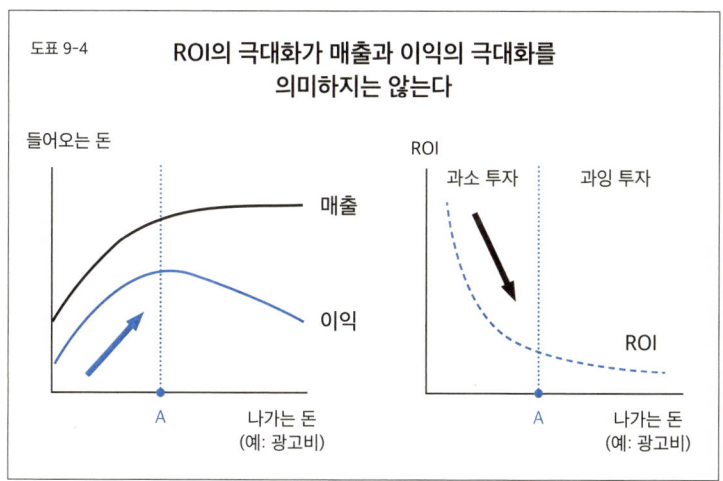

도표 9-4 ROI의 극대화가 매출과 이익의 극대화를 의미하지는 않는다

출처: 다음을 바탕으로 저자가 작성함
Hanssens, D. M. (2019). *Finance in marketing: Marketing ROI* [Video]. Marketing Accountability Standards Board.
https://marketing-dictionary.org/m/marketing-return-on-investment/
Mitchell, T.,&Olsen, H. (2013). The elasticity of marketing return on investment. *Journal of Business&Economics Research, 11*(10), 435-444.

    ROI가 높다고 해서 반드시 매출이나 이익이 크게 증가하는 것은 아니다. ROI가 높은 전략을 발견하면 일반적으로 그 전략을 강화하고 더 많은 예산을 투입해야 한다고 생각하기 쉽다. 그러나 투입량이 늘어나면 분모는 커지지만, 분자는 수확체감의 법칙에 따라 점차 감소한다. 결국, 원래 ROI가 높았던 전략도 그 효과를 잃게 된다. 따라서 ROI가 높을수록 더 많은 이익을 가져온다는 논리는 본질적으로 결함이 있다고 볼 수 있다(Amber, 2004).

    이처럼 단순히 ROI 극대화를 목표로 한다고 해서 매출이나 이익 극대화로 이어지는 것은 아니므로, 사업 성장의 목표 관리에 ROI를 사용하는 것은 권장되지 않는다(Rust et al., 2004; Sharp, 2017).

한편, 도표 9-4를 살펴보면 A 지점을 경계로 이익과 ROI의 관계가 역전되는 모습을 확인할 수 있다.

A보다 왼쪽: 광고비를 늘리면 ROI는 감소하지만 이익은 증가한다.
A보다 오른쪽: 광고비를 줄이면 ROI와 이익 모두 증가한다.

A 지점을 기준으로 왼쪽은 과소 투자 상태, 오른쪽은 과잉 투자 상태다. 과잉 투자 상태에서는 광고를 줄이면 ROI와 이익을 모두 증가시킬 수 있다. 그러나 과소 투자 상태에서 광고를 줄이면 ROI는 높아지지만 이익은 감소하게 된다.

ROI가 높은 전략만 수행하거나 ROI를 높이기 위해 전략이나 타깃을 지나치게 좁히는 것은 이익 극대화의 관점에서 항상 과소 투자 상태에 머물 위험이 있다. ROI를 우선적으로 고려하는 사람들은 '예산이 낭비되고 있다, 더 최적화해야 한다'는 생각을 자주 하게 되지만, 닐슨의 데이터에 따르면 대부분의 기업은 오히려 과소 투자 상태에 있다(Nielsen, 2022).

그리고 대부분의 기업이 실제로 늘리고 싶어하는 것은 ROI가 아니라 이익이다. 따라서 ROI가 낮아지더라도 광고 투자를 늘리는 과감한 결정이 필요할 수도 있다.

9-7 무조건 비용 대비 효과가 높은 전략을 택하면 될까?

이른바 전략 수립이라고 불리는 작업의 대부분은 실제로는 새로운 전략을 만드는 것이 아니라 기존 전략을 개선하거나 적응하는 과정이다. 물론 몇 년마다 중기 계획을 재검토하거나 신제품의 확산 전략을 고민하는 등 제로베이스에서 전략을 구축하는 경우도 있다. 그러나 일정 수준 이상의 마케팅 경험이 있는 기업이라면 이미 존재하는 전략을 어떻게 더 효과적으로 개선할 것인가에 대한 수정 작업이 상당 부분을 차지하게 된다. 따라서 현재 또는 다음 단계에서 무엇을 해야 하는가를 도출하는 것이 핵심이다.

　미디어 플랜 역시 같은 맥락에서 이해할 수 있다. 현재의 브랜드 인지율, 침투율, 재구매율, 매출은 과거부터 현재까지 브랜드가 진행해 온 광고 활동의 결과로 형성된 것이다. 그리고 이러한 상황을 바탕으로 다음 단계에서 무엇을 하는 것이 최적인가를 결정해야 한다.

최근에는 MMM(마케팅 믹스 모델링)이 보편화되면서 데이터 기반의 미디어 플래닝이 더욱 발전하고 있다. 이에 따라 예산의 최적 배분, 마케팅 믹스의 최적화 같은 용어도 자주 사용된다. 하지만 이러한 개념을 활용할 때는 주의가 필요하다. 최적화란 단순히 한 번 결정하고 끝나는 것이 아니다. 이후 PDCA 사이클을 반복한다고 해서 완전히 유지되는 것도 아니다. 시장 환경과 경쟁사의 반응은 끊임없이 변하며, 광고를 시작하는 순간부터 수확체감 현상이 나타나기 때문에 초기의 최적 배분도 시간이 지나면 반드시 무너지게 되어 있다.

현재의 광고 집행량과 소비자의 광고 반응을 분석하면서, 광고를 늘릴지 줄일지, 늘린다면 얼마나 늘리고 줄인다면 얼마나 줄일지, 그리고 그러한 조정이 어떻게 이익의 극대화로 이어지는지를 명확히 설명할 수 있어야 한다. 예를 들어, 광고 반응 함수는 매체에 따라 다르며, 같은 매체라도 현재의 집행량에 따라 ROI가 달라진다. 또한, 광고의 잔존 효과도 변화하기 때문에, 작년과 동일한 비용을 투입하더라도 수익은 달라질 수 있다(Pauwels & Reibstein, 2010). 너무 복잡하게 설명하기보다 간단한 예로 생각해 보자.

규모와 가격대가 동일한 매체 X와 매체 Y가 있다고 가정해 보자. 지금까지 두 매체를 모두 활용해 왔지만, 각각의 광고 집행량은 다르다. 현재 매체 X의 광고 집행량은 A, 매체 Y의 광고 집행량은 B라고 하자.

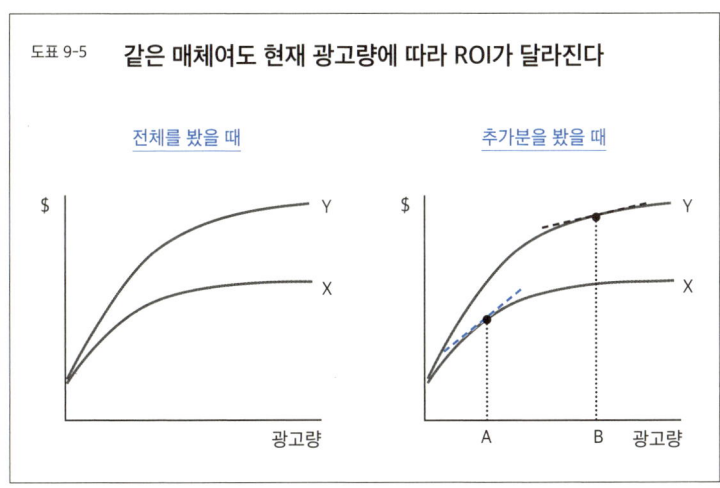

도표 9-5 같은 매체여도 현재 광고량에 따라 ROI가 달라진다

이제 미디어 플랜 관점에서 어떤 조정이 적절할지 생각해 보자. 도표 9-5 왼쪽 그래프를 보면, Y의 반응 곡선이 X의 반응 곡선보다 항상 위에 있다. 이는 같은 비용을 투입했을 때 Y에서 기대할 수 있는 매출이 X보다 크다는 것을 의미한다.

그렇다면 Y에 예산을 집중 투입하는 것이 최선일까? 도표 9-5 왼쪽 그래프를 보면, 전체적인 성과는 Y가 더 높다. 하지만 오른쪽 그래프를 보면 현재의 광고 집행량을 고려했을 때 추가 예산을 X에 투자하는 것이 추가 수익 면에서 더 유리할 수 있다는 점을 확인할 수 있다. 그러나 X 역시 일정 지점에 도달하면 수확체감을 겪게 된다. 따라서 최적의 예산 배분을 위해서는 각 매체의 수확체감 정도를 지속적으로 모니터링하면서 조정하는 전략이 필요하다(도표 9-6).

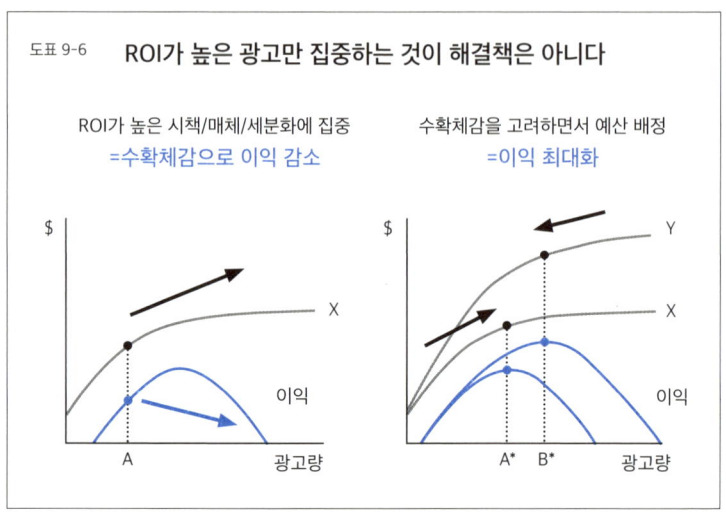

도표 9-6　ROI가 높은 광고만 집중하는 것이 해결책은 아니다

결국, 단순히 비용 대비 효과가 높은 전략을 선택하고, 효과가 낮은 전략은 제거하면 된다는 식의 접근 방식만으로는 이익의 극대화를 달성할 수 없다.

이러한 관점을 갖고 있으면 다양한 상황에서 적용할 수 있다. 예를 들어, 매체 영업에서 우리 매체는 다른 매체보다 비용 대비 효과가 높다고 주장하는 경우가 있다. 하지만 이것은 해당 매체가 상대적으로 덜 알려져 있거나 (혹은 다른 이유로) 아직 큰 예산이 투입되지 않아 수확체감의 법칙이 발생하지 않았기 때문일 수 있다. 또한, 수억 엔 규모의 TV 광고와 수십만 엔 수준의 인터넷 광고를 동일한 기준으로 비교하는 보고서를 볼 때도 있다. 하지만 두 전략의 절대 비용 차이가 크다면, ROI를 단순 비교하는 것은 적절하지 않다 (Hanssens, 2019). 결국, 비용 대비 효과를 논의할 때는 수확체감의 법칙이 반드시 작용한다는 점과, 데이터를 어떻게 보여 주느냐에 따라 ROI가 크게 달라질 수 있다는 점을 항상 염두에 두어야 한다.

9-8 '다음 1원을 어디에 써야 할까'라는 마음으로 접근하자

사실 ROI는 총 투자수익률, 증분 투자수익률, 한계 투자수익률로 구분할 수 있다(Farris et al., 2015). 미디어 플랜에서는 이 세 가지 개념을 명확히 구분해 활용하는 것이 중요하다. Farris et al.(2010)과 Farris et al.(2015)의 연구를 참고해 이를 살펴보겠다. 도표 9-7을 보자.

총 투자수익률은 모든 비용과 그로부터 얻어진 모든 수익을 비교한 값이다. 그래프에 대입하면 다음과 같은 공식을 도출할 수 있다.

$$\frac{(S^2 - S^0) \times 한계이익률 - A^2}{A^2}$$

반면, 증분 투자수익률은 어떤 시점부터 추가로 진행한 마케팅

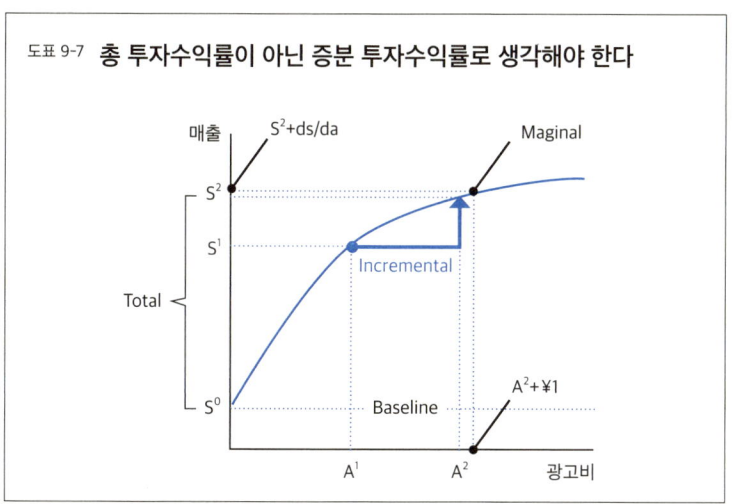

출처: 다음을 바탕으로 저자가 작성함
Farris, P. W., Bendle, N., Pfeifer, P.,&Reibstein, D. (2010). *Marketing metrics: The definitive guide to measuring marketing performance* (2nd ed.). Pearson Education.
Farris, P. W., Hanssens, D. M., Lenskold, J. D.,&Reibstein, D. J. (2015). Marketing return on investment: Seeking clarity for concept and measurement. Applied Marketing Analytics, 1 (3), 267-282.

활동에 대해, 추가로 얻어진 수익 증가분이 얼마인지를 측정하는 개념이다. 도표 9-7을 보자. 광고량 A^1에서 얻는 매출이 S^1이다. 여기서 광고량을 A^1에서 A^2로 늘렸을 때, 매출이 S^1에서 S^2로 증가한다면, 증분 투자수익률은 다음과 같이 계산할 수 있다.

$$\frac{(S^2 - S^1) \times 한계이익률 - (A^2 - A^1)}{A^2 - A^1}$$

한계 투자수익률은 광고를 조금 늘렸을 때($A^2 + 1$), 매출이 얼마나 증가하는가($S^2 + ds/da$)를 의미하며, 경제학에서 말하는 한계 개념을 포함한 값이다. 여기서는 증분 투자수익률을 좀 더 세밀하게 살펴본 것이라고 이해하면 된다.

일반적으로 ROI라고 하면 총 투자수익률을 의미하는 경우가 많다. 즉, 어떤 매체의 ROI가 높은지 고민하는 관점에서 접근하는 것이 일반적이다. 하지만 미디어 플랜을 고려할 때는 다음에는 어떤 매체에 광고를 게재하면 ROI가 높을지 고민하는 증분 관점이 중요하다. 매체와 시장 세부 영역에 대한 투자가 커질수록 수확체감 법칙이 발생하기 때문이다.

예를 들어, 도표 9-7과 같은 곡선을 가정하면 동일한 100만 엔을 광고비로 지출할 때 첫 번째 100만 엔이 가장 큰 수익을 내고, 이후 추가로 투입하는 100만 엔마다 수익이 점차 감소한다. 따라서 현재의 관점에서 다음 100만 엔이 투자할 가치가 있는지, 아니면 기회비용을 고려해 다른 선택지에 투자하는 것이 더 나은지를 항상 파악하는 태도가 중요하다.

증분 투자수익률로 수확체감을 파악한다

그러면 증분 투자수익률의 사용법을 Farris et al.(2015)의 사례를 참고해 살펴보겠다. 먼저 주의해야 할 점은, 여기서 소개할 방법은 단순한 방식이라는 것이다. 이 방법은 반응 함수의 형태나 LTV(고객 생애 가치) 등을 고려하지 않기 때문에, 체계적인 마케팅 믹스 모델 MMM을 구축하는 것이 보다 바람직하다. 하지만 처음부터 MMM을

도표 9-8

매체 X	비용	공헌 이익	증분 이익	ROI
시나리오1	400,000	1,000,000	600,000	150%
시나리오2	600,000	1,400,000	800,000	133%
증분	200,000	400,000	200,000	100%

도표 9-9

매체 X	비용	공헌 이익	증분 이익	ROI
시나리오2	600,000	1,400,000	800,000	133%
시나리오3	800,000	1,620,000	820,000	103%
증분	200,000	220,000	20,000	10%

설명하려고 하면 책 한 권으로도 부족할 만큼 방대한 내용이 될 것이다. 따라서 그 부분은 전문서에 맡기고, 여기서는 기본적인 개념에 집중하겠다.

한 매체 X에 대해 도표 9-8과 9-9 같은 데이터가 있다고 가정하자.

시나리오1은 광고비 40만 엔 사용 시, 공헌 이익이 100만 엔이다. 시나리오2는 광고비를 추가로 20만 엔 사용하면(총 60만 엔), 공헌 이익이 140만 엔이다. 시나리오3은 광고비를 추가로 20만 엔 사

■ 『Market Response Models: Econometric and Time Series Analysis(Hanssens, Dominique M.)』를 추천한다.

용하면(총 80만 엔), 공헌 이익이 162만 엔이다.

먼저, 시나리오1에서 시나리오2로 변경했을 때의 증분 투자수익률을 계산해 보자. 증분 비용은 20만 엔이고 증분 공헌 이익은 40만 엔이므로 다음과 같은 수치가 나온다.

시나리오1에서 시나리오2로 변경했을 시 증분 투자수익률 = 100%

이 추가 비용 20만 엔을 기회비용으로 간주하면, 매체 X에 사용할 수도 있고, 다른 방안에 투자할 수도 있다. 이 판단에 대해 Farris 외(2015)는 ROI 계산과 평가를 사내에서 표준화하고, 합의된 기준을 가지는 것이 중요하다고 언급했다. ROI가 특정 기준을 초과하면 진행하고, 초과하지 않으면 중단한다는 기준선을 마련하는 것이다. 여기서는 일단 50%로 설정해 보겠다.

시나리오1에서 시나리오2로 변경했을 시 증분 투자수익률 100% > 50%

기준선보다 높으므로, 이 시점에서는 매체 X에서 시나리오2를 운영하는 것이 바람직하다. 그렇다면 시나리오2에서 추가로 20만 엔을 더 투입해 시나리오3으로 전환한다고 가정해 보자.

물론 공헌 이익은 증가하지만, 이 경우의 증분 투자수익률은 기준치인 50%에 미치지 못하는 10%에 불과하다. 시나리오2에서 시나리오3으로의 증분 투자수익률이 10%로 떨어졌다는 것은 수확체감 현상이 뚜렷하게 나타나고 있음을 의미한다. 만약 매체 X에 이미

60만 엔을 투자했다면, 추가로 20만 엔을 더 투입하기보다 다른 곳에 활용하는 것이 더 나은 선택이 될 수 있다. 이렇게 ROI의 성질을 깊이 이해하고 활용하면, 정해진 예산 내에서 보다 효율적인 판단을 내리는 데 도움이 된다(Ambler, 2004; Farris et al., 2015).

다만, 항상 증분 관점에서 평가해야 한다는 점을 기억해야 한다. 만약 시나리오1과 시나리오2를 고려하지 않고 단순히 시나리오3의 총 투자수익률만 봤다면, 추가 지출을 진행하기로 결정했을 가능성이 있다. 그러나 시나리오3을 시나리오2에서의 추가 지출로 인식함으로써 이러한 오판을 방지할 수 있다(Farris et al., 2015).

마지막으로, 이것은 단기적인 이익에 초점을 맞춘 관점이다. 사업 성장을 위해서는 넓고 얕은 인식 형성이 필수다. 따라서 점진적인 ROI보다는 점진적인 도달 범위(증분 도달 범위, 8장 4절 참고)를 기준으로, 비고객층의 인식을 확보하고 기억을 끌어내는 효과를 평가해야 한다.

나가며

그러나 근거가 전부일까?

그동안 사업 성장에서 당연시되던 것들을 근거를 기반으로 재검토하는 여정이 이제 끝나 간다. 마지막으로, 근거가 아닌 개인적인 감상을 이야기해 보겠다.

이 책을 집필하는 동안 내내 마음 한켠에 자리했던 책이 있다. 바로 루이스 캐럴의 『거울나라의 앨리스』다. 소비자가 특정 브랜드를 처음 구매하거나 다시 선택하는 과정은 객관적인 사실이지만, 그 이면을 들여다보면 마치 『거울나라의 앨리스』 속 세계처럼 모든 것이 뒤바뀌고, 상식이 통하지 않으며, 합리적인 것이 비합리적으로, 비합리적인 것이 합리적으로 변하는 일이 펼쳐진다. 집필 과정에서도 단순히 사실을 나열하는 것이 아니라, 이러한 놀라움과 흥미를 어떻게 전달할 수 있을지를 고민하며 써 내려갔다.

잘 전달되었는지는 모르겠지만, 결국 시장과 소비자 행동을 바라보는 관점은 하나가 아니다. 최적의 해답은 문맥에 따라 달라지며, 극단적으로 말하면 모든 것이 케이스 바이 케이스다. 어떤 경우에는 독특한 인사이트가 중요할 수도 있고, 다른 경우에는 타사의 성공 사례가 더 적절할 수도 있다. 때로는 경험에 기반한 결정이 필요하기도 하다. 이 책의 목표는 이때 사실 기반 또는 근거 중심의 선택지를 고려할 수 있도록 돕는 것이다.

이와 더불어 근거가 전부는 아니라는 점도 이야기하고 싶다. '들어가며'에서 언급했듯이, 근거만으로 모든 것이 해결된다고는 생각하지 않는다. 실제로 본업에서는 클라이언트의 개별적이고 구체적인 과제에 대해 근거 기반의 사업 성장을 추진하고 있지만, 가장 큰 난관은 여전히 사람이다. 즉, 얽매임과 고정관념, 경험과 자존심이 복잡하게 얽힌 조직의 의사결정 속에서 어떻게 근거 기반의 사고방식을 도입할 것인가가 핵심이다.

이 주제만으로도 한 권의 책을 쓸 수 있을 것 같지만, 한 가지 확실한 것은 실무에서 활용할 수 있는 지식은 '이럴 때는 이렇게 하면 된다' 또는 '대체로 이런 경향이 있다'는 대략적인 메타적 이해라는 점이다.

물론, 본문에서 말하는 내용과 모순되는 것이 아닌가 하는 비판을 받을 수도 있다. 하지만 잠시 내 말을 들어주기 바란다. 이 책은 근거 기반 사고를 통해 사업 성장에서 당연시되던 것들을 다시 살펴보는 것을 목표로 한다. 그래서 본문에서는 상당히 세부적인 부분까지 정의하고, 수치를 제시하며, 출처를 명시했다. 하지만 복잡한 외국어 용어나 세부 수치까지 전부 기억하라는 뜻은 아니다.

결국 아무리 정밀한 분석이나 실험 결과를 알고 있어도, 그것을 그대로 재현할 수는 없다. 실제 사업 환경은 실험실이나 소프트웨어 속 세상과는 다르기 때문이다. 따라서 국가와 시대, 카테고리, 타깃층, 가격대, 유통망이 달라지더라도 '대체로 그렇다', '대략적으로 이런 경향이 있다'는 굵직한 패턴을 알아 두는 것이 오히려 더 중요하다. 실무에서 사용할 수 있다는 것은 바로 그런 의미다.

다만, 대략적인 경향이나 규칙성을 잘못 이해한다면 아무 의미가 없다. 그리고 이 책을 통해 살펴본 것처럼, 거기서부터 오해가 발생하는 경우가 매우 많다. 따라서 최소한 시장과 소비자 행동이 무엇인지, 사업 성장이란 어떤 것인지는 사실에 기반해 확실히 이해해야 한다. 더 나아가, 자사에서 이를 재현할 수 있도록 상황을 분류하고, 적절한 사용 방식을 구분하는 것도 중요하다.

내가 알고 있는 당연한 것이 실제로는 당연하지 않을 수 있다는 점을 깨달아야 한다. 그리고 사실이라고 믿고 있는 것이, 실제로는 잘못된 것일 수도 있다는 가능성을 고려해야 한다. 그 깨달음에서부터 시작하는 것이다. 나 또한 그 과정을 거쳤다.

이 책을 집필하는 과정에서 많은 분들의 지원과 도움을 받았다. 이 자리를 빌려 깊은 감사의 뜻을 전하고자 한다. 우선, 이 책은 수많은 마케팅 연구자들의 연구 성과 위에 서 있다. 특히, 근거 기반 마케팅의 중심인 에렌버그-배스 연구소와 그 기초를 다진 고故 앤드류 에렌버그 교수, 고 프랭크 배스 교수, 고 제럴드 굿하트 교수께 깊은 감사와 경의를 표한다. 또한, 추오대학교 명예교수이자 전 일본 마케팅 학회 회장인 다나카 히로시 선생님, 게이오대학 대학원의 사메지마 토모치 씨, 그리고 컬처 컨비니언스 클럽의 기타다 히로미츠 씨께도 전문성을 바탕으로 한 귀중한 조언을 받았다.

미쓰이스미토모해상화재보험의 기다 히로마사 씨, JR동일본의 시부야 나오마사 씨, 엘리자의 노구치 류지 씨와의 정기적이고 의미 깊은 논의를 통해 여러 차례 새로운 식견과 깨달음을 얻을 수 있었다. 또한, 실무에서 신뢰를 보내 주시는 고객 여러분께도 깊은 감사를 전한다. 이 책을 집필하며 얻은 지식을 바탕으로 더욱 도움이 될 수 있도록 노력하겠다.

일본 경제신문 크로스트렌드의 사카이 코지 씨는 기획 초기부터 집필과 구성에 이르기까지 폭넓은 상담을 해 주셨다. 그의 너그러운 인품과 날카로운 지적을 통해 많은 것을 배울 수 있었다. 또한, 기타무라 유키오 변호사, 유키마루 신고 변호사, 마키시 치히로 변호사께는 저작권 및 인용과 관련한 조언을 받았다. 코렉시아의 무라야마 미키로 사장님과 엔도 쇼타 부장께서는 외로운 집필 과정에서 많은 지원을 보내 주셨고, 덕분에 큰 힘을 얻을 수 있었다. 같은 회사의 하루모토 요시히코 군, 오카자키 미사 씨, 스즈키 유타 군, 마츠이 나츠키 씨, 시노하라 타쿠미 군에게도 교정 작업에서 많은 도움을 받았다. 이 모든 분들의 지지와 지원에 깊이 감사드린다.

사업 성장의 근거는 단순히 현재의 근거를 인식하는 데서 그치지 않고, 그것이 또 다른 시작점이 된다. 이 순간에도 세계 어딘가에서 새로운 사실이 발견되고, 지식이 축적되고 있다. 이러한 정보를 널리 공유하기 위해 라인 공식 계정을 개설했다. 이 책에서 다루지 못한 주제와 최신 근거 업데이트, 독자 질문 코너, 독서 모임, 이벤트 안내, 정오표 등 다양한 콘텐츠를 제공할 예정이다. 이 책의 독자라면 누구나 등록할 수 있으니, 지속적인 학습을 위해 적극 활용해 주시기 바란다.

- 라인 공식 계정: https://line.me/R/ti/p/@858fobrq
- 엑스(구 트위터): https://twitter.com/serizawa_ren_
- 링크드인: https://www.linkedin.com/in/ren-serizawa-586669217/

인용문헌

Aaker, D. A., & Keller, K. L. (1990). Consumer evaluations of brand extensions. *Journal of Marketing, 54*(1), 27-41.

Aaker, D. A. (1991). *Managing brand equity: Capitalizing on the value of a brand name*. The Free Press, NY.

Aaker, J. L. (1997). Dimensions of brand personality. *Journal of Marketing Research, 34*(3), 347-356.

Ahmadi, I., Abou Nabout, N., Skiera, B., Maleki, E., & Fladenhofer, J. (2023). Overwhelming targeting options: Selecting audience segments for online advertising. *International Journal of Research in Marketing*. Advance online publication. https://doi.org/10.1016/j.ijresmar.2023.08.004

Ailawadi, K. L., Lehmann, D. R., & Neslin, S. A. (2003). Revenue premium as an outcome measure of brand equity. *Journal of Marketing, 67*(4), 1-17.

Ajzen, I., & Fishbein, M. (1977). Attitude-behavior relations: A theoretical analysis and review of empirical research. *Psychological Bulletin, 84*(5), 888.

Ajzen, I. (1991). The theory of planned behavior. *Organizational Behavior and Human Decision Processes, 50*(2), 179-211.

Ajzen, I. (2012). Martin Fishbein's legacy: The reasoned action approach. *The Annals of the American Academy of Political and Social Science, 640*(1), 11-27.

Ajzen, I., & Fishbein, M. (2005). The influence of attitudes on behavior. In D. Albarracin, B. T. Johnson, & M. P. Zanna (Eds.), *The handbook of attitudes* (pp. 173-221). Lawrence Erlbaum Associates.

Allenby, G. M., & Lenk, P. J. (1995). Reassessing brand loyalty, price sensitivity, and merchandising effects on consumer brand choice. *Journal of Business & Economic Statistics, 13*(3), 281-289.

Allsopp, J., Sharp, B., & Dawes, J. (2004). The double jeopardy line – empirical results. Proceedings of the ANZMAC Conference, Wellington, New Zealand.

Ambler, T. (1998). Myths about the mind: Time to end some popular beliefs about how advertising works. *International Journal of Advertising, 17*(4), 501-509.

Ambler, T. (2000). Persuasion, pride and prejudice: How ads work. *International Journal of Advertising, 19*(3), 299-315.

Ambler, T. (2003). *Marketing and the bottom line: The marketing metrics to pump up cash flow* (2nd ed.). FT Prentice Hall.

Ambler, T. (2004). ROI is dead: Now bury it. *WARC,* Issue 453. https://www.warc.com/fulltext/Admap/79369.htm

Anesbury, Z., Winchester, M., & Kennedy, R. (2017). Brand user profiles seldom change and seldom differ. *Marketing Letters, 28,* 523-535.

Anesbury, Z. W., Talbot, D., Day, C. A., Bogomolov, T., & Bogomolova, S. (2020). The fallacy of the heavy buyer: Exploring purchasing frequencies of fresh fruit and vegetable categories. *Journal of Retailing and Consumer Services, 53,* 101976.

Ang, S. H., Lee, Y. H., & Leong, S. M. (2007). The ad creativity cube: Conceptualization and initial validation. *Journal of the Academy of Marketing Science, 35,* 220-232.

Armstrong, J. S., Du, R., Green, K. C., & Graefe, A. (2016). Predictive validity of evidence-based persuasion principles: An application of the index method. *European Journal of Marketing, 50*(1/2), 276-293.

Ataman, M. B., Mela, C. F., & Van Heerde, H. J. (2008). Building brands. *Marketing Science, 27*(6), 1036-1054.

Ataman, M. B., Van Heerde, H. J., & Mela, C. F. (2010). The long-term effect of marketing strategy on brand sales. *Journal of Marketing Research, 47*(5), 866-882.

Avis, M., Forbes, S., & Ferguson, S. (2014). The brand personality of rocks: A critical evaluation of a brand personality scale. *Marketing Theory, 14*(4), 451-475.

Avis, M., & Aitken, R. (2015). Intertwined: Brand personification, brand personality and brand relationships in historical perspective. *Journal of Historical Research in Marketing, 7*(2), 208-231.

Baehre, S., O'Dwyer, M., O'Malley, L., & Lee, N. (2022). The use of Net Promoter Score (NPS) to predict sales growth: Insights from an empirical investigation. *Journal of the Academy of Marketing Science,* 1-18.

Bagwell, K. (2007). The economic analysis of advertising. In M. Armstrong & R. Porter (Eds.), *Handbook of industrial organization, 3,* 1701-1844. Elsevier.

Baker, M. (2016). 1,500 scientists lift the lid on reproducibility. *Nature, 533*(7604). https://doi.org/10.1038/533452a

Baldinger, A. L., Blair, E., & Echambadi, R. (2002). Why brands grow. *Journal of Advertising Research, 42*(1), 7-14.

Baldinger, A. L., & Rubinson, J. (1996). Brand loyalty: The link between attitude and behavior. *Journal of Advertising Research, 36,* 22-36.

Banelis, M., Riebe, E., & Rungie, C. M. (2013). Empirical evidence of repertoire size. *Australasian Marketing Journal, 21*(1), 59-65.

Barden, P. (2022). *Decoded: The science behind why we buy.* Wiley.

Barnard, N. R., & Ehrenberg, A. S. C. (1990). Robust measures of consumer brand beliefs. *Journal of Marketing Research, 27*(4), 477–484.

Barry, T. E., & Howard, D. J. (1990). A review and critique of the hierarchy of effects in advertising. *International Journal of Advertising, 9*(2), 121-135.

Barwise, T. P. & Ehrenberg, A. S. C. (1985). Consumer beliefs and brand usage. *Journal of the Market Research Society, 27*(2), 81-93.

Bass, F. M. (1969). A new product growth for model consumer durables. *Management Science*, *15*(5), 215-227.

Bass, F. M. (1974). The theory of stochastic preference and brand switching. *Journal of Marketing Research*, *11*(1), 1-20.

Bass, F. M. (1995). Empirical generalizations and marketing science: A personal view. *Marketing Science 14*(3): Part 2 of 2, G6-G19.

Bass, F. M., Bruce, N., Majumdar, S., & Murthi, B. P. S. (2007). Wearout effects of different advertising themes: A dynamic Bayesian model of the advertising-sales relationship. *Marketing Science*, *26*(2), 179-195.

Becker, G. S., & Murphy, K. M. (1993). A simple theory of advertising as a good or bad. *The Quarterly Journal of Economics*, *108*(4), 941-964.

Becker, M., & Gijsenberg, M. J. (2023). Consistency and commonality in advertising content: Helping or hurting?. *International Journal of Research in Marketing*, *40*(1), 128-145.

Belk, R. W. (1975). Situational variables and consumer behavior. *Journal of Consumer Research*, *2*(3), 157-164.

Bem, D. J. (2011). Feeling the future: Experimental evidence for anomalous retroactive influences on cognition and affect. *Journal of Personality and Social Psychology*, *100*(3), 407-425.

Bennet, D., Graham, C., & Scriven, J. (2010). Don't try to manage brand loyalty. *International Marketing Trends*, *1*, 28.

Berger, J., Draganska, M., & Simonson, I. (2007). The influence of product variety on brand perception and choice. *Marketing Science*, *26*(4), 460-472.

Berns, G. S., & Moore, S. E. (2012). A neural predictor of cultural popularity. *Journal of Consumer Psychology*, *22*(1), 154-160.

Bhattacharya, C. B. (1997). Is your brand's loyalty too much, too little, or just right?: Explaining deviations in loyalty from the Dirichlet norm. *International Journal of Research in Marketing*, *14*(5), 421-435.

Bijmolt, T. H., Van Heerde, H. J., & Pieters, R. G. (2005). New empirical generalizations on the determinants of price elasticity. *Journal of Marketing Research*, *42*(2), 141-156.

Binet, L., & Carter, S. (2018). *How not to plan: 66 ways to screw it up*. Matador.

Binet, L., & Field, P. (2007). *Marketing in the era of accountability: Identifying the marketing practices and metrics that truly increase profitability*. WARC.

Binet, L., & Field, P. (2013). *The long and the short of it: Balancing short and long-term marketing strategies*. Institute of Practitioners in Advertising.

Binet, L., & Field, P. (2017). *Media in focus: Marketing effectiveness in the digital era*. Institute of Practitioners in Advertising.

Binet, L., & Field, P. (2018). *Effectiveness in context: A manual for brand building*. Institute of Practitioners in Advertising.

Binet, L., Kite, G., & Roach, T. (2023). *The 3rd age of effectiveness* [webinar]. IPA. https://ipa.co.uk/knowledge/videos-podcasts/the-3rd-age-of-effectiveness

Bird, M., & Ehrenberg, A. S. C. (1966). Intentions-to-buy and claimed brand usage. *Journal of the Operational Research Society*, *17*(1), 27-46.

Bird, M., Channon, C. & Ehrenberg, A. S. C. (1970). Brand image and brand usage. *Journal of Marketing Research, 7*(3), 307-14.

Bogomolova, S., Anesbury, Z., Lockshin, L., Kapulski, N., & Bogomolov, T. (2019). Exploring the incidence and antecedents of buying an FMCG brand and UPC for the first time. *Journal of Retailing and Consumer Services, 46,* 121-129.

Bound, J. A. (2009). The S parameter in the Dirichlet-NBD model: A simple interpretation. *Journal of Empirical Generalisations in Marketing Science, 12*(3)

Box, G. E. (1979). Robustness in the strategy of scientific model building. In R.L. Launer & G.N. Wilkinson (Eds.), *Robustness in statistics* (pp. 201-236). Academic Press. https://doi.org/10.1016/B978-0-12-438150-6.50018-2

Boyd, D., & Stephen, A. (2022). *The DNA of breakthrough brand value creation: A growth blueprint for brands in the modern connected economy.* Kantar & Oxford Saïd Business School. https://www.kantar.com/uki/-/media/project/kantar/uki/wbt/website-the-dna-of-breatkthrough-brand-value-creation.pdf

Boztuğ, Y., Hildebrandt, L., & Raman, K. (2014). Detecting price thresholds in choice models using a semi-parametric approach. *OR Spectrum, 36*(1), 187-207.

Brick, C., Hood, B., Ekroll, V., & De-Wit, L. (2022). Illusory essences: A bias holding back theorizing in psychological science. *Perspectives on Psychological Science, 17*(2), 491-506.

Broadbent, S. (1988). *The advertiser's handbook for budget determination.* Lexington Books.

Bruce, N. I., Becker, M., & Reinartz, W. (2020). Communicating brands in television advertising. *Journal of Marketing Research, 57*(2), 236-256.

Bruce, N. I., Peters, K., & Naik, P. A. (2012). Discovering how advertising grows sales and builds brands. *Journal of Marketing Research, 49*(6), 793-806.

Burton, J. L., Gollins, J., McNeely, L. E., & Walls, D. M. (2019). Revisiting the relationship between ad frequency and purchase intentions: How affect and cognition mediate outcomes at different levels of advertising frequency. *Journal of Advertising Research, 59*(1), 27-39.

Cannon, H. M., Leckenby, J. D., & Abernethy, A. (2002). Beyond effective frequency: Evaluating media schedules using frequency value planning. *Journal of Advertising Research, 42*(6), 33-46.

Casado, E., & Ferrer, J. C. (2013). Consumer price sensitivity in the retail industry: Latitude of acceptance with heterogeneous demand. *European Journal of Operational Research, 228*(2), 418-426.

Castellion, G., & Markham, S. K. (2013). Perspective: New product failure rates: Influence of a rgumentum ad p opulum and self-interest. *Journal of Product Innovation Management, 30*(5), 976-979.

Castleberry, S. B., Barnard, N. R., Barwise, T. P., Ehrenberg, A. S. C., & Dall'Olmo Riley, F. (1994). Individual attitude variations over time. *Journal of Marketing Management, 10*(1-3), 153-162.

Charlton, A. (2022, December 28). *2022 marketing metascience year in review.* OpenMKT.org. https://openmkt.org/research/replications-of-marketing-studies/

Chen, A. (2021). *The cold start problem: How to start and scale network effects*. Harper Business.

Cohen, J., Lockshin, L., & Sharp, B. (2012). A better understanding of the structure of a wine market using the attribute of variety. *International Journal of Business and Globalisation, 8*(1), 66-80.

Colombo, R., Ehrenberg, A. and Sabavala, D. (2000). Diversity in analyzing brand-switching tables: The car challenge. *Canadian Journal of Marketing Research, 19*, 23-36.

Comanor, W. S., & Wilson, T. A. (1979). The effect of advertising on competition: A survey. *Journal of Economic Literature, 17*(2), 453-476.

Cooper, R. G., Edgett, S. J., & Kleinschmidt, E. J. (2004). Benchmarking best NPD practices—II. *Research-Technology Management, 47*(3), 50-59.

Dall'Olio, F., & Vakratsas, D. (2023). The impact of advertising creative strategy on advertising elasticity. *Journal of Marketing, 87*(1), 26-44.

Dall'Olmo Riley, F., Ehrenberg, A. S. C., Castleberry, S. B., Barwise, T. P., & Barnard, N. R. (1997). The variability of attitudinal repeat-rates. *International Journal of Research in Marketing, 14*(5), 437-450.

Dall'Olmo Riley, F., Rink, L., & Harris, P. (1999). Patterns of attitudes and behaviour in fragmented markets. *Journal of Empirical Generalisations in Marketing Science, 4*(3).

Danaher, P. J., Bonfrer, A., & Dhar, S. (2008). The effect of competitive advertising interference on sales for packaged goods. *Journal of Marketing Research, 45*(2), 211-225.

Danaher, P. J., & Brodie, R. J. (2000). Understanding the characteristics of price elasticities for frequently purchased packaged goods. *Journal of Marketing Management, 16*(8), 917-936.

Danenberg, N., Kennedy, R., Beal, V., & Sharp, B. (2016). Advertising budgeting: A reinvestigation of the evidence on brand size and spend. *Journal of Advertising, 45*(1), 139-146.

Davidson, A. R., & Jaccard, J. J. (1979). Variables that moderate the attitude–behavior relation: Results of a longitudinal survey. *Journal of Personality and Social Psychology, 37*(8), 1364.

Dawes, J. (2011) Predictable patterns in buyer behaviour and brand metrics: Implications for brand managers. In M. D. Uncles(Ed.), *Perspectives on Brand Management* (chap. 6). Tilde University Press.

Dawes, J. (2016a). Brand growth in packaged goods markets: Ten cases with common patterns. *Journal of Consumer Behaviour, 15*(5), 475-489.

Dawes, J. (2016b). Testing the robustness of brand partitions identified from purchase duplication analysis. *Journal of Marketing Management, 32*(7-8), 695-715.

Dawes, J. (2018). Price promotions: Examining the buyer mix and subsequent changes in purchase loyalty. *Journal of Consumer Marketing, 35*(4), 366-376.

Dawes, J. (2020). The natural monopoly effect in brand purchasing: Do big brands really appeal to lighter category buyers?. *Australasian Marketing Journal, 28*(2), 90-99.

Dawes. J. (2021). Advertising effectiveness and the 95-5 rule: Most B2B buyers are not in the market right now. In J. Romaniuk, B. Sharp, J. Dawes, & S. Faghidno (Eds.), *How B2B Brands Grow*. The B2B Institute. LinkedIn.

Dawes, J. (2022). Factors that influence manufacturer and store brand behavioral loyalty.

Journal of Retailing and Consumer Services, 68, 103020.

Dawes, J., Bond, A., Hartnett, N., & Sharp, B. (2017). Does double jeopardy apply using average spend per buyer as the loyalty metric?. *Australasian Marketing Journal, 25*(4), 261-268.

Dawes, J., Graham, C., Trinh, G., & Sharp, B. (2022). The unbearable lightness of buying. *Journal of Marketing Management, 38*(7-8), 683-708.

Dawes, J., Mundt, K., & Sharp, B. (2009). Consideration sets for financial services brands. *Journal of Financial Services Marketing, 14*(3), 190-202.

Dawes, J., & Nenycz-Thiel, M. (2013). Analyzing the intensity of private label competition across retailers. *Journal of Business Research, 66*(1), 60-66.

Dawes, J., & Nenycz-Thiel, M. (2019) *Deconstructing premiumisation with Ehrenberg-Bass* [Blog]. Ehrenberg-Bass. https://www.marketingscience.info/deconstructing-premiumisation-with-ehrenberg-bass/

Dawes, J., Stocchi, L., & Dall'Olmo-Riley, F. (2020). Over-time variation in individual's customer satisfaction scores. *International Journal of Market Research, 62*(3), 262-271.

Deppe, M., Schwindt, W., Kugel, H., Plassmann, H., & Kenning, P. (2005). Nonlinear responses within the medial prefrontal cortex reveal when specific implicit information influences economic decision making. *Journal of Neuroimaging, 15*(2), 171-182.

Desai, K. K., & Hoyer, W. D. (2000). Descriptive characteristics of memory-based consideration sets: Influence of usage occasion frequency and usage location familiarity. *Journal of Consumer Research, 27*(3), 309-323.

Dixon, M., Freeman, K., & Toman, N. (2010). Stop trying to delight your customers. *Harvard Business Review, 88*(7/8), 116-122.

Dolnicar, S., & Rossiter, J. R. (2008). The low stability of brand-attribute associations is partly due to market research methodology. *International Journal of Research in Marketing, 25*(2), 104-108.

Dowling, G. R., & Uncles, M. (1997). Do customer loyalty programs really work?. *Sloan Management Review, 38*(4), 71-82.

Driesener, C., & Rungie, C. (2022). The Dirichlet model in marketing. *Journal of Consumer Behaviour, 21*(1), 7-18.

Drucker, P. (1993). *Post-capitalist society.* Harper Business.

East, R., Romaniuk, J., & Lomax, W. (2011). The NPS and the ACSI: A critique and an alternative metric. *International Journal of Market Research, 53*(3), 327-346.

Ehrenberg, A. S. C. (1974). Repetitive advertising and the consumer. *Journal of Advertising Research, 14*(2), 25-34.

Ehrenberg, A. S. C. (1994). Theory or well-based results: Which comes first?. In G. Laurent, G. L. Lilien, & B. Pras (Eds.), *Research traditions in marketing* (pp. 79-108). Kluwer Academic Publishers.

Ehrenberg, A. S. C. (2000a). Repetitive advertising and the consumer. *Journal of Advertising Research, 40*(6), 39-48.

Ehrenberg, A. S. C. (2000b). Repeat buying: Facts, theory and applications. *Journal of Empirical Generalisations in Marketing Science, 5*(5).

Ehrenberg, A. S. C., Barnard, N. R., & Sharp, B. (2000). Decision models or descriptive models?. *International Journal of Research in Marketing, 17*(2-3), 147-158.

Ehrenberg, A. S. C., Barnard, N., Kennedy, R., & Bloom, H. (2002). Brand advertising as creative publicity. *Journal of Advertising Research, 42*(4), 7-18.

Ehrenberg, A. S. C., & Goodhardt, G. J. (2001). New brands: Near-instant loyalty. *Journal of Targeting, Measurement and Analysis for Marketing, 10*, 9-16.

Ehrenberg, A. S. C., Goodhardt, G. J., & Barwise, T. P. (1990). Double jeopardy revisited. *Journal of Marketing, 54*(3), 82-91.

Ehrenberg, A. S. C., Hammond, K., & Goodhart, G. J. (1994). The after-effects of price-related consumer promotions. *Journal of Advertising Research, 34*(4), 11-22.

Ehrenberg, A. S. C., Uncles, M. D., & Goodhardt, G. J. (2004). Understanding brand performance measures: Using Dirichlet benchmarks. *Journal of Business Research, 57*(12), 1307-1325.

Eisenbeiss, M., Cornelißen, M., Backhaus, K., & Hoyer, W. D. (2014). Nonlinear and asymmetric returns on customer satisfaction: Do they vary across situations and consumers?. *Journal of the Academy of Marketing Science, 42*, 242-263.

Engel, J. F., Kollat, D. T., & Blackwell, R. D. (1968). *Consumer Behavior*. New York. Holt, Rinehart and Winston.

Ephron, E. (1997). Recency planning. *Journal of Advertising Research, 37*(4), 61-66.

Erdem, T., Keane, M. P., & Sun, B. (2008). The impact of advertising on consumer price sensitivity in experience goods markets. *Quantitative Marketing and Economics, 6*(2), 139-176.

Evanschitzky, H., Baumgarth, C., Hubbard, R., & Armstrong, J. S. (2007). Replication research's disturbing trend. *Journal of Business Research, 60*(4), 411-415.

Fader, P. (2012). *Customer centricity: Focus on the right customers for strategic advantage* (2nd ed.). Wharton Digital Press.

Fader, P., Hardie, B. G., & Ross, M. (2022). *The customer-base audit: The first step on the journey to customer centricity*. Wharton School Press.

Fader, P. S., Hardie, B. G., & Lee, K. L. (2005). "Counting your customers" the easy way: An alternative to the Pareto/NBD model. *Marketing Science, 24*(2), 275-284.

Fader, P. S., & Schmittlein, D. C. (1993). Excess behavioral loyalty for high-share brands: Deviations from the Dirichlet model for repeat purchasing. *Journal of Marketing Research, 30*(4), 478-493.

Farley, J. U., & Ring, L. W. (1970). An empirical test of the Howard-Sheth model of buyer behavior. *Journal of Marketing Research, 7*(4), 427-438.

Farquhar, P. H. (1989). Managing brand equity. *Marketing Research, 1*(3).

Farris, P. W., Bendle, N., Pfeifer, P., & Reibstein, D. (2010). *Marketing metrics: The definitive guide to measuring marketing performance* (2nd ed.). Pearson Education.

Farris, P. W., Hanssens, D. M., Lenskold, J. D., & Reibstein, D. J. (2015). Marketing return on investment: Seeking clarity for concept and measurement. *Applied Marketing Analytics, 1*(3), 267-282.

Field, P. (2019). *The crisis in creative effectiveness*. IPA. https://ipa.co.uk/media/7699/ipa_crisis_in_creative_effectiveness_2019.pdf

Field, P. (2021, January 2). *Advertising in recession — long, short, or dark?*. [LinkedIn page]. LinkedIn. Retrieved June 10, 2023, from https://www.linkedin.com/business/marketing/blog/linkedin-ads/advertising-in-recession-long-short-or-dark

Fishbein, M., & Ajzen, I. (1975). *Belief, attitude, intention, and behavior: An introduction to theory and research*. Reading, MA: Addison-Wesley.

Fisher, N. I., & Kordupleski, R. E. (2019). Good and bad market research: A critical review of Net Promoter Score. *Applied Stochastic Models in Business and Industry, 35*(1), 138-151.

Formisano, M., Pauwels, K., & Zarantonello, L. (2020). A broader view on brands' growth and decline. *International Journal of Market Research, 62*(2), 127-138.

Foxall, G. R. (2002). Marketing's attitude problem–and how to solve it. *Journal of Customer Behaviour, 1*(1), 19-48.

Gallo, A. (2017, July 25). A refresher on marketing ROI. *Harvard Business Review*. Retrieved June 11, 2023, from https://hbr.org/2017/07/a-refresher-on-marketing-roi

Gibson, L. D. (1996). What can one TV exposure do?. *Journal of Advertising Research, 36*(2), 9-19.

Gielens, K., & Steenkamp, J. B. E. (2007). Drivers of consumer acceptance of new packaged goods: An investigation across products and countries. *International Journal of Research in Marketing, 24*(2), 97-111.

Godden, D. R., & Baddeley, A. D. (1975). Context-dependent memory in two natural environments: On land and underwater. *British Journal of Psychology, 66*(3), 325-331.

Goodhardt, G. J., Ehrenberg, A. S. C., & Chatfield, C. (1984). The Dirichlet: A comprehensive model of buying behaviour. *Journal of the Royal Statistical Society, Series A (General), 147*(5), 621-655.

Gourville, J. T. (2006). Eager sellers and stony buyers: Understanding the psychology of new-product adoption. *Harvard Business Review, 84*(6), 98-106.

Gourville, J. T., & Soman, D. (2005). Overchoice and assortment type: When and why variety backfires. *Marketing Science, 24*(3), 382-395.

Graham, C., Bennett, D., Franke, K., Henfrey, C. L., & Nagy-Hamada, M. (2017). Double Jeopardy–50 years on. Reviving a forgotten tool that still predicts brand loyalty. *Australasian Marketing Journal, 25*(4), 278-287.

Graham, C., & Kennedy, R. (2022). Quantifying the target market for advertisers. *Journal of Consumer Behaviour, 21*(1), 33-48.

Graham, C., Scriven, J., & Bennett, D. R. (2012, January 19-21). Brand Loyalty. Plus ça change...? Using the NBD-Dirichlet parameters to interpret long-term purchase incidence and brand choice [Conference item]. International Marketing Trends Conference, Venice, Italy. London South Bank University.

Grasby, A., Maria Corsi, A., Dawes, J., Driesener, C., & Sharp, B. (2019). Brand extensions: Does buying a brand in one category increase propensity to buy It in another?. *SSRN Electronic Journal*. http://dx.doi.org/10.2139/ssrn.3398695

Grime, I., Diamantopoulos, A., & Smith, G. (2002). Consumer evaluations of extensions and their effects on the core brand: Key issues and research propositions. *European Journal of*

Marketing, 36(11/12), 1415-1438.

Gupta, S., & Cooper, L. G. (1992). The discounting of discounts and promotion thresholds. *Journal of Consumer Research*, 19(3), 401-411.

Gupta, S., Lehmann, D. R., & Stuart, J. A. (2004). Valuing customers. *Journal of MarketingResearch*,61(1), 7–18

Gupta, V. K., Saini, C., Oberoi, M., Kalra, G., & Nasir, M. I. (2020). Semmelweis reflex: An age-old prejudice. *World Neurosurgery*, 136, e119-e125.

Habel, C., & Lockshin, L. (2013). Realizing the value of extensive replication: A theoretically robust portrayal of double jeopardy. *Journal of Business Research*, 66(9), 1448-1456.

Habel, C., & Rungie, C. (2005). Drawing a double jeopardy line. *Marketing Bulletin*, 16(1), 1-10.

Han, S., Gupta, S., & Lehmann, D. R. (2001). Consumer price sensitivity and price thresholds. *Journal of Retailing*, 77(4), 435-456.

Hanssens, D. M. (2019). *Finance in marketing: Marketing ROI* [Video]. Marketing Accountability Standards Board. https://marketing-dictionary.org/m/marketing-return-on-investment/

Hanssens, D. M. (2020). *Long-term impact of marketing: A compendium* [Webinar]. MMA Global. https://www.mmaglobal.com/thegreatdebate/dominique-hanssens-long-term-impact

Hanssens, D. M. (2015). *Empirical generalizations about marketing impact* (2nd ed.). Cambridge, MA: Marketing Science Institute.

Hanssens, D. M., Parsons, L. J., & Schultz, R. L. (2001). *Market response models: Econometric and time series analysis* (2nd.ed.). Kluwer Academic Publishers.(D. M. ハンセン, L. J. パーソンズ, R. L. シュルツ／阿部誠(監訳)・パワーズ恵子(訳)(2018)『マーケティング効果の測定と実践 -- 計量経済モデリング・アプローチ』有斐閣)

Hanssens, D. M., Pauwels, K. H., Srinivasan, S., Vanhuele, M., & Yildirim, G. (2014). Consumer attitude metrics for guiding marketing mix decisions. *Marketing Science*, 33(4), 534-550.

Harrison, F. (2013). Digging deeper down into the empirical generalization of brand recall: Adding owned and earned media to paid-media touchpoints. *Journal of Advertising Research*, 53(2), 181-185.

Hartnett, N., Greenacre, L., Kennedy, R., & Sharp, B. (2020). Extending validity testing of the Persuasion Principles Index. *European Journal of Marketing*, 54(9), 2245-2255.

Hartnett, N., Gelzinis, A., Beal, V., Kennedy, R., & Sharp, B. (2021). When brands go dark: Examining sales trends when brands stop broad-reach advertising for long periods. *Journal of Advertising Research*, 61(3), 247-259.

Helsen, K., & Schmittlein, D. (1994). Understanding price effects for new nondurables: How price responsiveness varies across depth-of-repeat classes and types of consumers. *European Journal of Operational Research*, 76(2), 359-374.

Hoek, J., Dunnett, J., Wright, M., & Gendall, P. (2000). Descriptive and evaluative attributes: What relevance to marketers?. *Journal of Product & Brand Management*, 9(6), 415-435.

Hoek, J., Kearns, Z., & Wilkinson, K. (2003). A new brand's behaviour in an established market. *Journal of Product & Brand Management*, 12(1), 52-65.

Homburg, C., Koschate, N., & Hoyer, W. D. (2005). Do satisfied customers really pay more? A study of the relationship between customer satisfaction and willingness to pay. *Journal of Marketing, 69*(2), 84-96.

Holden, S. J. (1993). Understanding brand awareness: let me give you a C (L) Ue!. *Advances in Consumer Research, 20*(1), 383-388.

Holden, S. J., & Lutz, R. J. (1992). Ask not what the brand can evoke; Ask what can evoke the brand?. *Advances in Consumer Research, 19,* 101-107.

Hossain, A., Anesbury, Z. W., Driesener, C., & Trinh, G. (2023). Valuing the contribution of ultra-light buyers. *Journal of Consumer Behaviour,* 1-13. https://doi.org/10.1002/cb.2251

Howard, J. A., & Sheth, J. N. (1969). *The theory of buyer behavior.* New York. John & Wiley Sons.

Huang, A., Dawes, J., Lockshin, L., & Greenacre, L. (2017). Consumer response to price changes in higher-priced brands. *Journal of Retailing and Consumer Services, 39,* 1-10.

Hubbard, R., & Armstrong, J. S. (1994). Replications and extensions in marketing: Rarely published but quite contrary. *International Journal of Research in Marketing, 11*(3), 233-248.

Ineichen, A. (2022, September 6). *Letter: Keynes changed his mind, even if the quote isn't his.* The Financial Times. https://www.ft.com/content/76e6fae7-f273-49e6-8238-288d9e4991c7

IPA (2008). *Advertising in a downturn: A report of key findings from an IPA seminar.* IPA. https://ipa.co.uk/knowledge/publications-reports/advertising-in-a-downturn

Jaccard, J., King, G. W., & Pomazal, R. (1977). Attitudes and behavior: An analysis of specificity of attitudinal predictors. *Human Relations, 30*(9), 817-824.

Jarvis, W., & Goodman, S. (2005). Effective marketing of small brands: Niche positions, attribute loyalty and direct marketing. *Journal of Product & Brand Management, 14*(5), 292-299.

Ji, M. F., & Wood, W. (2007). Purchase and consumption habits: Not necessarily what you intend. *Journal of Consumer Psychology, 17*(4), 261-276.

Johansson, P., Hall, L., Sikstrom, S., & Olsson, A. (2005). Failure to detect mismatches between intention and outcome in a simple decision task. *Science, 310*(5745), 116-119.

Jones, J. P. (1990a). Advertising: strong force or weak force? Two views an ocean apart. *International Journal of Advertising, 9*(3), 233-246.

Jones, J. P. (1990b). Ad spending: Maintaining market share. *Harvard Business Review, 68*(1), 38-42.

Jones, J. P. (1995). *When ads work: New proof that advertising triggers sales.* Lexington Books.

Jones, J. P. (1999). What does effective frequency mean today. In J. P. Jones (Ed.). *The advertising business: Operations, creativity, media planning, integrated communications.* Sage.

Juster, F. T. (1966). Consumer buying intentions and purchase probability: An experiment in survey design. *Journal of the American Statistical Association, 61*(315), 658-696.

Kahn, B. E., Kalwani, M. U., & Morrison, D. G. (1988). Niching versus change-of-pace brands: Using purchase frequencies and penetration rates to infer brand positionings. *Journal of Marketing Research, 25*(4), 384-390.

Kahneman, D., & Tversky, A. (1979). Prospect theory: An analysis of decisions under risk. *Econometrica, 47*(2), 263-292.

Kalyanaram, G., & Little, J. D. C. (1994). An empirical analysis of latitude of price acceptance in consumer package goods. *Journal of Consumer Research, 21*(3), 408-418.

Kalyanaram, G., & Winer, R. S. (1995). Empirical generalizations from reference price research. *Marketing Science, 14*(3), 161-169.

Kapferer, J. N. (2008). *The new strategic brand management: Creating and sustaining brand equity long term* (4th ed.). Kogan Page Publishers.

Kaul, A., & Wittink, D. R. (1995). Empirical generalizations about the impact of advertising on price sensitivity and price. *Marketing Science, 14*(3), 151-160.

Keiningham, T. L., Cooil, B., Andreassen, T. W., & Aksoy, L. (2007a). A longitudinal examination of net promoter and firm revenue growth. *Journal of Marketing, 71*(3), 39-51.

Keiningham, T. L., Cooil, B., Aksoy, L., Andreassen, T. W., & Weiner, J. (2007b). The value of different customer satisfaction and loyalty metrics in predicting customer retention, recommendation, and share-of-wallet. *Managing Service Quality: An International Journal, 17*(4), 361-384.

Keller, K. L. (1993). Conceptualizing, measuring, and managing customer-based brand equity. *Journal of Marketing, 57*(1), 1-22.

Keller, K. L. (1999). Managing brands for the long run: Brand reinforcement and revitalization strategies. *California Management Review, 41*(3), 102-124.

Keller, K. L. (2003). Brand synthesis: The multidimensionality of brand knowledge. *Journal of Consumer Research, 29*(4), 595-600.

Keller, K. L., & Lehmann, D. R. (2006). Brands and branding: Research findings and future priorities. *Marketing Science, 25*(6), 740-759.

Keller, K. L., Sternthal, B., & Tybout, A. (2002). Three questions you need to ask about your brand. *Harvard Business Review, 80*(9), 80-89.

Kennedy, R., & Ehrenberg, A. S. (2001). Competing retailers generally have the same sorts of shoppers. *Journal of Marketing Communications, 7*(1), 19-26.

Kim, B. D., & Rossi, P. E. (1994). Purchase frequency, sample selection, and price sensitivity: The heavy-user bias. *Marketing Letters, 5*(1), 57-67.

Kim, B. J., Singh, V., & Winer, R. S. (2017). The Pareto rule for frequently purchased packaged goods: An empirical generalization. *Marketing Letters, 28*(4), 491-507.

Kite, G. (2022). *Three data-led pointers for marketers during budget season*. Marketing Week. https://www.marketingweek.com/grace-kite-three-pointers-budget-season/

Knutson, B., Rick, S., Wimmer, G. E., Prelec, D., & Loewenstein, G. (2007). Neural predictors of purchases. *Neuron, 53*(1), 147-156.

Kohli, C. S., Harich, K. R., & Leuthesser, L. (2005). Creating brand identity: A study of evaluation of new brand names. *Journal of Business Research, 58*(11), 1506-1515.

Koslow, S., Sasser, S. L., & Riordan, E. A. (2003). What is creative to whom and why? Perceptions in advertising agencies. *Journal of Advertising Research, 43*(1), 96-110.

Kotler, P., & Keller, K. L. (2006). *Marketing management* (12th ed.). Prentice Hall.(コトラー, P. & ケラー, K. L. /恩藏直人(監修)・月谷真紀(訳)(2008)『コトラー&ケラーのマーケティング・マネジメント第12版』ピアソン・エデュケーション)

Kozyrkov, C. (2020, May 18). *Focus on decisions, not outcomes! The terrible price that society pays for outcome bias. Towards Data Science, Medium. https://towardsdatascience.com/focus-on-decisions-not-outcomes-bf6e99cf5e4f

Krampe, C., Gier, N. R., & Kenning, P. (2018). The application of mobile fNIRS in marketing research—detecting the "first-choice-brand" effect. *Frontiers in Human Neuroscience, 12*, 433.

Kraus, S. J. (1995). Attitudes and the prediction of behavior: A meta-analysis of the empirical literature. *Personality and Social Psychology Bulletin, 21*(1), 58-75.

Krugman, H. E. (1972). Why three exposures may be enough. *Journal of Advertising Research, 12*(6), 11–14.

Lavidge, R. J., & Steiner, G. A. (1961). A model for predictive measurements of advertising effectiveness. *Journal of Marketing, 25*(6), 59-62.

Lee, J. Y., Gao, Z., & Brown, M. G. (2010). A study of the impact of package changes on orange juice demand. *Journal of Retailing and Consumer Services, 17*(6), 487-491.

Lenskold, J. (2003). *Marketing ROI: The path to campaign, customer, and corporate profitability*. McGraw-Hill.

Li, J., Abbasi, A., Cheema, A., & Abraham, L. B. (2020). Path to purpose? How online customer journeys differ for hedonic versus utilitarian purchases. *Journal of Marketing, 84*(4), 127-146.

Li, F., Habel, C., & Rungie, C. (2009). Using polarisation to reveal systematic deviations in Dirichlet loyalty estimation. *Marketing Bulletin, 20*, 1-15.

Lilienfeld, S. O., Wood, J. M., & Garb, H. N. (2000). The scientific status of projective techniques. *Psychological Science in the Public Interest, 1*(2), 27-66.

Lodish, L. M., Abraham, M., Kalmenson, S., Livelsberger, J., Lubetkin, B., Richardson, B., & Stevens, M. E. (1995). How TV advertising works: A meta-analysis of 389 real world split cable TV advertising experiments. *Journal of Marketing Research, 32*(2), 125-139.

Lomax, W., & McWilliam, G. (2001). Consumer response to line extensions: Trial and cannibalisation effects. *Journal of Marketing Management, 17*(3-4), 391-406.

Mantrala, M. K., Sinha, P., & Zoltners, A. A. (1992). Impact of resource allocation rules on marketing investment-level decisions and profitability. *Journal of Marketing Research, 29*(2), 162-175.

McCarthy, D. M., & Winer, R. S. (2019). The Pareto rule in marketing revisited: Is it 80/20 or 70/20?. *Marketing Letters, 30*, 139-150.

McCurdy, B. (2017). Reach vs. frequency in the ROI stakes [Blog]. *Radio Ink*. https://radioink.com/2017/01/09/reach-vs-frequency-roi-stakes/

McPhee, W. N. (1963). *Formal theories of mass behaviour*. The Free Press of Glencoe.

Mecredy, P., Wright, M. J., & Feetham, P. (2018). Are promoters valuable customers? An application of the net promoter scale to predict future customer spend. *Australasian Marketing Journal, 26*(1), 3-9.

Mecredy, P. J., Wright, M. J., Feetham, P. M., & Stern, P. (2022). Empirical generalisations in customer mindset metrics. *Journal of Consumer Behaviour, 21*(1), 102-120.

Melnikoff, D. E., & Bargh, J. A. (2018). The mythical number two. *Trends in Cognitive Sciences,*

22(4), 280-293.

Meta. (2022). *Digital advertising's role in driving long-term brand growth*. https://www.facebook.com/business/news/short-and-long-term-roi-of-digital-advertising

Meyer-Waarden, L., & Benavent, C. (2006). The impact of loyalty programmes on repeat purchase behaviour. *Journal of Marketing Management, 22*(1-2), 61-88.

Milberg, S.J., Park, C.W., & McCarthy, M.S.(1997). Managing negative feedback effects associated with brand extensions: The impact of alternative branding strategies. *Journal of Consumer Psychology, 6,* 119-40

Mitra, A., & Lynch Jr, J. G. (1995). Toward a reconciliation of market power and information theories of advertising effects on price elasticity. *Journal of Consumer Research, 21*(4), 644-659.

Min, S., Zhang, X., Kim, N., & Srivastava, R. K. (2016). Customer acquisition and retention spending: An analytical model and empirical investigation in wireless telecommunications markets. *Journal of Marketing Research, 53*(5), 728-744.

Mitchell, T., & Olsen, H. (2013). The elasticity of marketing return on investment. *Journal of Business & Economics Research, 11*(10), 435-444.

Moore, G. A. (1999). *Crossing the chasm: Marketing and selling high-tech products to mainstream customers*. Harper Business.

Morgan, N. A., & Rego, L. L. (2006). The value of different customer satisfaction and loyalty metrics in predicting business performance. *Marketing Science, 25*(5), 426-439.

Morwitz, V. G., Steckel, J. H., & Gupta, A. (2007). When do purchase intentions predict sales?. *International Journal of Forecasting, 23*(3), 347-364.

Moskowitz, G. B., & Grant, H. (Eds.). (2009). *The psychology of goals*. Guilford press.

Motoki, K., & Iseki, S. (2022). Evaluating replicability of ten influential research on sensory marketing. *Frontiers in Communication, 7,* 1048896. https://doi.org/10.3389/fcomm.2022.1048896

Naik, P. A., Mantrala, M. K., & Sawyer, A. G. (1998). Planning media schedules in the presence of dynamic advertising quality. *Marketing Science, 17*(3), 214-235.

Naples, M. J. (1979). *Effective frequency: The relationship between frequency and advertising effectiveness*. Association of National Advertisers.

Naples, M. J. (1997). Effective frequency: Then and now. *Journal of Advertising Research, 37*(4), 7-13.

Neal, D. T., Wood, W., & Quinn, J. M. (2006). Habits—A repeat performance. *Current Directions in Psychological Science, 15*(4), 198-202.

Nelson, P. (1970). Information and consumer behavior. *Journal of Political Economy, 78*(2), 311-329.

Nelson, P. (1974). Advertising as information. *Journal of Political Economy, 82*(4), 729-754.

Nenycz-Thiel, M., Graham, C., Dawes, J., McColl, B., Tanusondjaja, A., Martin, J., & Victory, K. (2018a, December 3-5). *How markets grow. The factors associated with category expansion* [Conference paper]. ANZMAC Conference. Adelaide, Australia.

Nenycz-Thiel, M., McColl, B., Dawes, J., Trinh, G., & Graham, C.(2018b, December 3-5).

Predicting category growth from quarterly penetration [Conference paper]. ANZMAC Conference. Adelaide, Australia.

Nenycz-Thiel, M., & Romaniuk, J. (2011). The nature and incidence of private label rejection. *Australasian Marketing Journal, 19*(2), 93-99.

Neumann, N., Tucker, C. E., & Whitfield, T. (2019). Frontiers: How effective is third-party consumer profiling? Evidence from field studies. *Marketing Science, 38*(6), 918-926.

Neven, D., & Thisse, J. F. (1990). On quality and variety competition. In J. J. Gabszewicz, J. F. Richard, & L. A. Wolsey (Eds.), *Economic decision making: Games, econometrics and optimization: Contributions in honor of Jacques H. Drèze* (pp. 175–199). Amsterdam: North-Holland.

Newman, G. E., Gorlin, M., & Dhar, R. (2014). When going green backfires: How firm intentions shape the evaluation of socially beneficial product enhancements. *Journal of Consumer Research, 41*(3), 823-839.

Nielsen (2022). *The 2022 ROI report for advertisers*. The Nielsen Company. https://global.nielsen.com/wp-content/uploads/sites/2/2022/07/ROI-Report-2022-Advertisers-English.pdf

Nordhielm, C. L. (2002). The influence of level of processing on advertising repetition effects. *Journal of Consumer Research, 29*(3), 371-382.

Okada, E. M. (2005). Justification effects on consumer choice of hedonic and utilitarian goods. *Journal of Marketing Research, 42*(1), 43-5

Open Science Collaboration. (2015). Estimating the reproducibility of psychological science. *Science, 349*(6251), aac4716. https://doi.org/10.1126/science.aac4716

Ottati, V., Price, E. D., Wilson, C., & Sumaktoyo, N. (2015). When self-perceptions of expertise increase closed-minded cognition: The earned dogmatism effect. *Journal of Experimental Social Psychology, 61*, 131-138.

Palda, K. S. (1966). The hypothesis of a hierarchy of effects: A partial evaluation. *Journal of Marketing Research, 3*(1), 13-24.

Park, J. H., Venger, O., Park, D. Y., & Reid, L. N. (2015). Replication in advertising research, 1980–2012: A longitudinal analysis of leading advertising journals. *Journal of Current Issues & Research in Advertising, 36*(2), 115-135.

Pauwels, K. (2021, September 14). How to manage price thresholds: Customers discount your discounts. *Smarter Marketing gets Better Results: Prof. Dr. Koen Pauwels on marketing analytics.* https://analyticdashboards.wordpress.com/2021/09/14/how-to-manage-price-thresholds-customers-discount-your-discounts/

Pauwels, K. (2023, August 20). *FAQs on differentiation from WARC podcast.* LinkedIn. https://www.linkedin.com/pulse/faqs-differentiation-from-warc-podcast-prof-dr-koen-pauwels/

Pauwels, K., Erguncu, S., & Yildirim, G. (2013). Winning hearts, minds and sales: How marketing communication enters the purchase process in emerging and mature markets. *International Journal of Research in Marketing, 30*(1), 57-68.

Pauwels, K., & Reibstein, D. (2010). Challenges in measuring return on marketing investment: Combining research and practice perspectives. *Review of Marketing Research 6*, 107-124.

Pauwels, K., Srinivasan, S., & Franses, P. H. (2007). When do price thresholds matter in retail categories?. *Marketing Science, 26*(1), 83-100.

Pauwels, K., Sud, B., Fisher, R., & Antia, K. (2022). Should you change your ad messaging or execution? It depends on brand age. *Applied Marketing Analytics, 8*(1), 43-54.

Pauwels, K., Valenti, A., Srinivasan, S., Yildirim, G., & Vanheule, M. (2020). Is there a hierarchy of effects in advertising? Empirical generalizations for consumer packaged goods. *Marketing Science Institute Working Paper Series 2020, Report No. 20-139*.

Pauwels, K., & van Ewijk, B. (2013). Do online behavior tracking or attitude survey metrics drive brand sales? An integrative model of attitudes and actions on the consumer boulevard. *Marketing Science Institute Working Paper Series, 13*(118), 1-49.

Pauwels, K., & van Ewijk, B. (2020). Enduring attitudes and contextual interest: When and why attitude surveys still matter in the online consumer decision journey. *Journal of Interactive Marketing, 52*(1), 20-34.

Pechmann, C., & Stewart, D. W. (1988). Advertising repetition: A critical review of wearin and wearout. *Current Issues and Research in Advertising, 11*(1-2), 285-329.

Percy, L., & Rossiter, J. R. (1992). A model of brand awareness and brand attitude advertising strategies. *Psychology & Marketing, 9*(4), 263-274.

Petty, R. E., & Cacioppo, J. T. (1986). The elaboration likelihood model of persuasion. *Advances in Experimental Social Psychology, 19*, 123-205.

Phua, P., Hartnett, N., Beal, V., Trinh, G., & Kennedy, R. (2023). When brands go dark: A replication and extension: Examining market share of brands that stop advertising for a year or longer. *Journal of Advertising Research, 63*(2), 172-184.

Pieters, R., & Wedel, M. (2007). Goal control of attention to advertising: The Yarbus implication. *Journal of Consumer Research, 34*(2), 224-233.

Plassmann H, Kenning P, Ahlert D. (2007a). Why companies should make their customers happy: The neural correlates of customer loyalty. *Advances in Consumer Research 34*: 1–5.

Plassmann, H., O'doherty, J., & Rangel, A. (2007b). Orbitofrontal cortex encodes willingness to pay in everyday economic transactions. *Journal of Neuroscience, 27*(37), 9984-9988.

Pride, W. M., & Ferrell, O. C. (2015). *Marketing (2016 ed.)*. Cengage Learning.

Quelch, J. A., & Kenny, D. (1994). Extend profits, not product lines. *Harvard Business Review, 72*(5), 153-160.

Ratneshwar, S., & Shocker, A. D. (1991). Substitution in use and the role of usage context in product category structures. *Journal of Marketing Research, 28*(3), 281-295.

Ray, M. L. (1973). Marketing communications and the hierarchy of effects. In P. Clarke (Ed.), *New models for mass communication research*. Sage Publications.

Rayner, K., Miller, B., & Rotello, C. M. (2008). Eye movements when looking at print advertisements: The goal of the viewer matters. *Applied Cognitive Psychology, 22*(5), 697-707.

Reichheld, F. F. (2003). The one number you need to grow. *Harvard Business Review, 81*(12), 46-54.

Reichheld, F. F., & Sasser, W. E. (1990). Zero defections: Quality comes to services. *Harvard Business Review, 68*(5), 105-111.

Reid, L. N., Soley, L. C., & Wimmer, R. D. (1981). Replication in advertising research: 1977,

1978, 1979. *Journal of Advertising, 10*(1), 3-13.

Reinartz, W., & Kumar, V. (2002). The mismanagement of customer loyalty. *Harvard Business Review, 80*(7), 86-94.

Reinartz, W., & Saffert, P. (2013). Creativity in advertising: When it works and when it doesn't. *Harvard Business Review, 91*(6), 106-111.

Riebe, E., Wright, M., Stern, P., & Sharp, B. (2014). How to grow a brand: Retain or acquire customers?. *Journal of Business Research, 67*(5), 990-997.

Ries, A., & Trout, J. (2001). *Positioning: The battle for your mind*. McGraw-Hill Companies.

Robson, D. (2019). *The intelligence trap: Why smart people make dumb mistakes*. WW Norton & Company.(ロブソン, D/土方奈美 (訳)(2020)『The Intelligence Trap: なぜ、賢い人ほど愚かな決断を下すのか』日経BP日本経済新聞出版本部)

Rogers, E.M. (1983). *Diffusion of innovations* (3rd ed.). The Free Press.

Romaniuk, J. (2003). Brand attributes–'distribution outlets' in the mind. *Journal of Marketing Communications, 9*(2), 73-92.

Romaniuk, J. (2006). Comparing prompted and unprompted methods for measuring consumer brand associations. *Journal of Targeting, Measurement and Analysis for Marketing, 15*, 3-11.

Romaniuk, J. (2013). Modeling mental market share. *Journal of Business Research, 66*(2), 188-195.

Romaniuk, J. (2018). *Building distinctive brand assets*. Oxford University Press.

Romaniuk, J. (2022). *Category entry points in a B2B world: Linking buying situations to brand sales*. The B2B Institute, LinkedIn.

Romaniuk, J. (2023). *Better brand health: Measures and metrics for a how brands grow world*. Oxford University Press.

Romaniuk, J., Bogomolova, S., & Dall'Olmo Riley, F. (2012). Brand image and brand usage: Is a forty-year-old empirical generalization still useful?. *Journal of Advertising Research, 52*(2), 243-251.

Romaniuk, J., & Dawes, J. (2005). Loyalty to price tiers in purchases of bottled wine. *Journal of Product & Brand Management, 14*(1), 57-64.

Romaniuk, J., & Ehrenberg, A. (2012). Do brands lack personality?. *Marketing Theory, 12*(3), 333-339.

Romaniuk, J., & Gaillard, E. (2007). The relationship between unique brand associations, brand usage and brand performance: Analysis across eight categories. *Journal of Marketing Management 23*(3-4), 267-284.

Romaniuk, J., & Huang, A. (2020). Understanding consumer perceptions of luxury brands. *International Journal of Market Research, 62*(5), 546-560.

Romaniuk, J., & Nenycz-Thiel, M. (2013). Behavioral brand loyalty and consumer brand associations. *Journal of Business Research, 66*(1), 67-72.

Romaniuk, J., & Nicholls, E. (2006). Evaluating advertising effects on brand perceptions: Incorporating prior knowledge. *International Journal of Market Research, 48*(2), 178-192.

Romaniuk, J., Nguyen, C., & East, R. (2011). The accuracy of self-reported probabilities of giving recommendations. *International Journal of Market Research, 53*(4), 507-521.

Romaniuk, J., & Sharp, B. (2000). Using known patterns in image data to determine brand positioning. *International Journal of Market Research, 42*(2), 1-10.

Romaniuk, J., & Sharp, B. (2003a). Brand salience and customer defection in subscription markets. *Journal of Marketing Management, 19*(1-2), 25-44.

Romaniuk, J., & Sharp, B. (2003b). Measuring brand perceptions: Testing quantity and quality. *Journal of Targeting, Measurement and Analysis for Marketing, 11*, 218-229.

Romaniuk, J., & Sharp, B. (2022). *How brands grow part 2: Including emerging markets, services, durables, B2B and luxury brands* (Rev. ed.). Oxford University Press.

Romaniuk, J., Sharp, B., Dawes, J., & Faghidno, S. (2021). *How B2B brands grow*. The B2B Institute, LinkedIn.

Romaniuk, J., Sharp, B., & Ehrenberg, A. S. C. (2007). Evidence concerning the importance of perceived brand differentiation. *Australasian Marketing Journal, 15*(2), 42-54.

Romaniuk, J., & Wight, S. (2009). The influences of brand usage on response to advertising awareness measures. *International Journal of Market Research, 51*(2), 1-13.

Romaniuk, J., & Wight, S. (2015). The stability and sales contribution of heavy-buying households. *Journal of Consumer Behaviour, 14*(1), 13-20.

Rosengren, S., Eisend, M., Koslow, S., & Dahlen, M. (2020). A meta-analysis of when and how advertising creativity works. *Journal of Marketing, 84*(6), 39-56.

Rossiter, J. (1989). Consumer research and marketing science. *Advances in Consumer Research, 16*, 407-413.

Rungie, C., Brown, B., Laurent, G., & Rudrapatna, S. (2005). A standard error estimator for the polarization index: Assessing the measurement error in one approach to the analysis of loyalty. *Marketing Bulletin, 16,* Technical Note 2.

Rungie, C., & Laurent, G. (2012). Brand loyalty vs. loyalty to product attributes. In A. Diamantopoulos, W. Fritz, & L. Hildebrandt (Eds.), *Quantitative marketing and marketing management: Marketing models and methods in theory and practice* (pp. 423-444). Springer Gabler.

Rungie, C., Laurent, G., Riley, F. D. O., Morrison, D. G., & Roy, T. (2005). Measuring and modeling the (limited) reliability of free choice attitude questions. *International Journal of Research in Marketing, 22*(3), 309-318.

Rust, R. T., Ambler, T., Carpenter, G. S., Kumar, V., & Srivastava, R. K. (2004). Measuring marketing productivity: Current knowledge and future directions. *Journal of Marketing, 68*(4), 76-89.

Sahni, N. S. (2015). Effect of temporal spacing between advertising exposures: Evidence from online field experiments. *Quantitative Marketing and Economics, 13*, 203-247.

Salnikova, E., Baglione, S. L., & Stanton, J. L. (2019). To launch or not to launch: An empirical estimate of new food product success rate. *Journal of Food Products Marketing, 25*(7), 771-784.

Sandell, R. G. (1968). Effects of attitudinal and situational factors on reported choice behavior. *Journal of Marketing Research, 5*(4), 405-408.

Santoso, I., Wright, M., Trinh, G., & Avis, M. (2020). Is digital advertising effective under conditions of low attention?. *Journal of Marketing Management, 36*(17-18), 1707-1730.

Sawyer, A. G., Noel, H., & Janiszewski, C. (2009). The spacing effects of multiple exposures on memory: Implications for advertising scheduling. *Journal of Advertising Research, 49*(2), 193-197.

Schmidt, S., & Eisend, M. (2015). Advertising repetition: A meta-analysis on effective frequency in advertising. *Journal of Advertising, 44*(4), 415-428.

Schmittlein, D. C., Morrison, D. G., & Colombo, R. (1987). Counting your customers: Who-are they and what will they do next?. *Management Science, 33*(1), 1-24.

Schreiner, S. (2020). Ignaz Semmelweis: A victim of harassment?. *Wiener Medizinische Wochenschrift, 170*(11-12), 293-302.

Scriven, J., Bound, J., & Graham, C. (2017). Making sense of common Dirichlet deviations. *Australasian Marketing Journal, 25*(4), 294-308.

Scriven, J., & Ehrenberg, A. (2004). Consistent consumer responses to price changes. *Australasian Marketing Journal, 12*(3), 21-39.

Sethuraman, R., & Tellis, G. J. (1991). An analysis of the tradeoff between advertising and price discounting. *Journal of Marketing Research, 28*(2), 160-174.

Sethuraman, R., Tellis, G. J., & Briesch, R. A. (2011). How well does advertising work? Generalizations from meta-analysis of brand advertising elasticities. *Journal of Marketing Research, 48*(3), 457-471.

Sharp, A., Sharp, B., & Redford, N. (2003, December 1-3). *Positioning & partitioning- a replication & extension* [Conference proceedings]. ANZMAC Conference, Adelaide, Australia.

Sharp, B. (2008). Net promoter score fails the test. *Marketing Research, 20*(4), 28-30.

Sharp, B. (2010). *How brands grow: What marketers don't know.* Oxford University Press. (シャープ, B. /加藤巧(監修)・前平謙二(訳)(2018)『ブランディングの科学：誰も知らないマーケティングの法則11』朝日新聞出版)

Sharp, B. (2007). Loyalty limits for repertoire markets. *Journal of Empirical Generalisations in Marketing Science, 11*(1), 1-9.

Sharp, B. (2016, September 18). *Answering critics.* Marketing Science: Commentary by Professor Byron Sharp. https://byronsharp.wordpress.com/2016/09/18/answering-critics/

Sharp, B. (2017). Marketing: *Theory, evidence, practice.* Melbourne. Oxford University Press.

Sharp, B., & Dawes, J. (2001). What is differentiation and how does it work?. *Journal of Marketing Management, 17*(7-8), 739-759.

Sharp, B., Dawes, J., & Victory, K. (2024). The market-based assets theory of brand competition. *Journal of Retailing and Consumer Services, 76*, 103566.

Sharp, B., & Hartnett, N. (2016). Generalisability of advertising persuasion principles. *European Journal of Marketing, 50*(1/2), 301-305.

Sharp, B., Riebe, E., Dawes, J., & Danenberg, N. (2002). A marketing economy of scale - Big brands lose less of their customer base than small brands.*Marketing Bulletin, 13.* Research Note 2.

Sharp, B., Romaniuk, J., & Graham, C. (2019). Marketing's 60/20 Pareto Law. *SSRN Electronic Journal.* http://dx.doi.org/10.2139/ssrn.3498097

Sharp, B., & Sharp, A. (1997). Loyalty programs and their impact on repeat-purchase loyalty patterns. *International Journal of Research in Marketing, 14*(5), 473-486.

Sharp, B. & Wright, M. (1999). *There are two types of repeat purchase markets* [Conference paper]. 28th European Marketing Academy Conference, Humboldt-University, Berlin, Germany.

Sharp, B., Wright, M., Dawes, J., Driesener, C., Meyer-Waarden, L., Stocchi, L., & Stern, P. (2012). It's a Dirichlet world: Modeling individuals' loyalties reveals how brands compete, grow, and decline. *Journal of Advertising Research, 52*(2), 203-213.

Sharp, B., Wright, M., & Goodhardt, G. (2002). Purchase loyalty is polarised into either repertoire or subscription patterns. *Australasian Marketing Journal, 10*(3), 7-20.

Simon, J. L. (1969). A further test of the kinky oligopoly demand curve. *The American Economic Review, 59*(5), 971-975.

Simon, J. L., & Arndt, J. (1980). The shape of the advertising response function. *Journal of Advertising Research, 20*(4), 11-28.

Singh, J., Scriven, J., Clemente, M., Lomax, W., & Wright, M. (2012). New brand extensions: Patterns of success and failure. *Journal of Advertising Research, 52*(2), 234-242.

Singh, J., & Wright, M. (2016). New brands: Performance and measurement. In F. D. O. Riley, J. Singh, & C. Blankson (Eds.), *The Routledge companion to contemporary brand management* (pp. 186-197). Routledge.

Slotegraaf, R. J., & Pauwels, K. (2008). The impact of brand equity and innovation on the long-term effectiveness of promotions. *Journal of Marketing Research, 45*(3), 293-306.

Smith, R. E., MacKenzie, S. B., Yang, X., Buchholz, L. M., & Darley, W. K. (2007). Modeling the determinants and effects of creativity in advertising. *Marketing Science, 26*(6), 819-833.

Smith, S. M., & Vela, E. (2001). Environmental context-dependent memory: A review and meta-analysis. *Psychonomic Bulletin & Review, 8*, 203-220.

Soyer, E., & Hogarth, R. M. (2020). Don't let a good story sell you on a bad idea. *Harvard Business Review.* https://hbr.org/2020/12/dont-let-a-good-story-sell-you-on-a-bad-idea

Spiller, S. A., & Belogolova, L. (2017). On consumer beliefs about quality and taste. *Journal of Consumer Research, 43*(6), 970-991.

Srinivasan, S., Vanhuele, M., & Pauwels, K. (2010). Mind-set metrics in market response models: An integrative approach. *Journal of Marketing Research, 47*(4), 672-684.

Sriram, S., Balachander, S., & Kalwani, M. U. (2007). Monitoring the dynamics of brand equity using store-level data. *Journal of Marketing, 71*(2), 61-78.

Srivastava, R. K., & Reibstein, D. J. (2005). *Metrics for linking marketing to financial performance*. Report No. 05-200. Marketing Science Institute.

Stephenson, J. (2023, June 16). *ROI top effectiveness metric demanded by C-suite*. Marketing Week. https://www.marketingweek.com/roi-top-metric-effectiveness/

Stigler, G. J. (1961). The economics of information. *Journal of Political Economy, 69*(3), 213-225.

Stocchi, L. (2014). Is consumer memory (really) Dirichlet-like?. *Marketing Bulletin, 25*, Technical Note 1.

Stocchi, L., Wright, M., & Driesener, C. (2016). Why familiar brands are sometimes harder to remember. *European Journal of Marketing, 50*(3/4), 621-638.

Strong Jr, E. K. (1925). Theories of selling. *Journal of Applied Psychology, 9*(1), 75–86.

Taneja, H. (2020). The myth of targeting small, but loyal niche audiences: Double-jeopardy effects in digital-media consumption. *Journal of Advertising Research, 60*(3), 239-250.

Tanusondjaja, A., Nenycz-Thiel, M., Dawes, J., & Kennedy, R. (2018). Portfolios: Patterns in brand penetration, market share, and hero product variants. *Journal of Retailing and Consumer Services, 41,* 211-217.

Tanusondjaja, A., Nenycz-Thiel, M., Kennedy, R., & Corsi, A. (December, 2012). *Is Bigger Always Better? Exploring the relationship between the number of brand offerings in a portfolio and its overall brand penetration* [Conference Paper]. ANZMAC Conference, Adelaide, Australia.

Tanusondjaja, A., Romaniuk, J., Nenycz-Thiel, M., Sakashita, M., & Viswanathan, V. (2023). Examining Pareto Law across department store shoppers. *International Journal of Market Research, 65*(5), 581-596.

Tanusondjaja, A., Trinh, G., & Romaniuk, J. (2016). Exploring the past behaviour of new brand buyers. *International Journal of Market Research, 58*(5), 733-747.

Taylor, J. W. (1977). A striking characteristic of innovators. *Journal of Marketing Research, 14*(1), 104-107.

Taylor, J., Kennedy, R., McDonald, C., Larguinat, L., El Ouarzazi, Y., & Haddad, N. (2013). Is the multi-platform whole more powerful than its separate parts?: Measuring the sales effects of cross-media advertising. *Journal of Advertising Research, 53*(2), 200-211.

Taylor, J., Kennedy, R., & Sharp, B. (2009). Is once really enough? Making generalizations about advertising's convex sales response function. *Journal of Advertising Research, 49*(2), 198-200.

Tellis, G. J. (1988). The price elasticity of selective demand: A meta-analysis of econometric models of sales. *Journal of Marketing Research, 25*(4), 331-341.

Tellis, G. J. (1997). Effective frequency: One exposure or three factors?. *Journal of Advertising Research, 37*(4), 75-80.

Thaler, R. H., & Shefrin, H. M. (1981). An economic theory of selfcontrol. *Journal of Political Economy, 89,* 392–406.

Thaler, R. H. (1999). Mental accounting matters. *Journal of Behavioral Decision-Making, 12,* 183–206.

Theil, H., & Kosobud, R. F. (1968). How informative are consumer buying intentions surveys?. *The Review of Economics and Statistics,* 50-59

Trembath, R., Romaniuk, J., & Lockshin, L. (2011). Building the destination brand: An empirical comparison of two approaches. *Journal of Travel & Tourism Marketing, 28*(8), 804-816.

Trinh, G. T., Dawes, J., & Sharp, B. (2023). Where is the brand growth potential? An examination of buyer groups. *Marketing Letters,* 1-12. https://doi.org/10.1007/s11002-023-09682-7

Trinh, G., Dawes, J., Wright, M. J., Danenberg, N., & Sharp, B. (2022). Extended conditional trend analysis: Predicting triple period buyer flows with a tri-variate NBD model. *Journal of Consumer Behaviour, 21*(1), 92-101.

Trinh, G., Romaniuk, J., & Tanusondjaja, A. (2016). Benchmarking buyer behavior towards new

brands. *Marketing Letters, 27*(4), 743-752.
Trout, J., & Rivkin, S. (2008). *Differentiate or die: Survival in our era of killer competition* (2nd ed.). John Wiley & Sons.
Tulving, E. (1983). *Elements of episodic memory.* Oxford University Press.
Uncles, M. D., Dowling, G. R., & Hammond, K. (2003). Customer loyalty and customer loyalty programs. *Journal of Consumer Marketing, 20*(4), 294-316.
Uncles, M. D., Ehrenberg, A., & Hammond, K. (1995). Patterns of buyer behavior: Regularities, models, and extensions. *Marketing Science, 14*(3_supplement), G71-G78.
Uncles, M. D., Hammond, K. A., Ehrenberg, A. S., & Davis, R. E. (1994). A replication study of two brand-loyalty measures. *European Journal of Operational Research, 76*(2), 375-384.
Uncles, M. D., Kennedy, R., Nenycz-Thiel, M., Singh, J., & Kwok, S. (2012). In 25 years, across 50 categories, user profiles for directly competing brands seldom differ: Affirming Andrew Ehrenberg's principles. *Journal of Advertising Research, 52*(2), 252-261.
Unnava, H. R., & Burnkrant, R. E. (1991). Effects of repeating varied ad executions on brand name memory. *Journal of Marketing Research, 28*(4), 406-416.
Vakratsas, D., & Ambler, T. (1999). How advertising works: What do we really know?. *Journal of Marketing, 63*(1), 26-43.
Vakratsas, D., Feinberg, F. M., Bass, F. M., & Kalyanaram, G. (2004). The shape of advertising response functions revisited: A model of dynamic probabilistic thresholds. *Marketing Science, 23*(1), 109-119.
Valenti, A., Yildirim, G., Vanhuele, M., Srinivasan, S., & Pauwels, K. (2023). Advertising's sequence of effects on consumer mindset and sales: A comparison across brands and product categories. *International Journal of Research in Marketing, 40*(2), 435-454.
van der Maas, H. L. J., Dolan, C. V., Grasman, R. P., Wicherts, J. M., Huizenga, H. M., & Raijmakers, M. E. (2006). A dynamical model of general intelligence: the positive manifold of intelligence by mutualism. *Psychological Review, 113*(4), 842.
van Doorn, J., Leeflang, P. S., & Tijs, M. (2013). Satisfaction as a predictor of future performance: A replication. *International Journal of Research in Marketing, 30*(3), 314-318.
van Doorn, J., Risselada, H., & Verhoef, P. C. (2021). Does sustainability sell? The impact of sustainability claims on the success of national brands' new product introductions. *Journal of Business Research, 137,* 182-193.
van Doorn, J., & Verhoef, P. C. (2011). Willingness to pay for organic products: Differences between virtue and vice foods. *International Journal of Research in Marketing, 28*(3), 167-180.
van Heerde, H. J., Leeflang, P. S., & Wittink, D. R. (2001). Semiparametric analysis to estimate the deal effect curve. *Journal of Marketing Research, 38*(2), 197-215.
Vaughan, K., Beal, V., & Romaniuk, J. (2016). Can brand users really remember advertising more than nonusers?: Testing an empirical generalization across six advertising awareness measures. *Journal of Advertising Research, 56*(3), 311-320.
Vaughan, K., Corsi, A. M., Beal, V., & Sharp, B. (2021). Measuring advertising's effect on mental availability. *International Journal of Market Research, 63*(5), 665-681.

Vaughn, R. (1986). How advertising works: A planning model revisited. *Journal of Advertising Research, 26*(1), 57-66.

Verplanken, B., & Wood, W. (2006). Interventions to break and create consumer habits. *Journal of Public Policy & Marketing, 25*(1), 90-103.

Victory, K., Nenycz-Thiel, M., Dawes, J., Tanusondjaja, A., & Corsi, A. M. (2021). How common is new product failure and when does it vary?. *Marketing Letters, 32*(1), 17-32.

Wakefield, K. L., & Inman, J. J. (2003). Situational price sensitivity: The role of consumption occasion, social context and income. *Journal of Retailing, 79*, 199-212.

Webb, T. L., & Sheeran, P. (2006). Does changing behavioral intentions engender behavior change? A meta-analysis of the experimental evidence. *Psychological Bulletin, 132*(2), 249-268.

Wedel, M., Pieters, R., & Liechty, J. (2008). Attention switching during scene perception: How goals influence the time course of eye movements across advertisements. *Journal of Experimental Psychology: Applied, 14*(2), 129-138

Weilbacher, W. M. (2001). Point of view: Does advertising cause a 'hierarchy of effects'?. *Journal of Advertising Research, 41*(6), 19-26.

Weilbacher, W. M. (2002). Weilbacher comments on: 'In defense of the hierarchy of effects'. *Journal of Advertising Research, 42*(3), 48-49.

Whitley, S. C., Trudel, R., & Kurt, D. (2018). The influence of purchase motivation on perceived preference uniqueness and assortment size choice. *Journal of Consumer Research, 45*(4), 710-724.

Wicker, A. W. (1969). Attitudes versus actions: The relationship of verbal and overt behavioral responses to attitude objects. *Journal of Social issues, 25*(4), 41-78.

Wilbur, K. C., & Farris, P. W. (2014). Distribution and market share. *Journal of Retailing, 90*(2), 154-167.

Williams, P., & Naumann, E. (2011). Customer satisfaction and business performance: A firm-level analysis. *Journal of Services Marketing, 25*(1), 20-32.

Winchester, M. K., & Romaniuk, J. (2003). Evaluative and descriptive response patterns to negative image attributes. *International Journal of Market Research, 45*(1), 1-13.

Winchester, M. K., & Romaniuk, J. (2008). Negative brand beliefs and brand usage. *International Journal of Market Research, 50*(3), 355-375.

Wind, Y. J., & Sharp, B. (2009). Advertising empirical generalizations: Implications for research and action. *Journal of Advertising Research, 49*(2), 246-252.

Wood, W., & Rünger, D. (2016). Psychology of habit. *Annual Review of Psychology, 67*, 289-314.

Woodside, A. G., & Ozcan, T. (2009). Customer choices of manufacturer versus retailer brands in alternative price and usage contexts. *Journal of Retailing and Consumer Services, 16*(2), 100-108.

Wright, M. (2009). A new theorem for optimizing the advertising budget. *Journal of Advertising Research, 49*(2), 164-169.

Wright, M., & Klÿn, B. (1998). Environmental attitude behaviour correlations in 21 countries. *Journal of Empirical Generalisations in Marketing Science, 3*(3).

Wright, M., & MacRae, M. (2007). Bias and variability in purchase intention scales. *Journal of the Academy of Marketing Science, 35,* 617-624.

Wright, M., & Riebe, E. (2010). Double jeopardy in brand defection. *European Journal of Marketing, 44*(6), 860-873.

Wright, M., & Stern, P. (2015). Forecasting new product trial with analogous series. *Journal of Business Research, 68*(8), 1732-1738.

Yarbus, A. L. (1967). *Eye movements and vision.* Plenum.

Yoon, C., Gutchess, A. H., Feinberg, F., & Polk, T. A. (2006). A functional magnetic resonance imaging study of neural dissociations between brand and person judgments. *Journal of Consumer Research, 33*(1), 31–40.

Zielske, H. A. (1959). The remembering and forgetting of advertising. *Journal of Marketing, 23*(3), 239-243.

漁田武雄 (2016)『環境的文脈依存記憶について』応用心理学研究センター通信, 36, 静岡産業大学 https://www.ssu.ac.jp/applied-psychology/161109/

カーネマン, D. (2014)『ファスト&スロー（上/下）あなたの意思はどのように決まるか?』村井章子 (訳) 早川書房

クリステンセン, C. M., ホール, T., ディロン, K., & ダンカン, D. S. (2017)『ジョブ理論：イノベーションを予測可能にする消費のメカニズム』依田光江 (訳) ハーパーコリンズ・ジャパン

芹澤連 (2022)『"未"顧客理解：なぜ「買ってくれる人=顧客」しか見ないのか?』日経BP

橘玲 (2022)『バカと無知―人間、この不都合な生きもの―』新潮社

田中洋 (2008)『消費者行動論体系』中央経済社

田中洋 (2017)『ブランド戦略論 Integrated Brand Strategy: Theory, Practice, & Cases』有斐閣

プラトン/納富信留 (訳) (2012)『ソクラテスの弁明』光文社

村山幹朗, 芹澤連 (2020)『顧客体験マーケティング：顧客の変化を読み解いて「売れる」を再現する (Web担選書)』インプレス

마케팅한다는 착각

: 직감이 아닌 근거로 밝히는 브랜드의 진짜 성장 공식

1판 1쇄 발행 2025년 5월 28일
1판 2쇄 발행 2025년 7월 8일

지은이 세리자와 렌
옮긴이 오시연

발행인 양원석 **편집장** 권오준 **책임편집** 이건진
디자인 남미현, 김미선 **영업마케팅** 조아라, 박소정, 이서우, 김유진, 원하경
해외저작권 임이안

펴낸 곳 ㈜알에이치코리아
주소 서울시 금천구 가산디지털2로 53, 20층 (가산동, 한라시그마밸리)
편집문의 02-6443-8831   **도서문의** 02-6443-8800
홈페이지 http://rhk.co.kr
등록 2004년 1월 15일 제2-3726호

ISBN 978-89-255-7373-1 (03320)

※ 이 책은 ㈜알에이치코리아가 저작권자와의 계약에 따라 발행한 것이므로
   본사의 서면 허락 없이는 어떠한 형태나 수단으로도 이 책의 내용을 이용하지 못합니다.
※ 잘못된 책은 구입하신 서점에서 바꾸어 드립니다.
※ 책값은 뒤표지에 있습니다.